CSSCI 来源集刊

原 道

第 37 辑

陈 明 朱汉民 主编

湖南大学出版社

内容简介

本辑开辟“社会科学视域中的先秦经典”专题，以先秦经典为基础，从社会科学视角考察儒家思想、制度与人物，旨在发掘儒家治道的恢弘气象与时代价值。“儒学研究”既训诂经义，又广涉苏轼、陈舜臣、朱熹、廉希宪、王船山、孙奇逢等人的思想与实践。“百家论道”论及宋代“故事”、明清“三教合一”、清末“礼法之争”等。“处士横议”综议密尔自由论与儒家德性哲学。“短长书”记述儒家网十周年与儒道佛汇通会议。

图书在版编目（CIP）数据

原道·第37辑/陈明，朱汉民主编．—长沙：湖南大学出版社，2019. 11

ISBN 978-7-5667-1810-5

Ⅰ.①原…　Ⅱ.①陈…　②朱…　Ⅲ.①文史哲－中国－文集　Ⅳ.①C53

中国版本图书馆 CIP 数据核字（2019）第 236775 号

原道·第37辑

YUANDAO · DI 37 JI

主　　编：陈　明　朱汉民
责任编辑：王桂贞
印　　装：长沙鸿和印务有限公司
开　　本：710mm×1000mm　16开　**印张**：21　**字数**：351千
版　　次：2019年11月第1版　**印次**：2019年11月第1次印刷
书　　号：ISBN 978-7-5667-1810-5
定　　价：74.00元

出 版 人：雷　鸣
出版发行：湖南大学出版社
社　　址：湖南·长沙·岳麓山　　**邮　　编**：410082
电　　话：0731-88822559(发行部),88821594(编辑室),88821006(出版部)
传　　真：0731-88649312(发行部),88822264(总编室)
网　　址：http://www.hnupress.com
电子邮箱：wanguia@126.com

目　次

“社会科学视域中的先秦经典”专题

儒学研究

百家论道

处士横议

短长书

“社会科学视域中的先秦经典”专题

荀子说秦与秦之儒化：《荀子》相关章节疏解

姚中秋*

［内容提要］

荀子入秦游说秦君相，为其一生大事，更为儒家学术和行道史上之大事，亦为周秦之际政治演变史上之大事。荀子以为，秦将扫灭东方各国，可见其兵制乃至政制俱有可取之处；秦若一统天下，则重建王道有望。故荀子“见几而作”，不计个人毁誉，毅然入秦，说秦王、秦相以仁义礼乐之道。本文解读《荀子》所记荀子与秦王、应侯之对话，以探究荀子驯化秦制之思考。荀子对秦制之基本态度是：认可秦扫灭群雄、一统天下之功，呼吁其引入儒学以自我更化。荀子所倡导的秦汉之际儒家重建良好秩序之中道方案，有别于有些儒者之僵化或曰激进方案，得以参与郡县一统之制的设计构建，故确曾推动秦制之儒化，并为汉代之全面复古更化示范先行。荀子入秦游说秦君相效法孔子之道，可见其殷殷救世之仁心，更可见《中庸》所谓“君子而时中”之大智。

［关键词］

荀子；秦制；儒家化；法家；时中

---

* 姚中秋，中国人民大学国际关系学院教授。

一、引　言

荀子生于战国末期，在其壮年时，秦已呈吞并东方之势；当其去世时，秦王嬴政已即位九年；[1] 又七年后，秦灭韩，随后扫灭东方各国。面对强秦，东方各国官民莫不忧惧。荀子以行道天下为己任，其对秦态度异于常人，于秦昭襄王晚年、应侯范雎执政时入秦，[2] 游说秦国更化改制，其对话记录于《荀子》中。本文解读《荀子》所记荀子与秦王、应侯之对话，以探究荀子驯化秦制之思考。荀子对秦制之基本态度是：认可秦扫灭群雄、一统天下之功，呼吁其引入儒学以自我更化。荀子所倡导的秦汉之际儒家重建良好秩序之中道方案，有别于有些儒者之僵化或曰激进方案，确曾推动秦制之儒化，并为汉代之全面复古更化示范先行。

二、秦人对儒家之传统态度

荀子入秦，得见秦昭王，《荀子·儒效篇》所载两人对话，自秦昭王之语开始。秦昭王问孙卿子曰："儒无益于人之国。"[3] 荀子名满天下，秦昭王当然知道荀子是儒者；荀子入秦，秦昭王当然知道其来意。但秦昭王毫不客气，对荀子劈头断喝，谓儒者无益于秦国。可见秦人之质朴，亦透露出荀子即将面对的秦国精英群体之共同观念，此观念完全不同于东方各国，其形成可溯源于两组人物：秦穆公与由余、秦孝公与商君。

西周初中期，秦僻居西陲，与戎狄杂居。周厉王无道，诸侯或叛之，西戎反王室，秦人保王室有功，宣王即位，乃以秦仲为大夫，故《诗经》之《秦风》始于《车辚》，这是秦人历史上非常重大的事件，秦人得礼乐而逐渐华夏化。西周末年，

---

[1] 参见孔繁：《荀子评传》，南京大学出版社1997年版，第1页。

[2] 钱穆考订曰："荀卿在齐襄王十八年后曾赴秦也。至昭王五十二年应侯罢相，荀卿赴秦当在此十二年间。"又谓："大抵荀卿留秦决不久，其去秦东归，当在长平一役之前。"见钱穆：《先秦诸子系年》，台北联经出版事业公司1998年版，第529、532页。

[3] 王先谦：《荀子集解》上册，沈啸寰、王星贤点校，中华书局1988年版，第117页。

西戎、犬戎与申侯伐周，杀幽王于郦山下，秦襄公将兵救周，作战甚力。平王东迁前，乃封襄公为伯，"襄公于是始国，襄公始与诸侯通使聘享之礼"[1]，秦进一步华夏化。此后，秦人一直向东发展，秦文公且"收周余民有之"[2]，则不能不浸染于周人之礼乐。

然而，秦穆公东进，遇强晋而受阻失败，乃对礼乐化、华夏化之国家发展道路产生怀疑，故请教于由余，《史记·秦本纪》记"由余，其先晋人也，亡入戎，能晋言。"由余是中国裔而戎狄化者，对华夏、戎狄文明均有较深了解。穆公问："中国以诗书礼乐法度为政，然尚时乱，今戎夷无此，何以为治，不亦难乎？"由余乃曰："此乃中国所以乱也。夫自上圣黄帝作为礼乐法度，身以先之，仅以小治。及其后世，日以骄淫。阻法度之威，以责督于下，下罢极则以仁义怨望于上，上下交争怨而相篡弑，至于灭宗，皆以此类也。夫戎夷不然，上含淳德以遇其下，下怀忠信以事其上，一国之政犹一身之治，不知所以治，此真圣人之治也。"[3]基于其戎狄立场，由余以为礼华夏乐无用，不能致治，乃建议秦用戎狄治理之道，去诗书礼乐法度，唤起淳朴的情感，使君臣民团结如一人。

秦穆公完全接受由余之论，于是退而问内史廖曰"孤闻邻国有圣人，敌国之忧也"[4]，穆公竟称由余为"圣人"，看见其价值观已严重扭曲，转向之意甚为决绝。穆公乃设计迫使由余降秦而重用之，当时也取得了"益国十二，开地千里，遂霸西戎"[5]的效果。如此，其政治、文化不能不戎狄化，并立刻表现在丧礼中。[6]以生人陪葬，早为周之礼法所禁止，穆公大用人殉，可见其戎狄化转向是相当彻底的。后来事实证明，这一转向是短视的：周室虽已衰微，东方各国仍行华夏礼乐；穆公用戎狄之法，等于自去正统，丧失了与东方各国交往之文化正当性，更不要说统治东方各国。

---

〔1〕司马迁：《史记》第1册，中华书局1959年版，第179页。

〔2〕穆公十二年，晋饥荒求援，大臣有反对者有支持者，穆公曰："其君是恶，其民何罪？"于是输粟于晋（《左传·僖公十三年》），可见其深明大义。

〔3〕司马迁：《史记》第1册，中华书局1959年版，第192-193页。

〔4〕司马迁：《史记》第1册，中华书局1959年版，第193页。

〔5〕司马迁：《史记》第1册，中华书局1959年版，第194页。

〔6〕司马迁：《史记》第1册，中华书局1959年版，第194页。

这一转向对秦本身也是双刃剑：一方面，引入戎狄的组织方式和制度，秦之军力似乎确有增强，故穆公得以称霸西戎，此后秦在与晋的争夺中也颇能取胜；另一方面，秦内部频繁发生政治动荡。荀子对此有深入讨论，比如：“人生不能无群，群而无分则争，争则乱，乱则离，离则弱，弱则不能胜物；故宫室不可得而居也，不可少顷舍礼义之谓也。”[1] 礼乐可以定分止争，一旦去礼乐，则人心不定，故在孝公之前几代公侯之权力转移均不能正常进行，严重削弱秦之国力。由此有秦孝公初即位时的沉痛检讨，在赞美了穆公之功业后，即指出此后“厉、躁、简公、出子之不宁，国家内忧，未遑外事，三晋攻夺我先君河西地，诸侯卑秦，丑莫大焉”[2]。

秦孝公决心改变秦在政治上的混乱局面，原本在魏国之卫鞅乃入秦。魏是战国初年最早展开制度变革的国家，年轻的卫鞅是有心的观察者，决意将这些新制度用于治秦。他获得秦孝公的信任，展开变法。关于卫鞅变法之主要内容，在驱民于农战；而归于万民之“作壹”：“作壹则民不偷营。民不偷营则多力，多力则国强。”[3] 此处“作壹”，即由余所谓“一国之政犹一身之治”。唯由余只有戎狄部落政治的经验，对秦这样的大国未必有效，卫鞅则借助最早出现于魏国之新制度，以强化王权为中心，更好地实现了这一目标。其所谓“作壹”者，谓国人绝对服从王者，效力于国，则以王为中心，千万国人如同一人矣，可由国王任意驱使。为做到这一点，卫鞅主张，当驱全民于农战，建立军国主义体制，由此可使君国“富强”。商业、学术有悖于此，自应予以取消：“《诗》、《书》、礼、乐、善、修、仁、廉、辩、慧，国有十者，上无使守战。国以十者治，敌至必削，不至必贫。国去此十者，敌不敢至；虽至必却。兴兵而伐，必取；按兵不伐，必富。”[4] 商君生活之战国中期，社会形态已大不同于由余生活之春秋中期，其时自由商业已较为繁荣，私学亦颇为发达，商君本人即私学受益人。而他以集中王权、构造强国为宗旨，认定商业和学术有害于驱民于农战，有碍于王权集中，故主张禁止学术，废弃

---

[1] 王先谦：《荀子集解》上册，沈啸寰、王星贤点校，中华书局1988年版，第164–165页。
[2] 司马迁：《史记》第1册，中华书局1959年版，第202页。
[3] 蒋礼鸿：《商君书锥指》，中华书局1986年版，第20页。
[4] 蒋礼鸿：《商君书锥指》，中华书局1986年版，第23页。

礼乐，这是在由余的基础上更进一步。故秦人本身就与戎狄杂居，其观念习俗颇有戎狄之风，经穆公、由余之逆转华夏化过程，到秦孝公、商君全面走上军国主义之路，秦终于形成其独特的观念、制度传统：驱民农战，追求富强，拒绝文治，不容学术。〔1〕

宜乎秦昭王见荀子而径谓儒无益于国也，这其实还是比较客气的，依商君之见，也即依秦国精英之普遍观念，以儒为代表的学术活动是有害于君、国之富强的。此即荀子入秦所面对者，荀子说秦之难度是在东方各国所不能想象的。然而，荀子竟然入秦，并且成功地说服了秦王，此何以故?

三、荀子入秦之时机

对于秦之戎狄化及其精英厌恶学术之态度和禁止私学之法度，东方精英当然十分清楚，荀子周游各国，见多识广，自然了解，然则荀子何以冒险入秦?何以于此时入秦?由余、卫鞅明确反对华夏之诗书礼乐，秦穆公、秦孝公接纳两者，都在国家发展遭遇严重挫折之后，故秦穆公—由余、秦孝公—商君都清楚此系非常态下的选择，偏离华夏之常道，意在剑走偏锋，以求国家富强。凭借驱民农战的国家精神，秦之国力确实逐渐增强，最终在残酷的国家间竞争中渐占优势。当荀子入秦时，秦一统天下之大势已然明朗，则天下之学界和政界都不能不认真思考如何应对即将到来的新时代。

首先是秦国君相，在取得一次又一次胜利之后，不能不认真思考未来如何有效

〔1〕 太史公于《六国年表》序曰:“太史公读《秦记》，至犬戎败幽王，周东徙洛邑，秦襄公始封为诸侯，作西畤用事上帝，僭端见矣。《礼》曰:‘天子祭天地，诸侯祭其域内名山大川。’今秦杂戎翟之俗，先暴戾，后仁义，位在藩臣而胪于郊祀，君子惧焉。及文公逾陇，攘夷狄，尊陈宝，营岐雍之间，而穆公修政，东竟至河，则与齐桓、晋文中国侯伯侔矣。是后陪臣执政，大夫世禄，六卿擅晋权，征伐会盟，威重于诸侯。及田常杀简公而相齐国，诸侯晏然弗讨，海内争于战功矣。三国终之卒分晋，田和亦灭齐而有之，六国之盛自此始。务在强兵并敌，谋诈用而从衡短长之说起。矫称蜂出，誓盟不信，虽置质剖符犹不能约束也。秦始小国僻远，诸夏宾之，比于戎翟，至献公之后常雄诸侯。论秦之德义不如鲁卫之暴戾者，量秦之兵不如三晋之强也，然卒并天下，非必险固便形势利也，盖若天所助焉。”见司马迁:《史记》第2册，中华书局1959年版，第685页。太史公盖以秦之兴起为礼崩乐坏之主要驱动力量，终代周而兴;而其最后一句话与荀子谓秦之获胜“非幸也，数也”相近。

地治理东方。他们清楚，秦与东方各国大不相同，首先在精神上，进而在制度上。具体而言，他们清楚，东方尽管在战场上接连失败，但在文化上是鄙视秦人的。在秦与东方分隔、对立之时，秦人可以对这种态度满不在乎，重要的是打败他们；一旦统治权扩展及于东方，甚至一统天下，则这将成大问题。东方的面积和人口远远大于秦，若不能令东方人心悦诚服，则无以树立统治天下之政治权威。故在接近胜利之时，秦不能不寻思重构其统治之正当性。秦自孝公、商君以来，以富强为最高价值，迷信武力。东方人在这方面不及秦，作为军事上的失败者，当然不可能接受秦人以暴力证成之正当性。东方的长处在道统，在历史的连续性，在传承有序的六经，在围绕六经而衍生之学术体系，在其学术所传承且仍残留于日常之礼乐法度。东方以此自豪，而这恰恰是秦人所一度偏离、抛弃的。现在，面临统治东方之前景，秦国君相不能不再度转向，方向正好跟秦穆公、秦孝公相反。

其次，从儒家角度看，秦即将一统天下，打开了重建王道之可能。王道之基础在于王一统天下，此为判断天下有道、无道之根本标准。孔子曰："天下有道，则礼乐征伐自天子出；天下无道，则礼乐征伐自诸侯出。"[1] 列国争战，生灵涂炭，此最为无道，必须予以结束，孟子亦主张天下"定于一"，尽管其界定一之之道曰"不嗜杀人者能一之"[2]，但首先肯定了"定于一"这个政治大原则。而看起来，秦即将结束这种无道局面，只是，秦是以无道而残酷的方式做到的。儒者当然对此方式根本不能认可，但至少其结果将是结束屠杀。孟子生活的时代，各国混战，局势混沌；若孟子生在荀子之时，将如何看待秦？将如何看待秦一统天下之大势？实际上，大约自荀子以来，儒者对于秦之一统天下是肯定的，贾谊曾道出秦汉之际儒者之普遍心声："秦灭周祀，并海内，兼诸侯，南面称帝，以四海养，天下之士，斐然向风，若是何也？曰：近古之无王者久矣，周室卑微，五霸既灭，令不行于天下，是以诸侯力政。强凌弱，众暴寡，兵革不休，士民罢弊。今秦南面而王天下，是上有天子也。即元元之民，冀得安其性命，莫不虚心而仰上。当此之时，专威定功，安危之本，在于此矣。"[3]

---

[1] 朱熹：《四书章句集注》，中华书局1983年版，第171页。
[2] 朱熹：《四书章句集注》，中华书局1983年版，第206页。
[3] 《四库全书》本《新书》卷一《过秦下》。

对儒者来说，在秦即将一统天下之时，其任务无非有二：第一，协助秦尽快扫灭东方各国，终结战争，一统天下，尽最大努力将此过程对生民之伤害控制在最低限度；第二，在秦一统天下之后的创制立法过程中发挥作用，尽最大努力使其礼乐法度合乎先王之道，以行仁义之政于天下。而这就要求儒者介入秦的统一过程和立宪过程。身在其外，或可间接影响现实政治，但在历史转折之关键时刻，儒者自不能不介入其中。否则，错失时机，道不能行于天下，生民持续遭受伤害，儒者之过也。荀子之入秦说秦君相，盖以此乎？综上，在秦即将一统天下之际，秦国君相与儒者荀子相向而行，从而有了一番历史性对话。《儒效篇》在记秦昭王、荀子对话前，也即本篇之开头，有一段议论，可见荀子之心曲："大儒之效：武王崩，成王幼，周公屏成王而及武王以属天下，恶天下之倍周也。履天子之籍，听天下之断，偃然如固有之，而天下不称贪焉。杀管叔，虚殷国，而天下不称戾焉。兼制天下，立七十一国，姬姓独居五十三人，而天下不称偏焉。教诲开导成王，使谕于道，而能揜迹于文武。周公归周，反籍于成王，而天下不辍事周，然而周公北面而朝之。天子也者，不可以少当也，不可以假摄为也。能则天下归之，不能则天下去之，是以周公屏成王而及武王以属天下，恶天下之离周也。成王冠，成人，周公归周反籍焉，明不灭主之义也。周公无天下矣，乡有天下，今无天下，非擅也；成王乡无天下，今有天下，非夺也；变势次序节然也。故以枝代主而非越也，以弟诛兄而非暴也，君臣易位而非不顺也。因天下之和，遂文武之业，明主枝之义，抑亦变化矣，天下厌然犹一也。非圣人莫之能为，夫是之谓大儒之效。"〔1〕这段话毋宁是荀子之夫子自道：周公是大儒，君臣易位乃非常之事，然由此"教诲开导成王，使谕于道"；荀子隐然自比于周公，其入秦说秦君相同样是非常之事，然如此方可以辅导秦王，教诲开导秦王使谕于道。

值得注意的是，《荀子》一书中"大儒"一词仅见于记载其见秦王事之《儒效篇》。荀子首先区分出俗人、俗儒、雅儒，由此往上则为大儒，荀子如此形容大儒："法先王，统礼义，一制度，以浅持博，以古持今，以一持万，苟仁义之类也，虽在鸟兽之中，若别白黑，倚物怪变，所未尝闻也，所未尝见也，卒然起一

〔1〕王先谦：《荀子集解》上册，沈啸寰、王星贤点校，中华书局1988年版，第114-117页。

方，则举统类而应之，无所疑怍；张法而度之，则晻然若合符节：是大儒者也。”[1]

荀子入秦，儒林恐难以理解。[2] 强调大儒能在鸟兽之中辨别仁义之行，这是不是暗示秦之扫灭各国，其残暴虽为人所深恶，但其一统天下之功亦可予以肯定？这是不是暗示秦人一统天下之大势突然明朗，常人不知所措，而大儒则无所犹疑、迟滞，迅速行动？尤其是“怍”，在此甚有深意：荀子说秦王，乃非常之举，然无所愧怍，盖其中有大仁大义在。其行为看似出奇，实则合乎大道。荀子以为，大儒乃立一代之大法者，必定身处所未尝闻见之情势中，不能不见几微之时，乾纲独断，大胆作为，执经而行权，然后可以创制立法。荀子以大儒自任，荀子又谓：“大儒者，善调一天下者也，无百里之地，则无所见其功……用百里之地，而不能以调一天下，制强暴，则非大儒也。”[3] 荀子入秦说秦王正是为了“见其功”，参与到一统天下的过程中，参与到治天下之礼乐法度的创制过程中，以“制强暴”。荀子知道秦之“强暴”，凭此强暴，秦将一统天下；但若不“制强暴”，则天下虽一统而不宁。儒者此时不出，其乃天下苍生何？此盖荀子之心曲也。

四、荀子说秦王之义理

秦昭王首先表达秦之传统观念，断定“儒无益于人之国”。秦昭王之用词值得注意：对东方学者而言，儒或其所传之六经是自身文明传统，自然而然地传承，且有深厚情感；秦僻处西陲，对其并无情感，虽曾接受之，终究视如身外，故对其采取功利态度，秦穆公、秦孝公以其“无益”而去之，秦昭王之问同样展示了明显的功利态度。荀子乃起而力辩之：“儒者法先王，隆礼义，谨乎臣子而致贵其上者

[1] 王先谦：《荀子集解》上册，沈啸寰、王星贤点校，中华书局1988年版，第140-141页。

[2] 叔孙通之遭遇可参照：刘邦命叔孙通作礼仪，“于是叔孙通使征鲁诸生三十余人，鲁有两生不肯行，曰：‘公所事者且十主，皆面谀以得亲贵。今天下初定，死者未葬，伤者未起，又欲起礼乐。礼乐所由起，积德百年而后可兴也。吾不忍为公所为。公所为不合古，吾不行。公往矣，无污我！’叔孙通笑曰：‘若真鄙儒也，不知时变。’”（司马迁：《史记》第8册，中华书局1959年版，第2722-2723页。）叔孙通所说“鄙儒”就是荀子所说“俗儒”。

[3] 王先谦：《荀子集解》上册，沈啸寰、王星贤点校，中华书局1988年版，第137页。

也。人主用之，则执在本朝而宜；不用，则退编百姓而悫，必为顺下矣。虽穷困冻馁，必不以邪道为贪。无置锥之地而明于持社稷之大义；呜呼而莫之能应，然而通乎财万物、养百姓之经纪。执在人上则王公之材也，在人下则社稷之臣，国君之宝也。虽隐于穷阎漏屋，人莫不贵之，道诚存也。仲尼将为司寇，沈犹氏不敢朝饮其羊，公慎氏出其妻，慎溃氏逾境而徙，鲁之粥牛马者不豫贾，必蚤正以待之也。居于阙党，阙党之子弟罔不分，有亲者取多，孝弟以化之也。儒者在本朝则美政，在下位则美俗，儒之为人下如是矣。"[1]

秦昭王之问是功利的，荀子也从功利角度予以回应，故本篇题名《儒效》，论述国家儒化或儒者治国之效用。不过，荀子相当谨慎，在这一段仅说明"儒之为人下"也即儒者为臣之效用。荀子特别强调，儒者即便不获任用，也"必为顺下"。可见荀子心思甚为缜密：商君当初之所以禁止学术，主要就是担心学者法先王，而不顺君王，甚或以先王之法扰乱人心，妨碍国家之"作壹"——后来李斯、秦始皇焚书，同样基于这一理由。当然，荀子最终还是全面地论述了儒者之效用：在朝为官，则可以秉公为政，在野为民，则可以敦美风俗。后世的士大夫也确乎如此。

然秦昭王毕竟是一国之王，更为关心儒学对君王治国平天下之大用，乃发问如下："王曰：然则其为人上何如？孙卿曰：其为人上也广大矣：志意定乎内，礼节修乎朝，法则度量正乎官，忠信爱利形乎下，行一不义、杀一无罪而得天下，不为也。此君子义信乎人矣，通于四海，则天下应之如欢。是何也？则贵名白而天下治也，故近者歌讴而乐之，远者竭蹶而趋之，四海之内若一家，通达之属莫不从服，夫是之谓人师。《诗》曰'自西自东，自南自北，无思不服'，此之谓也。夫其为人下也如彼，其为人上也如此，何谓其无益于人之国也！昭王曰：善！"[2] 荀子所言乃儒者之正论，其所谓"行一不义、杀一无罪而得天下，不为也"，与孟子之谓"不嗜杀人者能一之"如出一辙。而对秦昭王而言，最有吸引力之处在于能使四海之内若一家，天下之人莫不顺服。秦已有吞并天下之势，秦昭王当然希望在武力夺取天下之后，天下顺服。两人初衷或有不同，但确有交叠处。故由荀子之论

[1] 王先谦：《荀子集解》上册，沈啸寰、王星贤点校，中华书局1988年版，第117-120页。
[2] 王先谦：《荀子集解》上册，沈啸寰、王星贤点校，中华书局1988年版，第120-121页。

说，秦昭王看到了归儒之功效：秦王归于儒，有助于其在一统天下后获得天下人的顺服；以儒者为臣，也可以更有效地治理天下。故秦昭王对荀子之说颇为满意，曰“善”。荀子未记秦王此后有何作为，然而，鉴于秦自穆公晚年以来形成的排斥礼乐文治之深厚传统，秦昭王愿见儒者荀子，且肯定荀子曰“善”，已属秦人思想观念之一大历史性突破。此事此言表明，秦昭王已不再简单地排斥东方学术尤其是儒学，而很有可能在认真思考如何吸纳儒学，以使其日益增长的统治权获得东方之认可。

在这段对话之后，《儒效篇》记荀子大段论述，首先论儒家士君子之独特能力；其次抨击当时各家游士；其次论为学则可以由贱而贵、由愚而智、由贫而富；其次论君子不争而能让；其次区分民德、劲士、笃厚君子与圣人，而后叹美圣人为“道之管”；最后论诗、书、礼、乐、《春秋》之功用。推测起来，这些议论很有可能是荀子在秦对其官员所发。接下来，《儒效篇》又记荀子与一位客人的对话，推测起来，此客人或为荀子在秦所遇之客：“客有道曰：孔子曰：周公其盛乎！身贵而愈恭，家富而愈俭，胜敌而愈戒。应之曰：是殆非周公之行，非孔子之言也。武王崩，成王幼，周公屏成王而及武王，履天子之籍，负扆而立，诸侯趋走堂下。当是时也，夫又谁为恭矣哉！兼制天下，立七十一国，姬姓独居五十三人焉，周之子孙，苟不狂惑者，莫不为天下之显诸侯，孰谓周公俭哉！武王之诛纣也，行之日以兵忌，东面而迎太岁，至汜而泛，至怀而坏，至共头而山隧，霍叔惧曰：出三日而五灾至，无乃不可乎？周公曰：刳比干而囚箕子，飞廉、恶来知政，夫又恶有不可焉？遂选马而进，朝食于戚，暮宿于百泉，厌旦于牧之野。鼓之而纣卒易乡，遂乘殷人而诛纣。盖杀者非周人，因殷人也。故无首虏之获，无蹈难之赏，反而定三革，偃五兵，合天下，立声乐，于是《武》《象》起而《韶》《护》废矣。四海之内，莫不变心易虑以化顺之。故外阖不闭，跨天下而无蕲。当是时也，夫又谁为戒矣哉！”〔1〕这段对话与《儒效篇》开篇之论周公遥相呼应，其下则申论上文所引“大儒”之义。客人所论周公之德当属“雅儒”之德，荀子则谓周公乃“大儒”，于非常时刻行非常之事，超乎普通道德，故其救周时不恭，定天下时不俭，灭纣时

〔1〕王先谦：《荀子集解》上册，沈啸寰、王星贤点校，中华书局1988年版，第134–137页。

不戒，唯如此，终得安定天下。

《儒效篇》以“大儒”二字开篇，最后收结于畅论大儒之所能，荀子之心曲袒露无疑矣。荀子以为，秦完全可以扫灭各国，代周而起，兼制天下。这看起来超越常态下的道德观，但不如此，则王道无望。同样，荀子之说秦王也是大儒之举，唯有如此，方能致王于道，以秦所获得之权威重建王道，行仁义之政于天下。以常态社会中一般道德观念衡量此举，甚无谓也。依荀子，当乱世，惟大儒可行道于天下。

五、荀子说秦相之义理

荀子与秦相范雎之对话见《强国篇》。与《儒效篇》文本结构相近，在记应侯发问之前有荀子一大段议论，针对秦制而发，首先与先王对比，说明秦之长短：“力术止，义术行，曷谓也？曰：秦之谓也。威强乎汤武，广大乎舜禹，然而忧患不可胜校也，諰諰然常恐天下之一合而轧己也，此所谓力术止也。曷谓乎威强乎汤武？汤武也者，乃能使说己者使耳。今楚父死焉，国举焉，负三王之庙而辟于陈蔡之间，视可、司间，案欲剡其胫而以蹈秦之腹，然而秦使左案左，使右案右，是乃使雠人役也，此所谓威强乎汤武也。曷谓广大乎舜禹也？曰：古者百王之一天下、臣诸侯也，未有过封内千里者也。今秦南乃有沙羡与俱，是乃江南也，北与胡貉为邻，西有巴戎，东在楚者乃界于齐，在韩者逾常山乃有临虑，在魏者乃据圉津，即去大梁百有二十里耳，其在赵者剡然有苓而据松柏之塞，负西海而固常山，是地遍天下也。威动海内，强殆中国，然而忧患不可胜校也，諰諰然常恐天下之一合而轧己也；此所谓广大乎舜禹也。”[1]

力术者，以力为术，即强兵之术；义术者，以义为术，即仁义之道。荀子明确指出，秦之强大系于其强力，此为战国之基本精神，如《六国年表序》所谓“务在强兵并敌”[2]。故其威令人恐惧，其地广于舜禹，且有一天下之势。然其忧患

---

[1] 王先谦：《荀子集解》下册，沈啸寰、王星贤点校，中华书局1988年版，第300-302页。

[2] 司马迁：《史记》第2册，中华书局1959年版，第685页。

犹多，常恐东方各国联合起来攻击自己。然则如之何？荀子指出："节威反文。案用夫端诚信全之君子治天下焉，因与之参国政，正是非，治曲直，听咸阳，顺者错之，不顺者而后诛之。若是，则兵不复出于塞外，而令行于天下矣。若是，则虽为之筑明堂于塞外而朝诸侯，殆可矣。假今之世，益地不如益信之务也。"〔1〕

秦当转型，改用"义术"，节其暴力之威而返归于文治，也即礼义之治，为此，当任用端诚信全之儒家士君子。荀子确有先见之明，最早提出秦政转型论，从力术转向义术。汉代儒者于事后反思，反复申明这一点，最著名者即陆贾反问高祖者："居马上得之，宁可以马上治之乎？"〔2〕荀子并不认为秦之威动海内、强殆中国有错，而是认为仅此是不够的，不足以令天下心悦诚服。其下记荀子、应侯之对话："应侯问孙卿子曰：入秦何见？孙卿子曰：其固塞险，形埶便，山林川谷美，天材之利多，是形胜也。入境，观其风俗，其百姓朴，其声乐不流污，其服不挑，甚畏有司而顺，古之民也。及都邑官府，其百吏肃然，莫不恭俭、敦敬、忠信而不楛，古之吏也。入其国，观其士大夫，出于其门，入于公门；出于公门，归于其家，无有私事也；不比周，不朋党，倜然莫不明通而公也，古之士大夫也。观其朝廷，其间听决百事不留，恬然如无治者，古之朝也。故四世有胜，非幸也，数也。是所见也。故曰：佚而治，约而详，不烦而功，治之至也，秦类之矣。……虽然，则有其諰矣，兼是数具者而尽有之，然而县之以王者之功名，则倜倜然其不及远矣！是何也？则其殆无儒邪！故曰粹而王，驳而霸，无一焉而亡，此亦秦之所短也。"〔3〕秦昭王在秦人传统中，故直言儒学无益；应侯乃客卿而执政柄，故询问荀子入秦所见，其中不乏自豪之情。荀子之回应，与上文所分析之荀子本人的议论大意相同。荀子首先肯定秦政有可取之处。这一点从下面将要分析的《议兵》相关议论中清晰可见，故荀子说，秦之战胜东方各国"非幸也，数也"。这一论断至关重要，也非一般儒者所能思及。战国时代，频遭失败的东方人常以戎狄咒骂秦人，对秦之所以连续胜利之内在机理未做深究。后世儒者对秦制普遍满足于给予道德上的全盘否定，未能探究其制度之基本逻辑。对于荀子此处所描述的秦地政风、

〔1〕 王先谦：《荀子集解》下册，沈啸寰、王星贤点校，中华书局1988年版，第302页。
〔2〕 司马迁：《史记》第8册，中华书局1959年版，第2699页。
〔3〕 王先谦：《荀子集解》下册，沈啸寰、王星贤点校，中华书局1988年版，第302-304页。

民风，后世儒者多有不能理解甚至非议之处。荀子则认为，秦之胜利有其内在机理，须认真对待。详玩文意，荀子对此甚至不乏称赞倾向，毕竟秦连续胜利，有助于结束列国争战之无道局面。

略加分析即可看出，荀子所肯定的秦地民风、政风主要形成于商君之法，通过“作壹”，法家之治做到了百姓朴、百吏肃然、士大夫明通而公、朝廷恬然如无治，概括言之，官民皆忠于君国，各尽其职，荀子叹其有“古”风。在儒家“信而好古”的话语体系中，这是相当崇高的评价。换言之，荀子肯定商君之法可以塑造官民效忠国家之精神，此为优良秩序所必须者，后来荀门弟子李斯、韩非之为法家，良有以也。荀子之论，引人深思法家之治与儒家之间的复杂关系。当然，荀子说“治之至也”，不过是客套虚文而已。因为荀子马上就说，秦政有其所短，相比于王者，颇为驳杂；至于其症结，则在于“无儒”，此儒指儒家士君子。故荀子的基本主张是：秦的制度是可取的，但需全面更换权力执掌者，“用夫端诚信全之君子治天下”。荀子给秦开出了一剂“药方”：秦的身体是健壮的，有足够力量扫灭各国，一统天下；只是其心尚需重建，当接纳儒学，以儒家士君子替换现有官员，如此，秦可由驳而霸走向粹而王。

六、荀子期秦由霸至于王

荀子肯定秦之制度之明显倾向，亦可见于《议兵篇》。临武君与孙卿子议兵于赵孝成王前，临武君主兵家之说，荀子曰：“不然！臣所闻古之道，凡用兵攻战之本，在乎壹民……故善附民者，是乃善用兵者也。故兵要在乎善附民而已。”[1]此处所说“壹民”，正是上文所引《商君书》之“作壹”，意即万千人团结如一人，此义商君曾反复申明，而为荀子所取。

临武君又谓“兵之所贵者执利也，所行者变诈也”，荀子反驳曰：“臣之所道，仁者之兵，王者之志也……故仁人上下，百将一心，三军同力；臣之于君也，下之于上也，若子之事父，弟之事兄，若手臂之捍头目而覆胸腹也，诈而袭之与先惊而

---

〔1〕王先谦：《荀子集解》下册，沈啸寰、王星贤点校，中华书局1988年版，第266页。

后击之，一也……”〔1〕此处所说“若手臂之捍头目而覆胸腹”，其意近于由余所说“一国之政犹一身之治”，尽管其办法有所不同。其下荀子详论“王者诸侯强弱存亡之效，安危之执”，其中谓：“好士者强，不好士者弱；爱民者强，不爱民者弱；政令信者强，政令不信者弱；民齐者强，民不齐者弱；赏重者强，赏轻者弱；刑威者强，刑侮者弱；械用兵革攻完便利者强，械用兵革窳楛不便利者弱；重用兵者强，轻用兵者弱；权出一者强，权出二者弱，是强弱之常也。”〔2〕由此可见，荀子论兵与商君、韩非颇多相同之处，如同样强调“民齐”与“权出一”。当然，也有重大差异，荀子以“隆礼效功”为上，法家则言法而不言礼。

接下来，荀子比较齐、魏、秦三国之兵制，谓齐之兵制“隆技击”，强调个人杀敌能力，类似于雇佣军，无以应对强敌；魏从国中选拔军人，给予优待，麻烦在于不易更替；〔3〕秦则不然：“秦人其生民郏厄，其使民也酷烈，劫之以埶，隐之以厄，忸之以庆赏，酋之以刑罚，使天下之民所以要利于上者，非斗无由也。厄而用之，得而后功之，功赏相长也，五甲首而隶五家，是最为众强、长久、多地以正，故四世有胜，非幸也，数也。”〔4〕荀子以为，当时大国之中，秦之兵制最可取，其国民生计本来艰难，国家乃以重赏激励之，有军功爵制，以严刑威吓之，故人民乐于为国战斗，“最为众强长久多地”，比之齐魏，其制度为“正”。荀子得出结论：秦自孝公以来，不断取得对东方各国的胜利，是由于其制度更为合理。

荀子选择齐、魏，似乎也有深意。战国之初，魏最先变革，由子夏众弟子魏文侯等人主导，而荀子是三晋之人，其学必颇受子夏之风影响。卫鞅正成长于此环境中，转以其法行于秦。魏后来衰落，齐代之兴起，昭襄王时甚至曾与秦分称东帝、西帝，当时国力最强。荀子曾在齐稷下学宫三为祭酒，熟悉齐国政制。概言之，荀子深知魏、齐之制度渊源，而入秦见其官民之风尚，荀子似乎颇为震惊，终于断定秦之兵制优于这两国，实则“兵”之强弱涉及国家整个制度安排乃至其背后的精神。

---

〔1〕 王先谦：《荀子集解》下册，沈啸寰、王星贤点校，中华书局1988年版，第266-267页。
〔2〕 王先谦：《荀子集解》下册，沈啸寰、王星贤点校，中华书局1988年版，第267页。
〔3〕 王先谦：《荀子集解》下册，沈啸寰、王星贤点校，中华书局1988年版，第271-273页。
〔4〕 王先谦：《荀子集解》下册，沈啸寰、王星贤点校，中华书局1988年版，第273-274页。

荀子身处战国时代，深知欲重建王道，必须首先结束战争；结束战争的办法在当时只能是以战终战。为此必须深入地理解，秦人何以不断获胜。这是需要认真对待的问题。荀子身为东方人，却未滥用道德判断，痛骂秦人，而是对其兵制、宪制、民情作深入剖析，理解其内在机理，并肯定其优越于东方各国之处。荀子此话隐含了一个结论：秦以其霸道扫灭诸国、一统天下是正当的。当然，荀子绝非法家之徒，他立刻指出，秦制虽优于齐魏，终究不如齐桓公、晋文公之节制，遑论汤武的仁义之师。不过，理解这句话，亦当注意其语境：此乃言于赵王面前，自然对秦制多有批评。

这段对话之后，同篇还记载荀子与其弟子李斯之对话，似乎更为重要："李斯问孙卿子曰：秦四世有胜，兵强海内，威行诸侯，非以仁义为之也，以便从事而已。孙卿子曰：非汝所知也。汝所谓便者，不便之便也；吾所谓仁义者，大便之便也。彼仁义者，所以修政者也；政修，则民亲其上，乐其君，而轻为之死。故曰：凡在于军，将率，末事也。秦四世有胜，諰諰然常恐天下之一合而轧己也，此所谓末世之兵，未有本统也。故汤之放桀也，非其逐之鸣条之时也；武王之诛纣也，非以甲子之朝而后胜之也，皆前行素修也，所谓仁义之兵也。今女不求之于本而索之于末，此世之所以乱也。"〔1〕李斯提及荀子已肯定之基本事实：秦四世有胜，只不过，李斯大概在重复俗人之见，以为秦人之胜乃由于其"以便从事"，也即诱导或驱迫民众的机巧办法。荀子予以痛斥，详玩荀子之意似谓，秦人治兵，固不可谓之仁义，然颇有近似之处，至少秦国确实做到民众为国家舍生忘死，而东方各国均未做到这一点，宜乎其败于秦。结论是：惟有秦可进于王道。前文所引荀子回答应侯之结论曰："粹而王，驳而霸，无一焉而亡，此亦秦之所短也。"显然，东方各国属于"无一焉而亡"者，秦属于"驳而霸者"，荀子希望其进至于"粹而王"的状态。

荀子分析国家成败之基本框架是王道、霸道。《王霸篇》论述王霸之别："故用国者，义立而王，信立而霸，权谋立而亡。"〔2〕《大略篇》："君人者，隆礼尊贤

---

〔1〕王先谦:《荀子集解》下册，沈啸寰、王星贤点校，中华书局1988年版，第280-281页。
〔2〕王先谦:《荀子集解》上册，沈啸寰、王星贤点校，中华书局1988年版，第201页。

而王，重法爱民而霸，好利多诈而危。”[1]《强国篇》：“人君者，隆礼尊贤而王，重法爱民而霸，好利多诈而危，权谋倾覆幽险而亡。”[2]《天论》中有类似表述。[3]荀子与赵王对话时临武君所说者，即属于“好利多诈”，其国必危。至于秦，则近似于“重法爱民”，故得以霸。在通往王道的路上，秦已领先于东方各国；荀子入秦，所教导于秦君相者，就是“隆礼尊贤”之大义。秦只要补足这一环节，即可进于王道。

七、荀子说秦之效果

如前所述，自穆公晚年，在由余推动下，秦初步形成排斥诗书礼乐之观念和制度传统，秦孝公—商君予以强化。然而到秦昭襄王后期，秦扫灭六国之大势已明朗，则即便按照法家之义理，亦当重定国是。

荀子入秦，可谓正当其时。从荀子所记对话可见，应侯对荀子之论未予回应，盖应侯乃纵横辩说之士，固不喜儒家士君子之当政，观其本传可知。[4]昭王却明确称赞荀子所论者“善”。盖昭王之位不同于范雎，范雎为客卿，仅考虑自家之利害得失，昭王为有国者，不能不为秦之长远发展考虑。由昭王之叹善，或可推测，荀子之说在一定程度上说动了秦王。[5]从史籍所记一鳞半爪可见，在此之后，儒学在秦逐渐合法化，并在后来秦始皇之创制立法中发挥了相当重要的作用。

儒学之合法化乃事理之必然。昭王中年，秦已占领东方部分地区，设立郡县，而其所统治的臣民中当然有儒生。荀子入秦后，秦进一步攻城略地，其统治权向东方、南方扩展，越来越多的士人（主要是儒生）成为秦之臣民。由此，儒家学术内在化于秦，对儒学采取排斥的态度在政治上是极端不明智的。《吕氏春秋》一书

---

〔1〕王先谦：《荀子集解》下册，沈啸寰、王星贤点校，中华书局1988年版，第485页。

〔2〕王先谦：《荀子集解》上册，沈啸寰、王星贤点校，中华书局1988年版，第291页。

〔3〕王先谦：《荀子集解》下册，沈啸寰、王星贤点校，中华书局1988年版，第317页。

〔4〕司马迁：《史记》第8册，中华书局1959年版，第2401–2418页。

〔5〕魏衍华说，自荀子西入秦后，儒学已在秦地广为传播，对固有观念和传统都产生了深远影响，参见魏衍化：《从秦人与儒学的关系看儒学的传播》，《船山学刊》2011年第4期。

的编纂似可为儒学开始合法化之标志，其中多有儒家之论。至秦始皇焚书之前，儒生已活动于政治中枢。《史记·秦始皇本纪》记秦博士官中颇有儒生，且参与议政。《封禅书》记秦始皇东巡守，“于是徵从齐鲁之儒生博士七十人，至乎泰山下”〔1〕。引发焚书之事的齐人淳于越就是博士，正因为儒学合法存在，影响力巨大，才需要以焚书的方式予以厉禁。〔2〕又，《史记·秦始皇本纪》谓，秦始皇坑儒，皇子扶苏同情儒家。〔3〕可见，儒家教育也进入秦，以至于皇子受其影响。

凡此种种，必与荀子入秦说秦王有关。或可谓荀子入秦说其君相，乃秦国历史演进过程中一大事件，推动秦政之深刻转型。秦人借驱民农战的戎狄、法家之术打败东方各国，荀子让秦国精英认识到国家转向文治之必要性，欲一统天下，且拥有足够正当性，当放弃此前的反学术国策，转而尊儒，重用士君子。这些士君子进入国家建制后，参与了秦初重要制度之建立。秦一统天下，不能不建立各种各样的制度，儒生熟知三代之事，精通礼乐法度，故其广泛参与国政，创制立法。

在此决定秦之发展道路的政治过程中，两种不同的传统、观念发生激烈冲撞：在一统天下议王号之时，秦始皇就与博士、大臣意见不一；秦始皇欲封禅，拒绝采纳儒生建立的礼制；齐人淳于越主张恢复封建，引发李斯和秦始皇的强烈反弹。可见，在一统天下前后，秦政在两种力量之复杂纠葛之中摇摆：一种是穆公晚年、孝公的传统，也即由余一商君传统，偏离先王之道，强化王权，追求富强，蔑弃诗书礼乐之学；另一种是荀子带来的儒学，当秦一统天下后，则是东方学术，仍以诗书之学为根本。前者在秦历史更为悠久，但已不合时宜；后者是新来的，但更有生命力。秦政欲保持稳定，关键在于两者保持平衡，并创造条件，为本乎儒学的文治扩充其空间。然而，秦始皇晚年似乎失去这一耐心。

另一方面，随着儒学合法化，有机会参与国政，儒学内部之分歧也公开化。儒学之中有明乎“君子而时中”之大义者，也有僵化的守旧者；荀子属于前者，主张立足于今制而予以提升，致之于道；后者则是孔子所描述者：“愚而好自用，贱

〔1〕司马迁：《史记》第4册，中华书局1959年版，第1366页。

〔2〕钱穆对秦之博士制度及焚书坑儒之事有详尽论述，参见钱穆：《两汉经学今古文平议》，商务印书馆2001年版，第185—192页。

〔3〕司马迁：《史记》第1册，中华书局1959年版，第258页。

而好自专，生乎今之世，反古之道，如此者，灾及其身者也。”[1] 此分化贯穿秦汉之际。引发焚书的淳于越复封建之论，正是“生乎今之世，反古之道”。战国时代，封建制已荡然无存，各国陆续设立郡、县，秦承之而一天下于郡县。淳于越泥古不化，要求全盘恢复封建制。而在李斯、秦始皇看来，这从根本上否定、动摇了秦制，故发动焚书，尤其是禁止诗、书之传播，盖其书主要记封建之事也。

淳于越主张复封建，激起李斯之主张焚书，实触及道统抉择问题、国家政制设计方向问题、与不同群体权利配置问题。军功贵族必定维护秦穆公—由余、秦孝公—商君的传统，此为其利益所系；东方社会必倾向于复封建，这可削弱秦的权威；或倾向于尊儒，这可打开其在秦政中的上升通道。然而，淳于越的激进主张刺激了秦国军功贵族的忧惧之心，故全面反扑，导致秦政与儒学彻底决裂。此乃其国一大政治悲剧，亦为儒学之悲剧。秦固然因此丧失了政治上更化转型之机会，令东方社会失望，注定了其后来土崩瓦解之命运；儒学亦丧失驯化权力之机会，道无以行于天下。于是，新生的政治秩序迅速崩解，群雄逐鹿，生灵涂炭。对此，淳于越等泥古不化者应否承担责任？特别需要指出的是，汉初刘邦依循淳于越的观念恢复封建制，而残酷的事实证明这一泥古的做法根本不可行。经济社会条件已发生巨变，人间观念也不同于古代，复封建只能导致政治大混乱。可叹汉初仍有儒者前赴后继地作此努力，如武帝初即位，“赵绾、王臧等以文学为公卿，欲议古立明堂城南，以朝诸侯”,[2] 意在复封建之制，迂腐如此，岂有不败之理？经过一次又一次失败，至广川董仲舒出，乃上承荀子之道，肯定郡县制而兴起学校，养成士人，以士君子当政，最终完成国家之儒化，此诚儒家通天下之变之中道也。[3]

八、结 语

荀子入秦游说其君相，为其一生大事，更为儒家学术和行道史上之大事，亦为

[1] 朱熹：《四书章句集注》，中华书局1983年版，第36页。
[2] 司马迁：《史记》第2册，中华书局1959年版，第452页。
[3] 参见姚中秋：《天人之际的治道：广川董子“天人三策”义疏》，《政治思想史》2012年第3期。

周秦之际政治演变史上之大事。荀子以为，秦将扫灭东方各国，可见其兵制乃至政制俱有可取之处；秦若一统天下，则重建王道有望，故“见几而作”，不计个人毁誉，毅然入秦，说秦王、秦相以仁义礼乐之道。

荀子与秦君相之对话是偏离华夏礼乐法度数百年之秦，与传承华夏文化的东方儒者之间第一次对话，有重大历史意义。由此，在战场上不断取得胜利的秦人始得以走出思想之封闭而知大道，略有公天下之心。经荀子引导，秦的国家发展轨道确有一定转向，逐渐接纳儒学和儒家士君子。故秦有过一轮儒家化，秦制由此部分得以驯化，儒家内化于秦政，得以参与郡县一统之制的设计构建，此制两千年而不见易，且行于今日。追本溯源，此一大事因缘发端于荀子之入秦。

崇尚强力数百年如秦者，一旦欲稳定其天下秩序，亦不能不走上儒家化一途，这清楚表明，在孔子删述六经、使中国之道可传、可道、可学之后，儒家化即为一代政治演进之最重要环节，笔者曾谓之“第二次立宪”，[1] 其政由此可以复归于华夏之大道。此过程之完成有赖于君王与儒者之相向而行，惜乎秦人偏离诗书礼乐传统为时太久，其统治者对思想学术偏见太大，故未能彻底完成儒家化过程，其结果则是，虽然政治一统，却不二世而亡。反观儒者荀子，其身在无道之世而行道之中道的方法足堪为后人取法。儒者以行道天下为己任，而天下常无道，则如之何？生在无道之世，孔子既非伯夷叔齐之“不降其志，不辱其身”，亦非柳下惠、少连之“降志辱身”，亦非虞仲、夷逸之“隐居放言”，其处世之策略是“我则异于是，无可无不可”[2]。荀子之入秦说秦君相即效法孔子之道，可见其殷殷救世之仁心，更可见《中庸》所谓“君子而时中”之大智。

---

[1] 参见姚中秋：《国史纲目》，海南出版社2013年版，第245页。
[2] 朱熹：《四书章句集注》，中华书局1983年版，第185-186页。

原始儒学“宗教性”新解

白宗让*

［内容提要］

“宗教性”具有超越维度，对儒学宗教性的研究要放在世界文明的背景下进行。“宗教性”一般是在终极的意义上来谈的。“宗教性”情感认为，人在世间的居所都是暂时的，所有的人最终都会回归天地，此岸的一切都是为了追求彼岸的幸福与永恒。儒家也认为这暂时的居所是有丰富的意义的，值得我们用全部的爱与智慧去好好过此生，这一“现世伦理”如果触发了主体深层的超越性情感，而不止于平常的喜怒哀乐之层面，在某种意义上也是“宗教性”的表达。儒学宗教性兼具“内在超越”与“外在超越”两种维度。孔子保留了古代礼乐文明的外衣，注入了核心精神之“仁”，这一新的宗教向度体现于对己身、他者、传统、天地、鬼神、圣人的信仰之中。道德、美育、科学都无法替代宗教，用唯物法研究它是当今文明对话的需要。

［关键词］

儒学；宗教性；内在超越；外在超越

* 白宗让，北京大学高等人文研究院博士研究生。

一、宗教性与儒学的内在超越

学界对儒学宗教性问题的看法很复杂，大略可分为两类。一是认为儒学属于现世伦理，不是宗教。西方学者从明代传教士利玛窦到黑格尔、韦伯，再到多数汉学家们都持此观点，这也是采用了基督教的标准；其次，从法国启蒙思想家到钱穆、徐复观、陈荣捷，再到安乐哲、池田知久等海外学者认为儒学摆脱了宗教的束缚，以人文主义为底色，是本着赞赏儒家的态度。二是认为儒学就是宗教。从汉代的谶纬神学派人物到清末康有为，再到当代蒋庆等人持此观点，其中任继愈持批判态度，这些都不同程度地掺杂了意识形态因素；也有学者认可儒学存在某种超越维度，如余英时之“天”，芬格莱特之“礼”；当代新儒家唐君毅、牟宗三等认为儒学具有“内在超越”的宗教性，接触到了宗教情感之核心。本文暂且不讨论意识形态与社会政治因素，仅从学理上来探讨原始儒学所具有的宗教特质。

人文与宗教的分野是西方的话语形态，不适用于东方文明，也不能套用韦伯式的“现代宗教”[1] 范式，但是宗教研究一定要在世界文明的整体背景下进行，这是文明对话的需要。狭义的“宗教”是指一神论的模式，在当今世界各大文明频繁互动的背景下，“宗教”的界定也有所拓展，如田立克认为宗教是一种“终极关怀”，希克说宗教可以被理解为一种“对超越者的回应”。但无论如何，“宗教”所具有的超越维度是不可消解的。西美尔（Georg Simmel）区分了“宗教”与“宗教性”，认为前者是指静态的制度，后者是对信仰精神的认同，认为“宗教性”是人类灵魂的天性，也是宗教的核心。[2] 卢克曼（Thomas Luckmann）认为现代社会应当用以个人信仰为基础的“无形的宗教”取代“有形的宗教”。[3] 史密斯

---

〔1〕关于韦伯“现代宗教”与“前现代宗教”的区别，详见其《宗教社会学》一书。罗伯特·贝拉（Robert Bellah）在《人类进化中的宗教：从旧石器时代到轴心时代》（*Religion in Human Evolution*：*From the Paleolithic to the Axial Age*）一书中也套用了此范式。

〔2〕Georg Simmel. *Essays on Religion.*，edited and translated by Horst Jürgen Helle in collaboration with Ludwig Nieder. New Haven：Yale University Press，c1997.

〔3〕Thomas Luckmann. *The Invisible Religion*：*The Problem of Religion in Modern Society*. New York：Macmillan，1970，c1967.

（W. C. Smith）认为精神性的“个人信仰”优先于“累积的传统”。[1] 这些认识都扩展了西方文明自身的视野，对推动文明对话起到了重要作用。但是，即使回到了宗教之核心精神，还有一个“内在超越”与“外在超越”的问题。

相对于西方学者所认可的“外在超越”，当代新儒家代表人物唐君毅、牟宗三以详实的材料论证了儒家式“内在超越”才是更高级的信仰模式。唐、牟等人在儒学“花果飘零”之时，重新焕发其核心生命力，是20世纪儒学研究最重要的贡献，但我们也要看到，片面强调“内在超越”是在当时西学冲击的背景中发展出来的。第三代新儒家虽然具有国际视野，但还是没有突破以“内在超越”来阐释儒学宗教性的模式，恐怕不利于未来的文明对话。我们赞赏对“宗教性”持开放态度的西方学者，但也要看到多数西方学者在此问题上的保守态度，如巴特（Karl Barth）就认为“宗教性”无论如何都必须是“神本”的。

新儒家从“天人合德”来论述儒学的宗教精神。唐君毅先生认为“本心本性”即是“天心天性”，“仁者浑然与物同体”的“天德流行境”可以涵摄各种宗教，其说最为圆融。[2] 牟宗三先生以“性与天道”来论述儒学之“内在超越”，认为有了“无限的智心”，外在的人格神就是次要的。[3] 牟先生以“道德行为者之无限”来界定宗教，[4] 这一“道德宗教”之说来自康德，康德把宗教分为“恩典宗教”（外在）与“道德宗教”（内在）两类，并认为后者才配称“真正的宗教”。康德从自由意志得出此结论，已经是一种人文化的阐释，由此而证成的“圆善”其实是偏颇的，因为无法统合真正的自由与自然、自律与他律。在康德之前，休谟《自然宗教对话录》就坚持分割哲学与神学，从社会道德层面来论述“真正的宗教”，反对迷信与狂热。

“外在”与“内在”孰高孰低的争论其实没有必要，因为所有伟大的宗教文明都是内外兼备的，根本不存在纯粹外在的宗教。今天我们当然要从学理上关注基督教“外在超越”的价值，在此基础上指出儒学基于“主体—本体”之“内在超

[1] W. C. Smith. *The Meaning and End of Religion*: *A New Approach to the Religious Traditions of Mankind*. New York: New American Library, 1964.

[2] 唐君毅：《生命存在与心灵境界》，台北学生书局1991年版。

[3] 《圆善论》，《牟宗三先生全集·22》，台北联经出版事业公司2003年版。

[4] 《中国哲学的特质》，《牟宗三先生全集·28》，台北联经出版事业公司2003年版，第24页。

越”的价值，但要看到“内在超越”并非儒学独有，这样就避免了落入缪勒（Max Müiller）所谓“只知其一，一无所知”的窘境。郭齐勇指出，无需讳言，儒学超越性不及，而内在性偏胜；如何从宗教现象学、比较宗教学和儒家史的角度，解答超越性不足所带来的中国文化中的诸多问题。[1] 李景林说，哲学与宗教有着明显的区别，这一点绝不会因吾人对宗教定义的改变而发生根本的改变，哲学形上学与宗教信仰关涉终极实在的方式并不相同；牟宗三先生说，儒家轻松地消解了“天启”观念，其立教的重心是以人如何体现天道，而非“以神为中心”或围绕天、天道的人格神意义展开其教义；刘述先亦指出，儒家“天”“道”“仁”的概念虽具有超越性的意义，实已全无人格神的特征；现代新儒家对儒学宗教性的思考实质上更清晰地刻画了儒学的哲学特质。因此，单从儒学的义理系统入手，以求通过改变宗教定义的方式来曲通儒家与宗教，适足以混淆模糊哲学与宗教之界限，而于儒家宗教义之证立，似并无助益。[2]

美国汉学家郝大维、安乐哲意图反驳儒学之超越维度，将孔子树立为西方人对超验的长期依赖的后现代主义的楷模，将儒学之宗教性完全抹杀，虽然是抱着赞扬的态度，但与事实不符。[3] 笔者完全认可新儒家对“内在超越”的阐释，这是对儒学宗教性之指责最强有力的回应。在此基础上，本文试指出原始儒学同时具备“内在超越”与“外在超越”双重维度。本文不同意将“内在”与“外在”当作中西文化之分途，[4] 也不同意儒家知识阶层将“外在超越”仅仅看作原始宗教残余、民间迷信、功利宗教等等，这些说法完全没有认识到“外在超越”的价值以及宗教情感之“内外相通”的本质。历史上纯粹“外在超越”的出现正是犹太民族当时历史情境之下的产物，后来每一次宗教改革也都是因为人间秩序发生了混乱。唐君毅先生就认为“神力”与“自力”可以互相转化，合而为一。[5]

---

〔1〕郭齐勇：《当代新儒家对儒学宗教性问题的反思》，《中国哲学史》1999年第1期。

〔2〕李景林：《义理的体系与信仰的系统——考察儒家宗教性问题的一个必要视点》，《北京师范大学学报（社会科学版）》2016年第3期。

〔3〕参见郝大维、安乐哲：《通过孔子而思》，何金俐译，北京大学出版社2005年版，第254、305页。

〔4〕依牟先生之见，中西哲学最大的分野就是内在的心性与外在的知识论。

〔5〕《论中国原始宗教信仰与儒家天道观之关系兼释中国哲学之起源》，《中华人文与当今世界·补编·上》，《唐君毅全集·卷九》，台北学生书局1991年版，第167页。

二、“三代”原始信仰的性质

“三代”原始信仰的主要表现形式是祭祀、巫术、卜筮。祭祀主要是祭天、祭祖、祭山川。祭祖是基于血缘关系,[1] 祭山川是为了免除自然灾害，只有祭天才有某种纯粹的宗教性。礼乐起源于祭祀,《说文解字》“示部”曰：“礼，履也，所以事神致福也”，王国维认为“礼”字“象二玉在器之形”，《周礼·春官·大宗伯》有“以苍璧礼天，以黄琮礼地”的说法。但是，祭天被天子一人所垄断，公侯都没有祭天的权利，社会上的广大民众更无此类宗教活动可言。原始巫术所依赖的是一种神秘“互渗律”[2] 或“交感”[3]，而且巫术必须借助外物，如酒、舞、坛。古希腊女祭司只有咀嚼麻醉性的月桂树叶，进入恍惚迷狂状态，才能降神。卜筮在当时决策中只充当辅助的角色，不具备“神谕”的权威性。“洪范九畴”之“次七”曰“明用稽疑”，决策者至少要参考五方面的意见：王、卿士、庶人、龟卜、筮占，而且咨询人的看法明显重于卜筮。卜筮在历史上的地位逐渐下降，到了春秋末年，已经完全边缘化了。由于形势的逼迫，诸侯对利害的算计已经超越了卜筮的权威。因此，对“三代”之原始信仰不可轻易冠之以“宗教”之名，更不可不分析其中“宗教性”的含量。比如，阴阳家将自然现象与人事相联系，其中含有对自然神性的信仰，但是阴阳家所用的术数推演其实是极其理性化的阐释，基本没有什么迷信色彩。

“三代”时期对“天神、人鬼、地示”的祭祀中纯粹的“宗教性”比较少，而且不普及，地位越低的人祭祀的权利越少。巫术具有浓厚的迷信色彩，卜筮只用来辅助功利算计，都不具备克尔凯郭尔式“荒谬之信仰”的纯粹性、绝对性、无条

[1] 如果祖先是先王，死后升上天庭，在帝左右，祭祖就是通过祖先的媒介而祈求上天的保佑，这个意义上等同于祭天。

[2] 参见列维-布留尔：《原始思维》第二章，丁由译，商务印书馆2009年版。

[3] 参见弗雷泽：《金枝》，汪培基等译，商务印书馆2013年版；卡西尔：《人论》，甘阳译，上海译文出版社1985年版，第107页。

件性。[1] 孔子对此三种原始信仰都有所改造，在“天道”信仰方面，他首先开创了个人与天的交流；在对待巫术上，他与史巫“同途而殊归”（马王堆《要》）；他对《易》的态度是“不占而已矣”，[2] 将卜筮之吉凶阐释为“吉凶者，失得之象也”，[3] 德者得也，以德性之“贞正”超越了吉凶逻辑。孔子之“依德不依卜”与诸侯之“依势不依卜”根本不同，“德”本身就是“天道”，具有强烈的宗教维度。可见，孔子走出了当时形式化的原始信仰，但从内心保留了对超越者的敬畏，这就是儒学纯粹“宗教性”之创立。以往的研究均以为“三代”之宗教氛围浓厚，孔子开创了人文理性的传统；本文则认为“三代”之信仰缺乏纯粹的宗教性，孔子所开创的不但有人文理性，而且包括纯粹的“宗教性”。孔子学说兼具人文与宗教的特色，而历来对其“宗教性”的探讨略显不足。

三、孔子儒学宗教性的六个维度

孔子思想在当时具有很大的革命性，他反对自古以来的鬼神观念，以致引起墨子的激烈批评：“儒以天为不明，以鬼为不神，天、鬼不说，此足以丧天下。”[4] 墨家的“天志”极具宗教色彩，在墨子看来，儒学显然是“宗教”的败坏者。其实孔子在走出原始信仰的同时，为儒学建立了一套严整的信仰体系。轴心时代的学说都是对原始信仰之突破，古希腊哲学从神话中走出来，佛教从婆罗门教中走出来，基督教从犹太教中走出来，后来的基督新教也是本着“因信称义”从壁垒森严的天主教中脱胎出来，其中都经历了激烈的斗争。《论语·季氏》中孔子曰：“君子有三畏：畏天命，畏大人，畏圣人之言。”这里点出了儒学的三种信仰：天、圣人与传统。《礼记·中庸》中孔子曰：“故君子之道，本诸身，徵诸庶民，考诸

---

〔1〕克氏在《恐惧与战栗》中区分了伦理模式与宗教模式，在《非此即彼》中区分了审美模式与伦理模式。参见：Soren Kierkegaard. *Fear and Trembling*. Trans. by Sylvia Walsh. Cambridge. New York: Cambridge UP，2006.

〔2〕《论语·子路》。

〔3〕《易传·系辞上》。

〔4〕《墨子·公孟》。

三王而不谬，建诸天地而不悖，质诸鬼神而无疑，百世以俟圣人而不惑。”这段话道出了儒家的六层信仰：己身、他者、传统、天地、鬼神、圣人。“君子之道”代表孔子心目中正统的儒学，是意志自由之主体的行为，对其进行检验的有六重标准，其中必然具有“外在超越”的维度。

（一）对修身的信仰

“本诸身”即《礼记·大学》之“修身为本”。原始儒学依从“本末终始”的逻辑找到了万事万物的总根源，建立了“为己之学”[1]，故孔子曰“一日克己复礼，天下归仁焉”[2]、“故远人不服则修文德以来之”[3]。孟子曰：“行有不得者，皆反求诸己，其身正而天下归之。”[4] “为己之学”的核心是“慎独”。“慎独”一方面是主体之自觉，另一方面也有主体无法完全掌控的维度，《孟子·告子上》引孔子曰：“‘操则存，舍则亡；出入无时，莫知其乡’，惟心之谓与?”竹简《性自命出》开篇曰：“凡人虽有性，心无定志。”“心”具有天赋灵明，心性之修养中，主观努力很重要，但不一定就能达到预期效果。《礼记·大学》讲到“慎独”时引曾子言：“十目所视，十手所指，其严乎!”孟子也只能讲到“必有事焉而勿正，心勿忘，勿助长也”[5]。因此，儒学对“己身”之神圣性充满了宗教敬畏感。

（二）对他者的信仰

儒学之现世关怀决定了其以“人道”为主的特色。儒学对人的社会关系之考量极其周密，但绝不是“关系主义”。自古以来，“天民一体”就是儒学基本的预设，“徵诸庶民”之“民”与“天”具有同等的权威性：“天聪明，自我民聪明。天明威，自我民明威”《书·皋陶谟》；“天视自我民视，天听自我民听”[6]；“天矜于民，民之所欲，天必从之”[7]；“民可近，不可下”[8]；“民，天之生也。知

[1] 《论语·宪问》。
[2] 《论语·颜渊》。
[3] 《论语·季氏》。
[4] 《孟子·离娄上》。
[5] 《孟子·公孙丑上》。
[6] 《泰誓》一篇为《古文尚书》，但此句亦为《孟子》所引，当为原始儒学思想。
[7] 此为孟子所见之《尚书》，又为《左传》《国语》所引，当为古本《泰誓》之语。
[8] 《五子之歌》一篇为《古文尚书》，司马迁见《五子之歌》而载《夏本纪》，原属《夏训》。

天，必知民矣”[1]。所以孟子说：“民为贵，社稷次之，君为轻。”春秋时期的国力取决于民众之多寡，孔子主张对人民先“富之”后“教之”。孟子曰：“得乎丘民为天子”，“桀纣之失天下也，失其民也。失其民者，失其心也。得天下有道：得其民，斯得天下矣。得其民有道：得其心，斯得民矣。”既然“民心”即是“大心”，那就不可采用工具式思维，而要用礼乐来曲尽其情。《周礼》中记载了各种听取民意的方法，如谏鼓、谤木、肺石、路鼓等。此外，古代的采诗制度也是听天命的重要方式，《诗》本有“兴观群怨”[2]的功能。

在儒学看来，所有的“他者”都具有神圣的维度，对待亲人要“仁人之事亲也如事天，事天如事亲，是故孝子成身”[3]，对待民众要“出门如见大宾，使民如承大祭”[4]，在位者要“大畏民志”[5]。唐君毅说：“完满之宗教，不仅当事神如有人格，必包含事人如有神格。”[6]这就是孔子开创的“天人并祀”的新宗教精神。孔子之“己所不欲，勿施于人”“己欲立而立人，己欲达而达人”，《易传》之“与民同患”，孟子之“与民同乐”不仅是同情而已，背后都有真挚的宗教情感。历来多将儒家的“仁政”作道德解释，没有看出其中的宗教含义。《礼记·中庸》以“居上不骄，为下不倍”为“既明且哲”，又云：“在上位，不陵下；在下位，不援上；正己而不求于人则无怨。上不怨天，下不尤人。故君子居易以俟命，小人行险以徼幸。”《易传·系辞下》以“上交不谄，下交不渎”为“知几”。回头再看《论语·尧曰》之“宽则得众，信则民任焉，敏则有功，公则说”“君子无众寡，无小大，无敢慢，斯不亦泰而不骄乎”，不亦是“天德”乎？

（三）对传统的信仰

“考诸三王而不谬”代表了对古代传统的信仰，儒家不但是古代文化的传承者，而且是“传道”者，后来宋明儒者进一步建构了“道统”说。孔子对传统文化深信不疑，对经典中的“古之遗言”与“古之遗贤”之事迹津津乐道。最早的

---

[1]《国语·楚语》。
[2]《论语·阳货》。
[3]《礼记·哀公问》。
[4]《论语·颜渊》。
[5] 一般理解为使民畏服，其实应理解为敬畏民意，方能达到“无讼”的效果。
[6] 唐君毅：《人文精神之重建》，台北学生书局1991年版，第593页。

经典《尚书》记录了在位者的言语，《诗》之《国风》是民众讽诵的歌谣，《易》是圣贤的智慧，孔子将此三者列入儒学“六艺”，以为必修之科目。孔子对古代礼乐文明喜爱有加，认为礼乐本来就是为祭祀服务的，这类似伊利亚德对萨满式“迷狂”的描述。[1] 孔子对古代文化的崇敬之情近似于宗教信仰，不止是黑格尔所谓的“历史理性”。他本人亦以“天命”之“传道者”自居，相信文化生命不会断绝：“文王既没，文不在兹乎?”[2] 值得注意的是，孔子是在“文质损益”中把握传统，而不是主张复古。《礼记·中庸》曰：“生乎今之世，反古之道。如此者灾及其身者也。”《大戴礼记·哀公问五义》中哀公曰：“然则今夫章甫、句屦、绅带而搢笏者，此皆贤乎?”孔子曰：“否，不必然。今夫端衣、玄裳、冕而乘路者，志不在于食荤；斩衰、简屦、杖而歠粥者，志不在于饮食。故生乎今之世，志古之道；居今之俗，服古之服；舍此而为非者，虽有，不亦鲜乎?”

（四）对天地的信仰

孔子首开华夏文明个人主体性之挺立，但绝不是凡俗人文主义式的个人。孔子对“天”一直怀有崇高的敬畏。一方面，“天”是“主宰之天”：“君子有三畏”[3]，“死生有命，富贵在天”[4]，“获罪于天，无所祷也”[5]；另一方面，人可以“至诚”与“天道”沟通：“不怨天，不尤人，下学而上达，知我者其天乎”[6]，“五十而知天命”[7]，“不知命，无以为君子也”[8]。这一贡献早于欧洲中世纪宗教改革先驱马丁·路德两千年。

“建诸天地而不悖”就是用“天地”之“至善”来检验“君子之道”。儒家的“天”是终极至善的化身，具有上帝般的“不谬性”（infallibility），是儒者修身的最高追求。儒家善于解读“天”之意志，国家每逢大事，都要注意观察天地的感应，《书·洪范》“九畴”之八曰“庶征”，《春秋》经文所记灾异之事有一百二十

[1] Mircea Eliade. *Shamanism*. Princeton：Princeton UP，1972：3-4.
[2] 《论语·子罕》。
[3] 《论语·季氏》。
[4] 《论语·颜渊》。
[5] 《论语·八佾》。
[6] 《论语·宪问》。
[7] 《论语·为政》。
[8] 《论语·尧曰》。

余次。《史记·五帝本纪》记载尧传位给舜之前，特地用“自然法”与“人为法”对舜进行了双重考验：“于是尧妻之二女，观其德于二女。舜饬下二女于妫汭，如妇礼。尧善之，乃使舜慎和五典，五典能从。乃遍入百官，百官时序。宾于四门，四门穆穆，诸侯远方宾客皆敬。尧使舜入山林川泽，暴风雷雨，舜行不迷。”《孟子·万章上》曰：“天子能荐人于天，不能使天与之天下……昔者尧荐舜于天而天受之，暴之于民而民受之。”古代王者即位重新颁正朔之后，也要用农业收成来证明王位的合法性，这些都是“天”之宗教职能的体现。

儒学在“天命之谓性”“仁义内在”的基础上将宗教与伦理合为一体，一方面对“天”有信心：“故大德，必得其位，必得其禄，必得其名，必得其寿”[1]；另一方面也认可“天”的自然安排：“道之将行也与，命也；道之将废也与，命也”。在这一张力之中，儒家选择持守“天赋”之“德”，不但“知其不可而为之”，甚至不惜牺牲生命：“朝闻夕死”[2]、“杀身成仁”[3]、“自古皆有死，民无信不立”[4]、“舍生取义”[5]。在涉及生死取舍的问题上，无疑是宗教的因素在起作用，如同亚伯拉罕之献祭。亚伯拉罕献子是经过艰苦反思的，不能从对或错的简单思维来阐释。儒学对“天”的宗教信仰既不盲从，也不轻看，因为很难去分辨众多现实意义上的“命”究竟哪一个是上天真正的旨意。这一点上也很难依靠“心”，因为主体很难确定此“心”是否达到了孔子“子绝四”意义上的无私无蔽。更主要的是，上天的旨意可能不是固定的，而是会随着主体心思之“偏倚”而发生转化。对儒学天道信仰的准确阐释可能是“心”与“天”分别在天平的两端，如同一个方程式中的两个变量，天意既难知又可知。

如果“超越者”可以有不同的表现形式，儒学之“天”某种程度上相当于基督教的“上帝”或者爱因斯坦的“宇宙宗教”。爱因斯坦信仰斯宾诺莎意义上的“神”。[6] 斯宾诺莎认为“上帝即自然，是唯一实体”。爱因斯坦在《科学的宗教

[1] 《礼记·中庸》。
[2] 《论语·里仁》。
[3] 《论语·卫灵公》。
[4] 《论语·颜渊》。
[5] 《孟子·告子上》。
[6] 《爱因斯坦文集》第1卷，商务印书馆1977年版，第243页。

精神》一文中论述了科学家的这种“宇宙宗教”情感：“科学家的宗教感情所采取的形式是对自然规律的和谐所感到的狂喜和惊奇，因为这种和谐显示出这样一种高超的理性……这样的感情同那种使自古以来一切宗教天才着迷的感情无疑是非常相象的。”〔1〕这段话说出了儒学对“天”的双重情感：既可理解又不可理解。可理解，则不是盲目崇拜；不可理解，则超出了理性的把握。孔子在“知之为知之，不知为不知”〔2〕的张力之“中”统合了理性与宗教信仰。

（五）对鬼神的信仰

孔子反对迷信，认为殷商“率民以事神”〔3〕是错误的，他在病中屡次批评了子路擅自举行的祈祷行为。孔子保留了“三代”祭祀与卜筮的外衣，但用“仁”填补了其核心精神，儒学之祭祀和卜筮都首先要求主体之“仁”“诚”“恒”：“人而不仁，如礼何？人而不仁，如乐何？”“祭如在，祭神如神在”；〔4〕“人而无恒，不可以作巫医”〔5〕。“仁”实现了天道与人心的沟通。本于“仁”的礼乐在祭祀时才能发挥宗教作用。

儒学对祭祀进行了人文化阐释，《礼记·祭法》规定非有功于民者，均“不在祀典”，民众祭祖之“慎终追远”是为了“民德归厚”，荀子说：“君子以为文，百姓以为神”〔6〕，“祭者，志意思慕之情也”〔7〕，那就不属于宗教性质。但在儒学创始人孔子那里，鬼神观念远不止于此。《礼记·祭义》中孔子对宰我详细解释了鬼神：“因物之精，制为之极，明命鬼神，以为黔首则。百众以畏，万民以服。”《礼记·中庸》载子曰：“鬼神之为德，其盛矣乎。视之而弗见；听之而弗闻；体物而不可遗。使天下之人，齐明盛服，以承祭祀。洋洋乎，如在其上，如在其左右。诗曰‘神之格思，不可度思，矧可射思？’夫微之显。诚之不可掩，如此夫。”正因为鬼神有人力不可企及之“德”，所以才需要“质诸鬼神而无疑”。儒家的祭祀兼

---

〔1〕《爱因斯坦文集》第1卷，商务印书馆1977年版，第283页。
〔2〕《论语·为政》。
〔3〕《礼记·表记》。
〔4〕《论语·八佾》。
〔5〕《论语·子路》。
〔6〕《荀子·天论》。
〔7〕《荀子·礼论》。

具人文与宗教双重功能：“和故百物不失，节故祀天祭地，明则有礼乐，幽则有鬼神”[1]，必须要达到“知幽明之故”“知鬼神之情状”。[2]

孔子对卜筮进行了德性改造，但仍然认可卜筮的神秘效用：“昔三代明王皆事天地之神明，无非卜筮之用，不敢以其私，亵事上帝”[3]。《易传·系辞下》详细记录了用蓍草打卦的方法。马王堆帛书《要》篇记载孔子能够“百占而七十当”，以致弟子们不理解理性的老师为何如此看重占卜。孔子亦叹曰：“后世之士疑丘者，或以《易》乎！”

（六）对圣人的信仰

儒家的圣人是“天”的化身，具有“天”之美德，有参赞化育、裁成辅相之功。《礼记·中庸》曰“与天地叁”，《易传·文言·乾》曰：“夫大人者，与天地合其德，与日月合其明，与四时合其序，与鬼神合其吉凶。先天而天弗违，后天而奉天时，天且弗违，而况于人乎！况于鬼神乎！”。基督教神人之间有不可跨越的鸿沟，儒家一方面认为“圣”可“学而致之”，但在工夫层面上，圣凡之别极难跨越，“修身”其实是一个“死而后已”的过程。孔子不以圣人自居，在世时有德无位，被后世封为“素王”，但是孔子的修身境界是极高的，他“五十而知天命，六十而耳顺，七十而从心所欲，不逾矩”[4]，这三个层次都是很高级的宗教经验。孔子临终自称“哲人”，“哲”不但有知识的含义，也有宗教的含义。历代对孔庙的祭祀，兼具人文的崇敬与宗教的意味。

四、个人需要与现代无形宗教

“宗教性”一般是在终极的意义上来谈的，比如说，人在世间的居所都是暂时的，所有的人最终都会回归天地，此岸的一切都是为了追求彼岸的幸福与永恒，这无疑是“宗教性”情感。与此同时，儒学认为这暂时的居所是有丰富的意义的，

---

[1]《礼记·乐记》。
[2]《易传·系辞上》。
[3]《礼记·表记》。
[4]《论语·为政》。

值得我们用全部的爱与智慧去认真对待，这一“现世伦理”如果触发了主体深层的超越性情感，而不止于平常的喜怒哀乐之层面，无疑也是“宗教性”的表达。佛学云“人身难得”，人的生命本身就是一个奇迹，即使圣贤也难以穷尽生命的意义，在此背景下，孔子“未知生，焉知死?”（《论语·先进》）就具有形而上的终极意义，孔子的宗教情感皆具“内在超越”与“外在超越”两种面向。

在儒学宗教性研究上，考据的方法很难奏效，经典中出现的“教”多指“教化”，并非“宗教”。《易传·彖传·观》曰“观天之神道，而四时不忒，圣人以神道设教，而天下服矣”，是指圣人将“天道”哲学应用于人事。经典中的“神”多指“神妙”或者一种高超的修身境界：“《易》无思也，无为也，寂然不动，感而遂通天下之故。非天下之至神，其孰能与于此。夫《易》，圣人之所以极深而研几也。唯深也，故能通天下之志；唯几也，故能成天下之务；唯神也，故不疾而速，不行而至。”〔1〕儒学注重修身与教化，其信念沉淀在日用伦常之间，其中的“宗教性”不易觉察，需要从义理上去梳理。儒学在前现代的中国塑造了人们的思维方式，民国教育总长蔡元培下令废除孔庙丁祭，“文革”期间的批孔，都没有改变儒学教化已经成为大多数中国人的“心灵积习”。这种“无形的宗教”具有最大的包容性与普遍性，而且避免了宗教狂热现象。

中国文化具有“存有的连续”（张光直、杜维明语）之特质，这是一种非常可贵的价值，在后启蒙时代的今天尤为重要。但“宗教性”中必然有“存有的断裂”之维度，事实上“连续”与“断裂”可以并存，二者不矛盾，“连续”是信仰之可理解性或可经验性，基于自力救赎之“身心”；“断裂”是信仰之敬畏感，基于他力救赎之“天”。清华简《心是谓中》“必心与天两事焉”说明儒学既有内在信仰，又有外在信仰。不可想象只有“爱”而没有“畏”的宗教，也不可想象只有“畏”而没有“爱”的宗教。新儒家“内在超越”打通了“义理之天”与“义理之人”，具有很大的内在价值，但如果一味退守心性，把“外王”领域拱手让人，致使儒学在“自然之天”（物质文明、科技文明）与“主宰之天”（他力救赎）方面失去了话语权，不得不用“良知坎陷”来重新开出学统与政统，这既不符合儒

〔1〕《易传·系辞上》。

学的精神，也不符合社会现实。康德贬低“他律”，就是没有看到现代文明社会的运作很大程度上是依靠“他律”的。牟先生在《圆善论》结尾赋诗曰：“德福一致浑圆事，何劳上帝作主张”〔1〕，是自成一统的说法，同时也封闭了自身。

西方现代社会中，宗教一直扮演着重要的角色，并且以调和者的姿态作用于现实政治与生活层面。现代化程度最高的美国，其民众的宗教参与度也是最高的，说明宗教可以填补现代人情感上的某种缺位。中国现代所谓的“道德代宗教”“美育代宗教”“科学代宗教”都不成功，就说明了这一点。新儒家“道德宗教”“人文宗教”的提法凸显了儒学的内在价值，但忽视了其中纯粹的“宗教性”向度。当今的文明对话中，刘述先先生从个人需要来看待“内在超越”与“外在超越”，不失为一种可取的态度：“儒家与基督教的进路哪一个更可取，现在大概可以有一个答案了；答案是完全因人而异。一个对现实世界有极大的爱，要将天国建立在现实的泥土上，同时有大魄力、大勇气、能披荆斩棘，不会为世界上的俗情六欲所牵扯的人，是儒家式的人物，适合走儒家的道路。但自认一无所是，凭依自己力量不足与世间上的引诱与压力相抗衡，必须舍弃世间的一切牵扯，全心全意投身在上帝的光照之下，才能够立定脚跟，做一个真正的人，那是基督徒式的人物，适合走基督教的道路。”〔2〕

---

〔1〕《圆善论》，《牟宗三先生全集·22》，台北联经出版事业公司 2003 年版，第 325 页。
〔2〕刘述先：《理一分殊与全球地域化》，北京大学出版社 2015 年版，第 178 页。

《禹贡》再理解："治水"与经学意义重塑

李琪慧*

[内容提要]

《禹贡》是《尚书》中非常重要的一篇，在历史地理学中有着重要的地位。但在这一研究范式下，学界对它的经学意义较为忽视。因此，有必要重新探讨理解《禹贡》的经学路径。重塑《禹贡》中的"治水"叙事，可以为此提供新的突破。如果将《禹贡》中的"治水"理解为华夏民族历史经验的积累和集体记忆的集中叙事，《禹贡》的成书问题所带来的意义焦虑可以得到化解。《禹贡》的文本内容所蕴含的思想价值也因此得以重新讨论。《禹贡》是一个具有结构性的文本，可以分为《序》《九州》《导山》《导水》《告成》五章，章内各有次序，所讲述的内容包括治水和治水之后的制度设计两个层次。其中，大禹治水之后所确立的九州"田赋"等级制度是其中的核心内容之一，集中体现了《禹贡》对华夏民族共同体的文明生活之形成与塑造的理解。

[关键词]

禹贡；治水；成书问题；华夏文明；田赋

* 李琪慧，中山大学哲学系博士研究生。

《禹贡》是《尚书》中的一篇，是《夏书》之首。《禹贡》篇名提示了这一文本的两个关键要素："禹"是大禹，是完成"治水"大业的圣人；"贡"是自下献上，这里指大禹所制定的九州贡法。"治水"是创制新法的基础，所以"治水"是《禹贡》文本的核心要素。据记载，在尧统治的末年，发生了非常严重的水患，"汤汤洪水方割，荡荡怀山襄陵，浩浩滔天"（《尚书·尧典》）。根据《禹贡》的理解，这次水患几乎波及了华夏大地的所有流域，主要是江、淮、河、汉四渎及其支流。"洪水"和"治水"是神话还是历史？"治水"事件如何叙述？这关涉到我们对华夏文明形成机制的理解，因此《禹贡》具有非常重要的意义。在现代学科视野中，《禹贡》被纳入了历史地理学的范围，其经学意义逐渐被忽略。本文试图重述"治水"的故事，消化、缓解现代考古学对《禹贡》经学意义的挑战，重新梳理《禹贡》的文本内容及其蕴含的意义，并以田赋等级的划定为例，讨论《禹贡》对整体的文明生活之塑造的理解，从而重塑它的经学意义。

一、《禹贡》成书问题的意义焦虑及其化解

笔者对成书时代的理解，不在于提供新的观点及其论证，而是试图消化成书问题的讨论对《禹贡》经典意义的消解。在传统经学的视野中，《禹贡》是大舜史官所记，以"大禹治水"为背景，划定了九州大地的次序，制定了新的贡赋制度，是大禹得以"王天下"的基础，也是夏代王业的开端、三代文明的起点。但在现代考古学的挑战下，"大禹治水"的真实性受到了怀疑，《禹贡》成为了历史地理学的素材，其经典意义则堙没不明。重塑《禹贡》的经学意义，首先要正视此一问题，并予以化解。而重述"治水"故事的可能性，可以为这一意义焦虑之化解提供解决之道。

传统经学将《禹贡》视为虞史所记。孔颖达说："此治水是尧末时事，而在《夏书》之首，禹之得王天下，以是治水之功，故以为《夏书》之首。此篇史述时事，非是应对言语，当是水土既治，史即录此篇，其初必在《虞书》之内。盖夏

史抽入《夏书》，或仲尼始退其第，事不可知也。"[1] 传统经学所判断的年代虽然遭到了现代考古学的挑战，经学家借由此“年代建构”所呈现的经学问题却不能因此就被忽视。又，伪孔解释《禹贡》篇名说：“禹制九州贡法。”孔颖达疏解云：“禹制贡法，故以《禹贡》名篇。贡赋之法，其来久矣。治水之后，更复改新。言此篇贡法是禹所制，非禹始为贡也。"[2] 孔颖达在许多方面都力图强调尧、舜、禹之间的延续性，经过从《尧典》到《禹贡》的叙事，治水本身是尧的意图，而尧推举大舜，舜又推举大禹，三圣合力完成了治水的大事。九州的疆域也是尧时旧界，因为遭遇大洪水而堙没不明，禹重别九州是一个恢复性的行为。但由《禹贡》从《虞书》抽入《夏书》这一编辑行为来看，大禹治水在经学叙事中具有开创性的意义。九州的划分具有长期性的自然地理（高山大川的自然次序）和历史人文（洪水之前的旧界）的双重依据，所以划分九州本身不算是“开天辟地”的行为。但经由大禹制定的新贡法，九州疆域以一种新的方式联结起来，重新造就了一种整体生活的空间秩序和文化意义。根据《尚书正义》对《舜典》“肇十有二州”的解释，在禹治水之后，大舜分冀州为幽州、并州，分青州为营州，[3] 这是暂时性的“王者改制”，在大禹承继王业之后，又恢复了九州之域。大禹也由于治水的功绩，成为新的政制的开端，创造了三代文明的起点，只是在大舜治下暂时未显而已。所以，在经学的理解中，“治水”是承前启后的大事。所谓承前，就是尧、舜、禹三圣相继，通过“举贤”的方式完成了治水的大事；所谓启后，就是治水为大禹开创夏制提供了合理性的证明。“治水”不仅是一个“历史事件”，还提供了制度变革的合理论证。因此，《禹贡》由大舜的史官记录，被夏时史官（或孔子）抽入《夏书》，正显示了“治水”的划时代意义。

但在现代考古学的视野中，不仅夏的存在尚未得到坚实的证明，尧、舜、禹更是缥缈如神话中人。成熟的文字可能在商代才出现，商代之前即使有文字，大概也不能写出《禹贡》这样的鸿篇巨制。在这样的条件下，学者们纷纷提出了有关《禹贡》成书的新说。刘起釪在《尚书校释译论》中列举了对于《禹贡》的成书

[1] 黄怀信整理：《尚书正义》，上海古籍出版社2007年版，第190页。
[2] 黄怀信整理：《尚书正义》，上海古籍出版社2007年版，第190页。
[3] 黄怀信整理：《尚书正义》，上海古籍出版社2007年版，第88页。

年代的五种不同观点，可让我们了解成书问题的概貌：一是成于西周时期说，此说以王国维为代表，他认为《禹贡》可能是后世重编，但至少是周初人所作；二是成于春秋时期说，如康有为认为是孔子作品；三是成于战国说，如顾颉刚列举了五个具体证据证明《禹贡》文本的某些内容必须到战国才有可能出现；〔1〕四是成于秦统一后之说，此说不太有影响；五是认为《禹贡》蓝本出于公元前1000年以前，其后迭经加工成为今本，此说以邵望平为代表。邵望平认为，九州是公元前2000年前后黄河长江流域实际存在的人文地理区系，从龙山文化时期即已形成，经历了三代变迁仍然存在，龙山文化圈的范围与《禹贡》的地理区划虽然不完全吻合但大体相当。但《禹贡》的成书需要两个条件：一是文字，二是王权。故《禹贡》应是三代的作品。《禹贡》以冀州为首，并且贡道通往冀州，不能排除《禹贡》所述九州观念源于夏代的可能，但在考古上尚不能证明其为夏书。所以邵氏推测《禹贡》可能出于商史之手，经过了后代的多次加工和修订而成为今本。〔2〕邵氏此说对重新理解《禹贡》提供了基础，但《禹贡》的经典意义问题在上述诸说中并未得到合理的解决。

刘起釪本人整合了前人的研究成果，经过他的"集大成"的解释，《禹贡》逐渐成为提供历史地理素材的史料集。刘起釪提出《禹贡》"写成所据资料不晚于春秋时期"，而且可能更早。证据有二：一是《禹贡》作者不知道春秋时期黄河改道的大事，所叙述的仍然是自大伾北行的古河道，黄河改道可能是在周定王五年（公元前602年）；〔3〕二是在《禹贡》中江水和淮水不通，而江、淮打通是哀公九年（公元前486年）吴王夫差所为。〔4〕但刘起釪认为《尚书》经历了复杂的文本演化过程，《禹贡》材料也有后来掺入的，例如他认为"五服"部分是后加的，"它是与全篇的自然地理根本不相协的，略有点古史事实背景而大抵出于虚构的有

〔1〕较重要者为以梁州进贡"铁"为《禹贡》成于战国的证据。但考古上已证明商代末期或西周初器物已用铁器为其构成部分，所以此不足成为铁证。顾颉刚、刘起釪：《尚书校释译论》，中华书局2005年版，第724-732页。

〔2〕顾颉刚、刘起釪：《尚书校释译论》，中华书局2005年版，第832-843页。

〔3〕这条古河道，后人也称为"禹河"。

〔4〕顾颉刚、刘起釪：《尚书校释译论》，中华书局2005年版，第839页。

关政治地理的一个空想性规划。"[1] 刘起釪以力图恢复史学材料原貌的眼光检点《禹贡》乃至整个《尚书》，他的心思在于排除后代掺入的因素，而恢复那些组成某个文本的零散的原始史料的样貌，《禹贡》作为一个整体文本的意义被消解了。

在刘起釪提供的诸观点中，王国维的说法进一步得到了考古学上的最新论证。李零的《禹迹考》同意这一观点，因为保利博物馆藏豩公盨的铭文"天命禹敷土，随山浚川，乃拜（别）方设征"可证至少西周中期已经存在《禹贡》式的说法。[2] 但《禹贡》的意义如何重新论证，仍然是一个问题。这其中的关节，在于"治水"。如果纯从历史地理学的角度出发，大禹治水被视为神话，只是为陈述九州地理提供了一个叙述的架构。但借用顾颉刚"层累造成古史"的观点，九州大地上那次所有流域一起泛滥的大洪水，也许是许多次水灾与治水的集体记忆的积累，而凝聚成了一次集中的洪水与治水的叙事。这样一个叙事，可以是历史的，但不必是一次性的。《尚书正义》所讨论的制度转折的时间点，也许会往后推移，但仍无碍于"治水"对王权凝聚的塑造作用以及制度转折的合理性论证。那么，《禹贡》可能是西周时期所设想的由传说中的"大禹治水"这一中心权力运作行为所推演出的地理、文化空间与统治模式。从这样的理解出发，"虞史所记"的说法虽然不能坐实，但其中也包含了一些合理因素。就如邵望平所论证的那样，《禹贡》中"九州"观念具有漫长时间中形成的地理与人文的双重根据。这一文本所塑造的空间秩序以及奠基于其上的文明结构，是扎根于华夏大地之上的对于政治、文化共同体生活的重要构想，可称之为"朝向文明中心的共同体生活"。这一观念奠基于三代前即有的华夏大地之地理形势，而酝酿于三代，于周代人文中极大地凸显出来。《禹贡》为一"层累造成"的集大成之作，通过历代学者的研习、注释与讨论，其影响及于秦汉以后的中国政治与哲学。

进一步而言，即使《禹贡》并非成于一人之手，而是经历了漫长的文本演化过程，也无法否定它作为"完整的文本"的意义。"作者"是不是一个个体，对于探讨一个"文本"的意义来说，是有意义的问题，但不是必要的证明。文本成于

---

〔1〕 顾颉刚、刘起釪：《尚书校释译论》，中华书局2005年版，第521页。

〔2〕 李零：《禹迹考——〈禹贡〉讲授提纲》，《我们的中国》第一编，生活·读书·新知三联书店2016年版，第162页。

众手，乃至是出于不同时代甚至是具有不同思想的众人之手，都不影响一个文本的整体意义的可能建构。在这个意义上说，某些经典文本，无妨视为是"层累造成"的智慧，作者们的不断加入，会改变文本的样貌，但无论是过程中的还是最终的样貌，整体的意义始终都是作者的"文本意图"。它可能被两个相反方向的解释力量牵引，拆解的和建设的，但被拆解的仍有可能作为旧的砖瓦重构成新的意义大厦，而不是使其经典意义全然崩塌。所以，即使"大洪水"是被建构的，以"治水"为中心组织起来的《禹贡》，它的文本内容仍然可以得到意义的说明。

二、以"治水"为中心的文本内容及其意义说明

《禹贡》是一个结构比较规整的文本，可以分为《序》《九州》《导山》《导水》《告成》五章，[1] 章内叙述各有次序。其中心叙事是"治水"，《九州》《导山》《导水》在"治水"事件之中，《告成》在治水之后。

《序》："禹敷土，随山刊木，奠高山大川。"此为纲领。在大洪水泛滥的时候，大禹分别治理九州的水土，随行山林，伐木通道，确定了高山大川的秩序。

《九州》章的叙述以治水的先后为次，分别为：冀、兖、青、徐、扬、荆、豫、梁、雍。孔颖达说："九州之次，以治为先后。以水性下流，当从下而泄，故治水皆从下为始。冀州，帝都。于九州近北，故首从冀起，而东南次兖，而东南次青，而南次徐，而南次扬。从扬而西次荆，从荆而北次豫，从豫而西次梁，从梁而北次雍，雍地最高，故在后也。自兖已下，皆准地之形势，从下向高，从东向西。青徐扬三州，并为东偏。雍州高于豫州，豫州高于青徐。雍豫之水，从青徐而入海也。梁高于荆，荆高于扬。梁荆之水，从扬而入海也。兖州在冀州东南，冀兖二州之水，各自东北入海也。冀州之水不经兖州，以冀是帝都，河为大患，故先从冀起，而次治兖。若使冀州之水东入兖州，水无去处，治之无益，虽是帝都，不得为先也。"[2]

---

[1] 分章依据李零的《禹迹考——〈禹贡〉讲授提纲》，《我们的中国》第一编，生活·读书·新知三联书店2016年版，第162页。

[2] 黄怀信整理：《尚书正义》，上海古籍出版社2007年版，第192页。

九州的治理次序考虑了水性下流的自然性质，但九州的序次也可视为围绕文明中心展开的叙事。治水从冀州开始，固然有地理上的合理性，冀州四面以黄河为边界，河水从边境流向东北而入海，也属下游之水，故冀州可先治理。但不以地势更低的兖州为先，而先治冀州，就属于以冀为帝都所在的政治考量了。且经由河道疏通而形成的贡道，也是朝向冀州这一中心的。李零说，《禹贡》把中国大陆分为九块，是四三二的结构，东边四块为兖青徐扬，中间三块为荆豫冀，西边两块是梁雍。以西河、华山为界，又分为东西土。治水从龙门西河为始，东边七州始于冀而终于豫，顺时针方向转了一大圈，以冀州为归宿。西边两州，梁州接豫而行，也是顺时针绕了一圈，以冀州为归宿，最后又回到了龙门西河。〔1〕这可视为一个由治水行为而建构的环绕文明中心的文化意象。依李零的分法，九州所叙各州内容包括五部分：州域、地理、土田、贡赋和贡道，地理又包括山、川、泽、原四项。〔2〕州域和地理是恢复性的，通过治水恢复大洪水之前的面貌。“土”的生长能力也是恢复性的，而“田”的等级则是重新划定的，贡赋和贡道也是具有开创性的，洪水之前虽有贡赋之法，但新定的贡赋之法，与朝向冀州的进贡之水道，离不开“治水”。也就是说，大洪水的治理是联结九州水道的契机，并为共同体的文明生活重新确立了秩序。《九州》章论述山川地理以治水先后为次，虽然本身有山水之形势为根据，但其治理次序须从低到高，从东往西。在治水完结后，山水之脉重新变得清晰，接下来的《导山》与《导水》章梳理了九州域内的九大山系和九大水系，其叙次是从起势、源头开始，至其余脉、末流，方向是自西向东。这是华夏大地的经络，是地理的，也是文化的，并且此一经络体系也因治水行为而得到疏通。经络通畅之后血脉才可以流通。山与水对人的生活有不同的意义：高山阻隔风气之流通，形成不同区域内人的不同风俗与习性；而川流既是阻隔，又充满了流动的可能性，经由治理使之通航的水道可将不同地域的人联结在一起，使各有特性的人群联结为更广大的文明群体。

---

〔1〕李零：《禹迹考——〈禹贡〉讲授提纲》，《我们的中国》第一编，生活·读书·新知三联书店2016年版，第163页。

〔2〕李零：《禹迹考——〈禹贡〉讲授提纲》，《我们的中国》第一编，生活·读书·新知三联书店2016年版，第163-164页。

《告成》章包括"成赋""五服""告成"三个部分。"成赋"部分讲的是九州山川的治理使九州联结为一体，域内东南西北皆有人居住，土壤恢复了生长的本性，赋税依据土田的特性征收，分为上中下三品，按品级征收，民众皆如数交纳，天子设立管理财富的机构接收四方贡赋。天子封土赐姓，命诸侯敬德为先，不违背天子所树立的范行。

"五服"部分确立的是甸、侯、绥、要、荒五个层次的纳贡体系。以虚化为一点的王城为中心，每服距离王城四面依次递增五百里，五服就是一个最外围为纵横各五千里的同心方结构。刘起釪认为五服制可能是后来添加的，与九州地理明显不相协调，这是将五服制的同心方结构理解得过于实在了。古人说天圆地方，方形结构是古人理解大地的基本模式，《九章算术》第一章为"方田"，而孟子心中理想的田制则为"井地"。五服的同心方结构如同一把矩尺，量度各地距离文明中心的远近，以此确定它在共同体中的位置，以及它需要为共同体生活提供什么产品或劳务。如果认为可以忽略实际的地理情势而在华夏大地上作出这样整齐的区划，那是荒唐的，历代注解五服的经学家也并不这样思考问题。

"告成"部分说："东渐于海，西被于流沙，朔南暨，声教讫于四海。"〔1〕刘起釪认为东西南北所及是《禹贡》地理的四至，"四海"乃"天下"的同义词。传统经疏上多说"四海"已出"五服"之外，以此见王者声教所及之广远。"告成"部分接着说："禹赐玄圭，告厥成功。"这两句主语与宾语多有争议。有说是尧或舜赐禹玄圭者，或说上天赐禹玄圭，也有说是禹以玄圭为质去见舜，或禹将玄圭上交于舜；"厥"之所指也不明，或"禹"或"舜"或"天"，司马迁则说是"天下"。但无论如何，"玄圭"是瑞物或者瑞应，所成之"功"是治水之天功。禹之"王天下"，或说夏代王权，就是奠基在这一"治水天功"的叙事上的。

整个文本实际上包含了两个层次：九州大地上的治水事件以及治水之后形成的制度。治水恢复了土地生长的本性以及山水的脉络，为耕作和定居的文明生活提供了自然基础。治水形成了朝向冀州的贡道，制定了九州的贡赋制度，贡赋由贡道抵达冀州，为朝向中心的政治共同体之形成提供了政治基础，五服乃是量度共同体与

〔1〕断句根据曹元弼：《古文尚书郑氏注笺释》，《续修四库全书》第 53 册，上海古籍出版社 1996 年版，第 803 页。刘起釪的同此句读，《尚书正义》则以"朔南暨声教"为句。

中心关系的尺度。九州大地上的洪水与治水可能是累积的历史记忆，而凝结成了一次集中的大叙事。但治水毫无疑问与集中的王权之形成密切相连，治水与权力集中之间是双向互动的依存关系。治水需要集中的人力物力并对此进行有效的资源调度，而经由治水而形成的水利网络则为定居的农业生活提供了基本的保证，[1] 疏通的航道也减少了由疆域广阔而带来的文明交通的难度。[2] 从而，“治水”及其制度遗产，为整体的文明生活奠定了基础，并提供了意义的论证。

三、田赋等级的划定与文明生活的塑造

《禹贡》重新划分了九州田、赋的等级，在讨论这个问题之前，需厘清“田”与“赋”的含义。《禹贡》叙述了九州的土、田、贡、赋，但只有“田”与“赋”被划分了等级。土和田的区别，郑玄说：“地当阴阳之中，能吐生万物者曰土。据人功作力，竟得而田之，则谓之田。”[3] 意思是自然生长万物的叫土，而需要依赖人力耕作来产生成果的叫田，田也就是耕地。《禹贡》描述了九州的土色和土质，这是耕地能够生长作物的自然基础，但与田的等级划分关联更大的是各州遭受“水患”的情况。赋和贡的区别，孔颖达说：“‘赋’者，自上税下之名，谓治田出谷，故经定其差等谓之‘厥赋’。‘贡’者，从下献上之称，谓以所出之谷，市其土地所生异物，献其所有，谓之‘厥贡’。”[4] 赋取“上税下”，贡取“下供上”之义，《禹贡》篇名偏取“贡”字，以强调九州贡赋经贡道聚集于王城冀州，乃是“从下献上”。赋出于田，所交纳的是谷物；贡是各州除谷物之外的特有的物产，《禹贡》中列举了许多，包括水果、海产品、木材、矿物、珠宝怪石、动物皮毛、丝织品、大龟等等。赋是耕地所出，比较稳定，贡的种类很丰富，包含了一些不稳

[1] 贺雪峰：《新乡土中国》，北京大学出版社2013年版，第253-259页。

[2] 在铁路和全天候公路出现以前，水路对权力的集中和行使具有决定性意义。陆地的远距离运输难度和成本比水路要高很多，人和牲口在路上要吃掉很多粮食，还可能在途中大量地生病或者死掉。没有有效的水路，资源无法运输，“朝贡体系”的建立也非常困难。参见斯科特：《逃避统治的艺术：东南亚高地的无政府主义历史》，王晓毅译，生活·读书·新知三联书店2016年版，第55页。

[3] 黄怀信整理：《尚书正义》，上海古籍出版社2007年版，第195页。

[4] 黄怀信整理：《尚书正义》，上海古籍出版社2007年版，第190页。

定的因素，所以赋有等级，而贡没有。

九州的田和赋各自分为上中下三品，上上、上中、上下、中上、中中、中下、下上、下中、下下九等，每州对应一等，但某些州还存在上下浮动的赋等。各州田的等级和赋的等级是不同的，《禹贡》记九州之田、赋：（1）冀州——厥赋惟上上错，厥田惟中中；（2）兖州——厥田惟中下，厥赋贞；（3）青州——厥田惟上下，厥赋中上；（4）徐州——厥田惟上中，厥赋中中；（5）扬州——厥田惟下下，厥赋下上上错；（6）荆州——厥田惟下中，厥赋上下；（7）豫州——厥田惟中上，厥赋错上中；（8）梁州——厥田惟下上，厥赋下中三错；（9）雍州——厥田惟上上，厥赋中下。

九州之田从第一到第九等的排序是：雍、徐、青、豫、冀、兖、梁、荆、扬。九州田等的确立标准，郑玄云"田著高下之等者，当为水害备也"，王肃云"言其土地各有肥瘠"，伪孔则参以高下、肥瘠两种标准。[1] 田地的等级是在"治水"之后更定的，郑玄之说更为合理。虽然刘起釪对以地形高下划分田等的说法作了反驳："依此理论，应是雍州最高，徐州次高；扬州最低，荆州次低。然核诸我国地形实际，徐、豫、兖最低，而梁、冀皆高于雍，荆、扬的大部分亦高出徐、豫、兖，可见此说不确。"[2] 但郑玄说"田著高下之等"，指的应该是田等之上下，而不必是地形高下，其确立标准则在于"为水害备"，也就是遭遇水害的程度。治水事业虽然获得了成功，土地恢复了生长的本性，耕地也可重新种植，但不仅一定时间的休养生息是必要的，而且遭水患较严重的地区在大洪水退去之后遭遇各类水灾

[1] 黄怀信整理：《尚书正义》，上海古籍出版社 2007 年版，第 195 页。

[2] 刘起釪认为九州田地的分等，大体是按照当时的农业发展水平编排的，赋入的等级则大体依照各地的经济繁荣程度。黄河流域农业开发早于长江流域，故黄河流域雍、徐、青、豫、冀、兖六州田地等级皆高于长江流域梁、荆、扬三州。雍州农业开发早，且以重农知名，故为第一等。但在农业时代，经济繁荣程度应以农业发展水平衡定，那么各州田地与赋入等级之间的差距又如何解释？田地与赋入等级差别最大的为雍州和荆州。注疏家都以为雍州人功少、荆州人功多，也就是劳作人口和劳作密度的问题。若按刘说，雍州乃重农之地，且是较早的农业定居之地，劳动人口似乎不应如此之少或者竟如此懒惰。荆州田地既然是第八等，农业发展水平乃是倒数第二，如何劳作人口却如此之多或如此勤劳？这不能不令人疑惑。并且刘起釪明显没有文本一致性的意识，将各个内容视为可独立抽离的原材料，他所理解的田地与赋入等级，完全脱离治水的背景，如此则不知道为何要将此内容放在《禹贡》中讨论。见顾颉刚、刘起釪：《尚书校释译论》，中华书局 2005 年版，第 541-544 页。

的可能性也仍高于水患较轻的地区。所以郑玄之说不为无理。李零也提供了一种类似的思路，他说："雍土积高，水患最小，其田为第一等。徐、青二州，不临河道，水患较小，其田为第二等。豫临南河，冀、兖临东河，皆有水患，越到下游，水患越甚，其田为第四至第六等。梁在长江上游，荆在长江中游，扬在长江下游，水患比黄河流域严重，也是越到下游，水患越甚，其田为第七至第九等。"〔1〕长江流域水患实际上是否更为严重，笔者暂无证明，但如果我们把"洪水"和"治水"视为并非一次性的而是累积的历史记忆，长江流域开发较晚，距离文明中心既远，组织人力与调配资源的难度更大，那么其水害之防备与治理也许更差一些。

九州之赋，兖州"厥赋贞"，"贞"指第九等。〔2〕"错"是杂的意思，"上上错"是第一等杂第二等，"下上上错"是第七等杂第六等，"错上中"是第二等杂第一等，"下中三错"是第八等杂第七、九等。〔3〕九州之赋当指各州上缴的谷物的总量，孔颖达认为税率相当，都是什一而税，因为根据《孟子》的描述，三代田税都是什一而税。税率相当的理解可视为是统一王权的影响，但孔颖达认为九等赋之间差别应该很细微，似乎就没有什么依据了。若不计杂等，九州之赋从第一到第九等分别是：冀、豫、荆、青、徐、雍、扬、梁、兖。影响赋等的因素，注疏家所提出的包括：（1）田地的等级；（2）人功的多少；（3）州的大小；（4）各州田、土的收入总数；（5）人口的多少；（6）经济发展水平。〔4〕影响赋入的因素可能不是单一的，但冀、雍、荆三州田与赋之间的等级差别太大，这是《禹贡》解释史上的一个难题。笔者试图通过突出"治水"这一中心问题，为这个问题提供

---

〔1〕李零：《禹迹考——〈禹贡〉讲授提纲》，《我们的中国》第一编，生活·读书·新知三联书店2016年版，第168页。

〔2〕诸州赋没有第九等，所以兖州当是第九。"贞"，伪孔云："贞，正也。州第九，赋正与州相当。"见黄怀信整理：《尚书正义》，上海古籍出版社2007年版，第200页。"贞"字引发臆解，但兖州赋为第九无疑。参见顾颉刚、刘起釪：《尚书校释译论》，中华书局2005年版，第562-565页。

〔3〕于冀州"厥赋惟上上错"，孔颖达疏云："此州以上上为正，而杂为次等，言出上上时多，而上中时少也。多者为正，少者为杂，故云第一。此州言'上上错'者，少在正下，故先言'上上'，而后言'错'。豫州言'错上中'者，少在正上，故先言'错'而后言'上中'。扬州云'下上上错'，不言'错下上'者，以本设九等，分三品为之上、中、下，下、上本是异品，故变文言'下上上错'也。梁州云'下中三错'者，梁州之赋凡有三等，其出下中时多，故以下中为正。上有下上，下有下下，三等杂出，故言'三错'，足明'杂'有下上、下下可知也。"见黄怀信整理：《尚书正义》，上海古籍出版社2007年版，第194-195页。

〔4〕顾颉刚、刘起釪：《尚书校释译论》，中华书局2005年版，第539-540页。

新的解答。田地等级的衡量应以水患程度和再度遭受水害的可能性为中心，赋入的等级虽可考虑田地等级和州的大小及生产水平，但不可忽略了运输成本的问题，也就是贡道的意义。从运输成本（贡道）的角度可为冀、雍、荆三州的田、赋差别提供一种新的解释。贡道是治水之后疏通的各州物资通往冀州的运输路线，以水运为主，只有水路不能相接的地方才从陆路转运。此虽被宋代以后的注家称为"贡道"，但从常理而论，粮食运送自然也应该走此"贡道"。《禹贡》九州的贡道：(1) 冀州——夹右碣石，入于河；(2) 兖州——浮于济、漯，达于河；(3) 青州——浮于汶，达于济；(4) 徐州——浮于淮、泗，达于河（菏）；(5) 扬州——沿于江、海，达于淮、泗；(6) 荆州——浮于江、沱、潜、汉，逾于洛，至于南河；(7) 豫州——浮于洛，达于河；(8) 梁州——西倾因桓是来，[1] 浮于潜，逾于沔，入于渭，乱于河；(9) 雍州——浮于积石，至于龙门西河，会于渭汭。

此一部分内容，唐代以前的注疏家都未指出是贡道，宋周希圣始提出贡道之说，《蔡传》以下皆承此说，已为定论。[2] 以下以贡道为突破口，讨论各州赋等的问题：

(1) 冀州。"夹右碣石，入于河"是东北岛夷的入贡路线，此非常数，暂不议论。冀州是王畿，天子直接管辖之域，域内之民"治谷不贡"，以交纳谷物为主。因在王畿之内，运输成本自然比其他州要低，此外，他州田赋先要上交于诸侯，再由诸侯上交天子，故冀州之赋为第一等，是比较合理的。在王畿之内，距离王城不同远近的居民所缴纳的赋税也轻重有别，近重远轻，这是更为细腻的划分了。五服部分提供了一个参考："五百里甸服，百里赋纳总，二百里纳铚，三百里纳秸服，四百里粟，五百里米。"

(2) 雍州，"浮于积石，至于龙门西河，会于渭汭。"蔡沈认为："雍之贡道有二，其东北境则自积石至于西河，其西南境则会于渭、汭。"[3] 胡渭补充说："西倾、鸟鼠之西，汉朔方、五原及河西五郡地，皆浮河，是为北道。太华、终南、惇

---

[1] 参见曹元弼：《古文尚书郑氏注笺释》，《续修四库全书》第53册，上海古籍出版社1996年版，第741-743页。

[2] 顾颉刚、刘起釪：《尚书校释译论》，中华书局2005年版，第548页。

[3] 蔡沈：《书集传》，凤凰出版社2010年版，第57页。

物以北，汉陇西、天水、安定、北地、上郡之地，皆浮渭，是为南道。”[1] 南道好走，北道既远又险，古人认为积石山（今青海阿尼玛卿山）是黄河发源处，从积石山至龙门西河，须“顺流而北，千里而东，千里而南”，绕过一个大“几”字。雍州东北部之赋运输至冀州，途中消耗和损耗应该都很大，雍州之赋为第六等亦可理解。

（3）荆州，“浮于江、沱、潜、汉，逾于洛，至于南河。”荆、豫相接，豫州最近冀州，由洛入河，十分便利，所以豫州之赋为第二等。沱、潜指长江、汉水支流，江、沱、潜、汉与河、洛不相接，需转行一段陆路，才能由洛入河，“逾”字就是指弃舟行陆，再转水路。如此，运输亦不十分便利，但远不如雍州北道之险、远。长江流域以荆州开发最早，较为富庶，也比扬、梁两州更为接近政治中心。所以荆州之赋高于扬、梁二州，亦高于雍。至于青、徐二州，则以面积太小，虽然地为上等，田赋反低于荆州。因此，赋之等级冀州第一，豫州第二，荆州第三，青、徐次之。徐州田地等级比青州高一等，赋则低于青州一等，原因也是徐州贡道由淮水入泗水，再由泗水入菏水，再由菏入济，比青州由汶入济曲折得多，运输成本更高。青、徐之后是雍、扬、梁，雍州已述，扬、梁二州位于东南、西南既远于冀州，贡道也不与河水相接而较曲折。至于兖州，则因水患过于严重，赋为第九。

如此，九州田、赋等级的划定重新拉回到“治水”的视野当中，也证明了大禹制法的契机在于“治水”。田、赋等级的划定，其实质意义在于确定诸地区为政治中心之维系所应提供的物质资源的多少，这种划分具有自然的依据，同时又蕴涵着文明的尺度。“治水”有其自然基础，大禹治水，行其所无事，但同时也是政治性的，所以田地等级的划分不全然是自然性的。赋的等级则因为要考虑运输问题，因而须得考量各州距离文明中心之远近。实际上，除运输成本，近于王城者恩泽重，远于王城者恩泽轻，赋税之近重远轻也有这一方面的考虑。

经由治水，土地恢复了生长的特性，田地和赋入经分九等而确定了新的秩序，水道得到了疏通，各地的粮食以及各类物产得以输送到首都。这对于共同体的文明

---

[1] 胡渭：《禹贡锥指》，邹逸麟整理，上海古籍出版社2013年版，第331页。刘起釪认为雍州贡道只有一条：“‘会于渭汭’，是说雍州贡道，浮舟循黄河河道自积石直至龙门西河，会于渭水入黄河处。”见顾颉刚、刘起釪：《尚书校释译论》，中华书局2005年版，第756页。

生活之形成与塑造，有着非常重要的意义。孟子描述大洪水："当尧之时，天下犹未平，洪水横流，泛滥于天下，草木畅茂，禽兽繁殖，五谷不登，禽兽偪人，兽蹄鸟迹之道交于中国。"（《孟子·滕文公上》）大洪水最关键的害处是"禽兽"侵占了人的生活空间，并且人没有办法种植粮食。那么，人的居处和获得食物的方式都将与禽兽混同。反过来说，人要过上文明的生活，首先要有与禽兽不同的居处以及生产方式。人需要从高地上下来，到平地去讨生活，所以九州治水特别关注低地（原、泽）的治理和耕作的恢复。如兖州特别强调"桑土既蚕，是降丘宅土"，土地已可种桑养蚕，人们从高地上下来，到平地上居住。然后他们在平地上耕作，以谷物为食，过上定居的生活，把半个身子种在田地里。

文明的生活是有中心的。古典政治中，文明生活的中心以"君主"为表征，"有君"和"无君"是华夏与夷狄之辨中的重要议题。"君"有不同的层级，凝聚一国者为诸侯，凝聚天下者为天子。所有贡道都通向黄河，而冀州三面临河，乃是水路的聚合点，因之也成了权力的聚合点。而贡赋的意义在于每一区域都需要为整体的生活提供资源，而整体的生活需由一"中心"凝结起来。孟子在讨论"什一税"时说："夫貉，五谷不生，惟黍生之；无城郭、宫室、宗庙、祭祀之礼，无诸侯币帛饔飧，无百官有司，故二十取一而足也。今居中国，去人伦，无君子，如之何其可也？陶以寡，且不可以为国，况无君子乎？欲轻之于尧舜之道者，大貉小貉也；欲重之于尧舜之道者，大桀小桀也。"（《孟子·告子下》）文明生活之维系需要政治中心之存在，而此中心为文明生活之最集中与最精华的展现。在儒家的设想当中，中心的至尊至重，是通过最高等级的礼乐呈现出来的。然而，诸地为之付出成本，不纯是为了树立一种尊卑关系，也是由于加入了此种生活方式，成为了整个文明整体的一部分。如果人既不愿做禽兽，也不愿做夷狄，贡赋的确立便有其必要性。重定贡赋，也就相当于重新确定了九州与文明中心的联结方式。

推天道以明人事：先秦儒家道论的秩序意蕴

张子峻*

[内容提要]

道是中国古代哲学的重要范畴，由此形成意义不断衍生的词汇。先秦儒家道论和理论是儒者对现实政治秩序的理论关照。在“道术将为天下裂”的学术语境下，诸子的治理之道常常异论纷然。先秦儒家学者注意为其“人为之道”和人文之“理”寻求普适性依据，以实现政治哲学的公共证成。他们往往采用“推天道以明人事”的论证策略，即把人间秩序的根源性建构在不证自明的先验性之天道。自然天道的秩序性，渊源于先民在生产生活时对自然“本质现象”之时序性的直观。同时，殷周之际的社会变革，促成人文理性的兴起，也为天道秩序注入了德性的因素，完成了道、理的自然秩序性向人文道德性的转变。先秦儒家三位大师孔、孟、荀议论道、理，所持观点虽或有微异，但均注意从自然秩序的模态中抽绎出人文秩序，为后世儒家确立了“下学”与“上达”的范式。

[关键词]

道；理；天人；秩序；先秦儒家

* 张子峻，湖南大学岳麓书院博士研究生。

道是中国古代哲学的重要范畴，在传统中国的学术话语中，往往见之经传史册，又多旁及百家诸子，可能最早被哲人从丰富的学术语料库中抽取出来予以关注，〔1〕并由此形成意义不断衍生的学术词汇。周秦之际诸子学中的“道”论，学界历来视其为重建社会秩序的公共话语和根本依据。〔2〕但伴随周代政治上的失序，学术上一统的王官学也随之衰弱，原本规范社会的整全之“道”，便破裂为“各是其是、各非其非”的诸子之道，王官学遂让位于私家言。诸子所依立场与学养各有不同，其所确立的理论学说实为一家之私言。故诸子为社会治理提供的治理之道，常常异论纷然，莫衷一是。尽管，“道不同，不相为谋”〔3〕，但若欲自家之道为执政者采纳而见之政事，则必须获得普遍接受，这即是政治哲学的任务之一：公共证成。简单来说，所谓公共证成，就是在公共领域提出合理的理由，来证明自己的观点和立场是成立的，它不是简单的立场宣示，而是为了寻求道德上的合理、正当、正确，甚至是一种道德说理，由此以一种严谨、明晰、系统的方式展开论证和提供理由。〔4〕因此，我们不禁要问：先秦诸子如何确保其道论的客观与普遍？这实际是一个公共证成的问题。换言之，也即是纯粹认知与现实情境之间的契合何以保证，以获得最为普遍的认同和达成对“道”最为广泛的共识，以确保由对道之普遍性认同达成人间社会事务共识，实现政治秩序上的公共证成。循此问题，经过细绎儒家文献，我们发现，先秦儒家在“秩序情节”的驱动下，展开其虽关怀人文与社会秩序的道论阐释，但在处理其秩序理论的普适性问题时，又存在强烈的法天意识。即是说，根植在人伦日用间的人间秩序，要以自然天道的时序为依据，通过与天道自然秩序的推“类”比附，确立人间政治秩序的普遍性、适用性与道德性。

---

〔1〕朱汉民：《道与中国哲学》，《湖南大学学报（社会科学版）》2002年第1期。

〔2〕张舜徽指出，晚周诸子的道论展现出求治心态，见张舜徽：《周秦道论发微》，中华书局1982年版，第1-2页。张德胜论述了早期文明形成了关切“秩序”的问题意识，见张德胜：《儒家伦理与社会秩序：社会学的诠释》，上海人民出版社2008年版，第109-110页。余英时亦言百家竞起，虽所持之“道”不同，但大体言之都以社会政治秩序的重建为最后的归宿目的，参见余英时：《士与中国文化》，上海人民出版社2003年版，第107页。曾海军指出秩序的依据和根源在天道和德性之间，见曾海军：《诸子时代的秩序追寻：晚周哲学论集》，巴蜀书社2017年版，第223-224页。

〔3〕《论语·卫灵公》。

〔4〕周保松：《政治的道德》，香港中文大学出版社2014年版，第220-221页。

一、道与先秦秩序意识的兴起

在传统中国的学术话语中，道论有很强的经世意涵。古今学者对道论的经世旨归多有揭示，均留意其政治秩序的内涵。荀子揭之在前，他称："道也者，治之经理也。"[1] 董仲舒继之于后，认为"道者，所繇（由）适于治之路也"[2]。张舜徽论之于今，指出"周秦诸子之言，起于救时之急，百家异趣，皆务为治"[3]。显而易见，道论所蕴政治秩序之旨，已成为先儒前贤不易之论。不过，秩序与道的关联，并非不证自明的先验客观，恰恰相反，它反而是后天的知识建构。因此，就认识逻辑而言，必须首先对知识和获得知识的途径、来源予以考查，以避免流于认知上的独断。这就是说，首要的问题是思考秩序意识如何兴起于人的头脑，然后思考"道"如何与秩序义连接起来，形成贯穿中国传统的政治文化基因。这需要对秩序性意涵形成以前的形态加以考察。问题是：如何从远古时期以及"前哲学"时代文献阙如的状况中考察秩序意识的产生呢？

对此，只有借助原始的意识现象，描绘和分析意识、观念的形构过程，以此获得观念的确定性意义。中国古代先民的许多意识和观念，都有模拟自然的痕迹，其中，规律意识和秩序观念之形成，就是基于对自然世界"现象"呈现的秩序之效仿。而自然世界的秩序，乃是一种自在显现、无需证明的先验本质。因此，思考秩序意识的产生，从宇宙自然的本质现象中加以理解，以把握其背后绝对直观的普遍性。

首先，秩序观念源自先民对自然的观察。如对四季交替变换、日月星辰此升彼落等自然天象的直观，并从中抽绎出自然的规律义：自然现象规律性运转，表征自然秩序在先民观念中的呈现。《周易・贲》卦之彖辞就指出："观乎天文，以察时变。"先民之所以能够察知时变，并以卦爻符号表现出来，在于从天象的规律变化抽绎出了自然天道的秩序意涵。这一点被后人所认识到："自上古之时，固已迎日

---

〔1〕《荀子・正名》。

〔2〕《汉书・董仲舒传》。

〔3〕张舜徽：《周秦道论发微》，中华书局1982年版，第1页。

推策矣。尧复考星以正四时，其法明而易准……历，以象日、月、星、辰之行次。”[1] 显然，对天象秩序的模拟，是人间社会秩序建立的依据。

其次，先民从生产时物候知识和经验的积累中，了解到依照自然时序安排生产的重要性，这种生产上的重要性，反过来提升先民对自然时序的重视。天象变化与生产好坏对应，表明掌握天时变化的规律，对先民生存具有非比寻常的意义。随着认知加深，天人相应的观念随之形成，并反过来指导生产和社会治理活动。《尚书·尧典》称：“乃命羲、和，钦若昊天，历象日、月、星、辰，敬授人时。”在这种观念的支配下，先民重视农耕时机与天变时序结合，即所谓的“宜时”。社会科学家普遍认为，时间表现“作为秩序原则，作为进行社会协调、定位和规范的工具，作为自然事件和社会事件的概念组织符号——是由社会活动构成的”[2]，先民从社会生产活动，就是由此来把握自然时序变化。《尚书·尧典》“敬授人时”的表达，是对自然时序的依循和顺从，也是先民内心的一种秩序观念的呈现。

最后，宗教、信仰兴起以后，先民还从对自然信仰的把握中发现规律与秩序。早期人类社会发展阶段，自然的“无限”蕴义存在于先民的感官知觉之中，由于对自然无限观念缺乏辨知，促使信仰从感官中的那些无限产生出来。[3] 殷商时期，具有无限能力的帝、天，“是掌管自然天象的主宰……上帝是自然的主宰，尚未赋以人格化的属性”[4]。作为超现实的神秘力量，“帝”或“上帝”主宰着自然万物。在商代后期，帝、天与祖先神结合，进展为人格意义的至上神。商人以占卜、祭祀祈求和支配神灵，在占卜行为中，“明显加强了人为控制的因素，开始注重规则，确立秩序和范围，寻求根据和理由”[5]。占卜本就是对经验现象分类后，对规律的把握。分类思维的产生，对于先民把握上天秩序极为重要。对显在、直观而来的表象作归纳、分类处理，内在隐含先民建立某种秩序的心理。“建立这类秩序的方法能够导致一些必要的结果，以便使人类能从一种不同角度来研究自然

---

〔1〕 程颢、程颐：《二程集》，中华书局1981年版，第1036页。
〔2〕 芭芭拉·亚当：《时间与社会理论》，金梦蝶译，北京师范大学出版社2009年版，第52页。
〔3〕 麦克斯·缪勒：《宗教的起源和发展》，金泽译，上海人民出版社1989年版，第21页。
〔4〕 陈梦家：《殷墟卜辞综述》，中华书局1988年版，第580页。
〔5〕 刘刚：《“道”观念的发生：基于宗教、知识的视角》，光明日报出版社2009年版，第67页。

界。"[1] 格尔兹（Clifford Geedz）指出，一种信仰系统对社会发生作用，第一是要形成一套头脑中的"宇宙秩序"；第二是把"宇宙秩序的镜像投射到人类经验的层面上"。在某种"特定的形而上学"与"具体的生活方式"之间形成基本的映照，并"使得双方各自借助对方的权威而相互支持"[2]。对宗教、信仰的把握，表现出先民对秩序、规律的探寻。

中国古代思想家同样透过"镜像投射"或"类推"为人道秩序寻找普遍统一性。《贲》卦象辞言："观乎天文，以察时变。"这里所谓的天文，实质就是格尔兹所说的宇宙秩序，通过推"类"方式，先民察知"天文"代表天地万物的本质信息，以及由之产生出的现象、纹路和轨迹。以此，发现自然界存在一种无须人为、本然存在的宇宙秩序，这种秩序能够为人所把握，形成先民头脑中的秩序观念，顺应秩序，才能在生产生活中取得发展。

二、道与先秦秩序观的意义联结

先民的秩序意识如何在人文社会中与"道"字联结在一起的？即是说，自然秩序如何转化到人文领域，这还需要对"道"字加以考察。据目前可考的文献，"道"字最早见于殷周之际的金文中，通常有两种构型。其一写作，从首从行，即在（行，即道路，又说四达之路）中间，加入（首，即人，又说为人之头脑）字，如《貉子卣》铭文所记；其二写作，从首、从行、从止，在首下附以（止，即足）字，如《散盘》铭文。

道字两种最早构型还有微异，但从其共同之处来看，说明人必须处在路（）中，不能越出其外，否则便不可称之为"道"。不难发现，从这种构型凸显"道"的字形涉及并体现强烈的规定性：人只有在既定的、当行方向前进，才能谓为"道"。这是"道"字稳定的字义，即便是在宋代"道"论极为形式化的阶段，依

〔1〕 列维·施特劳斯：《野性的思维》，李幼蒸译，商务印书馆1987年版，第21-22页。
〔2〕 克利福德·格尔兹：《作为文化体现的宗教·文化的解释》，纳日碧力戈等译，上海人民出版社1999年版，第104、129页。

然如此。譬如，朱熹阐释道之此义时就曾指出：“道，犹路也。人物各循其性之自然，则其日用事物之间，莫不各有当行之路，是则所谓道也。”〔1〕当然，朱子所言之性乃是道德本性，但是“道”字的规定性和必然意义则无二致。

另外，道字构型中的人（）处在四达之路口（），首先就面临“方向”与“选择”，〔2〕人要导向何处，说到底，还是一种自发自为的抉择。因此，“道”字的第二种构型，首（）下附以人之足（“”），追问的是，人应当向何处“行”，才得以立足。如此，足（“”）上的头脑（）便至关重要，它决定着“足”之所向，体现道的规定性。

问题是：头脑如何能决定着“行”？从“道”字构型上看，“首”仰望上天，通过“响应”天之召唤而遵从天之命令，决定“行”的方向之选择。〔3〕这与前面分析的，先民通过卜筮把握天、帝，是吻合的。从构型分析，它与先民生产中顺应天时，遵从天变、时序，寻求秩序、规律结合在一起。“道”字最初设计，正以此种形象来表达规范、秩序等意义。只是这种秩序和规范乃是先民效法自然而得来。文德尔班考察古希腊天文学与自然秩序之间的关联时指出：“只有与天文学的知识联系起来，自然秩序按照规律变化的这种思想才开始在希腊人的头脑里明确起来。”〔4〕其实，中国古代的先民正是在这种“仰以观于天文，俯以察于地理”〔5〕的“观”“察”中，认识到自然运化的秩序性，从而使“天地万物之情可见矣”，并自觉地把这种自然秩序运用到生活生产中，变为一种人文秩序。

天文地理与人文社会，在先民“观”的普遍行为中得以结合。〔6〕《贲》卦《彖》辞又谓“观乎人文，以化成天下”。从“天文”到“人文”的转变，表明在“天”与“人”之间，搭建起一种类比关系，自然天文秩序为人所效法，赋予了自然天文以社会属性，从而建构起了人文秩序。自天文至人文的转变，从先民最开始顺应天文时序、把握天变规律开始，就从自然秩序中生发出人文的社会色彩。比

〔1〕《中庸章句》，《朱子全书》第6册，上海古籍出版社、安徽教育出版社2002年版，第32页。
〔2〕李兵：《老子之“道”：一种观念的发生史》，《西南民族大学学报（人文社科版）》2005年第1期。
〔3〕陈徽：《儒家“道”、“德”观之寻根阐释及其“形上化”之后果》，《人文杂志》2004年第2期。
〔4〕文德尔班：《哲学史教程》上卷，罗达仁译，商务印书馆1996年版，第82页。
〔5〕《周易·系辞上》。
〔6〕“观”在经典中，尤其是《周易》出现频率颇高，显然以“观”认识世界是一种普遍的社会化行为。

如，《尚书·康王之诰》云："皇天用训厥道，付畀四方。"汉孔安国传曰："大天用顺其道，付与四方之国王天下。"清孙星衍疏称"顺与训通""言天用顺其道，付予中国。"[1] 是说皇天用大道来教导先王，把天下交与先王治理。皇天大道代表自然秩序，经过圣人的接、授，用之国家治理，自然秩序便具有了人为秩序的人文性与普遍。这种人文性，是在周代特别凸显出来的。周初的天、帝、天命等观念，皆承继于殷文化的系统。[2] 武王革命而代殷商，但殷鉴不远，周人对前代祖先神崇拜与天、帝观念结合进行了修正，赋予其德性的意义，触摸到"天"观念更为深入和普遍的层面，以为长久的秩序之依据。王国维先生《殷周制度论》谓"中国政治与文化之变革，莫剧于殷周之际"，这种剧变，则"在纳上下于道德，而合天子、诸侯、卿、大夫、士、庶民以成一道德之团体"。[3] 由此，建构周人的宗法人文之礼乐，周人之礼乐强调秩序的规范与和乐，结合"敬天"和"敬德"两个方面，并通过"敬德"的方式，从宗教的"帝"转向人文礼乐，"观天之神道，而四时不忒，圣人以神道设教，而天下服矣"[4]。敬天和敬德的实质要求周代的统治者必须遵循某种源于至善之天的法则。因此，法则虽然取自于天，但用之于人文社会，也就为"天"着上人文秩序的色彩。同时，天道自然秩序的普遍性也注入人文秩序之中。

周人之"天"观念，扩大了殷人"帝"的含义，蕴含重德的因素。在春秋晚期，从这种宗教与道德为一体中，产生出"天道"观念。[5] 天道观念包含宗教至上性与人伦道德性，它根本上作用于人间社会，因此"人道"的观念也随之产生，完成了"道"的自然秩序向人间社会秩序的注入，人间的秩序不仅有"天道"赋予的至上性和优先性，也为后世诸子言道求治奠定了沟通天道与人道的范式。

---

〔1〕 孙星衍：《尚书今古文注疏》，中华书局1986年版，第508-509页。

〔2〕 徐复观：《中国人性论史》（先秦篇），上海三联书店2001年版，第14-17页。

〔3〕 姚淦铭、王燕：《王国维文集》第4卷，中国文史出版社1997年版，第42-43页。

〔4〕《周易·观卦》。

〔5〕 冯禹：《"天道"考释》，《管子学刊》1990年第4期。

三、先秦儒家道论的秩序意义

春秋战国的社会失序，引起观念意识的大分裂，所谓“道德不一，天下多得一察焉以自好”[1]。所以，诸子以论道求治的具体内容存在很大分歧，难以为现实治理提供可供操作的一致方案。因此，必须寻求一个统一的稳固根基，以去除思想的纷乱，实现理论的普遍适用。通过把握宇宙自然凸显出的秩序之义以及普适性，类推到人间社会的治理，乃是一种有力的论证方式。即是说，自然天象本身的规律性运转模式，为人为秩序赋予普遍意义。其中，儒家尤重人文秩序的重建。一般认为，儒家提倡以积极介入政治的方式，参与秩序重整，因此常“在当下生活着的人们身上寻找‘道’”[2]，以礼乐重建人文秩序。不过，这种人文秩序的普适性实质建构在深层的自然时序上。儒家的道论是以人道沟通天道，以天道秩序印证人道秩序，为人道秩序赋予必然性与普遍性。

从本质上看，尽管儒家道论是“人”的学问，但其论证的进路却根植于由天道而至人道的一体互证中。孔子在论析政治治理的精神时曾说“予欲无言”，这是鉴于“天何言哉！四时行焉。百物生焉，天何言哉！”[3] 对天道四时顺序的认知，构成孔子人文视界中的秩序根柢。自然世界的运动规律投射为人文世界的“无言”，实际意味着尽量模拟自然时序规律地运转，为人为秩序立法。所谓“唯天为大，唯尧则之。荡荡乎，民无能名焉。巍巍乎其有成功也，焕乎其有文章”[4]。如此，天道的自然秩序，为圣王效法、遵从，成为人道秩序的范本，故能成就巍巍功业。《周易·系辞下》即载：“古者包羲氏之王天下也，仰则观象于天，俯则观法于地，观鸟兽之文与地之宜，近取诸身，远取诸物，于是始作《易》八卦，以垂宪象。”圣王透过自然呈现的本质现象，认识到人间公共治理领域的秩序，从而纳入以天道秩序为本的推类比附中。又如，孔子认为：“为政以德，譬如北辰，居

---

〔1〕《庄子·天下》。
〔2〕杜维明：《道学政：儒家公共知识分子的三个面向》，上海人民出版社2000年版，第1页。
〔3〕《论语·阳货》。
〔4〕《论语·泰伯》。

其所而众星共之。"[1] 在这里，“德”固然是为政者“当然”应据之则，但之所以要如此，乃是透过效法外部天象完成“所以然之故”的根源性论证。沟口雄三就曾指出，中国的“天”关系到“秩序原理的框架等政治、社会的大的统一体”，儒家秩序理论常以人道五伦“内部结构”展现，不过五伦并非决定社会基础本身存立的“外在框架”。若说五伦是“当然之则”，那么，这种外在框架则为“所以然之故”。[2] 沟口氏所揭示的作为本质的“外在框架”，实际即其所论的作为人间秩序根源的“天”“天道”的秩序性。

尽管天道自然秩序义为人间秩序立法，但中国的“天”或道，并不仅仅只是自然秩序之义。在殷周之际，周人对“天”的宗教意义予以改造，为“天”与“天道”注入了德性意义。例如，春秋晋国在解鲁受齐之困时，应对来自南方楚国的进攻，师旷、董叔据以天象，认为“天道多在西北”，楚师不得天时，故必无功。而叔向以为，南师无功而返的原因是“在其君之德”[3]。在此，从天道秩序中生发着人文道德的因素为儒家所认同，孔子评析君王所以“不失国”，正是在于君王“知大道”。[4] 所谓大道，就关系天道的自然秩序和它内蕴的人文德性。

这都说明，早期儒家对天下秩序的关怀概括起来有两点：取法于天道秩序和基于德性的人道秩序。人道秩序并不孤立外在于天道，实际上，它就是从天道中抽绎出来施用于人间社会的人文精神。孔子之后的两位儒家大师孟、荀，论析天下秩序，亦不在此种范式之外。

孟、荀透过星辰、天地、水流等意象群，以“观物取象”的思维方式，依据具体经验可感的事物，加深意象的符号意义，以展现意象背后的象征性。在与治水专家白圭的辩难中，孟子强调一种从自然秩序里体现出来的人文道德情感，认同大禹治水因循流水的自然规则，因势利导，解决水患，否定“以邻国为壑”的不仁之举，指出“水逆行，谓之洚水。洚水者，洪水也，仁人之所恶也”[5]。如果人

---

[1] 《论语·为政》。
[2] 沟口雄三：《中国的思维世界》，刁榴等译，生活·读书·新知三联书店2014年版，第3页。
[3] 《左传·襄公十八年》。
[4] 《左传·哀公六年》。
[5] 《孟子·告子下》。

为迫使“水逆行”，扭曲了它的天性，那么必然招来“水”的惩罚。孟子强调的是，从天道自然规则中抽取符合事物本性的途径，为之赋予道德的色彩，从对“天之道”的“思”中，挖掘出“人之道”，从而由经验事物类推出道德社会中的抽象观念。如：谓“人性之善也，犹水之就下也。人无有不善，水无有不下”〔1〕。又如：他论“观水有术”，抽绎出“流水之为物也，不盈科不行；君子之志于道也，不成章不达”〔2〕。孟子讲求顺应水之情势的仁人之政，多少与荀子托言孔子之语义同。

荀子的道论同样关涉人间秩序，所谓“道也者，治之经理也”〔3〕。但是，他把“道”严格限定在“礼仪、辞让、忠信”的范围之内，强调“道者，非天之道，非地之道，人之所以道也，君子所道也”〔4〕。“圣人为不求知天”似乎以礼仪、辞让、忠信为内容的“治之经理”的“道”，并不需要“天”这一自然因素的干预。事实上，在荀子的思想中，寻求秩序的礼法，并不能完全从“天、道”表征的自然秩序抽离出来。考稽其文，他强调“天”对人的自然官能和自然情感的塑造，在节制的方式下，顺从天所赋予人的自然情感，如所谓“顺其天政，养其天情，以全其天功”，然后从自然的“四时”“阴阳”等时序变化的秩序中发掘出治理的道理。尽管荀子一再强调天人之分，强调道的人文属性，与其说天人之“分”是对天人的隔离，还不如说是明确人、天的职分范围，以去除“天”对人事的过分的干预因素。例如，在论礼之“三本”时，他就以“天地”为其根本立论，〔5〕指出无天地则无生命，无生命自无先祖、后人，更无君师，无君师则无治道，所以，“礼，上事天，下事地，尊先祖而隆君师”〔6〕。因此，荀子的道论强调自然天道的去人格化，把天的人格意义抽离，以实现人“不与天争职”，并非否定天道的秩序

〔1〕《孟子·告子上》。

〔2〕《孟子·尽心上》。

〔3〕《荀子·正名》。

〔4〕《荀子·儒效》。

〔5〕言礼之根源于“天”而非从人的天性而发，是因为，若放任人的自然性情，必然导致悖乱。荀子从天地言礼的根源，乃是因为“天有常道”（《天论》），礼亦由此而具有普遍与至高属性。

〔6〕《荀子·礼论》。

属性和道德意义。[1]“天”固然“不为人之恶”改变其自然特性，但从天地“常道、常数”的秩序中，无疑可抽象出道德秩序性的“君子常体”。这种思维模式，与儒家以比附类推的方法观察自然世界和人文世界之间的关联是一贯的。先秦儒者这种以人法天的认识论，目的不在纯粹知识的追求，而是从现实语境出发，寻求天下的治理和秩序的重建。

四、先秦儒家论“理”及其意义

在先秦儒家的秩序追寻中，除了以“道”为学术话语的阐释，还有一个以“理”论为话语的阐释方向。所谓“理”论，简单地说，就是关于理字字义的阐释。在先秦诸子的文献中，尽管尚未发展出系统的专门讨论理字的学说，但是理字在诸子的政治社会治理中，却有重要的位置。[2] 与诸子道论相比，此时的“理”论更加形下化，凸显出观照现实的特质。从理字字义来看，“理”论比道论更加注重政治行为主体的参与方式的分析。因此，讨论先秦儒家的秩序关怀，除了考虑“道”论，还需要对“理”论加以注意。

在甲骨文、金文等早期文字中，尚未发现理字的字例。但从理字的构型，大致可以发现其字义。理字构型从玉从里，玉字表意，里字定音。甲骨文玉字写为“丰”“丰”，象以绳串三玉之形，金文为“王”，省串绳两端。[3] 后来的战国文字或其他书体均依此种构型，为区别王字，故于右侧多附一点或两点（“玉”“玉”“玉”）。理字字意大概从玉字产生出来，南唐文字学家徐锴曾指出：“物之脉理惟玉最密，故从玉。"[4] 可知古人据以玉的质地特征，以之代指物之纹理。理字的初意之一，即指玉之纹路。另外，玉工依据玉石本身的自然纹路来甄选、解剖、

〔1〕 关于荀子以外在化的“礼”建构秩序社会，但此“礼”既是政治学的，也是伦理学的。可参考东方朔：《秩序与方法——荀子对政治与道德之关系的理解》，《复旦学报（社会科学版）》2017年第1期。

〔2〕 张立文主编：《中国哲学范畴精粹丛书：理》，中国人民大学出版社1991年版，第19-45页。

〔3〕 参考杨树达：《中国文字学概要》，北京联合出版公司2015年版，第50页。

〔4〕 徐锴：《说文解字系传》，中华书局1987年版，第338页。

雕琢、抛光，故“玉虽至坚，而治之得其鰓理以成器不难”，此“谓之理”，即治玉，此其两种初义。

理的原初二义，即玉之自然纹路和依照纹路而进行的治玉，二义均具备意义阐释的空间。前者包含事物本身自然具备的秩序性，后者指依照事物自然的秩序加以整治，呈现出人为秩序性，均谓之理。理字的初义，尤其是理字动词化，表现出与道论所涉人道秩序模拟、依顺自然秩序的相似处。后来理字字义渐丰满，如条理、物理、整理、修理、治理等等，均表现出把超出秩序之外的事物重新训致，以回归规律性的和谐。

先秦儒经理字多见诸《周易》等书中。诸经中的“理”论，总体也以凭借“观”“察”自然事物之“理”的方式，来认识有形与无形之物的“理”。这种“观”“察”的行为用意并非单纯视觉的“看”，更在于透过视觉的“看”之行为来理解本质现象，因此“观”“察”本身不是“看”经验事物，而是“看”本质现象，“看”本质自身。在《周易》中，就以文、理来代表理，其文曰：“《易》与天地准，故能弥纶天地之道。仰以观于天文，俯以察于地理，是故知幽明之故。”（《系辞上》）从对天地自然之理的“仰观、俯察”中，直观到天高地卑、刚柔上下，认识到人世的长幼尊卑、贵贱高下，从而得“天下之理”。圣人（王）顺应此理而成就自己的美德和功业，“成位乎其中”[1]。显而易见，古人从观“天地之理”进展到得“天下之理”，社会人文之理的尊卑贵贱贤长，皆从这一过程生发而来，所谓“文理情用，相为内外表里，并用而杂”[2]，这是从自然秩序的模态中抽绎出来的人文秩序。如此，《诗经》《左传》中用理的典据，均与治理国家疆土和管理民人有关。[3] 此中典据强调从自然治理到天下之理的转换，故侧重政治主体的政治治理，但还缺乏涉及理与道、理与义的关系的讨论，缺失人文道德底蕴的揭示，二者的衔接在孟子的先验道德论中得以体现。

孟子的“理”论附见其仁政学说，表现为仁义之“理”。他从先验的道德立场

---

[1] 《周易·系辞上》。

[2] 《荀子·礼论》。

[3] 《诗经》理字四处典据分别见《大雅·绵》“乃疆乃理”、《大雅·公刘》“止基乃理”、《大雅·江汉》于疆于理、《小雅·信南山》“我疆我理”。《左传》的理字典例大体与《诗经》同义，如：《成公二年》“先王疆理天下”、《昭公十三年》“行理之命”等。

出发，阐释人自然具备的仁、义、礼、智四种道德本能，指出“人心之所同然者”的“理、义”，强调理的道德主体性而超越了事物文理的外在秩序性。但孟子依然从事物的秩序中探求人文秩序之理，例如，他称：“孔子之谓集大成。集大成也者，金声而玉振之也。金声也者，始条理也；玉振之也者，终条理也。始条理者，智之事也；终条理者，圣之事也。”〔1〕他利用奏乐中金玉本身自然所据的声效特质决定其先后顺序，阐释音乐作品每一部分各有所当，由此构成一个秩序的整体，具有这样特质的人便称之圣人。从事物本身具备的自然之理的认识，抽引推求了人文秩序之义理，道德的价值便渊源于自然之理。

孟子主张以内在主体性的仁心为基石追寻秩序，荀子对秩序的关怀则更加贴近外在化架构来构建秩序社会。荀子是通过外在事物特殊之“理”来认识天下普遍之理。他首先承认万物之理的差异性，“凡百事异理而相守”〔2〕，但认为具有差异性的物理是对人的认知能力敞开的，所谓“凡以知，人之性也；可以知，物之理”。人可以从对个别事物之理的认识，进而体认普遍的天下之理，通过外部客观物理的“疏观”而“参稽”内部社会的“治乱”，乃至最后达到“制割”天下、万物、宇宙，以得秩序的实现，所谓“疏观万物而知其情，参稽治乱而通其度，经纬天地而材官万物，制割大理而宇宙里（理）矣”〔3〕。荀子寻求从外在事物之理的认识中来体会人类社会之理，与前辈儒者并无分别。但是，荀子对秩序的实现与孔、孟有所分别，他将理之秩序诉求归于外缘性存在之礼。他认为，“君臣、父子、兄弟、夫妇”之礼，“与天地同理，与万世同久，夫事谓之大本”，〔4〕就是秩序化的社会中的“人所以群居合一之理”。〔5〕荀子的“理”论秩序内涵，是从认识物理而探求礼之理，显然是从自然而进入人文，这种“礼之理”包含着“事理”“义理”“道理”“治理”等丰富含义。孟子的仁义之理和荀子的礼之理，显然是对《周易》“理”论的发展，儒家哲学的“理”论的秩序义，基本上循此进路展

〔1〕《孟子·万章下》。
〔2〕《荀子·大略》。
〔3〕《荀子·解蔽》。
〔4〕《荀子·王制》。
〔5〕《荀子·礼论》。

开。[1] 但这并不异于孔、孟从自然秩序之理以观照人文社会之理的思维模式，先秦儒家三位大师在此展现出思维进路的一贯。

总之，“道”“理”是古人对天人问题的根本认识，先秦儒家的道论和理论，是从经验的自然之道和自然之理出发，为人间秩序的确立奠定深层的自然根源和普适性理据。尽管先秦儒家宣称“道不远人”，远人非道，强调“人为之道”必须将视域固定在人间社会。但人为之道的普适性并不能单纯依靠自我论证可以完成，它必须仰赖自然天道来赋予，从天道到人道的论析方法，为后世儒者讨论天人关系确立了“下学而上达”范式。无论是汉唐经学，抑或宋明儒学，儒者阐发人道秩序理论时，均注重从天道、天理的进路，阐释人间社会的秩序关切，只不过后儒各有所据各有取舍。尤其北宋中期儒者对道论的秩序阐释，尽管表现出与先秦儒家奠定的秩序理论范式的一致性，但其表现出的分歧更为复杂，或许与孟、荀开始分别地从内、外的两面来思考秩序如何回归，就已见端倪。

〔1〕张立文主编：《中国哲学范畴精粹丛书：理》，中国人民大学出版社 1991 年版，第 31-32 页。

诗礼互证：论《诗经》祭祀诗中的周人信仰

王慕飞*

[内容提要]

国之大事，在祀与戎。祭祀在我国古代有着举足轻重的作用。尤其是到了夏商周时期，“绝地天通”之后，祭祀成了一种特权的象征。任何一个政权，若想得到大众认可，必须拥有这种权力。因为，它一方面是为政者沟通天与人之间关系的方式，另一方面又是为政者处理人与人之间关系的手段。《诗经》作为五经之一，它内容包罗万象，记载了先秦时期我国先民生活的各个方面。这为我们研究古代先民的生活方式、宗教信仰以及祭祀的方式、内容和意义提供了很好的参考，而《礼记》中又详细记载了先秦时期不同等级的不同祭祀方式和祭祀规模。本文试图运用宗教学和人类学的方法，通过《诗经》中记载的农事诗和祭祖诗并参照《礼记》中对于相关礼仪的记载，来探讨周初统治者如何通过信仰的转化和建构来解决周商易代的政治合法性问题。

[关键词]

诗经；礼记；祭祀诗；信仰；诗礼互证；政治合法性

---

* 王慕飞，中国社会科学院研究生院博士研究生。

一、引　言

《诗经》作为五经之一，自古以来都受到学者的重视，对《诗经》的注疏可谓是汗牛充栋。近代以来，随着西学东渐的不断深入，学者们逐渐突破了传统经学的研究方法，对《诗经》的研究范围越来越大，研究方法也越来越多样化。众多学者从不同角度提出了许多大胆而新奇的假设，继而也拓展了研究视野。在20世纪初期，闻一多首开先河地运用人类学和社会学的方法研究《诗经》，并著有《说鱼》等多篇文章。后来学者研究《诗经》的方法是传统与西学并用，有相互印证的，有相互比较的，除了人类学和社会学方法外，还有宗教学、民俗学的研究方法，史学的研究方法，文学的研究方法等。在宗教学角度研究《诗经》的著作中，有的从祭祀诗中研究《诗经》的思想和文学价值，如樊树云的《诗经宗教文化探微》和刘源的《上周祭祖礼研究》；有的从《诗经》与礼乐的关系进行研究，如江林的《〈诗经〉与宗周礼乐文明》；有的从哲学意义上探讨祭祀诗的价值所在，如石珂的《〈诗经〉周人“祭祖诗”的认知与价值建构作用》。也有从信仰共同体和社会共同体的建构和相互作用的角度来探讨的，如魏明慧的《〈诗经〉与周代的共同体建构》等。

本文希望借鉴他们的研究成果，并在此基础上结合《诗经》中的祭祀诗和《礼记》中的祭礼的记载，分析西周为政者对宗教信仰的变革以及对其取得政治合法性的作用和意义。

二、先秦祭祀的意义

祭祀，是人类所有文明起始之时必然具有的活动。弱小的人类在面对不可抗拒的自然力面前，必然要对无所不能的神致以最崇高的敬意。华夏文明自然不能例外，但是在“绝地天通”之后，祭祀天神上帝的权力归于人间最高统治者。自此，宗教和政治真正结合，宗教也成了“统治者维护统治的合理性依据”[1]。因此，祭祀也就成了国家大典，是定社稷、安民心的大事，祭祀的内容如同国家宪章，是一个朝代拥有统治合法性的依据。正如牟钟鉴先生所说：“天子之祭天，族长家长之祭祖，……祭政合一，祭族合一，既具有国家宗教性质，又带有全民性，起源于原始宗教，形成于夏商周三代，完善于汉至隋唐，一直延续到清朝末年帝制垮台为止。”[2]

夏朝时期，信仰对象多是鬼神。《论语·泰伯》载：“禹，吾无间然矣。菲饮食而致孝乎鬼神”，这说明鬼神信仰在夏朝占有重要的地位。[3] 夏朝时也有祭祀祖先的行为，《尚书·甘誓》有“用命，赏于祖；弗用命，戮于社”的记载。殷商时期的信仰对象是“天帝”或“上帝”，《礼记·表记》中记载“殷人尊神，率民以事神，先鬼而后礼，先罚而后赏，尊而不亲”。商汤伐夏之后，进一步强化了对“帝”的信仰，并将此作为自己讨伐夏桀的神圣依据。商朝统治者认为商汤代夏是“上帝”的意志，“古帝命武汤，正域彼四方”（《诗经·商颂·玄鸟》），“帝命不违，至于汤齐”（《诗经·商颂·长发》）。然而，殷商所崇拜的“上帝”是一个自然的主宰，是一位自然神：“殷人的上帝或帝，是掌管自然天象的主宰。……上帝之令风雨，降祸福，是以天象示其恩威。……先公先王可上宾于天，上帝对于时王可以降福祸，示诺否，但上帝与人王并无血缘关系。”[4] 从中我们可以看出，殷人在祭祀上帝时，也将自己的先祖加了进去。只不过先祖是天帝的辅祀而已。天帝有着降福祸的能力，祭祀上帝可以获得上帝的福佑，保其风调雨顺，诸事顺利。但这里的上帝跟人王没有任何的血缘关系，只是一种独立于人之外的有着超能力的自然神。然而，这种信仰在商周易代时发生了变化，武王伐纣，小国周代替了大邑商。随之而来的疑问就是有着“上帝”佑护的殷商为什么被西周取代呢？“上帝”还可不可信？其超能力为何失灵了？

西周统治者为了解决这个问题，将“德”的观念提高到与天命相辅的位置，

[1] 卢国龙：《“绝地天通”政策的人文解释空间》，《世界宗教研究》2010年第6期。
[2] 牟钟鉴：《关于中国宗教史的若干思考》，中国知网《中国会议》1991年10月1日。
[3] 陈来：《古代宗教与伦理——儒家思想的根源》，北京大学出版社2017年版，第116页。
[4] 陈梦家：《殷墟卜辞综述》，科学出版社1965年版，第562页。

从而使得此问题得到了妥善而合理的解决。周人将殷商的失败归咎于不修其德，并提出“皇天无亲，惟德是辅”（《尚书·蔡仲之命》），认为只有“以德配天”，才能得到上天的护佑。周人并没有完全推翻殷人的信仰传统，而是在此基础上将人的“德”，确切地说应是统治者的“德”作为上天佑护的标准。他一方面继承了殷人的信仰观念，一方面又将这种信仰观念做了损益，从而为自己的政治合法性找到了价值依据。在这种变革中，周人的祖先不再像殷人的祖先那样只是上帝的“宾”，而是因为自己的“德”而具有了与上帝同样的地位，上帝不仅是超自然的神，也成了自己的“祖先”。正是这个原因，祖先崇拜在周代发展至鼎盛，祭祖也成了国家祭祀宗教活动的重要内容，因为它代表着自己宗族的血缘认同。

此外，祭祀社稷又是周初统治者维护信仰认同的又一重要手段。“周初封邦建国的国家模式，有两方面的制度基础，一个是宗法，另一个就是社稷，前者是诸侯宗室与周王室的亲缘纽带，后者传达出诸侯国疆土人民与周朝所代表的天下之间的社会关系。”[1] 在《诗经》中有许多是反映祭祀的诗歌，在这里，笔者通过祭祀之礼的相互印证，来探讨周初统治者是如何通过这两种祭祀来维护自身政权巩固和社会稳定的。

三、祭祀诗和祭祖礼

（一）祭祖的意涵

祭祖礼是指祭祀祖先时所依循的礼仪。由于祖先崇拜的具体目的和意义不同，夏商周三代的祭祖之礼各有损益。“有虞氏禘黄帝而郊喾，祖颛顼而宗尧。夏后氏亦禘黄帝而郊鲧，祖颛顼而宗禹。殷人禘喾而郊冥，祖契而宗汤。周人禘喾而郊稷，祖文王而宗武王。”[2] 祭祀的具体方式方法，《礼记·祭法》也有详细说明。随着祖先崇拜的发展，祭祀仪式也逐步规范和完善，并进一步与宗法制度结合，形成了一套等级鲜明的礼仪模式。夏商周三代祭祀的祖先都是有功于本族的伟大人

---

〔1〕 卢国龙：《隆礼以重教，邦国之大务》，《中国哲学史》2011 年第 2 期。

〔2〕《宋本礼记·祭法》第 3 册，郑玄注、陆德明释，国家图书馆出版社 2017 年版，第 161 页。

物，并特别指出“非此族也，不在祀典”（《礼记·祭法》）。由此可见，祭祖是加强血缘纽带、强化宗法制度的一种信仰模式。通过这种信仰模式，君王确立了自己的天子地位，并通过强化同一祖先的伟大功绩，增强了本族的向心力、凝聚力和自信心。

（二）祭祖礼的内容

祭祀之礼因对象不同而异名，天神为祀，地祇为祭，人鬼为享。〔1〕周代祖先祭祀的场所是宗庙，但不同时令祭祖的称呼也不同：“凡祭有四时：春祭曰礿，夏祭曰禘，秋祭曰尝，冬祭曰烝。礿、禘，阳义也；尝、烝，阴义也。禘者阳之盛也，尝者阴之盛也。故曰：莫重于禘、尝。”〔2〕时令不同，祭祀的称呼、地点和方式都不同，最重要的祭祀则是禘与尝。祭祖时所穿的衣服，祭祖时的各种规程以及各种食物、器皿、牺牲等都非常烦琐。

（三）《诗经》中的祭祖诗

《诗经》中《周颂》《商颂》和《鲁颂》等诗歌是描写帝王祭祀祖先的，而在“风”和“雅”中几乎没有提到帝王，专讲祭祖，目的是感谢祖先的佑护并希望能够继续得到祖先的恩典。

《商颂》共有五首（《那》《烈祖》《玄鸟》《长发》《殷武》），这五首全是祭祖诗。其中《那》《烈祖》《长发》是祭祀商王成汤的诗歌，而《长发》和《殷武》是祭祀商王高宗武丁的诗歌。这五首诗歌充满了对先祖功绩的赞叹，尤其在《长发》一诗中，全文都在表达着一种思想，即殷商的成功和统治的权力都是上帝赋予的，这种“君权神授”的思想在商朝是正统思想。他们虽然也重视“敬天保民”，也重视统治者的“德行”，但他们并没有自觉地反思：夏王朝是如何覆灭的？自己的基业是怎样得到的？“天”可不可靠？他们固执地认为自己是上帝的嫡系，他们推翻夏朝，建立商朝，开疆拓土一统天下，都是在上帝的佑护下完成的。

《礼记·表记》中记载了孔子对殷商的评价：“殷人尊神，率民以事神，先鬼而后礼，先罚而后赏，尊而不亲；其民之敝：荡而不静，胜而无耻。”〔3〕这说明

---

〔1〕陈来：《古代宗教与伦理：儒家思想的根源》，北京大学出版社2017年版，第152页。
〔2〕《宋本礼记·祭法》第3册，郑玄注、陆德明释，国家图书馆出版社2017年版，第204页。
〔3〕《宋本礼记·祭法》第3册，郑玄注、陆德明释，国家图书馆出版社2017年版，第161页。

殷人的重鬼神而轻民心。他们将“君权神授”的观念上升为意识形态，诗中如“相土烈烈，海外有截”“如火烈烈，则莫我敢曷”“敷奏其勇，百禄是总”〔1〕都是在说，商王朝的一切功绩、所有的福禄都是在上帝的保佑下，在英明的商王领导下，通过战争，通过本身强大的武力得来的。他们给他们的侵略、镇压、掠夺和统治披上“天意”的伪装，这也正是殷商天命论的实质。《玄鸟》是祭祀商王武丁的诗歌。《史记·殷本纪》记载：“帝武丁祭成汤，明日有飞雉登鼎耳而呴（雊）。武丁惧。祖己曰：‘王勿忧，先修政事。’”〔2〕商是以鸟为图腾的民族，“雊雉之异”的传说与“天命玄鸟，降而生商”的神话密切相关。而“天命玄鸟，降而生商”是关于商的起源的早期传说。这首诗开篇就说出自己的图腾信仰，继而赞颂商王武丁修整立德、矢志中兴。“武丁孙子，武王靡不胜”在赞颂武丁的武功，而“邦畿千里，维民所止，肇域彼四海”则是赞颂武丁的功业，诗中“四海来假，来假祁祁”〔3〕，则说明不但中原诸夏部族，而且周边的氐、羌等民族也纷纷来朝进贡。武丁功业之隆，于此可见。但这所有的一切都是殷商族人受命于天，在上帝和祖先的保佑下完成的。

与殷商相比，周人经历了殷商不得人心继而失掉天命佑护的过程并深以为戒。他们对天命有了一种自觉的反思，他们认为天命不是永久不变的，作为统治者必须兢兢业业，并且要注重修养自己的品德，用自己的“德”来配天命。作为统治者，只有仁德爱民才能获得上帝的垂青并保持天命不变，因而周民族在祭祀的过程中注重突出执政者的道德，同时对统治者的理想人格加以丰富和发挥。这些内容，从《周颂》和《大雅》中都可以体会到，如《大雅·文王》：“文王在上，於昭於天。周虽旧邦，其命维新。有周不显，帝命不时。文王陟降，在帝左右。亹亹文王，令闻不已。陈锡哉周，侯文王孙子。文王孙子，本支百世，凡周之士，不显亦世。世之不显，厥犹翼翼。思皇多士，生此王国。王国克生，维周之桢；济济多士，文王以宁。穆穆文王，於缉熙敬止。假哉天命，有商孙子。商之孙子，其丽不亿。上帝既命，侯于周服。侯服于周，天命靡常。殷士肤敏，祼将於京。厥作祼将，常服黼

〔1〕程俊英、蒋见元：《诗经注析》，中华书局2017年版，第1102页。
〔2〕司马迁：《史记》第3卷，中华书局2011年版，第103页。
〔3〕程俊英、蒋见元：《诗经注析》，中华书局2017年版，第1099页。

冔。王之荩臣，无念尔祖。无念尔祖，聿修厥德。永言配命，自求多福。殷之未丧师，克配上帝。宜鉴于殷，骏命不易！命之不易，无遏尔躬。宣昭义问，有虞殷自天。上天之载，无声无臭。仪刑文王，万邦作孚。"〔1〕在《商颂》中，没有提到过"德"这个概念，但在《周颂》和《大雅》中，"德"经常被提及，周初先民不再单单歌颂祖先的功业，而是更加注重歌颂祖先个人的美好品德。

周人用"德"来说明天命转换的原因，因为"天命靡常"所以要"聿修厥德"，要"自求多福"。这本身就是一个很大的进步，它直接促使了周民族的信仰观念从殷商的巫祝文化向礼乐文化转型。"无念尔祖，聿修厥德"是告诫成王之言，启发成王吸取商朝灭亡的教训，怀着对祖先文王的敬仰，要像文王那样"于缉熙敬止"，光大自己的德行，只有如此方能受到上天的佑护。在《周颂・清庙》中也有"济济多士，秉文之德"的诗句，其意思也是在说明统治者要具有光辉的美德，能够让自己的百姓和乐安康，四境平安无事。同时，身为统治者要时时勤于政事，不可荒政懈怠，否则天命不保。也就是说，周天子在祭祀时既要感念祖先之德，同时要勉励自己修养自身的德性。但值得一提的是《周颂》和《大雅》中赞颂具有德行的祖先只限于大王、文王、武王和成王，并没有对所有的周王进行称颂，反而在《国风》中有许多诗是讽刺幽王、厉王的。

从这些情况中，我们可以得出一个明显的结论，即周朝祭祖诗中所祭祀的祖先是真正有功德的祖先，对于没有功德的祖先并没有在祭祀中进行称颂。他们为什么要这样做呢？因为他们要彰显祖先之德，而这种彰显必须要让人信服。这不但出于宗教上的虔诚，还有其政治上的考量。因为祖先有德，所以天命归周。而周之子孙要确保"天命不易"，就得发扬祖先之德，时时警醒自己要保持仁爱之心。周人虽依然敬畏上天，但是已经有了清醒的自觉，天命不再是政权的绝对保证；相反，为政者的勤政、仁德才是天下安定的重要原因。周人通过祭祖时对祖先之德的推崇，逐渐将商王朝"君权神授"的观念转化为"惟德是辅"的理性自觉。而且也通过祭祀赢得了民心和臣心，同时，祭祀中的祭祖更促使了同宗的团结。《礼记・大传》中有："自仁率亲，等而上之，至于祖；自义率祖，顺而下之，至于祢。是

〔1〕程俊英、蒋见元：《诗经注析》，中华书局2017年版，第795页。

故，人道亲亲也。亲亲故尊祖，尊祖故敬宗，敬宗故收族，收族故宗庙严，宗庙严故重社稷，重社稷故爱百姓，爱百姓故刑罚中，刑罚中故庶民安，庶民安故财用足，财用足故百志成，百志成故礼俗刑，礼俗刑然后乐。”[1] 从这段话中，我们可以得到这样的信息，即周天子的祭祖礼其另外一种目的就是“收族”，即达到使族人团结的目的。

四、藉田礼和农事诗

（一）藉田礼的意涵

西周时期，虽然祖先崇拜是最主要的信仰，但也一直保留着自然崇拜，不仅崇拜最高的自然神“上帝”，而且崇拜各种具体的自然神，可以说依然是多神崇拜。周民族的藉田礼就是对社稷神的一种祭祀活动。《毛诗序》中有：“《载芟》，春藉田而祈社稷也。”[2] 藉田的意思是天子借助百姓的力量来耕种自己的田地之意。藉田礼也有等级之分，天子藉田与诸侯等藉田所行之礼是不同的。周天子每年春季都要率领三公九卿实行藉田之礼。《礼记·月令》中记载：“是月也，天子乃以元日祈谷于上帝。乃择元辰，天子亲载耒耜，措之参乘保介之御间，帅三公、九卿、诸侯、大夫，躬耕帝藉。天子三推，三公五推，卿诸侯九推。”[3] 藉田是天子、诸侯借用平民之力来为自己耕种田地。[4] 在《诗经》中，藉田礼虽然只是一种仪式，但这恰恰说明了周天子具有沟通天人的权威性，他通过这种仪式一方面将企盼风调雨顺、五谷丰登的愿望传达给上帝，同时又代表上帝将上帝的保佑传达给民众。藉田礼虽然是一种仪式，但为什么要君王亲自示范耕种呢？《诗经·小雅·节南山》中有一句话说得很清楚：“弗躬弗亲，庶民弗信”。也就是说，藉田礼重在取信于民，意在得民心。既然是亲耕，为何还要亲自准备祭祀用品呢？亲自准备祭祀用品就是为了得臣心。

---

[1] 《宋本礼记·祭法》第3册，郑玄注、陆德明释，国家图书馆出版社2017年版，第21页。
[2] 《毛诗正义》，北京大学出版社1999年版，第1354页。
[3] 《宋本礼记·祭法》第2册，郑玄注、陆德明释，国家图书馆出版社2017年版，第1页。
[4] 《宋本毛诗诂训传》，国家图书馆出版社2017年版，第164页。

也就是说，祭祀的重要性，不仅是要表明天子是沟通天人的唯一权威，而且要起到团结人心、化民成俗的作用。祭祀是原始宗教所共有的仪式，而这种仪式的重要性就是“为政治模式提供合理性解释”[1]。通过人民对这种仪式的认可，使得上下达到了信仰上的一致，同时也证明了周天子统治的合法性。天子通过藉田之礼，一方面向社稷神表达了自己的虔诚信仰，另一方也表达了自己对劳动百姓的关爱。通过一种祭祀行为，得到了一个更大范围的信仰认同，塑造了共同的价值观念。

（二）《诗经》中的农事诗

《诗经》中的许多农事诗其内容是祭祀祖先或神明的，祈祷祖先和神明降福于己，保佑风调雨顺、五谷丰登。如《小雅》中的《甫田》《大田》是祭祀地神和农神的。《甫田》载：“倬彼甫田，岁取十千。我取其陈，食我农人。自古有年。今适南亩，或耘或耔。黍稷薿薿，攸介攸止，烝我髦士。以我齐明，与我牺羊，以社以方。我田既臧，农夫之庆。琴瑟击鼓，以御田祖。以祈甘雨，以介我稷黍，以穀我士女。曾孙来止，以其妇子。馌彼南亩，田畯至喜。攘其左右，尝其旨否。禾易长亩，终善且有。曾孙不怒，农夫克敏。曾孙之稼，如茨如梁。曾孙之庾，如坻如京。乃求千斯仓，乃求万斯箱。黍稷稻粱，农夫之庆。报以介福，万寿无疆。”[2]这首是讲周王巡视春耕生产的农事诗，周王为了祭祀农神，自己斋戒后，还奉上美食，献上羔羊作为牺牲，祈求神明保佑他们五谷丰登。在祭祀的过程中，人们弹起琴瑟，擂起大鼓，来迎接掌管农事的神明——田祖（农神），并虔诚地祈求天降甘霖，保佑来年五谷杂粮大丰收，以养活万千子民。

《大田》是《甫田》的姊妹篇，它是一首描述周王巡视秋收的诗歌：“大田多稼，既种既戒，既备乃事。以我覃耜，俶载南亩。播厥百谷，既庭且硕，曾孙是若。既方既皁，既坚既好，不稂不莠。去其螟螣，及其蟊贼，无害我田稚。田祖有神，秉畀炎火。有渰萋萋，兴雨祈祈。雨我公田，遂及我私。彼有不获稚，此有不敛穧，彼有遗秉，此有滞穗，伊寡妇之利。曾孙来止，以其妇子。馌彼南亩，田畯至喜。来方禋祀，以其骍黑，与其黍稷。以享以祀，以介景福。”[3] 这首诗歌描

---

[1] 卢国龙：《“绝地天通”政策的人文解释空间》，《世界宗教研究》2010年第6期。
[2] 程俊英、蒋见元：《诗经注析》，中华书局2017年版，第712页。
[3] 程俊英、蒋见元：《诗经注析》，中华书局2017年版，第717页。

述了秋收繁忙而喜悦的景象。经过春天的播种、夏天的劳作，又加上天公作美，风调雨顺，秋天的收成可想而知。全诗充满喜悦之情，在最后一段又点出了周王省察，更加突出了喜悦和谐的气氛。但这两篇诗歌都没有对藉田之礼做太多的描述。

对藉田礼描述比较详细的应该是《周颂·载芟》和《周颂·臣工》了。《载芟》是“一首周王在春天藉田时祭祀土神、谷神的乐歌”〔1〕。《周颂》中的《臣工》则“是一首周王耕种籍田并劝解农官的诗”〔2〕。这两首诗，较为详细地描述了天子的藉田之礼。我们先看看《载芟》中的描述：“载芟载柞，其耕泽泽。千耦其耘，徂隰徂畛。侯主侯伯，侯亚侯旅，侯彊侯以。有嗿其馌，思媚其妇，有依其士。有略其耜，俶载南亩，播厥百谷。实函斯活，驿驿其达。有厌其杰，厌厌其苗，绵绵其麃。载获济济，有实其积，万亿及秭。为酒为醴，烝畀祖妣，不洽百礼。有飶其香。邦家之光。有椒其馨，胡考之宁。匪且有且，匪今斯今，振古如兹。”〔3〕这首诗，首先描述了春耕的景象，男女老少一齐加入了劳动大军，场面非常壮观。其后的几句就是对藉田礼的描写，统治者亲自拿着耒耜去耕种南面向阳的田地，播下种子。而后，又开始联想秋天的丰收景象。而“为酒为醴，烝畀祖妣，不洽百礼”则是一种祭祀活动，也是藉田礼的一个步骤。最后的几句就是在为丰收感到高兴和喜悦，也对美好生活做了一个展望。整首诗从春耕到秋收，是藉田礼的一个较为完整的过程。

《臣工》这首诗从另一个方面描述了周王对藉田礼的重视：“嗟嗟臣工，敬尔在公。王厘尔成，来咨来茹。嗟嗟保介，维莫之春，亦又何求？如何新畲？於皇来牟，将受厥明。明昭上帝，迄用康年。命我众人：庤乃钱镈，奄观铚艾。”〔4〕本诗开篇就是周王告诫群臣要尽力于公事，也就是要重视农业生产。告诫农官尽职守责地督促农民做好耕种事宜。这些事做好后，就开始了藉田礼的描写，天子藉田亲耕的时候，看到饱满的种子，联想到了丰收的景象。祭祀时，天子希望上帝能够保佑下民获得丰收。

〔1〕程俊英、蒋见元：《诗经注析》，中华书局 2017 年版，第 1046 页。
〔2〕程俊英、蒋见元：《诗经注析》，中华书局 2017 年版，第 1017 页。
〔3〕程俊英、蒋见元：《诗经注析》，中华书局 2017 年版，第 1046 页。
〔4〕程俊英、蒋见元：《诗经注析》，中华书局 2017 年版，第 1017 页。

天子进行藉田礼时，不仅是一种象征，更是一种态度。通过几首诗歌，我们可以看到农业在周朝的地位很高。周王一方面为百姓做一个表率，另一方面还要督促群臣不要懈怠政务。周民族是以农业立国的民族，所以农业在周初尤其被统治者重视。藉田礼在周朝非常受重视也是出于这个原因。周朝的经济基础就是农业生产，因此周朝的自然崇拜中，社稷神的崇拜是最为重要的。在绝地天通之后，天子通过藉田礼的方式成为了联系天人的纽带，有了神圣身份，同时也成就了共同信仰。

五、结　语

黑格尔说："国家应依赖于宗教，其原因在于：只有在宗教中，世人思想方式的可靠性及其为国家尽其职责的决心，始成为绝对的。"〔1〕因此，共同的信仰是一个国家内在凝聚力的体现。一个政权，只有在信仰方面获得认同，才算是真正的有了其存在的合法性。《诗经》中的许多诗句都记载了周人在殷周革鼎之际，在获得信仰认同方面的努力。闻一多先生曾说："诗……就是宗教、是政治、是教育、是社交，它是全面的社会生活。"〔2〕《诗经》中反映的各种祭祀礼仪都是当时真实的社会生活。这里的礼仪，无论是藉田礼还是祭祖礼，都是当时原始宗教的一种传承和变革。周初统治者通过对祭祀仪式和其他礼仪的变革，完成了自己统治合法化的理论建设。周代统治者通过对"德"的宣扬和重视将天命观从殷商的"君权神授"转移到了"以德配天"，并将这种思想巧妙地渗入到礼仪之中，通过统治者的亲身示范，完成了信仰共同体的重新构建，使得自身统治的合法性得到了全民的认同。周代统治者通过藉田礼中天子的躬亲示范，得了民心和臣心，通过祭祖礼中对祖先之德的感念和弘扬，又起到了"收族"的作用，得到了同宗的认同。这样，在意识形态中完成了统一，而这种统一也为后世树立了榜样，之后的中华几千年文化也深受其影响。

---

〔1〕黑格尔：《宗教哲学》上卷，魏庆征译，中国社会出版社1999年版，第79页。
〔2〕闻一多：《神话与诗》，古籍出版社1956年版，第202页。

儒学研究

“子贡方人”章新证

韩桂君　刘纯泽*

[内容提要]

《论语·宪问》篇“子贡方人”章前贤多有注解，但是在解释立场、训诂方法上存在较大差异，结论也各有不同。归纳起来，前贤大体上有两种观点：一是认为孔子对待子贡方人持批评态度，二是主张孔子对子贡方人持赞许态度。但二者均存在论证不足的问题。尽管有人赞同对于两千年前的《论语》可以根据时代需要进行解释，但并不能因此而放弃探究《论语》作者对本章所持有的独特而确定之思想含义。因此，有必要以更加科学和更有逻辑的方法，经过充分论证，得出经得起检验的结论。基于以史证经、章序逻辑、以经证经的随宜训诂方法，可以明确得出“子贡方人”章所要揭示的核心思想：方人者，德艺不足以服众，虽自视“贤”，人必不以为贤，虽自鸣得意，或遭终身之耻；故君子欲远耻辱，应以子贡为戒，保持谦卑，谨慎论断或者不论断他人。

[关键词]

子贡方人；随宜训诂；君子远耻；方人者戒

* 韩桂君，中南财经政法大学法学院教授；刘纯泽，中南财经政法大学公共管理学院讲师。

《论语》流传千古，是公认的中华文化的重要典籍，完整、全面、集中地反映了孔子的哲学思想、政治思想和教育思想。在当前大家迫切需要又束手无策的“生命教育”课题上，《论语》提供了简明扼要而完整生动的架构。[1] 后世研究注释《论语》者不计其数，每一章都有众多名家解读。对其中部分篇章的含义及理解运用，学者之间已经达成了共识，但大多数篇章仍存在注释各异的现象。虽然不应排斥创新及“断章取义”的灵活运用，但是对于以探寻《论语》各章之本义的学术研究来说，人们仍希望学者能给出令人信服的唯一解释，此要求并不为过。《论语·宪问》之“子贡方人”章即为适例。本章内容除去标点，仅16字：“子贡方人。子曰：‘赐也，贤乎哉？夫我则不暇。’”[2] 因前贤对之注释各异，后学者不知道该如何取舍，故有必要重新论释该章。

一、前贤错误训诂的主要缘由

（一）望文生义

根据文字解读古典文献是最一般的方法，也是常见的方法，在古今字义用法差别不大的情况下，望文生义是完全可以采用的较为经济之解释方法。例如自然界中花草鸟兽虫鱼之名、江河湖海之名，以及一些变化不大的专有名词等，当采用文义解释不影响对文献所承载思想的认知时，望文生义是一种合适的解读方法。但是，在古今字义变化太大，甚至一些文字的古义用法在现代社会完全消失了的情形下，则不能望文生义，否则就会完全曲解典籍所要表达的思想，既冤枉先贤又误导今人，乃双重罪过，能不慎乎？例如“唯女子与小人为难养也”之中的“女子”与“小人”，就是因为望文生义而严重曲解的典型，尤其是“小人”的古义中有“小男孩”之义项，在今天已经消失了。[3] 许多解读者都将“小人”理解为品德败坏

[1] 参见傅佩荣：《解读论语》，上海三联书店2007年版，前言第1页。
[2] 参见杨伯峻：《论语译注》，中华书局1980年版，第133页。
[3] 参见韩桂君、刘纯泽：《“唯女子与小人为难养也”新解》，《原道》2016年第2期。

的人，如朱熹；也有很多人对“小人”不再解释，当然取其贬义。[1] 还有“君子”一词，也极易因人望文生义而导致错误解读《论语》。实际上，“君子”一词在《论语》的不同语境下有不同义项。大多数情形下，《论语》中的“君子”是指“为政者”，这些为政者可能有德，也可能无道无德。今天大部分人不分语境和场合，都直接将其解读为“有德行的人”，造成了对《论语》思想认知的困惑。更为严重的是，大家都放任这种随意解读而不愿意审问慎思以正本清源，导致流弊日甚。前人对“子贡方人”章的解读中，就不乏望文生义之谬误，比如看到其中有“贤”字，就认为孔子赞赏子贡方人。

（二）主观臆测

此类解读《论语》者，大多有一个前提认知：《论语》是两千多年前的文献，今天我们根本没有办法弄懂其本义，所以每一个人都可以根据自己的感受来理解和运用《论语》。这种态度一方面回避了艰巨的解经任务：孔子思想到底是什么？如何论证其思想？另一面打开了主观臆断、任意解释的方便之门。于是对《论语》都可以从自己的角度发表感悟，实际上只是解读者对自我人生的思考或者为社会提供心灵鸡汤，根本上并不关心它是否是孔子的真实思想。即使口若悬河、舌灿莲花，也只是一时喧嚣，前几年百家讲坛中关于《论语》的节目即为适例。主观臆测是指解读者觉得自己获得的认知很符合《论语》中的某一段话，将其牵强附会成孔子的思想。这与望文生义不同。例如《论语·子路》第一章“子路问政”：“子曰：先之劳之。请益。曰：无倦。”杨伯峻先生在其《论语译注》中将“劳之”的“劳”解释为：“让他们勤劳地工作”，[2] 这种解释令人困惑：“劳”究竟是“勤劳地”还是“工作”呢？一个“劳”字不可能既作副词又作动词。由此可见，杨伯峻先生在对“劳之”译注时，将其已有的“人们应该辛勤地劳作”之经验认知，牵强附会成孔子所说“劳之”之含义。[3] 这有主观臆测之嫌疑，这种理解“劳之”，一方面与“先之”的表达方式不一致，另一方面“劳”有很多义项，

---

〔1〕 参见傅佩荣：《解读论语》，上海三联出版社 2007 年版，第 270 页；杨伯峻：《论语译注》，中华书局 1980 年版，第 191 页；宿正伯：《道不尽的论语》，中国文史出版社 2008 年版，第 333-334 页。

〔2〕 参见杨伯峻：《论语译注》，中华书局 1980 年版，第 133 页。

〔3〕 参见杨伯峻：《论语译注》，中华书局 1980 年版，第 133 页。

如勤劳、劳作、慰劳、犒劳等，为什么这里的“劳”不能是“慰劳”与“犒劳”呢?

“子贡方人”章中因孔子说“夫我则不暇”，就断定孔子批评子贡，不赞同子贡方人，却又没有充分的论证，主观臆测成分较重。即使孔子真的是在批评子贡方人，也讲不出道理。试问：我们人生在世，谁不方人？那么孔子为什么要批评子贡方人呢？因此，主观臆测的注解很难说服人。

（三）忽视章序

多数学者研读或者注释《论语》，都忽视了或者从来没有思考过从篇序和章序的内在结构角度进行解读。其原因是大多数学者都接受了一种关于《论语》是语录体，其编排无论是在篇与篇之间还是在每一篇的章与章之间都是无逻辑无顺序的论断。这种论断显然经不起推敲。首先，众所周知孔子博学多才，是古典文化的集大成者，其弟子也是春秋时期的青年才俊，在德行、文学、言辞、政事等方面出类拔萃。他们在编纂《论语》时，难道就没有想到运用明晰的逻辑使读者晓畅其意吗？试想：不论古代还是现代，一个普通人说话尚且要有逻辑，才能与他人进行交流，更何况是孔子及其优秀的弟子呢？其次，今天的任何一个学者在用文字表达思想时，不论是否严密，都要考虑主题、篇章布局和论证结构。由此推知，古代学人著书无逻辑的说法是不成立的。第三，在古代已经出现了“名家”，在辩论中自有其逻辑。即使与我们今天所讲的逻辑不完全相同，也必然有那个时代的人所能共同理解的交流逻辑，否则不可能形成有深度、有体系的思想交流。因此，《论语》20篇之间是有内在逻辑的，[1] 每一篇内部的章与章之间也是有逻辑的。如果有读者经过理性检验，接受上述论证及结论，希望探究和了解《论语》篇序与章序，那么就有更多的天才智慧投入到科学研读《论语》方面来，《论语》研究和注释必将开启新局面，增强其科学性和逻辑性，孔子思想也将更全面、有体系、有逻辑地呈现出来，很有可能在孔子思想研究方面达成更多的共识。对“子贡方人”章的解读，前贤们都没有运用篇序逻辑和章序逻辑来严谨地探索孔子本意，着实令人遗憾。因此，借助章序间逻辑方法来重新论证本章，得出唯一结论，不失为一种科学

〔1〕 参见刘纯泽：《〈论语〉篇序传》，《孔子研究》2004年第2期。

探索。此外，还有一大问题就是，在训诂过程中，有多个义项时做不到随宜训诂。关于此点，下文将举出具体例证，此处暂且按下不表。

二、朱子训诂本章及同异诸说

(一) 朱子之训诂

朱子说："方，比也。"所谓"方人"，就是"比方人物而较其短长"。[1] 其意思有两层：一是如同拿尺子比物，可以较量物之长短，用自己心目中的标准方人，其人愚智、贤不肖自然立显；二是以某个人为尺度去比方其他的人，其他的人善恶、美丑顿然立判。

"方人"到底好不好？朱子揣摩孔子的态度，应该是不可一概而论，所以朱子继续说道："虽亦穷理之事，然专务为此，则心驰于外，而所以自治者疏矣。"[2] 因为没有比较就没有鉴别，没有鉴别就不知取舍，不知取舍就成不了君子，所以"方人"未可或缺。然而眼睛总盯着别人，心里品头论足，口中蜚短流长，哪有时间和精力自我修德进业以止于至善呢？因此"方人"必然会放松自我修治，甚至流于尖酸刻薄。那么，对于子贡方人，该如何评价呢？朱子对孔子文辞的领会是："故褒之而疑其辞，复自贬以深抑之。"[3] 即所谓"赐也贤"是"故褒之"；所谓"乎哉"是"疑辞""疑其（之）辞"；所谓"夫我则不暇"是"复自贬"，目的是"以深抑之"。[4] 朱子这么说来，对于端木赐（字子贡）"方人"之做派，不为孔子所待见，明矣！

(二) 朱子之同训与异训

朱子之训诂，自有其传承。孔安国说："（子贡）比方人也。（孔子）不暇比方人也。"（见何晏《论语集解》）皇侃的发挥更具体："子贡以甲比乙，论彼此之胜劣者也。"（见《论语义疏》）杨伯峻先生对本章的译文是："子贡讥评别人。孔子

---

〔1〕 朱熹：《论语集注》，中国社会出版社 2013 年版，第 86 页。
〔2〕 朱熹：《论语集注》，中国社会出版社 2013 年版，第 86 页。
〔3〕 朱熹：《论语集注》，中国社会出版社 2013 年版，第 86 页。
〔4〕 朱熹：《论语集注》，中国社会出版社 2013 年版，第 86 页。

对他道：你就够好了吗？我却没有闲工夫。”[1] 译文之外，未见杨伯峻先生对于孔子是批评还是赞许子贡提出个人看法。不过，根据其译文的用语来看，似乎能够看出孔子对“子贡方人”有批评之意。因此，列为与朱子同训者。杨伯峻先生在《论语译注》中注释“方人”时同样引用了汉朝郑玄的注释：“郑玄注的论语作‘谤人’，谓言人之过恶。”[2] 杨伯峻先生貌似没有反对郑玄赞同子贡批评他人过错之肯定态度，因此显得有些模棱两可。

与朱子异训者，在他之前有汉朝的郑玄。其注本写“方人”为“谤人”，其注释谓“言人之过恶”[3]。清朝另一学者钱坫在其《论语后录》中对此有个推导：“方”通“旁”，因为书经中“方鸠”有的写作“旁逑”；而“谤”字从“旁”；故“方”通“谤”。[4] 唐朝的韩愈则别具一格：认为所谓“赐也贤乎哉”，乃“善子贡能知我比方人耳”（见《论语笔解》）；所谓“夫我则不暇”，则是自谦，“复云不暇者，终自晦也”；反推“子贡方人”，意思是子贡像我一样，总拿自己与君子们相比方。[5] “果如韩愈此解，孔子岂不是待见子贡，深许之也!”[6] 朱子之后，清朝的刘宝楠也不同意朱子。他雄辩道：“夫子尝问子贡与（颜）回孰愈(5.9)？又子贡问子张、子夏孰愈（11.16）？夫子亦未斥言不当问，是正取其能比方人也。此文何反讥之?”[7] 按照刘宝楠先生的理解，“方人”是毁谤人、谏责人、端正人，与郑玄同义。他还进一步证实，“谤”并非后世空穴来风之诽谤，如《国语》：“厉王虐，国人谤王。”“皆是言其实事，谓之为谤。”“谤谓言其过失，使在上者闻之而自改，亦是谏之类也。”近人钱穆先生注释该章时，先把前贤的“方人”的两种含义列举，结合“夫我则不暇”，推断出“方，比方义。比方人物较其长短，犹言批评”。又以程明道与谢良佐之例作为理解本章的参考，却语焉不

[1] 杨伯峻：《论语译注》，中华书局1980年版，第155页。
[2] 杨伯峻：《论语译注》，中华书局1980年版，第155页。
[3] 刘宝楠：《论语正义》，中华书局1990年版，第588页。
[4] 程树德：《论语集释》，中华书局1990年版，第1012页。
[5] 刘宝楠：《论语正义》，中华书局1990年版，第588页。
[6] 刘宝楠：《论语正义》，中华书局1990年版，第588页。
[7] 刘宝楠：《论语正义》，中华书局1990年版，第589页。

详。钱穆先生对此章的注释用"白话试译",[1] 一则说明钱穆先生谦虚，仅仅试着翻译此章，二则证明他也不确定自己的理解是否准确。从其试译中可以看出孔子也是赞许子贡的。今人傅佩荣先生对本章用白话解释为：子贡评论别人的优劣。孔子说："赐已经很杰出了吗？要是我，就没有这么空闲。"傅先生本人对本章的解读是："贤，杰出。孔子对子贡鼓励多于责怪，并且以身作则。"[2] 由此可见，傅佩荣先生也认为孔子是赞许子贡的。

综上所述，前贤对"子贡方人"章的解释有很大歧异，我辈学人有责任给出令人信服的论证。纵观成说，譬如聚讼，焦点有二：一者"方人"究竟是比方人评论人还是谤人批评人？二者孔子究竟是赞许子贡还是贬抑子贡？双方的论证似乎都没有达到令读者不得不接受的程度。基于历史事实、与孔子同时代的经典文献，以随宜训诂的方法得出本章有说服力的确定结论，是对孔子和《论语》的尊重，更是对所有研习《论语》者的责任。

随宜训诂是针对望文生义、断章取义而提出的范畴，是指在解读先秦元典时，遵循元典文辞的习惯用法、依照篇章之间的逻辑联系、结合人物身份和历史背景，在还原对话场景及所关涉具体事情基础上，得出文辞最适宜的义理，使人有豁然开朗之感，即无为而治，是极高明的训诂方法。[3]

三、基于以史证经的随宜训诂

为了准确理解本章，把握孔子对待子贡的真实态度，必须要通过具体事例来全面了解子贡的性格，即"知其人"以"鉴其事"。知人鉴事是指在解读先秦元典时，根据特定人物的特长、性格、身份、职位及他所要处理的具体事务、所讨论问题的目的，来发现作者的真意之科学方法。这是以史证经的前提条件，也是避免主观臆测解读经典的根本方法。下面就通过历史上子贡的言行，来精准锚定子贡方人

---

〔1〕 钱穆：《论语新解》，上海三联书店 2002 年版，第 378 页。

〔2〕 傅佩荣：《解读论语》，上海三联书店 2007 年版，第 226 页。

〔3〕 应用随宜训诂的典型例子，可以参见韩桂君、刘纯泽：《"唯女子与小人为难养也"新解》，《原道》2016 年第 2 辑。

章之唯一选择。

据《左传·定公十五年》记载，这年的春天，邾隐公前来鲁国朝聘。因孔子早已于定公十三年离开鲁国周游列国，未能观此礼，但“子贡观焉”。

子贡观摩到了什么呢？“邾子执玉高，其容仰。公受玉卑，其容俯。”[1] 国君之间的拜访，按照礼制，来访者要献玉。邾子双手捧玉，因为举得过高，头自然上仰。定公双手受玉，因为托得过低，头自然下俯。

子贡于是乎“方人”。他说：“以礼观之，二君者，皆有死亡焉。”子贡如此评价的理由是什么呢？他说：“夫礼，死生存亡之体也。将左右周旋，进退俯仰，于是乎取之；朝祀丧戎，于是乎观之。”在子贡看来，人既以身为体，也以礼为体；国君离开了礼，距灭身、亡国也就不远了。国君进退、俯仰、周旋之间，要有礼仪；参与朝聘、祭祀、丧葬、戎马之事，要有规矩；所有国民都要随时取法他、观摩他（国君）的呀！“今正月相朝，而皆不度，心已亡矣。嘉事不体，何以能久?”现在鲁国和邾国两国君参加正月朝聘的嘉礼，皆没了法度礼仪，证明他们的心已经死了，怎么能长久呢?!

由此可知，子贡的“方人”，既是评论人，也是批评人。在此处，他指出两个国君的行为不符合礼，有批评之意，进而判断他们“有死亡焉”。从子贡的言辞上看，说得很有道理，并且言辞简练、文采斐然。

可惜子贡不能就此打住，他继续发表高论：“高仰，骄也，卑俯，替也。骄近乱，替近疾。君为主，其先亡乎！”国君头高仰，那是骄慢的表现；骄慢则会藐视一切，行为错乱。国君头低俯，那是将要被取代的表现；快要被替代了，意味着病得已经不轻了。两人都将死亡，鲁定公是主人，一定死在前头。

子贡做生意很有一套，“亿则屡中（11.19）”。断人吉凶悔吝居然也准：“夏五月壬申，公薨。仲尼曰：赐不幸言而中，是使赐多言者也。”（《左传·定公十五年》）孔子因此也卷入了“方人”行列，他说：不幸得很，子贡猜中了，从此以后他就会话更多了。至于邾隐公的结局，根据《公羊·哀公七年》记载：“秋，公伐邾。八月己酉，入邾，以邾子益来。”[2] 邾隐公终于品尝到了骄慢的苦酒。考

---

〔1〕 杨伯峻：《春秋左传注》，中华书局1990年版，第1600-1601页。

〔2〕 刘尚慈：《春秋公羊传译注》，中华书局2010年版，第637页。

察子贡的言辞，论人之精准，的确当得上贤能。然而妄议两国之君的生死，有失厚道，尖酸刻薄，又近于卖弄口舌，有损君子之德。孔子之抑之，良有以也！由此具体历史事实为例证，可知朱子之注释本不异于孔子之意，只是未能如孔子：“我欲载之空言，不如见之于行事之深切著明也。”（《史记・太史公自序》）如果朱子能够用“子贡方人”的历史事实来证明其观点，则更能够说服读者接受其主张。

四、基于章序逻辑的随宜训诂

篇章逻辑包括篇序逻辑〔1〕和章序逻辑，是针对语录体表面上的无序与实质上赋比兴相连而提出的范畴，是指在解读先秦元典时，避免毫无逻辑地主观臆测，必须根据元典的篇序和篇内章序之间的内在逻辑关系，确定某一特定段落之唯一解释的最佳方法。孔子既“微言”，编撰《论语》之弟子就需要在篇序与章序逻辑上进行巧妙的安排，以揭示其“大义”。此处仅涉及章序逻辑关系。如果仅仅看《子贡方人》章而不联系前后文，后人确实无法断定孔子是赞许子贡还是贬抑子贡，而孔子又离开我们两千多年了，不能向其求证其言之褒贬。然而，编纂《论语》之人都是孔子的高足，既有深厚的学识又得孔子之真传，编纂《论语》必然要传递其师之思想精髓，这些弟子同时又具有高超的文学写作水平，能够通过篇序和章序的安排，来引导后学者发现孔子之真实思想，而不是任人妄加揣测。因此，分析该章与前后文的用语，通过章与章之间的含义、逻辑关系，来确定本章唯一的阐释，是不言而喻的最佳方法。正如今人撰写论文或者著作，也必然是有结构上的层次和内在的逻辑关系的。在此，先列举本章及与之相关的三段原文：“子贡方人。子曰：赐也贤乎哉？夫我则不暇！”（14.30）“子曰：不患人之不己知，患其不能也。”（14.31）“子曰：不逆诈，不亿不信。抑亦先觉者，是贤乎？”（14.32）微生亩谓孔子曰：丘何为是栖栖者与？无乃为佞乎？孔子曰：“非感为佞也，疾固也。”（14.33）

先看“子曰：不患人之不己知，患其不能也。”在本章中，孔子的意思是，不

〔1〕 参见刘纯泽：《〈论语〉篇序传》，《孔子研究》2004年第2期。

要担忧居上位者不能知遇自己、赏识自己、重用自己；要担忧的是，自己值不值得知遇、能不能无愧于重用、可不可以恪尽职守。朱子对此章没有解释文本，只是发出感叹："凡章指同而文不异者，一言而重出也。文小异者，屡言而各出也。此章凡四见，而文皆有异。则圣人于此一事，盖屡言之，其丁宁之意亦可见矣。"〔1〕朱子把注意力放在了"重出"上。大同小异的话讲四遍，可见其重要性容易为人忽略，故须反复叮咛。他自己倒是忽略了这章为何出现于此。据《史记·仲尼弟子列传》，子贡小孔子三十一岁；"观礼"之时，子贡年约二十六岁。为什么子贡"语不惊人死不休"，可以想见其动机，"患人之不己知"也。能准确预言两位国君之生死祸福，此后各国诸侯谁敢不延为座上之宾？孔子抑之，岂不以此乎！提醒子贡不可年轻气盛，自负才学而失君子之德。

再看"子曰：不逆诈，不亿不信。抑亦先觉者，是贤乎？"对于该章，朱子这样训诂："逆，未至而迎之也。""诈，谓人欺己。"〔2〕可见"不逆诈"，乃是不要凭空猜测别人欺骗自己。"亿，未见而意之也。""不信，谓人疑己。"又可见"不亿不信"，乃是不可盲目臆度别人不相信自己。"抑，反语辞。言虽不逆不亿，而于人之情伪，自然先觉，乃为贤也。"朱子的意思是：反过来说，人既不凭空猜测又不盲目臆度，却能自然地事先察觉别人的真伪，那才是了不起。但是，朱子的训诂让人为难：若说别人已经表现出欺诈或不信任，己方察觉到了，那已经是后觉；别人没有表现出欺诈或不信任，己方却察觉到了，那这先觉与逆诈、臆不信，可就难分轩轻了。《论语》编撰者让这章出现在这里，显然与子贡逆猜、臆测两位国君的结局有关。如果是这样，它隐喻的孔子思想是：不应该逆猜鲁定公亡身，也不应该臆测邾隐公亡国。退一步讲，就算事实证明你事先觉察对了，就能证明你了不起、比别人强、很贤能吗？可见，朱子的训诂犯了方向性错误。孔子的意思有两层：第一，逆猜别人欺诈、臆测别人疑己，这样不好；第二，就算猜对了，也没什么了不起。子贡不就曾经不幸而言中过吗?!

孔子抑子贡，岂不又以此乎！14.32章最后用反问句"是贤乎"直接否定地回答了14.30章的"赐也贤乎哉"的问题。综上所述，根据章序的排列逻辑，可以确

〔1〕朱熹：《论语集注》，中国社会出版社2013年版，第86页。
〔2〕朱熹：《论语集注》，中国社会出版社2013年版，第86页。

知孔子对子贡方人持否定态度，从而可以排除相反的解释。

14.33 微生亩谓孔子章是对子贡方人章的实证。朱子说"亩名乎夫子而辞甚倨"[1]，他认为微生亩直呼孔子之名，言辞倨傲，类似"子贡方人"。微生亩虽然巧妙地用比喻，说孔子忙碌得像飞来飞去的鸟一样，不能安居，"无乃为佞乎?"你孔丘所至皆以礼仪之道陈说人主，难道不是用口才取悦国君[2]、为了功名富贵吗？隐含了对孔子批评和看不起。孔子亦很巧妙地用比喻来反驳微生亩：自己并不敢表现口才以谋取功名富贵，只是担心自己像固守在窝中的鸟一样固执不通，从而周游列国以增长才识。这样，孔子既表白了自己的志向，又指出了对方固守不通、消极避世的不负责任态度。以子之矛攻子之盾，反唇相讥微生亩就像守着窝无所事事的鸟一样，还不如孔子"明知不可而为之"。可见，14.33 章用微生亩为例，进一步证明了子贡方人章中孔子所持的批评态度。还有一种可能是微生亩与孔子互相调侃，很委婉地表达各自的看法，因为他们年龄相差不大，不同于孔子与子贡之间是师生关系，调侃中亦隐含了善意的批评。在善意的批评中亦印证了孔子不赞同子贡方人。

五、基于以经解经的随宜训诂

子贡自身颇有才艺，又善言辞，所以喜欢"方人"，骨子里时时透出自负。孔子为此常常旁敲侧击，因势利导。从《论语》其他篇中可以发现孔子对子贡的教导，从《史记》中可以找到子贡方人而自辱的事例。

首先是"子贡问曰：有一言而可以终身行之者乎？子曰：其恕乎！己所不欲，勿施于人。"（《卫灵公》）这里的"一言"，若是一个字，孔子说那就是"恕"；若是一句话，孔子说那就是"己所不欲，勿施于人"。"恕"是略说，"己所不欲，勿施于人"是详说。由于子贡问的是"行"，孔子答的是"施"，互文而见义，子贡的问题便是：有没有一个字，可以终身施行它或是奉行之？孔子的回答则含有两

〔1〕 朱熹：《论语集注》，中国社会出版社 2013 年版，第 86 页。
〔2〕 刘宝楠：《论语正义》下，中华书局 1990 年版，第 590 页。

层意思：一者，“恕”这个字就可以终身施行；二者，你想把所要的施行到自己身上，就不能把所不要的施行到别人身上。后者既是对前者的解释，又是对前者的进一步发挥，言辞之妙，真是无以复加。

朱子对此的注解是：“推己及物，其施不穷，故可以终身行之。”[1] 他把重心居然放在了“可以终身行之”上。“恕”就是推己及人，而天下人无穷，“恕”道的施行当然就无穷，故“恕”“可以终身行之”。在他看来，“恕”之一字，其义不言而自明。倒是何晏解得直爽：“言己之所恶，勿加施于人。”（见何晏《论语集解》）子贡“方人”，若为成就自我，本不是毛病，但自以为“贤”，喜欢借数落他人而展示自己的才华和学识，这就有失“恕”道：恶意诋毁，人所不喜，想来子贡也不例外。孔子之针砭，可谓切中子贡之病。[2]

接着是“子贡曰：我不欲人之加诸我也，吾亦欲无加诸人。子曰：赐也，非尔所及也。”（《公冶长》）在该章中，子贡说：我不希望别人施加于我的，我也不希望自己施加于人。孔子听到，直接就给他堵回去了：端木赐啊，这不是你所能达到的境界呀。可见子贡喜欢把自己的好恶强加给别人。[3]

孔子去世后，子贡这一毛病似乎依然存在。《史记·仲尼弟子列传》记载：“孔子卒，原宪遂亡在草泽中。”当时，“子贡相卫，而结驷连骑，排藜藿入穷阎，过谢原宪。”马车及骑卫浩浩荡荡，可见其排场之大；穿越穷乡僻壤，可见其意志之坚；为的是经过原宪的居所，一定要好好的“方”之。“宪摄敝衣冠见子贡。子贡耻之，曰：夫子岂病乎?”原宪穿戴破旧的衣帽出来见同学，这极可能是故意而为之。“有朋自远方来，不亦乐乎!”理应华服礼迎远来的客人，而原宪这身打扮，分明显示出“我并不视你为友”。子贡当然感到羞耻，脱口而出：夫子是不是病得要死了？子贡言辞激烈，正是同学、朋友之间爱恨交织的口吻。“原宪曰：吾闻之，无财者谓之贫，学道而不能行者谓之病。若宪，贫也，非病也。”原宪并非没有同学之情，然道义之所在，不能不抗争善于言辞的子贡：穿戴破旧，没有财货，只能说是贫不能说是病；学君子之道而不能践行，那才是病入膏肓呢！矛头直指子

[1] 朱熹：《论语集注》，中国社会出版社2013年版，第92页。
[2] 朱熹：《论语集注》，中国社会出版社2013年版，第92页。
[3] 朱熹：《论语集注》，中国社会出版社2013年版，第92页。

贡相卫而不行君子之道，所谓以其人之道还治其人之身。“子贡惭，不怿而去，终身耻其言之过也。”子贡不能如原宪一般安贫守道，出任卫相，不能“以道事君”，故“惭”；同学从此陌路，故“不怿而去”；说错了话，故终身为之羞耻。[1] 子贡与原宪的公案，也说明了这样的道理：方人者，德艺不足以服众，虽自视“贤”，人必不以为贤；虽自鸣得意，或遭终身之耻。

综上所述，本文先进行驳论，指出了先贤错误训诂“子贡方人”章的主要缘由，即望文生义、主观臆测和忽视章序逻辑，并且以朱熹对本章的训诂为聚焦，考察了朱子前后与之或同或异的训诂观点作为例证。接着，本文郑重立论，通过章序逻辑、以经解经、以史证经三个方面的随宜训诂，结合子贡的特长和性格，论证了孔子对“子贡方人”的贬抑，一方面消除了朱子注解的疑惑，增强其观点的说服力；另一方面否定了那种认为孔子赞许子贡的解读。我们认为，“子贡方人”章所要揭示的核心思想是：方人者，德艺不足以服众，虽自视“贤”，人必不以为贤，虽自鸣得意，或遭终身之耻；故君子欲远耻辱，应以子贡为戒，慎方人或者不方人。如果此番重新论证，能使读者正确理解本章，并以子贡为戒，谦虚谨慎地修君子之道，谨慎地论断或者不论断他人，则幸甚也。

---

〔1〕 朱熹：《论语集注》，中国社会出版社 2013 年版，第 92 页。

“工夫”与“功夫”辨析

汪 俐*

[内容提要]

“工夫”与“功夫”是一对异体同义词，学术研究中经常可见两者混用的情况。研究“工夫”与“功夫”的同异，要依照两者呈现出的不同词义状态，从日常义和义理义两个维度来做区分考察。在日常义上，“功夫”出现时间早，语义丰富度和成熟度发展较快；“工夫”则体现出后来居上的发展态势。在义理义上，经由对朱熹作品中二者从使用频次、用法到含义种类及其偏向的对比分析，可以基本得出“工夫”“功夫”能够通用的结论。基于“工夫”“功夫”在历史上的发展特点，本文主张：除“工夫”所独有的“工人、夫役”义以及“功夫”独有的“武术”义外，在表达相同含义时，无论用哪一个“工（功）夫”都是对的，但用“工夫”比用“功夫”更好一些，尤其是研究义理层面的“工夫”与中国哲学范畴的“工夫论”的时候，应用“工夫”为宜。

[关键词]

工夫；功夫；日常义；义理义；朱熹；工夫论

* 汪俐，湖南大学岳麓书院博士研究生。

一、引 言

“工夫”和“功夫”从古到今一直为时人所混用。日常生活中，有“下工夫”“下功夫”的不同说法；学术研究中，也有“工夫论”“功夫论”的不同表达。学界对于“工夫”和“功夫”是否有区别以及是否应对二者进行含义和范围上的明确分界等问题曾进行过一些讨论，但到目前为止尚无确切结论。本文拟通过对历史文本中出现的“工夫”“功夫”词条，从含义到具体用法再到整体的发展情况，进行全方位、多角度的剖析与梳理，从而基本解决“工夫”“功夫”有何同异的问题。同时希冀能以此为案例，为以后的学术规范和研究提供一些方法上的帮助与论据上的支持。

二、辨析的维度

通过对“工夫”“功夫”语义演变史的简单梳理，可以发现，“工夫”和“功夫”在语义发展过程中呈现出两种不同的词义状态。一种是单一含义的日常义，如：单指工程、工作，工人、夫役，本领、造诣，时间，努力，武术等；另一种则是复合了好几重含义、用来描述义理范畴的义理义，如理学家所讲的“工夫”“功夫”，就是涵括了时间、空间、方法、境界四层内涵的义理概念。因此，辨析两者的用法、含义的同异，要从日常义和义理义两个维度来做区分考察。

考察之前，须界定“工（功）夫”日常义和义理义分别涵盖的范畴，以便于材料的分类选择与研究。日常义的描述对象比较具象，有“实”感，贴近于人们的日常生活，并无涉及义理层面的内容指向，具体到“工（功）夫”上，就包括早期就已形成的工人、夫役义，工程、工作义，本领、造诣义，时间义，努力义，以及明清之际引申出的武术义。如果说日常义是概念，那么义理义则是指囊括相关义理内容的一整个概念范畴，其中所包含的层次、内容非常丰富，因此，同一个义理用语，在不同的语境中会体现出不同层面的含义，以“工（功）夫”为例，它有时指整体的修炼过程，有时又指修炼过程中所用的方法、所耗费的时间与精力、所达到的人生境界。按照“工（功）夫”义理化之后有涉及个人培蕴以及自我实践的内容特点，可以认为，但凡与儒、释、道三家个体修炼相关的“工（功）夫”，才具有义理层面的含义，其他包括儒家著述、佛道宗教典籍中不涉及个体修炼的日常用语的“工（功）夫”，都应划入日常义的范畴。

三、日常义辨析

“工夫”“功夫”的日常义发展贯穿整个古今，从魏晋之前的口语时期，到之后至今的文本时期，每一个历史阶段的发展情况都不一样，具体体现在二者在文献中的出现频次、具体用法、词义种类的丰富程度及演变等方面。

西汉时，“功夫”的用法就已出现，《广汉长王君治石路碑》中有“功夫九百余日，成就通达”[1] 一句，其中“功夫”指的是土木水利一类的工程。

魏晋时期，“功夫”已经为文献所广泛使用，并有了两种新的含义：做一件事的过程中所花费的时间和精力；经过努力积累而获得的某一方面的本领、能力、造诣。这一时期，“工夫”也始见于文献中。值得注意的是，“工（功）夫”此时已有为同一文献使用的情况，比如道教典籍《抱朴子》，其中“工夫”和“功夫”分别出现两次。现将有关例句摘录如下：①“闻甲乙多弟子，至以百许，必当有异，便载驰兢逐，赴为相聚守之徒，妨工夫以崇重彼愚陋之人也。”[2] ②“既生值多难之运，乱靡有定，干戈戚扬，艺文不贵，徒消工夫，苦意极思，攻微索隐，竟不能禄在其中，免此垄亩。”[3] ③“或飞苍走黄于中原，或留盃觞以羹沸，或以美女荒沈丝竹，或沉沦绮纨，或控弦以弊筋骨，或博弈以弃功夫。”[4] ④“先所作子书内外篇，幸已用功夫，聊复撰次，以示将来云尔。”[5] 句①“工夫”应理解

---

〔1〕 严可均辑：《全后汉文》下册，商务印书馆1999年版，第991页。
〔2〕 王明校释：《抱朴子内篇校释》，中华书局1980年版，第234页。
〔3〕 王明校释：《抱朴子内篇校释》，中华书局1980年版，第303页。
〔4〕 王明校释：《抱朴子内篇校释》，中华书局1980年版，第64页。
〔5〕 王明校释：《抱朴子内篇校释》，中华书局1980年版，第345页。

为时间与精力。句②“工夫”在被理解为时间、精力的基础上，按照后面突出主体努力程度的语境，应该更偏向精力层面。句③“功夫”与句①“工夫”的语境、含义完全一致。句④的“功夫”与句②“工夫”的用法也基本一致，也是更多偏向描摹做事过程中所用的精力之多、努力程度之大。由此可见，“工夫”“功夫”在《抱朴子》中，就用法而言，都是前接动词以构成短语的形式，“工夫”是“妨工夫”“徒消工夫”，“功夫”则是“弃功夫”“用功夫”；就含义来说，也几无区别，都是指做一件事所耗费的时间和努力。

南北朝时，“工夫”在文本中出现仅有几例，含义也仅限于“时间、努力”义这一种。而“功夫”的文例已非常之多，含义上除了有上面所说的三种之外，还有从“时间、努力”义中分离出的单独的“时间”义。因此，这一时期的“工夫”与“功夫”相比，无论在使用频次上，还是含义的丰富度与具象度上，都远远不如。无怪乎有学者认为，“工夫”的出现，是由于古人懒写笔画，才将“功夫”的“功”简写为“工”。

唐代开始，“工夫”的含义在种类和细致程度上都有很大发展。前朝就有的“时间、努力”义也同“功夫”一样，分离出了专指“时间”的含义，诗人方干的诗集《玄英集》也讲“半日工夫斸小庭”〔1〕，其中的“工夫”就是“时间”的专门义。《玄英集》中还有“要见工夫在笔端”〔2〕的诗句，此处“工夫”却是指另外一种含义：（书画方面的）“本领、造诣”。而史部类文献主要反映了“工夫”的“工人、夫役”义，譬如《晋书·范宁传》“夺人居宅，工夫万计”〔3〕。最后，还有从五代时一张雇工契上所写“工夫忽忙时”所反映出的与单字“工”同义的“工作、事务”义。“功夫”在这一时期，并没有发展出新含义，而且自西汉时就有的“工程”义在此时已经鲜为提及，有了逐渐式微的趋势。“功夫”的其余几种用法中，时人更偏好用到其中的“本领、造诣”义，来表示在文学、艺术方面所取得的高水平成就。两相比较，除了“工”与“夫”结合而成的“工人、夫役”义为“工夫”独有的含义，在其余四种“工夫”“功夫”共有的含义（“时间、努

〔1〕 方干：《玄英集》，《四库全书》第1084册，上海古籍出版社1987年版，第68页。
〔2〕 方干：《玄英集》，《四库全书》第1084册，上海古籍出版社1987年版，第70页。
〔3〕《晋书·范宁传》，中华书局1974年版，第1988页。

力”义；“本领、造诣”义；“工程、工作”义；单独“时间”义）上，两个概念的使用情况区别不大，几乎可以通用。

宋代及以后，“工夫”在文献中的使用频次大大增加，但含义方面无显著变化。历史上出现过的“工夫”的所有含义，在这一时期都有所呈现，此时堪称“工夫”含义的大全时期。其中，儒家所讲的“工夫”，在表达“时间、精力总称”和“本领、造诣”的含义时，已或多或少带上了义理色彩，故不列入日常义的讨论范围，只有表达单独的“时间”义时，才予以考虑其为日常义。元明清之际，“工夫”成为所有部类文本中的高频词汇，内容范围涉及政治、经济、军事、农业、文艺各个方面，而含义还是上述五种，只是使用频次越来越高，成为常用词汇。同期的“功夫”与之相比，在使用频次上远不如“工夫”。举一个例子，在中国基本古籍库的数据库里分别输入“工夫”和“功夫”词条，对从宋代到清代所有文献进行检索，出来的结果是“工夫”总共有29304条，而“功夫”是7462条，总数量只有“工夫”词条的四分之一左右。至于含义方面，除了没有“工夫”特有的“工人、夫役”义之外，其他四种含义，都由“功夫”延续下来，内容上与“工夫”几无区别。除此之外，在晚清的兵书与武侠小说中，“功夫”还由“本领、造诣”引申出了一项新的特指含义——“武术”义，就是描写棍棒拳法等武术招式及造诣成就。“武术”义为“功夫”所独有，这一含义发展到今天，在普及程度上超过了“功夫”的所有古义，以“中国功夫（Kongfu）”之名而为古今中外所熟知。

总的来说，“工夫”“功夫”的整体发展各有特点。“功夫”在文本中出现的时间早，频次随着时代发展逐渐升高，用法的成熟度和语义种类的丰富度也发展得较早较快，但整体的发展势头到了后期不如“工夫”。“工夫”的文本出现虽晚，初期的使用频次较“功夫”为低，用法和语义的发展也较“功夫”为晚和慢，但中后期发展起来则呈现出后劲足、势头猛的特点。自宋代开始，“工夫”在使用频次和语用习惯上已大大超过“功夫”。因而我们可以说，“工夫”的独有义是“工人、夫役”，“功夫”的独有义是“武术”，而当两者在表达同种含义（总的“时间、努力”义；单独的“时间”义；“本领、造诣”义；“工程、工作”义）的时候，基本可以通用。

四、义理义辨析

两晋至唐，是“工（功）夫”义理化的初步，此时在佛、道两教著述的带动与普及下，“工（功）夫”已经有了义理化的趋势。真正发展并完成“工（功）夫”概念的义理化，则是由宋代儒家实现的。

东晋时，一本道教修仙炼丹册子《铜符铁券》中，就同时采用“工夫”和“功夫”的用法，这两处“工（功）夫”已经开始初步具备义理倾向：①“我将三段工夫指，片言无隐付降君。”〔1〕②“每一鼎之功夫，俱合天地日月、三才四时、五行六气、七政八卦、九宫十干、十二支二十四炁、七十二候二十八宿，万象生成。”〔2〕结合前后文句来看，句①中“三段工夫”并无明确所指，是对炼制丹药过程的一个整体描述。句②是与炼丹之鼎与放鼎之室的各种讲究，鼎室的置办达到一定条件后，每一鼎的“功夫”才能与天地日月等宇宙精华全部合宜，因此“功夫”指的是用鼎炼丹的过程。后者描述的对象较前者具体，但在含义上并无区别，都是指道教炼丹的过程。到了南北朝，“功夫”出现新的用法，即与道教话语诸如“真人”“神仙”等相结合，成为新的具有道教特色的复合词。此时，“功夫”的含义变成了道教修炼的最高目标——“真人”“神仙”所拥有的造诣与达成的境界。至于唐代，在前朝已形成“造诣、境界”义的复合词的基础上，道教又将“工夫”“功夫”与本门的一些具体修炼方法相结合，使“工夫”和“功夫”出现了一种前所未有的新含义——“方法”义。同时佛教兴盛，一些佛经中也用“工夫”“功夫”指代佛教的修行过程与境界。

由上可以看出，“工夫”与“功夫”是同时开始出现义理化倾向，最早是单词用法，含义上是“过程”义，指道教修炼的过程。后来，“功夫”先“工夫”一步，发展出了复合词的新用法，含义上则是“境界”义，由日常义中的“本领、造诣”义衍化而来。之后，二者以复合词的形式，同时发展出了新的含义——

---

〔1〕许逊受：《铜符铁券》，《道藏辑要》卷五缩印本，巴蜀书社1995年版，第207页。
〔2〕许逊受：《铜符铁券》，《道藏辑要》卷五缩印本，巴蜀书社1995年版，第208页。

“方法”义。在指代第一种含义“过程”义的时候，“工夫”“功夫”出现的频次是一样的；而在指代第二种“境界”义和第三种“方法”义的时候，两个“工（功）夫”的频次明显不一，“境界”义用的都是“功夫”，而“方法”义则多用“工夫”。这就说明，截至唐代，两词在指代“境界”义和“方法”义时，在含义上已经出现一定程度的偏向，“工夫”主要用来指修炼、修行的具体方法，“功夫”则主要指经过修炼、修行获得的造诣与达成的境界。

宋代，受佛、道的影响，儒家也将“工夫”与“功夫”援引进儒学话语体系，并在不断应用与诠释的基础上，最终将两者演变成蕴含丰富义理内涵的哲学用语。现以朱熹主要作品为例，来分析儒家话语里的“工夫”和“功夫”在使用频次、具体用法和含义上是否不同。[1]

1. 使用频次的不同。现将朱熹作品中有“工夫”和“功夫”词条的书名及词条出现次数列表如下（表1）：

表1 朱熹主要著作中“工夫”与“功夫”的出现次数

书名	工夫（次）	功夫（次）
《仪礼经传通解》	0	1
《通鉴纲目》	0	4
《杂学辨》	1	0
《近思录》	4	0
《小学集注》	5	0
《论孟精义》	8	0
《延平答问》	15	0
《四书章句集注》	1	2
《四书或问》	5	3
《伊洛渊源录》	13	1
《晦庵续集》	6	29

〔1〕 本文选择朱熹的主要作品为研究对象，是由于朱熹的作品是宋及其以后儒家义理类著作中，在体裁文例、义理内容、整体体量等方面都最具代表性的典型个案。现存的朱熹著作中有“工（功）夫”词条共2494条，为宋及其以后所有儒者作品中数量最多的。

续表

书名	工夫（次）	功夫（次）
《晦庵别集》	7	19
《晦庵集》	269	384
《朱子语类》	1599	118
总计	1933	561

从表 1 可以发现，朱熹的不同作品中，“工夫”与“功夫”的出现频次并不一样。有些只有“工夫”而无“功夫”，如《杂学辨》《近思录》《小学集注》《论孟精义》《延平答问》；有些只有“功夫”而无“工夫”，如《仪礼经传通解》《通鉴纲目》；有些“工夫”频次高于“功夫”，如《四书或问》《伊洛渊源录》《朱子语类》；有些“功夫”频次高于“工夫”，如《四书章句集注》《晦庵集》《晦庵续集》《晦庵别集》。需要注意的是，《朱子语类》由当时朱子门人辑录、后人汇编而成，虽不能代表朱熹本人对“工（功）夫”的使用习惯与态度，但在一定程度上反映了朱熹前后那一段历史时期中，一部分儒家学者对“工夫”与“功夫”的使用情况，因而有一定的研究价值。

朱熹本人所著的作品，“功夫”在总数上较“工夫”是占优的，但优势不是很大。而由门人辑录的《朱子语类》，“工夫”却在总频次上对“功夫”有压倒性的优势。出现这种情况，一则由于在仓促记录间，“工”字确实比“功”字简洁易写；二则由于朱熹及时人并未对“工（功）夫”做出界限明确的含义上与表述上的分类，因而使得门人认为无论用哪个都是对的。至于朱熹本人对于“工夫”和“功夫”的使用，在不同时期有不同程度的偏好。他早期所写的《四书或问》《论孟精义》《延平答问》以及《杂学辨》，其中“工夫”出现的频次都比“功夫”要高；而中后期成书的《四书章句集注》《通鉴纲目》《伊洛渊源录》《近思录》《仪礼经传通解》等则两者频次各有高低。由此可以推知，朱熹在早期更习惯使用“工夫”，但总体上，他用“功夫”比用“工夫”在频次上要略高一点。而朱子门人使用“工夫”的频次比“功夫”要高出十几倍，朱子所用的“功夫”比之“工夫”多出的数据放在《语类》中如此大的差异面前，几乎可以忽略不计。因此可以认为，发展成义理概念之后，“工夫”在使用频次上，确实已经大大超越了“功夫”。

2. 具体用法的差异。义理化之后的“工夫”和“功夫”有两种不同的用法：一是以单词的形式前接动词构成短语，如“下工（功）夫”“做工（功）夫”；二是与前接的名词或形容词共同构成复合词，如“圣贤工（功）夫”“彻上彻下工（功）夫”。第一种用法，是在没有具体前缀限定的情况下，“工夫”和“功夫”作为名词单独使用，或是前接动词用作短语，此时“工夫”“功夫”都是综合性的义理概念，指主体为了实现内圣外王的最高理想所进行的自我修炼，其中包含了修炼过程中的项目节次、所使用的具体方法、达成的阶段性成果、所实现的人生境界等丰富深广的义理内涵。纵览朱熹著作中的“动词+工（功）夫”的短语用法，可以发现，除了个别字词有差异，两者的前缀动词在种类上几无区别，含义也完全一致，都是没有具体所指的综合性泛指义。而这种用法下的“工夫”比之“功夫”，从数量上看，整体要高出很多。第二种用法，是“工夫”“功夫”前有名词和形容词对两者做出语境和含义上的限定，使“工夫”“功夫”偏向于其中某一层含义，比如“彻头彻尾工夫”“接续功夫”偏向于时间与空间合构而成的“过程”义、“致知工夫”“主敬工夫”偏向于“方法”义、“成汤工夫”“颜子工夫”又偏向于“境界”义。

“工夫”相对“功夫”，在数量和组词的丰富度上都有一定优势。“功夫”的复合词大部分都能在“工夫”复合词中找到完全一致或词义相近、相对的，反之则不然。譬如学者功夫、博文功夫、格物功夫、克己功夫、涵养功夫、彻头彻尾功夫、细密功夫等，这些都能在文献中找到同样的“工夫”复合词用法；词义相近的例子则有圣人功夫与圣贤工夫、持养功夫与存养工夫、朴实功夫与磨砻工夫等；词义相对的则有一刀两断功夫与确实静定工夫、诙广功夫与遁闷工夫等等。反观“工夫”的一些复合词，却是自身所独有，找不到对应的“功夫”用法，如知行工夫、博文约礼工夫、戒慎恐惧工夫、养气工夫等。

3. 含义上的区别与偏向。先来看同一语境下，在同一文段或文句中同时出现的“工夫”和“功夫”是否含义有别：①“曾再到晋辅处否？后生知所趣向，亦不易得。且勉与成就之，令靠里着实做工夫为佳。季章近读何书？作何事业功夫？

意思比旧如何？无疑亦久不得信，不知后来于鄙说能信得及否？”[1] ②“来书云：‘今且反复诸书以收心，至涵养工夫，日有所夺，未见其效’，此又殊不可晓天。……且胡为而不移此读书工夫向不读书处用力，使动静两得，而此心无时不存乎？然所谓涵养功夫，亦非是闭眉合眼如土偶人，然后谓之涵养也。”[2] ③“修省言辞等处，是刚健进前，一刀两断功夫，故属乎阳，而曰乾道。敬义夹持是退步收敛，确实静定工夫，故曰坤道。”[3] ④“或问：‘由求所以未仁，如何？’曰：‘只为它功夫未到。’问：‘何谓工夫？’先生不答。久之，乃曰：‘圣门功夫，自有一条坦然路径。……所谓功夫者，不过居敬穷理以修身也。由求只是这些功夫未到此田地，……功夫到此，则德性常用，物欲不行，而仁流行矣。’”[4]

句①句②都出自朱熹文集，句③句④出自《朱子语类》中由同一人记录的文段，由此可见朱熹本人及其门人董铢对“工（功）夫”的使用习惯与态度。

句①中有“做工夫”与“作何事业功夫”的用法，“做工夫”是“动词+工夫”的短语，“工夫”是没有特别偏向和具体所指的综合含义，其中包括了过程、方法与境界；“作何事业功夫”虽然乍一看是“事业功夫”的“名词+功夫”用法，但前面还有个“作”字，因而整体来看还是应该理解为“作（事业）功夫”，也就是“作功夫”的“动词+功夫”形式，所以“功夫”也是包含了过程、方法、境界的综合义理概念，与前面的“工夫”含义一致。句②中有三处“工（功）夫”，分别是“涵养工夫”“读书工夫”“涵养功夫”，读书是问学、求知的方法之一，涵养则是心性工夫的方法之一，因此这三处“工（功）夫”都是偏向“方法”义的“名词+工（功）夫”的用法，含义也是完全一样的。

句③是“形容词+工（功）夫”的复合词，其中，“一刀两断功夫”对应“确实静定工夫”，两者都表示“工（功）夫”在不同情形下显示出的不同状态，此时“工夫”和“功夫”不仅用法一致，含义也一样，都偏向于“过程”义。句④中有一处“工夫”与五处“功夫”，其中“工夫”“功夫”依各自语境的不同而显示出

---

〔1〕《晦庵集》，朱杰人等主编：《朱子全书》第22卷，上海古籍出版社2002年版，第2492页。
〔2〕《晦庵集》，朱杰人等主编：《朱子全书》第22卷，上海古籍出版社2002年版，第2268页。
〔3〕黎靖德编：《朱子语类》，中华书局1983年版，第1717页。
〔4〕黎靖德编：《朱子语类》，中华书局1983年版，第720页。

了好几个不同层面的含义："何谓工夫"与"圣门功夫"指的是涵括了修炼过程、内容、方法、境界的综合性含义；"所谓功夫者，不过居敬穷理以修身也"的"功夫"，则是"方法"的偏向性含义；"功夫未到"和"功夫到此"则是"造诣、境界"的偏向含义。单从这一句来看，似乎"功夫"用来指向"境界"层面的偏向义比较多，五处中有三处都是如此。但事实真的如此吗？或者说，义理概念的"工夫"与"功夫"，在具体使用过程中，是否真如一些学者所言，有更为偏向其中某一含义的现象存在？

现将书中"工夫"与"功夫"在表达不同含义时，其中几组最常见的短语、复合词及其频次分列如下（表2）：

表2 朱熹主要著作中"工夫""功夫"不同含义常见词组及其频次对比

	工夫（次）		功夫（次）	
综合含义	做工夫	436	做功夫	30
	下工夫	147	下功夫	63
	用工夫	77	用功夫	42
	日用工夫	21	日用功夫	34
"过程"偏义	下手工夫	2	下手功夫	1
	外面工夫	1	外面功夫	1
"方法"偏义	格物工夫	11	格物功夫	4
	穷理工夫	9	穷理功夫	8
	克己工夫	24	克己功夫	3
"境界"偏义	颜子工夫	7	颜子功夫	1
	工夫未到	10	功夫未到	7
	工夫至到	6	功夫至到	2

由表格可知：纵向对比的话，"工夫"和"功夫"都是在表达无偏义的综合含义时，频次为最高，占到各自总数的80%～90%，这就是说，两个"工（功）夫"最常用来所指的就是同时包括过程、方法、境界的总的含义。而其他三种偏义中，指"过程"偏义的频次最低，不到总数的1%；"方法"偏义最高，占6%～8%；"境界"偏义次之，占4%～7%。横向对比，则可见除去"日用工夫"等个别用法，在用法、表述和含义都相同的词组中，"工夫"显然要比"功夫"在频次上高

一些。尤其要注意的是，不仅“做工（功）夫”“下工（功）夫”的综合含义和“过程”偏义、“方法”偏义如此，就连在被宋儒正式义理化之前已呈现出“境界”义偏向的“功夫”，在此时表达“境界”偏义的时候，总的频次也已不如现阶段的“工夫”了。由此可知，在成为义理概念之后，“工夫”不仅在整体的使用频次和具体用法的丰富程度上都已经大大超越“功夫”，在进行同样含义的表述时，无论是无特指的综合含义，还是有各自偏向层面的“过程”偏义、“方法”偏义、“境界”偏义，各自的频次也已超越“功夫”。同时，“工（功）夫”在表述综合含义时的用法，在总数所占比重上相对于三种偏义都有压倒性的优势。这就说明，在宋以前，义理化初期的“工（功）夫”的发展特点：“工夫”偏向过程与方法、“功夫”偏向过程与境界，并没有随着时代发展而留存下来，而在“工（功）夫”正式实现义理化之后发生了相应的改变。“工（功）夫”都更多地用来表达统括过程、方法与境界的综合含义，同时也没有出现哪个更偏向其中某个含义的情况，以往指“方法”多用“工夫”、指“境界”多用“功夫”的现象不复存在。

五、结　论

“工（功）夫”在历史上的含义形式分为两类：所指对象单一、较为简单的日常义与综合了好几重含义、相对复杂的义理义。两类形式中各自的含义种类也有很多，日常义的“工夫”下辖五种不同含义（总的“时间、努力”义；单独的“时间”义；“本领、造诣”义；“工程、工作”义；“工人、夫役”义），“功夫”也有五种含义（总的“时间、努力”义；单独的“时间”义；“本领、造诣”义；“工程、工作”义；“武术”义）。而义理义的“工（功）夫”可依照具体语境的不同而有综合含义、“过程”偏义、“方法”偏义、“境界”偏义之分。“工夫”与“功夫”就含义的复杂程度来说，在整个中国语系中也是非常少见的。因此，辨析两者的不同，就需要每一个层面、每一种含义都涉及，不然就无法得到完备、准确的结论。

日常义上，“功夫”的各项指标都比“工夫”发展得早和快，出现时间早、频次发展快、语用成熟度早、语义丰富度也发展得快一些；义理义上，两者同时出现义理化倾向，语义演变也几乎同时进行，初期还出现了各有偏义的情况。但无论是日常义还是义理义，后期的“工夫”在语义发展方面已经迎头赶上，在使用频次和具体用法的丰富程度方面更逐渐超越了“功夫”，以至于到了现代，“功夫”词条最广为人知的含义是明清之际才姗姗出现的最后一层日常义——“武术”义，而那几层先于“工夫”发展出的含义与用法却鲜为人知。这就说明，“功夫”的发展趋势是由盛转衰，而“工夫”正相反，是越来越盛。

“工夫”“功夫”之所以一直被混用，一是由于两者在含义上的界限确实非常模糊，除了日常义中的“工人、夫役”义和“武术”义为各自所独有，其余五种日常义和所有义理义都为两者共有，在表述这些共有义的时候，“工夫”“功夫”完全能够通用。二是由于从古至今，从未有人对“工夫”和“功夫”做出过用法、含义上的具有权威性的分野与规定，这种权威性要建立在对历史上两者发展演变特点的梳理与总结之上，需要有完整足够的材料与数据作为论据，方能让人信服。因此，在文献资料丰沛、数据检索系统日渐完善的今天，我们有条件也有必要以辨析的方式来对这个问题暂时做出回应。

基于“工夫”“功夫”在历史上的发展特点，本文主张除去“工夫”所独有的“工人、夫役”义以及“功夫”独有的“武术”义之外，在表达相同含义的时候，无论用哪一个，都是对的，但用“工夫”比用“功夫”更好一些，尤其是研究义理层面的“工夫”与中国哲学范畴的“工夫论”的时候，以用“工夫”为宜。一来是考虑到两者义理义的发展趋势和特点，在“工（功）夫”彻底实现义理化之后，“工夫”不论在同样含义的使用频次上，还是在具体用法的丰富程度上，都比“功夫”有相当程度的优势，这种优势一直延续至今。二来则是出于一些外部因素的考虑。目前不论中外，在谈到“功夫”的时候，第一反应总是会将之与“武术”联系在一起，因此，在哲学领域用另一个“工夫”，则是避免与人们普遍熟识的武术“功夫”相混淆的有效方式。

苏轼道统思想探析

胡长海*

[内容提要]

苏轼的道统论具有时代特性与地域文化个性。苏轼重视伏羲、黄帝以至于尧舜的先王时代，批判汤武而认同周孔，建构先王至孔子、孟子、韩愈、欧阳修乃至苏轼的独特道统谱系。苏轼认为先王时代王道是不断衰败的过程，对孟子以至于韩愈既批判又肯定其道统地位。同时，苏轼重视欧阳修的道统地位，强化对欧阳修道统地位的继承。苏轼道统论也深受道家影响，以无为而治为儒家理想。此外，在道心、人心关系上主张道心对人心的统摄，强调“精一”之论。苏轼道统论以仁义为本，批判佛老、法家等学说，又肯定无为，凸显其较为驳杂的蜀学学术特点；同时苏轼道统论中还考辨人性论以批判孟子、荀子等，阐发义理论述道家色彩的人性思想，彰显其宋学学术特征；苏轼道统论融合儒道，体现道统理论乃至宋学建构初期多元融合的理论特点。

[关键词]

苏轼；道统；佛老；精一；蜀学

* 胡长海，四川师范大学助理研究员，哲学博士。本文系国家社会科学基金重大项目“中国道统思想研究”（17ZDA010）的阶段性成果。

宋代儒学面对经学衰落、佛老冲击，亟须理论重构。道统理论的建构是儒学重建的重要内涵，也凸显宋学建构初期具有继承汉唐、兼容诸家的转型时代特征。苏轼的道统论与理学家的道统论有鲜明的差别，具有时代特性与地域文化个性。具体而言，苏轼强调自伏羲以至于尧舜的基本谱系，考辨经典强调法先王而非汤武。基于其对历史以及人性论的考察，批判孟子、荀子、韩愈等先秦以至于唐代的学者。苏轼建构自先王、周公、孔子、孟子、韩愈、欧阳修以至于自身的道统传承谱系。苏轼受到汉学重视考辨的学术影响以及道以文传的理念影响，凸显其对道统的独特理解。苏轼认为圣王之道是不断衰败的过程，而理想的圣王时代是黄帝无为而治的治理状态，表明苏轼道统思想还深受道家学说的影响。同时，苏轼也阐发《中庸》，强调精一之论，主张"一"的最高地位及道心、人心的统一，批驳异端乱儒家仁义，明确其学术的儒学本位特点。苏轼批驳法家以及佛老的同时又亲近佛老，凸显其三教融合视域下思想驳杂的蜀学学术特征。苏轼道统论客观反映宋代儒学重建既继承汉学又吸纳佛老的时代特点，以及道统理论建构初期理论多元融合的特征。

一、推崇尧舜，道统自任

苏轼道统论重视黄帝以至于尧、舜，同时批判汤、武，不认可其在圣王道统谱系中的地位。苏轼受到汉唐经学影响，考辨孔子对汤、武的批判，认为汤武革命破坏君臣之道。同时，苏轼又受到黄老学说影响，肯定无为而治。他引用《周易》指出古代圣王谱系："古者包牺氏之王天下也，……包牺氏没，神农氏作，斩木为耜，揉木为耒，耒耨之利，以教天下。……神农氏没，黄帝、尧、舜氏作……是以自天佑之吉无不利，黄帝、尧、舜垂衣裳而天下治。"[1] 苏轼崇尚伏羲、神农、黄帝、尧、舜等先王，肯定圣王"垂衣裳而天下治"的功德。苏轼承接《礼记》，强化先王传承谱系："有虞氏禘黄帝而郊喾，祖颛顼而宗尧，则神宗为尧明矣。

〔1〕 曾枣庄、舒大刚主编：《三苏全书》第1册，语文出版社2001年版，第374页。

舜、禹之受天下于尧、舜也，及尧、舜之存而受命于其祖宗矣。"〔1〕他将先王定格在禹之前的君主，并且论述圣人之道的内涵："先王奉若天道，如此之密，用之于国，则安静而不劳，用之于身则冲和而不竭。昔者，伏羲、神农、黄帝、尧、舜，皆得此道。"〔2〕显然，苏轼认可的先王主要是伏羲、神农、黄帝、尧、舜，强调"安静而不劳"的圣王之道特点，凸显苏轼道统思想受到黄老学说的深刻影响。虽然汤武也受其推崇，然苏轼道统论强调法先王，考辨孔子之论否定汤武在道统中的地位。他说："武王非圣人也。昔孔子盖罪汤武……巍巍乎尧舜也，禹吾无间，然其不足于汤武也，亦明矣。……自是学者以汤武为圣人之正，若当然者，皆孔氏之罪人也……使文王在，必不伐纣，纣不见伐，而以考终，或死于乱，殷人立君以事周，命为二王后以祀殷，君臣之道岂不两全也哉。……有圣人者出，而天下归之圣人，所以不得辞也。而以兵取之，而放之而杀之，可乎？"〔3〕苏轼受到汉学影响，考证孔子观点，认为孔子对汤武的评价是中肯的。同时，苏轼主张以德服人，反对暴力革命，因而强调汤武并非圣人，批评汤武革命中弑君，不全君臣之义，非仁义之举。

苏轼虽然批判汤武，并且批判荀子、孟子、韩愈，但并未完全否定孟子、韩愈在道统中的地位。苏轼由此建构从先王到周公、孔子、孟子、韩愈以至于欧阳修的道统传承谱系。苏轼的圣人谱系在先王之外首先肯定周、孔地位，这是对汉唐重视周孔，以周孔并称的学术思想的继承。诸如苏轼批判新学"以佛老之似，乱周孔之真"〔4〕，甚至将周孔与尧舜并举，"如使为善者，必须自言而后信，则尧、舜、周、孔亦劳矣"〔5〕。苏轼看来，自孟子以下儒者自然不能与周孔相较，批判士大夫"皆有僭侈无涯之心，动辄欲人以周孔誉己"〔6〕。可见，虽然苏轼没有明确尧舜到周孔的道统传承关系，但是却将周孔与尧舜并举，肯定周孔的道统地位。同时，苏轼论述自孔子至欧阳修的道统谱系，指出："孔子、孟子者，推其本末，权

〔1〕曾枣庄、舒大刚主编：《三苏全书》第1册，语文出版社2001年版，第472页。
〔2〕曾枣庄、舒大刚主编：《三苏全书》第12册，语文出版社2001年版，第224页。
〔3〕曾枣庄、舒大刚主编：《三苏全书》第5册，语文出版社2001年版，第168页。
〔4〕《欧阳修全集》，中华书局2001年版，第2755页。
〔5〕曾枣庄、舒大刚主编：《三苏全书》第14册，语文出版社2001年版，第392页。
〔6〕曾枣庄、舒大刚主编：《三苏全书》第12册，语文出版社2001年版，第370页。

其祸福之轻重，以救其惑……由此言之，虽以孟子配禹可也。……五百余年而后，得韩愈学者，以愈配孟子，盖庶几焉。愈之后，三百有余年而后，得欧阳子，其学推韩愈孟子，以达于孔氏……欧阳子没十有余年，士始为新学，以佛老之似乱周孔之真。识者忧之……考论师友渊源，所自复知诵习欧阳子之书，予得其诗文七百六十六篇。"〔1〕显然，苏轼认为儒家圣人之道自孔子、孟子传之韩愈、欧阳修，而苏轼有承接欧阳修传承圣人之道之意。苏轼以"考论师友渊源"强调自己继承欧阳修的道统地位。苏轼指出欧阳修亲传儒家圣人之道的经历："十有五年，乃克见公。公为拊掌，欢笑改容，此我辈人，余子莫群。我老将休，付子斯文。…… 公曰：子来实获我心，我所谓文必与道俱，见利而迁，则非我徒。"〔2〕苏轼回忆欧阳修对其殷切期望，强调文与道俱的道统内涵，并以"老之将至，付子斯文"，传其圣人之道。而欧阳修逝后，苏轼以继承欧阳公自居，他说："文忠之薨十有八年，士无所归，散而自贤。我是用惧，日登师门……文忠之文，虽无老成，典刑则存，何以嗣之，使世不忘?"〔3〕可见，苏轼不仅建构自先王至欧阳修的道统谱系，而且以继承欧阳修道统地位自居，塑造自先王以至于自身的道统体系。这表明宋代儒学重构中不仅是理学家在建构道统乃至儒家理论，蜀学等学说也有自己的理论谱系建构，反映这一时代儒学重建的时代需要与历史潮流。而这时期孟子地位尚未得到提升，孟子、荀子以至于韩愈等又都受到苏轼的批判，凸显苏轼思想驳杂的特点、学术的时代特征与其对道统的独特见解。

在苏轼看来，孔子之后的儒者多有问题。苏轼在人性论上否定孟子："夫二子之为异论者，皆孟子之过也。"〔4〕他认为："孟子不及见性，而见夫性之效，因以所见者为性。"〔5〕苏轼认为圣人之道不明，儒家内部纷争，这也是自孟子起。他说："自孟子之后，至于荀卿、扬雄皆务为相攻之说……夫子之道益晦而不明者，由此之故欤。"〔6〕此间症结在于"子思取必于圣人之道，孟子取必于天下之人，

---

〔1〕《欧阳修全集》，中华书局2001年版，第2755页。
〔2〕曾枣庄、舒大刚主编：《三苏全书》第15册，语文出版社2001年版，第440页。
〔3〕曾枣庄、舒大刚主编：《三苏全书》第15册，语文出版社2001年版，第440页。
〔4〕曾枣庄、舒大刚主编：《三苏全书》第14册，语文出版社2001年版，第176页。
〔5〕曾枣庄、舒大刚主编：《三苏全书》第1册，语文出版社2001年版，第352页。
〔6〕曾枣庄、舒大刚主编：《三苏全书》第14册，语文出版社2001年版，第176页。

故夫后世之异议皆出于孟子"[1]。苏轼也否定荀子："今观荀卿之书，然后知李斯之所以事秦者，皆出于荀卿，而不足怪也。……荀卿独曰人性恶，桀纣性也，尧舜伪也。由是观之，意其为人，必也刚愎不逊，而自许太过。"[2] 苏轼将法家危害归结于荀子，认为荀子刚愎不逊，而自许太过。而荀子的某些观点也被认为是"不原圣人书经之法，而徒信传者之说"[3]。苏轼对孟子、荀子的批驳凸显出苏轼重视考辨经典，又具有宋学阐发义理的学术特点，具有转型时期新旧交融的双重学术倾向。苏轼认为韩愈"其论至于理而不精，支离荡佚，往往自叛其说……韩愈者知好其名，而未能乐其实者也"[4]。在人性论上，苏轼认为韩愈"是未知乎所谓性者，而以夫才者言之，夫性与才相近而不同，其别不啻若白黑之异也"[5]。显然，这跟苏轼自己对人性的看法紧密相关："夫所谓情者，乃吾所谓性也。……饥而食，渴而饮，男女之欲，不出于人之性也，可乎?"[6] 苏轼人性论受到道家影响，主张自然主义人性论。可见，苏轼有区别于韩愈等的人性论体系，也是其批判韩愈理论的基础。同时，他还批判韩愈论性"流入于佛老而不自知也"[7]。但是苏轼也对韩愈有所肯定："韩愈亦近世豪杰之士，如原道中言语虽有疵病，然自孟子之后，能将许大见识，寻求古人，亦自难得。"[8]

苏轼推尊先王，批判汤武，尊崇周孔，在学术观点上批判孟荀乃至韩愈，但又将孟子、韩愈列入道统谱系，建构起自先王至周、孔、孟、韩、欧的道统谱系。苏轼批判孟子、韩愈是出于自身学术观点以及从汉学视角对二者的考辨；而苏轼重视欧阳修的道统地位，是基于其"胸中万卷，致君尧舜"[9] 的文道理念；同时基于宋代儒学理论重建需要，虽然批判孟子、韩愈，又不得不肯定其道统地位，建构道统传承谱系，完善道统理论以及强化自身道统地位的合法性。苏轼既继承汉学注重

---

[1] 曾枣庄、舒大刚主编：《三苏全书》第 14 册，语文出版社 2001 年版，第 177 页。
[2] 曾枣庄、舒大刚主编：《三苏全书》第 14 册，语文出版社 2001 年版，第 182 页。
[3] 曾枣庄、舒大刚主编：《三苏全书》第 14 册，语文出版社 2001 年版，第 149 页。
[4] 曾枣庄、舒大刚主编：《三苏全书》第 14 册，语文出版社 2001 年版，第 206-207 页。
[5] 曾枣庄、舒大刚主编：《三苏全书》第 14 册，语文出版社 2001 年版，第 201 页。
[6] 曾枣庄、舒大刚主编：《三苏全书》第 14 册，语文出版社 2001 年版，第 201 页。
[7] 曾枣庄、舒大刚主编：《三苏全书》第 14 册，语文出版社 2001 年版，第 202 页。
[8] 曾枣庄、舒大刚主编：《三苏全书》第 14 册，语文出版社 2001 年版，第 464 页。
[9] 唐圭璋编：《全宋词》，中华书局 1965 年版，第 282 页。

考辨，又阐发义理；既强调儒学传统，又吸纳道家之学。处于转型时期的苏轼学说未能将某一儒家学说定为一尊，诚如朱熹评论“苏公早拾苏、张之绪余，晚醉佛、老之糟粕”[1]，虽然苏轼强调儒家仁义之道，然而较之理学道统理论内涵较为驳杂。这源自于苏轼学术驳杂，融合诸多学术观点的学术特点，也反映唐宋转型时期思想领域冲突、交融、重塑的时代特点。

二、追本黄帝，无为而治

苏轼思想深受黄老影响，苏轼描述的圣王时代具有鲜明的黄老特点，其所崇尚的圣王也以黄帝为尊。苏轼以醉乡或睡乡为圣王理想蓝图，指出：“醉乡去中国不知其几千里也。其土旷然无涯，无丘陵阪险……昔者黄帝氏尝获游其都，归而窅然丧其天下，以为结绳之政已薄矣。降及尧舜作，为千钟百榼之献，因姑射神人以假道，盖至其边鄙终身太平。禹汤立法，礼繁乐杂，数十代与醉乡隔。其臣羲和弃甲子，而逃冀臻，其乡失路而道夭，故天下遂不宁。至乎末孙，桀纣怒而升其糟丘，阶级迂伊南向，而望不见醉乡。武王氏得志于世……仅与醉乡达焉。三十年刑措不用，下逮幽厉迄于秦汉，中国丧乱，遂与醉乡绝。”[2] 苏轼认为醉乡影响了黄帝以及后来的圣王，但自黄帝至尧舜，其治理离醉乡之理想社会逐步远离。在描述睡乡中苏轼同样呈现这一思想，睡乡之境“其政甚淳，其俗甚均，其土平夷……凡其所目见者，皆妄也。昔黄帝闻而乐之……召二臣而告之，凡二十有八年，而天下大治，似睡乡焉。降及尧、舜无为，世以为睡乡之俗也。禹汤股无胈，胫无毛，剪爪为牲以救，天灾不暇，与睡乡往来。……周公夜以继日，坐以待旦，为王作礼乐，伐鼓扣钟，鸡人号于右，则睡乡之边，徼屡警矣。”[3] 可见，苏轼肯定的先王之道不过是自黄帝以至于尧、舜而已，且其内部仍然存在对王道实践的差别，凸显出一个由简单逐步繁缛的衰落过程，是对儒家历史退化观的体现。尤其需要指出的是，苏轼肯定的理想世界“不知有舟车器械之用”，“不丝不谷，佚卧而自足，

[1] 《朱子全书》第 22 册，上海古籍出版社 2002 年版，第 1860 页。
[2] 曾枣庄、舒大刚主编：《三苏全书》第 14 册，语文出版社 2001 年版，第 537 页。
[3] 曾枣庄、舒大刚主编：《三苏全书》第 14 册，语文出版社 2001 年版，第 500 页。

不舟不车”，具有鲜明的道家无为而治的理想社会色彩，凸显其以儒为主，兼容道家的思想特征。

基于这样的认知，苏轼肯定黄老的历史地位，认为黄老之术合于《周易》，指出：“道家者流本出于黄帝、老子，其道以清静无为为宗，以虚明应物为用，以慈俭不争为，行合于《周易》。”〔1〕显然，苏轼一定程度肯定黄老之学。因而，苏轼肯定无为而治的君主，反对穷兵黩武，强调“先王耀德而不观兵”〔2〕。同时，也以不争、薄敛等无为而治的思想为先王标杆，他说：“先王居涣散之中，安然不争，而自为长久之计。”〔3〕又说：“不杀为仁，杀为不仁，薄敛为有德，原赋为无道，此古今不刊之语，先王之正刑也。”〔4〕显然，苏轼论述的先王形象具有鲜明的道家色彩。而对汉初黄老之治，苏轼也颇为肯定，甚至要求宋代的帝王以此为典范治理国家，他说：“汉兴，盖公治黄老，而曹参师其言，以谓治道贵清静……其后文景之治，大率依本黄老，清心省事，薄敛缓狱，不言兵而天下富。臣观上与太皇太后所以治天下者，可谓至矣。检身以律物，故不怒而威，捐利以予民，故不藏而富，屈已以消兵，故不战而胜，虚心以观世，故不察而明，虽黄帝老子，其何以如此。”〔5〕苏轼对无为而治的思想多有赞叹，以此勉励当朝君主治理国家：“法天地四时之运，民日用而不知，传祖宗六圣之心，我无为而自化。”〔6〕“伏遇皇帝陛下，正位龙飞，对时虎变，神武不杀，岂非受命之符，清静无为坐获消兵之福。”〔7〕可见，苏轼深受黄老之学的影响，其理想的社会治理状态即是无为而治，因而其评判圣人以及建构圣人传承谱系也倾向于以黄老之学为依据，其道统思想具有鲜明的道家色彩。

〔1〕曾枣庄、舒大刚主编：《三苏全书》第15册，语文出版社2001年版，第329页。
〔2〕曾枣庄、舒大刚主编：《三苏全书》第1册，语文出版社2001年版，第168页。
〔3〕曾枣庄、舒大刚主编：《三苏全书》第1册，语文出版社2001年版，第326页。
〔4〕曾枣庄、舒大刚主编：《三苏全书》第12册，语文出版社2001年版，第85页。
〔5〕曾枣庄、舒大刚主编：《三苏全书》第15册，语文出版社2001年版，第329页。
〔6〕曾枣庄、舒大刚主编：《三苏全书》第15册，语文出版社2001年版，第488页。
〔7〕曾枣庄、舒大刚主编：《三苏全书》第11册，语文出版社2001年版，第418页。

三、放之则二，精之则一

苏轼道统虽然受到黄老影响，然而其学术底色仍然以儒家为宗。在阐发中庸之道时，苏轼提出精一之论，强调道心对人心的统摄，凸显其道统学说的儒家根底。苏轼阐述《中庸》中道心、人心的思想，认为人心乃喜、怒、哀、乐之类，道心乃能生喜、怒、哀、乐者。古之有道者无不识得道心，则喜、怒、哀、乐皆符合于道，否则道心隐微，喜、怒、哀、乐各随其欲。因而圣人之道在于道心与人心的精一，强调道心对人心的统摄。苏轼说："人心，众人之心也，喜、怒、哀、乐之类是也。道心，本心也，能生喜、怒、哀、乐者也。……夫心岂有二哉，不精故也，精则一矣。……古之为道者，必识此心，养之有道，则卓然可见于至微之中矣。……若夫道心隐微，而人心为主，喜、怒、哀、乐各随其欲，其祸可胜言哉。道心，即人心也。人心，即道心也。放之则二，精之则一。桀、纣非无道心也，放之而已。尧、舜非无人心也，精之而已。"〔1〕苏轼认为喜怒哀乐是为人心，而生喜怒哀乐则是道心，认为道心、人心并非二心，尧、舜不过道心、人心精一而已，反对道心、人心二分。这与二程的理解是相似的，二程指出："人心惟危，道心惟微。心道之所在，微道之体也。心与道浑然一也。对放其良心者言之，则谓之道心，放其良心则危矣。惟精惟一，所以行道也。"〔2〕显然，苏轼也试图建构儒家伦理本体，强调道德主体对道德的把握，具有宋代儒学建构的共性。但是，苏轼更加重视精一之论，在阐发《易》学时强调"一"的最高本体地位，他说："致，极也。极，则一矣。其不一者，盖未极也。四海之水，同一平也。胡越之绳墨，同一直也。故致一，而百虑皆得也。夫何思何虑。"〔3〕又说："天地一物也，阴阳一气也，或为象或为形，所在之不同，故在云者明其一也。象者形之精华发于上者也，形者象之体质留于下者也，人见其上下直以为两矣，岂知其未尝不一邪。"〔4〕可

〔1〕曾枣庄、舒大刚主编：《三苏全书》第1册，语文出版社2001年版，第470页。
〔2〕《二程集》，中华书局1981年版，第276页。
〔3〕曾枣庄、舒大刚主编：《三苏全书》第1册，语文出版社2001年版，第376页。
〔4〕曾枣庄、舒大刚主编：《三苏全书》第1册，语文出版社2001年版，第344页。

见，苏轼所谓的致“一”是世界变化之根源，是极致的本体，是无思无虑的理想状态。

苏轼认为“一”非常重要，是圣人之要道。所谓“一”其内涵上强调主体对善的持有，反对不善而一；同时，强调道心对人心的主导，反对本心为情物所导。他说：“一者，不变也。如其善而一也。不亦善乎？如其不善而一也，不几桀乎？曰非此之谓也。中有主之谓一，中有主则物至而应，物至而应，则日新矣。中无主，则物为宰。凡喜、怒、哀、乐，皆物也，而谁使新之。……圣人如天，时杀时生，君子如水，因物赋形，天不违仁，水不失平，惟一故新，惟新故一，一故不流，新故无斁，此伏羲以来所传要道也。”〔1〕显然，苏轼认为“一”不仅仅是道心与人心之贯通，还是掌握圣人之道的根本方法。苏轼认为孔子学说的根本即是“一以贯之”，他说：“天下苦其难，而莫之能用也。不知夫子之有以贯之也。是故，尧、舜、禹、汤、文、武、周公之法度、礼乐、刑政，与当世之贤人君子，百氏之书，百工之技艺，九州岛岛之内，四海之外，九夷八蛮之事，荒忽诞谩而不可考者，杂然皆列乎胸中，而有卓然不可乱者，此固有以一之也。”〔2〕苏轼基于对圣人之道“一以贯之”的理解，强调道与器的统一，认为“道者，器之上达者也。器者，道之下见者也。其本一也。化之者道也，裁之者器也，推而行之者，一之也。”〔3〕既然要上学与下达的统一，那么治理国家就在于“一以贯之”之道。苏轼说：“予一以贯之……盖尝求之于六经，至于诗与春秋之际，而后知圣人之道，始终本末，各有条理。夫王化之本，始于天下之易行天下，固知有父子也，父子不相贼，而足以为孝矣，天下固知有兄弟也，兄弟不相夺而足以为悌矣，孝悌足而王道备，此固非有深远而难见，勤苦而难行者也。”〔4〕苏轼对《中庸》的阐发，注重道心与人心的精一，继承儒家中庸之道，凸显出宋代儒家吸取佛老建构儒家本体论，同时又强调儒家伦理躬行践履的时代共性，以及苏轼学说区别于理学而强调“一”的本体色彩的个性特征。

---

〔1〕曾枣庄、舒大刚主编：《三苏全书》第15册，语文出版社2001年版，第204页。
〔2〕曾枣庄、舒大刚主编：《三苏全书》第2册，语文出版社2001年版，第245页。
〔3〕曾枣庄、舒大刚主编：《三苏全书》第14册，语文出版社2001年版，第370-371页。
〔4〕曾枣庄、舒大刚主编：《三苏全书》第2册，语文出版社2001年版，第245页。

四、仁义为本，批驳异端

苏轼学说受到道家影响，然其学术仍然以儒家为宗。苏轼认为圣人之道核心乃仁义，他说："修其本而末自应，故仁义不施，则韶濩之乐不能以降"[1]。苏轼评论诸葛亮时强调："仁义诈力杂用，以取天下者，此孔明之所以失也。……孔明迁刘璋，既已失天下义士之望，乃始治兵振旅为仁义之师，东向长驱，而欲天下向应，盖亦难矣。"[2] 苏轼评论曹操也说："以仁义救天下，天下既平，神器自至，将不得已而受之。不至不取也，此文王之道。"[3] 显然，苏轼所谓道乃儒家仁义为根本内涵。在阐发经典中，苏轼也说："圣人之道，存乎其爻之辞，而不在其数。"[4] "其始论诚明之所入，其次论圣人之道所从始，推而至于其所终极，而其卒乃始内之于《中庸》，盖以为圣人之道略见于此矣。"[5] 苏轼阐发《易》学时反对相数之说，阐发《中庸》时强调诚明之道。苏轼还进一步指出所谓道即是五常、四端，他说："昔圣人既陈五常之道，而病天下不能万世而常行也"[6]。又说："圣人之道，造端乎夫妇之所能行……夫如是则恻隐足以为仁，而仁不止于恻隐，羞恶足以为义，而义不止于羞恶。"[7] "教之使有能，化之使有知，是待人之仁也。薄其礼而致其情，不责其去而厚其来，是待夷狄之仁也。杀之以时，而用之有节，是待禽兽之仁也。"[8] 所以，苏轼圣人之道的内涵仍然是儒家仁义，是他展开对异端批驳的根基，与理学理论殊途同归。

苏轼发明道统，指出："圣人之所为恶夫异端，尽力而排之者，非异端之能乱天下，而天下之乱所由出也。昔周之衰，有老聃、庄周、列御寇之徒……虽非圣人

---

〔1〕 曾枣庄、舒大刚主编：《三苏全书》第15册，语文出版社2001年版，第329页。
〔2〕 曾枣庄、舒大刚主编：《三苏全书》第14册，语文出版社2001年版，第202页。
〔3〕 曾枣庄、舒大刚主编：《三苏全书》第5册，语文出版社2001年版，第168页。
〔4〕 曾枣庄、舒大刚主编：《三苏全书》第14册，语文出版社2001年版，第131页。
〔5〕 曾枣庄、舒大刚主编：《三苏全书》第14册，语文出版社2001年版，第139页。
〔6〕 曾枣庄、舒大刚主编：《三苏全书》第14册，语文出版社2001年版，第176页。
〔7〕 曾枣庄、舒大刚主编：《三苏全书》第14册，语文出版社2001年版，第175页。
〔8〕 曾枣庄、舒大刚主编：《三苏全书》第14册，语文出版社2001年版，第206页。

之道，而其用意固亦无恶于天下。自老聃之死百余年，有商鞅、韩非著书言治天下……后世之学者知申韩之罪，而不知老聃庄周之使然。”〔1〕苏轼认为异端主要是老庄等学说，其本身并无害于社会，然而其影响下的法家思想则荼毒天下。苏轼解释道：“仁义之道，起于夫妇、父子、兄弟相爱之间，而礼法刑政之原出于君臣、上下相忌之际，相爱则有所不忍，相忌则有所不敢。夫不敢与不忍之心合，而后圣人之道得存乎其中。今老聃庄周论君臣父子之间，泛泛乎若萍浮于江湖，而适相值也。夫是以父不足爱，而君不足忌。不忌其君，不爱其父，则仁不足以怀，义不足以劝，礼乐不足以化，此四者皆不足用，而欲置天下于无有，夫无有岂诚足以治天下哉。”〔2〕显然，苏轼所重视的儒家人伦在老庄学说之中丧失殆尽，由此诱发人伦崩溃、社会失序。朱熹在批判佛老时也强调：“禅学最害道。庄老于义理绝灭犹未尽”〔3〕，老子“害伦理”〔4〕。显然，苏轼与朱熹等宋儒对道家绝灭儒家人伦的认知是一致的，但是苏轼将危害指向法家，道家不过是诱发因素，因而其对道家的批判相对温和。

苏轼所谓异端，涵盖了“佛老、申韩异端之说”〔5〕。而佛教对儒家的挑战尤为激烈。苏轼说：“自东汉以来，道丧文衰，异端并起，历唐贞观、开元之盛，辅以房、杜、姚、宋，而不能救。”〔6〕而对排斥佛教的欧阳修，苏轼尤为推崇，强调要“考论师友渊源所自，复知诵习欧阳子之书”〔7〕。苏轼对佛教也提出具体的批判，认为“佛之道难成，言之使人悲酸愁苦，其始学之皆入山林……如生务苦瘠其身，自身口意莫不有禁，其略十，其详无数，终身念之，寝食见之，如是，仅可以称沙门比丘。虽名为不耕而食，然其劳苦卑辱则过于农工远矣。计其利害，非侥幸小民之所乐。”〔8〕苏轼认为入佛者遵守戒律，丧失普通人伦之乐，却难以成佛，甚不可理解。同时，苏轼还认为佛老虚假，且耗费巨大。他说：“今士大夫至

〔1〕曾枣庄、舒大刚主编：《三苏全书》第14册，语文出版社2001年版，第185页。
〔2〕曾枣庄、舒大刚主编：《三苏全书》第14册，语文出版社2001年版，第185页。
〔3〕《朱子语类》，中华书局2004年版，第3014页。
〔4〕《朱子语类》，中华书局2004年版，第2988页。
〔5〕曾枣庄、舒大刚主编：《三苏全书》第15册，语文出版社2001年版，第379页。
〔6〕曾枣庄、舒大刚主编：《三苏全书》第15册，语文出版社2001年版，第336页。
〔7〕《欧阳修全集》，中华书局，2001年版，第2756页。
〔8〕曾枣庄、舒大刚主编：《三苏全书》第14册，语文出版社2001年版，第510页。

以佛老为圣人，粥书于市者，非老庄之书不售也。读其文，浩然无当，而不可穷。观其貌，超然无著，而不可挹，岂此真能然哉。”〔1〕又说：“天子有七庙，今又饰老佛之宫而为之祠，固已过矣。又使大臣以使领之岁给以巨万计，此何为者也，天下之吏为不少矣。”〔2〕苏轼站在世俗的视角评判佛教，既指出其冲击儒家治理，也表达其对佛教的不理解。

需要指出的是，苏轼在批判佛老的同时又亲近佛教，甚至借鉴佛老养生之法：“当腹空时即便入室，不拘昼夜，坐卧自便，惟在摄身使如木偶，常自念言……又用佛语及老聃语，视鼻端白数出入息，绵绵若存，用之不勤，数至数百，此心寂然。……云蒸雾散，无始以来，诸病自除，诸障渐灭，自然明悟。”〔3〕甚至苏轼也曾经学佛，“佛书旧亦尝看，但暗塞不能通其妙，独时取其粗浅假说以自洗濯”〔4〕。黄宗羲曾评价苏轼“转而逃入于禅，斯亦通人之弊也”〔5〕。可见，苏轼对佛老学说具有双重态度，既学佛老也批判佛老，凸显出这一时代儒释道交融的时代特征，以及蜀学更加兼容三教的地域文化特点。

---

〔1〕曾枣庄、舒大刚主编：《三苏全书》第2册，语文出版社2001年版，第188页。
〔2〕曾枣庄、舒大刚主编：《三苏全书》第14册，语文出版社2001年版，第360页。
〔3〕苏轼：《东坡志林》，中华书局1985年版，第6页。
〔4〕曾枣庄、舒大刚主编：《三苏全书》第3册，语文出版社2001年版，第113页。
〔5〕黄宗羲：《宋元学案》，中华书局1986年版，第3287页。

苏轼正统论及其思想价值

毛　钦*

[内容提要]

正统论是中国史学思想史上的一个重要概念。自宋代欧阳修首作《正统论》之后，宋代学者们便对正统论这一问题展开了激烈的论争，而其中苏轼的正统论在诸多正统理论中独具特色，其首次将“正统论”与“名实论”相融合，成为正统思潮中的突出代表。苏轼吸收了先秦名家“名实之辩”的逻辑思维与儒家“正名”的政治文化意蕴，将“名实论”融入到“正统论”之中，创立了独树一帜的正统学说。苏轼的名实论吸收了先秦名家的逻辑思辨精华又融合了儒家“正名”的道德色彩，他的正统论弱化了道德因素对评判正统名位的影响，却在历史观和史学批评中重视道德因素。苏轼的正统论具有重大的史学思想价值，其正统论体现出的史实与道德评价相分离的史学思想和对正统标准的讨论对史学理论和历史编纂学的发展具有重要影响。

[关键词]

苏轼；正统论；名实论；思想价值

---

* 毛钦，武汉大学历史学院博士研究生。

一、引　言

正统论是中国史学思想史上的一个重要概念。谢贵安指出，所谓正统论，“既是中国古人的一种历史观，又是史学活动的修史依据，是对政权丛生、错综复杂的王朝兴衰的一种判断和看法，也是修史时对纷乱如麻的历史线索的一种梳理和描述。”[1] 正统论又以宋代最为发达，梁启超先生指出“正统之辨，昉于晋而盛于宋”[2]。宋儒重视尊王攘夷的春秋学，从而兴起讨论正统的风气。宋人对正统的探讨主要是对中国历代王朝前后承继的正当性问题的论争。近年来，学界对宋代正统论的研究不断深入，相关成果不断涌现。[3] 然而学界对苏轼正统论的研究仍相对薄弱，[4] 李哲的《苏轼正统论中的名实观》就苏轼正统论中的“名实观”因素进行讨论，对苏轼正统论的其他方面则较少涉及。因此，本文拟探讨苏轼融合“名实论”而形成的“正统论”的理论特色及其历史观，进而揭示苏轼正统论的思想价值与影响。

二、苏轼正统论与名实论的融合

苏轼为阐述其正统观而作正统论三首，包括《总论一》《辩论二》《辩论三》，在《总论一》开篇即言：“正统者，何耶？名耶，实耶？正统之说曰：‘正者，所

[1] 谢贵安：《饶宗颐对史学正统论研究的学术贡献——〈中国史学上之正统论〉发微》，《史学理论研究》2005年第2期。

[2] 梁启超：《新史学·论正统》，《饮冰室合集》文集之九，中华书局1989年版，第20页。

[3] 对正统论的系统研究，首推饶宗颐的《中国史学上之正统论》，其书于1977年由香港龙门书店出版，上海远东出版社1996年再版，北京中华书局2015年又版。专门讨论宋代正统论的则有：陈芳明：《宋代正统论形成背景及其内容》，《食货月刊》复刊1971年第1卷第8期，后收入陈弱水、王汎森主编：《台湾学者中国史研究论丛：思想与学术》，中国大百科全书出版社2005年版，第106-123页；范立舟：《宋儒正统论之内容与特质》，《安徽师范大学学报》1999年第2期；张伟：《两宋正统史观的历史考察》，《宁波大学学报》2003年第2期；江湄：《从“大一统”到“正统论”——论唐宋文化转型中的历史观嬗变》，《史学理论研究》2004年第6期。

[4] 学界对苏轼正统论的研究成果主要有：王水照、朱刚的《苏轼评传》第三章；李哲的《苏轼正统论中的名实观》，《重庆社会科学》2012年第10期。

以正天下之不正也；统者，所以合天下之不一也。' "[1] 据此将"名实论"融入到"正统论"之中。苏轼将"名实论"融入到"正统论"中的做法，自有其思想渊源。对"名""实"问题的探讨起源于先秦诸子，老子与孔子分别提出了"无名"与"正名"的观点。《道德经》开篇即说："道可道，非常道；名可名，非常名。无名天地之始，有名万物之母。"[2] 按照通行的解释就是："可以言说的道不是永恒不变的道，可以称谓的名不是永恒不变的名。"[3] 老子认为形而上的"道"是不可"名"的，因而"道"独立于"名"。庄子进一步发展了老子的学说，提出："名者，实之宾也。"[4] 孔子明确提出了正名思想："名不正则言不顺，言不顺则事不成，事不成则礼乐不兴，礼乐不兴则刑罚不中，刑罚不中则民无所措手足。故君子名之必可言也，言之必可行也。"[5] 孔子的"正名"思想诞生于礼崩乐坏的春秋时期，其时君臣关系与社会秩序混乱，故而孔子认为当务之急是"正名"，名位定了，那么礼乐刑罚皆可兴，社会秩序也将得以重新建立。最早对"名""实"关系作出系统性论述的是公孙龙。公孙龙细致地考察了"名"与"实"的关系，其关系可概括为："'实'在于对某类事物的实质或共相的体现，以某名称谓的某物体现了由此'名'指称的这一类物的共相或实质，并且这被'名'指称的共相或实质尽其完满地趋于其极致状态。"[6] 后期墨家在名家的基础上，形成了较为系统的逻辑理论，从而创建了中国古典逻辑学，他们提出了辩的目的和作用为：明是非、别同异、察名实、处利害、决嫌疑、审治乱六种。[7] 苏轼对正统中"名""实"关系的考察就带有一种古典逻辑学的思辨色彩。

其实，名实问题并非是一个抽象的哲学或逻辑学问题，从先秦名实问题的诞生与发展来看，名实问题与政治、文化有着密切的联系，例如孔子的"正名"思想的形成于乱世，与"礼""道德"等问题是分不开的。丁亮考察了先秦秦汉经典对

---

〔1〕《苏轼文集》卷4《正统论三首·总论一》，孔凡礼点校，中华书局1986年版，第120页。
〔2〕《老子道德经注校释》，王弼注、楼宇烈校释，中华书局2008年版，第1-2页。
〔3〕冯友兰：《中国哲学史新编（上）》，人民出版社1998年版，第331页。
〔4〕《庄子集解》，王先谦集解，中华书局1987年版，第4页。
〔5〕朱熹：《四书章句集注·论语集注》，中华书局1983年版，第142页。
〔6〕黄克剑：《名家琦辞疏解——惠施公孙龙研究》，中华书局2010年版，第36-37页。
〔7〕参看李俊主编：《中国古代哲学》，人民卫生出版社2012年版，第52页。

名实问题的论述，认为名实问题的发展始终在文德问题的笼罩与伴随下，名实问题其实是文德问题的核心。也就是说，名实问题的发生有一具体的政治文化背景，在此背景下，名实问题有着许多相关、同步或平行的文化议题，如言意、礼乐刑罚、文质与象等等。[1]

那么苏轼正统论中的“名”“实”指的是什么呢？苏轼在《总论一》中说：“不幸有天子之实，而无其位，有天子之名，而无其德，是二人者立于天下，天下何正何一，而正统之论决矣。”[2] 苏轼实际在此已将“名”与“实”作出对应，“名”即“位”，“实”即“德”。苏轼在《辩论三》中又通过对历代王朝的得位来论述“实”：“尧、舜以德，三代以德与功，汉、唐以功，秦、隋、后唐、晋、汉、周以力，晋、梁以弑。不言魏者，因章子之说而与之辨。以实言之，则德与功不如德，功不如德与功，力不如功，弑不如力。”[3] 由此可以看出，苏轼所谓的“名”是正统这一名位，是对取得中央政权的王朝的指称，这是一种基于史实的认识；而“实”则是其得位之本质，是通过道德对其得位手段作出的评价，具体来讲，苏轼所谓的“实”就是指“德”“功”“力”“弑”。可见，苏轼的名实论吸收了孔子“正名”思想的道德因素。

苏轼对正统之“名”与“实”关系的论点是：“天下固有无其实而得其名者，圣人于此不得已焉，而不以实伤名。而名卒不能伤实，故名轻而实重。不以实伤名，故天下不争。名轻而实重，故天下趋于实。”[4]“不以实伤名”“名轻而实重”已经鲜明地表达了苏轼的观点，即认为实比名重要，名只是一个符号和象征，而实才是更为本质的内涵，在逻辑上延续了先秦名家“实”高于“名”的传统。在此苏轼还用“贤”“不肖”与“贵”“贱”来论述名实关系，“贵”“贱”是“名”，“贤”“不肖”是“实”。历史上“贵”“贱”名位有高有低，这一点我们必须如实地承认，然而“贵”者不全是贤人，也可能不肖，但我们不能以道德上的“贤”“不肖”来否认其“贵”者的地位，“贱”也同样如此。

---

[1] 丁亮：《“无名”与“正名”：论中国上中古名实问题的文化作用与发展》，台湾：花木兰文化出版社2008年版，第45页。

[2]《苏轼文集》卷4《正统论三首·总论一》，孔凡礼点校，中华书局1986年版，第120页。

[3]《苏轼文集》卷4《正统论三首·辩论三》，孔凡礼点校，中华书局1986年版，第124页。

[4]《苏轼文集》卷4《正统论三首·总论一》，孔凡礼点校，中华书局1986年版，第120页。

那么“正统”又是什么呢？苏轼认为：“正统者，名之所在焉而已。名之所在，而不能有益乎其人，而后名轻。名轻而后实重。吾欲重天下之实，于是乎始轻。”[1] 在苏轼看来，“正统”只是一个名号，而苏轼是轻名重实的，故苏轼作正统之论是“欲重天下之实”。苏轼的“名实论”在逻辑上吸收了先秦名家“名实之辩”的逻辑精华，同时又吸取了孔子“正名”思想，其“名实之辩”又蕴含道德因素，因而兼具政治文化色彩。而苏轼作为将“名实论”融入到“正统论”之中的第一人，其正统理论在宋代诸多正统论中也可谓独树一帜。

三、苏轼正统论的内容及其历史观

在宋代，欧阳修首倡正统论，作《原正统论》《明正统论》《秦论》《魏论》《东晋论》《后魏论》《梁论》，晚年又删改为三篇，即《正统论序》《正统论上》《正统论下》，晚年改定之论与前论略有不同，而在当时产生广泛影响并引起宋人争论的应为前论。欧阳修在《明正统论》中承认的正统分为三类：第一类是“夫居天下之正，合天下于一，斯正统矣”，包括尧、舜、三代、秦、汉、晋、唐；第二类是“天下虽不一，而居得其正，犹曰天下当正于吾而一，斯谓之正统可矣”，包括东周、魏、五代；第三类是“始虽不得其正，卒能合天下于一，夫一天下而居其上，则是天下之君矣，斯谓之正统可矣”，这一类是隋。[2] 欧阳修的正统论提出后遭到章望之的反驳。《宋史·章望之传》记载：“欧阳修论魏、梁为正统，望之以为非，著《明统》三篇。”[3] 章望之的三篇《明统论》今不存，但郎晔在为苏轼文集所作的注中却有多处引用，故从《经进东坡文集事略》中可以窥见一斑。章望之认为：“予今分统为二名，曰‘正统’、‘霸统’。以功德而得天下者，其得者正统也，尧、舜、夏、商、周、汉、唐我宋其君也；得天下而无功德者，强而已矣，其得者霸统也，秦、晋、隋其君也。”[4] 章望之不同意欧阳修的观点，

---

〔1〕《苏轼文集》卷4《正统论三首·总论一》，孔凡礼点校，中华书局1986年版，第120页。

〔2〕《欧阳修全集》卷16《明正统论》，李逸安点校，中华书局2001年版，第278页。

〔3〕脱脱等：《宋史·章望之传》，中华书局1977年版，第13098页。

〔4〕苏轼：《经进东坡文集事略》卷11《正统辩论中》，郎晔注，四部丛刊本。

而将“统”分为“正统”与“霸统”，这引起了苏轼的不满，苏轼说：“正统之论，起于欧阳子，而霸统之说，起于章子。二子之论，吾与欧阳子，故不得不与章子辨，以全欧阳子之说。欧阳子之说全，而吾之说又因以明。”〔1〕可见苏轼是赞同欧阳修的观点的，其创作《正统论三首》的直接原因在于批判章望之的观点而维护欧阳修的观点。

苏轼所承认的正统王朝有十六个，具体如下：“正统听其自得者十，曰：尧、舜、夏、商、周、秦、汉、晋、隋、唐。予其可得者六以存教，曰：魏、梁、后唐、晋、汉、周。”〔2〕这与欧阳修所承认的正统王朝大致上是一致的。苏轼为了阐明自己的正统观点，因而对章望之的论点进行了批判。首先，苏轼讨论了曹魏是否可称为正统的问题。苏轼指出：“夫所谓正统者，犹曰有天下云尔，名耳。”〔3〕正统只是一个“名”而已。章望之认为：“魏不有吴蜀，犹吴蜀之不能有魏，蜀虽见灭，吴最后亡，岂能合天下于一哉?”〔4〕苏轼则认为，魏虽然未统一天下，但其势力最为强大，就像五代一样。章望之“不绝五代也，亦徒以为天下无有与之敌者而已”，五代也未统一天下，章望之因五代之强大而不绝五代。魏与之类似，却唯独将魏排除在外，这是没有道理的，因而苏轼感叹：“今也绝魏，魏安得无辞哉!”那么对于未统一天下的王朝，苏轼正统论的态度又是如何呢？苏轼认为，尽管天下不合于一，但倘若有一个强大的中原王朝，而其他分裂势力不足以与之抗衡，也可以称为正统。“今以天下不幸而不合于一，德既无以相过，而弱者又不肯臣乎强，于是焉而不与之统，亦见其重天下之不幸，而助夫不臣者也。”〔5〕倘若如章望之所言的不予强者以正统，那就是“助夫不臣者”，所以苏轼认为魏在名义上仍是中央政权，应当给予其正统地位。

其次，苏轼讨论了晋、梁是否可称为正统的问题。为了讨论这一问题，苏轼对此批判了章望之“霸统”的理论。苏轼提出：“始终得其正，天下合于一，是二

〔1〕《苏轼文集》卷4《正统论三首·辩论二》，孔凡礼点校，中华书局1986年版，第121页。
〔2〕《苏轼文集》卷4《正统论三首·总论一》，孔凡礼点校，中华书局1986年版，第120页。
〔3〕《苏轼文集》卷4《正统论三首·辩论二》，孔凡礼点校，中华书局1986年版，第121页。
〔4〕《经进东坡文集事略》卷11《正统辩论中》，郎晔注，四部丛刊本。
〔5〕《苏轼文集》卷4《正统论三首·辩论二》，孔凡礼点校，中华书局1986年版，第121页。

者，必以其道得之耶？抑或不以其道得之耶？”〔1〕接着苏轼分析了得天下之“道”，认为章望之的“霸统”是从“实”的角度来论述，但却“以实言而不尽乎实”，“以霸统重其实，而不知实之轻自霸统始”。〔2〕苏轼认为，从“实”的角度看，晋、梁得天下是“以弑”，即通过篡位的手段谋得天下，如果按照章望之的观点将其归类为“霸统”，那么“故虽晋、梁弑君之罪，天下所不容之恶，而其实反不过乎霸。彼其初得正统之虚名，而不测其实罪之所至也”〔3〕。在苏轼看来，章望之没有处理好“名”“实”的关系，“霸统”的归类实在是不恰当。其实，“霸道”“王道”在中国古代一直都是一个相对的概念，王道崇尚仁义和礼治，霸道则以武力统一天下。苏轼认为“霸道”“王道”都是“统”的一种，并认为：“夫王者没而霸者有功于天下，吾以为在汉、唐为宜。必不得已而秦、隋，后唐、晋、汉、周得之，吾犹有憾焉，奈何其举而加之弑君之人乎。”〔4〕

最后，苏轼的正统论是一种内部有等次差异的正统论。苏轼认为：“尧、舜以德，三代以德与功，汉、唐以功，秦、隋、后唐、晋、汉、周以力，晋、梁以弑。不言魏者，因章子之说而与之辨。以实言之，则德与功不如德，功不如德与功，力不如功，弑不如力。”〔5〕在此，苏轼实际上将他所承认的正统依照“德”“功”“力”“弑”分成了五个等级：第一等的是尧、舜，其取得正统是通过德；第二等的是三代，其取得正统是通过功和德；第三等的是汉、唐，其取得正统是通过功；第四等的是秦、隋、后唐、晋、汉、周，其取得正统是通过力；第五等的是晋、梁，其取得正统是通过弑。苏轼的这种有等次差异的正统论分类，是基于其对“实”的看法，也就是基于道德批评色彩的正统论。前文已经讨论过，苏轼是轻“名”重“实”的，那么对于历史上“固有无其实而得其名者”，苏轼认为只要它们名义上是中央政权，那么就不妨给它们以正统之“名”，而道德评价是可以另作的，道德评价并不妨碍“名”的获得。

---

〔1〕《苏轼文集》卷4《正统论三首·辩论三》，孔凡礼点校，中华书局1986年版，第123页。
〔2〕《苏轼文集》卷4《正统论三首·辩论三》，孔凡礼点校，中华书局1986年版，第123页。
〔3〕《苏轼文集》卷4《正统论三首·辩论三》，孔凡礼点校，中华书局1986年版，第124页。
〔4〕《苏轼文集》卷4《正统论三首·辩论三》，孔凡礼点校，中华书局1986年版，第124页。
〔5〕《苏轼文集》卷4《正统论三首·辩论三》，孔凡礼点校，中华书局1986年版，第124页。

苏轼对“正统”的态度也影响到他的历史观。苏轼轻“名”重“实”，也就是重视“道德”因素在王朝兴衰更替中的作用，这种思想贯穿于他的史论之中，因此苏轼常常以“道德”的观念阐释历史。例如，苏轼在《礼义信足以成德论》中指出世俗的“三忧”：“是非以谷食不足，而民有苟且之心以慢其上为忧乎？是非以人君独享其安荣而使民劳若独贤为忧乎？是非以人君不身亲之则空言不足劝课百姓为忧乎？是三忧者，皆世俗之私忧过计也。”[1] 为了驳斥“三忧”，苏轼提出“君子以礼治天下之分”“君子以义处天下之宜”“君子以信一天下之惑”的主张，而最终的落脚点则是“此三者足以成德矣”[2]。苏轼认为治理天下，使百姓各安其职的最终手段是德，而成德的手段是礼义信。在《形势不如德论》中，苏轼又提出：“凡形势之说有二，有以人为形势者，三代之封诸侯是也”“以地为形势者，秦、汉之建都是也”，接着通过史实分析而指出“德衰而人之形势不足以救也”，“德衰而地之形势不能救也”，因而感叹“此岂形势不如德之明效欤”，最后得出结论：“人存则德存，德存则无诸侯而安、无障塞而固矣。”[3] 即无论是三代分封诸侯，以人为形势，还是秦、汉以要塞建都，以地势为形势，都不如德，如果德衰微了，那形势也就不足恃了。

四、苏轼正统论的思想价值与影响

苏轼融合“名实论”而形成的“正统论”在宋代独树一帜，其正统“名”“实”分离的论述不仅对苏轼自身历史观产生了重大影响，也对史学理论和历史编纂学产生了重要影响，故应对苏轼正统论在史学思想史上的价值作一评析。

首先，苏轼将正统“名”“实”分离的做法是对史书“书法”问题的一个回应。苏轼将正统“名”“实”分离实际上就是将史实与道德评价分离，无论中央王朝是以“德”或“不德”的手段取得政权，都不能否定其取得正统名位的史实，这体现了苏轼在史书编纂上主张叙事与评价相分离的原则。中国古代史书就“书

---

〔1〕《苏轼文集》卷2《礼义信足以成德论》，孔凡礼点校，中华书局1986年版，第46–47页。
〔2〕《苏轼文集》卷2《礼义信足以成德论》，孔凡礼点校，中华书局1986年版，第46–47页。
〔3〕《苏轼文集》卷2《形势不如德论》，孔凡礼点校，中华书局1986年版，第47–48页。

法”而言主要有两种方式：一种是以《春秋》为代表的“春秋笔法”，即寓褒贬于叙事之中；另一种是以《史记》为代表的“实录”，将历史叙事与道德评价分离，一般只在卷末以论赞的形势发表评论，故班固评论司马迁：“迁有良史之材，服其善序事理，辨而不华，质而不俚，其文直，其事核，不虚美，不隐恶，故谓之实录。”〔1〕苏洵曾作《史论》三篇，探讨了史书的“书法”问题，他认为后世学者著史不当效法《春秋》：“后之人其务希迁、固实录可也，慎无若王通、陆长源辈，嚣嚣然冗且僭，则善矣！”〔2〕苏轼受到其父亲的影响，他曾提出一个研读史书的“八面受敌”之法：“故愿学者每次作一意求之。如欲求古今兴亡治乱、圣贤作用，但作此意求之，勿生余念。又别作一次，求事迹故实典章文物之类，亦如之。他皆仿此。此虽迂钝，而他日学成，八面受敌，与涉猎者不可同日而语也。”〔3〕所谓“每次作一意求之”即是将史料分门别类的方法，体现在史书编纂上则是纪传体的“志”或者典章制度体如“会要”“通典”一类的史书。这一方法体现了苏轼对史料也即史实的重视。古人既把《春秋》视为史书，也将其视为经书，其书在叙事上过于简要，而更强调的是一种“书法”即“春秋笔法”。孔子因春秋之纷乱而作《春秋》，意在恢复社会秩序，因而寓褒贬于叙事之中，其叙事的全面性和完整性就在一定程度上受到损伤。而以司马迁《史记》为代表的史书，在“书法”上则将叙事与评价分离，在篇中先据史料叙述史实，后在篇末以论赞的形式发表评论，表达作者或赞或贬的态度，故而被视为“实录”。很明显，苏轼将史实与道德评价分离的做法表明他是赞同司马迁的“书法”的，这是苏轼正统论对史书“书法”问题的一个回应。

其次，苏轼对正统标准的讨论，对历史编纂学有重要的借鉴价值。苏轼认为“故天下虽不合于一，而未至乎两立者，则君子不忍绝之于无君”〔4〕，即不赞成以“得天下”为“统”的标准，即使天下“不合于一”也不妨将中央政权称为正统，例如魏和五代都是如此。这一标准对于解决史书编纂上的正统问题提供了重要的借

〔1〕班固：《汉书》卷62《司马迁传》，中华书局1962年版，第2738页。
〔2〕《苏洵集》卷9《史论上》，邱少华点校，中国书店2000年版，第76页。
〔3〕《苏轼文集》卷60《与王庠五首之五》，孔凡礼点校，中华书局1986年版，第1823页。
〔4〕《苏轼文集》卷4《正统论三首·辩论二》，孔凡礼点校，中华书局1986年版，第121页。

鉴作用，比如对分裂割据时代的撰述，纪传体史书以谁为“纪”的问题，编年体史书以谁的年号系年的问题都可以此为鉴。司马光在编修《资治通鉴》时就曾遇到过系年的困惑，这实际上就关乎正统问题：“臣愚诚不足以识前代之正闰，窃以为苟不能使九州合为一统，皆有天子之名，而无其实者也。……故不得不取魏、宋、齐、梁、陈、后梁、后唐、后晋、后汉、后周年号，以纪诸国之事，非尊此而卑彼，有正闰之辨也。”〔1〕

司马光“取魏、宋、齐、梁、陈、后梁、后唐、后晋、后汉、后周年号，以纪诸国之事”的做法很可能是受到了苏轼正统论的影响。苏轼创作《正统论三首》在至和二年，即公元1055年。〔2〕以上所引司马光的这段论述出自《资治通鉴·魏纪一》，司马光编修《资治通鉴》始于宋英宗治平三年（1066），终于神宗元丰七年（1084），共十九年时间，其中《后汉纪》三十卷、《魏纪》十卷成书时间在熙宁三年（1070）九月司马光离开开封前。〔3〕因此从时间上看，司马光编修《资治通鉴》是在苏轼创作《正统论三首》之后。苏轼乃是一代文宗，其文章在士大夫之间广为流传，以苏轼在文坛的地位和知名度，司马光应当是读过苏轼的《正统论三首》的。从另一方面讲，宋人对正统论的论争十分激烈，乃至在士大夫之间形成了一场“论战”，例如欧阳修的《正统论》完成之后就引起了章望之的不满，章氏因而作《明正统论》以非之，继而苏轼又作《正统论三首》反驳章望之而维护欧阳修，在这样一股正统论争的思潮之下，司马光对此必定有所关注。按照苏轼将正统“名”“实”分离的理论，司马光以其系年的做法实际上是在修史实践中承认其正统之“名”。

五、结　语

正统论在宋代可谓蔚为大观，欧阳修、章望之、苏轼等一大批文人士大夫都对这一问题作出过论述。宋代讨论正统问题的风气之盛与宋代春秋学的繁荣是分不开

---

〔1〕 司马光：《资治通鉴》卷69《魏纪一》，魏文帝黄初二年条，中华书局1956年版，第2187-2188页。

〔2〕《苏轼文集》卷4《正统论三首·总论一》，孔凡礼点校，中华书局1986年版，第120页。

〔3〕 参见王曾瑜：《关于编写〈资治通鉴〉的几个问题》，《文史哲》1977年第3期。

的。欧阳修将正统观追溯到《春秋》，其在《正统论上》云："《传》曰'君子大居正'，又曰'王者大一统'。"[1]《春秋》开篇系年曰："元年春王正月。"《公羊传》曰："何言乎王正月？大一统也。"北宋孙复作《春秋尊王发微》，以"尊王"作为春秋大义的主旨，其学术影响尤为深远。"尊王"本就是春秋的大义之一，汉唐注疏中对此也多有阐发，但孙复将其尊为《春秋》大义之首，突出了对中央政权的强调与维护。孙复的春秋学思想受到宋人广泛的好评，其后的刘敞、欧阳修等人都倡导春秋尊王大义，"尊王"也成为北宋治"春秋"学的一大主流。"尊王"思想迎合了北宋统治者加强中央集权的需要，可见宋代春秋学与政治的密切联系，体现了经世的用意。这种治春秋学的盛况对当时的学术产生了深刻的影响，春秋尊王的大义势必影响到宋代士大夫的思想，而正统论的形成也就与春秋学息息相关。恰如邓锐所言："宋代史家普遍以《春秋》大义为思想指导，不同程度上效仿《春秋》义例作史，使得宋代史学的正名观、尊王观、夷夏观以及正统观等诸多历史观念都与《春秋》学关系密切。"[2]

宋以前的正统论多以道德作为评判某一朝代是否为正统的标准，比较典型的是唐代皇甫湜的《东晋元魏正闰论》，皇甫湜认为"拓跋氏种实匈奴，来自幽代，袭有先王之桑梓，自为中国之位号。谓之灭耶，晋实未改；谓之禅耶，已无所传。而往之著书者有帝元，今之为录者皆闰晋，可谓失之远矣"[3]。皇甫湜从夷夏之防的道德论出发，认为东晋为正统，而元魏为僭伪。至宋代，欧阳修首次将正统观念发展成为一种系统性的理论，他提出正统的两大标准为"居正"和"一统"。其在《正统论上》云："正者，所以正天下之不正也；统者，所以合天下之不一也"[4]，形成了以道德和功业两个标准来评判某一朝代是否为正统。汪高鑫指出，宋代正统论的突出特点是"否定了传统意义上立定正统标准重视纯道德因素的做法，而突出了大一统功业的重要地位"[5]。

我们再来看苏轼的正统论，苏轼认为"正统者，名之所在焉而已。"即认为

---

〔1〕《欧阳修全集》卷16《正统论上》，李逸安点校，中华书局2001年版，第267页。
〔2〕邓锐：《宋代的〈春秋〉学与史学》，《学习与探索》2012年第8期。
〔3〕皇甫湜：《东晋元魏正闰论》，《全唐文》卷686，中华书局1983年版，第7031页。
〔4〕《欧阳修全集》卷16《正统论上》，李逸安点校，中华书局2001年版，第267页。
〔5〕汪高鑫：《中国史学思想通论：经史关系卷》，福建人民出版社2011年版，第131页。

“正统”只是一个名号，只要是历史上取得过中央政权的王朝都不妨给予其正统之“名”，即重视史实而不必论其得位之手段是否合乎“道德”。这就进一步弱化了道德因素在评判某一朝代是否为正统中的作用。那么苏轼是否不重视道德呢？显然不是。前文已讨论过，苏轼是轻“名”重“实”的，苏轼所谓的“实”是得位之本质，是通过道德对其得位手段作出的评价，苏轼在历史观中尤为重视道德。由此可以看出苏轼对正统问题的态度：第一是对正统标准的认识，苏轼主张以史实为依据，以取得过中央政权的王朝为正统，弱化道德因素对评判正统名位的影响；第二是在历史观和史学批评中重视道德因素，苏轼将正统“名”“实”分离实际上就是将史实与道德评价相分离，因此尽管苏轼承认某些王朝为正统，但并不妨碍对其进行道德批评，故而苏轼的正统论是一种在正统内部依据道德评价而有等次差异的正统论。

综上，苏轼吸收了先秦名家“名实之辩”的逻辑思维与儒家“正名”的政治文化意蕴，将“名实论”融入到“正统论”之中，创立了独树一帜的正统理论。苏轼的正统论弱化了道德因素对评判正统名位的影响，却在历史观和史学批评中重视道德因素。苏轼的正统论具有重大的史学思想价值，其正统论体现出的史实与道德评价相分离的史学思想和对正统标准的讨论对史学理论和历史编纂学的发展具有重要影响。

论宋儒陈舜俞“太平有为”的政治构想

张建坤*

[内容提要]

经术治国以回向三代，是北宋中期新型儒学士大夫的共同追求。“学术、政事见称于时”的陈舜俞，曾先后师承胡瑗、欧阳修，是建言君王“大有为”，推动朝廷进行全方位政治革新的新型儒学士大夫群体中的佼佼者，也是传承“明体达用”的“湖学”中坚。自嘉祐三年以来，他不断向朝廷陈言进策，系统地表达了经术治国的“太平有为”政治构想，即：以“六经”之“道”为本，以“六经”之“术”为用，重建儒家经世传统的知识、价值、信仰和实践；以“上修下安”为具体路径，试图通过规范君臣的职责与道德，在政治实践中建立一种良性的君臣“共治”的政治秩序。一方面消弭君王主权与治权的不对称性，以维护君王的权威；另一方面给予官僚阶层更广阔的行政自主空间，使之更好地辅君保民：君臣和衷共济，取得实质性的“太平”。

[关键词]

陈舜俞；经世；经术治国；太平有为

* 张建坤，湖南大学岳麓书院博士研究生。

一、引 言

中国传统儒家向来有着强烈的现世取向，在他们看来，士君子“不可以不弘毅，任重而道远”（《论语·泰伯》），应以“德”修身，“修己以安百姓”（《论语·宪问》）。经济世务、治国安民可谓儒者天职，经世理念遂演变为儒家思想传统之核心。[1] 然而，儒者在现实世务上的处理能力却颇受世人的怀疑。尽管荀子作《儒效》张扬大儒“在本朝则美政，在下位则美俗”的经世功效，叔孙通转圜而论“儒者难与进取，可与守成”（《史记·叔孙通传》），仍不免有“儒者博而寡要，劳而少功，是以其事难尽从”（《史记·太史公自序》）之讥。虽然汉武帝“罢黜百家，表章‘六经’”（《汉书·武帝纪》），但世人还是“多谓儒生不及彼文吏，世俗共短儒生”，甚至连“儒生之徒亦自相少”，对经世缺乏自信。[2] 儒者研习经术[3]，本应“修行先王之道”以经世，却往往“委曲从俗，苟求富贵”以用世（《汉书·严彭祖传》）。无自觉的天职导致无天职的自觉，儒者既不能自觉其肩负经世天职，则其所学之经术与所事之世务便不免歧为二途，拉大理论与实践之间的距离。魏晋以来，儒家复遭佛、道二教的挑战，士人纷纷为其教理吸引，以致宋人有“儒门淡薄，收拾不住”[4] 之慨；张载忧心于“朝廷以道学、政术为二事”[5]，王安石受到“但知经术，不可以经世务”[6] 的政治攻击，皆表明经术与

---

〔1〕“经世”一词虽然源于《庄子·齐物论》“春秋经世”，其本义乃时移事易，后才不断衍生出经世济民、经世致用特定意涵，但经济世务、治国安民为儒家的本质属性，以“经世”来指称先秦以来的儒家的思想取向亦无不妥之处。另，关于“经世”具体含义的历代演变，可参考王处辉、陈亮：《中国传统“经世”意涵演变考论》，《福建论坛（人文社会科学版）》2015年第8期。

〔2〕参见马宗霍：《论衡校读笺识》卷12《程材篇》，中华书局2011年版，第160页。

〔3〕其实“经术”与“经学”在历代的许多儒者的语境中并无二致。不过，二者自汉代已产生分野，仍有着不同的指向。简单来说，经学是知识性的探索，指向学术、道统；经术是政治性的推阐，指向治术、政统。对于有着强烈经世取向的儒者来说，以“经术”指称他们的研习内容，或许更为贴切。

〔4〕陈善：《扪虱新话·上集》卷3《儒释迭为盛衰》，《丛书集成初编》，中华书局1985年版，第23页。

〔5〕《张载集·答范巽之书》，中华书局2014年版，第349页。

〔6〕杨仲良：《皇宋通鉴长编纪事本末》卷59《王安石事迹上》，黑龙江人民出版社2006年版，第1045页。

经世之间的鸿沟长期横亘在儒者的心中，遑论自觉经世。

朱熹翻阅种放文集时曾言：“国初人便已崇礼义，尊经术，欲复二帝三代，已自胜如唐人，但说未透在。直至二程出，此理始说得透。”[1] 朱熹的立场在此无关宏旨，但“理”实为儒家经世理念：“崇礼义”确立起经世之价值信仰，“尊经术”张扬了经世之实践途径，“欲复二帝三代”表达出经世之秩序目的。这个“理”，大体从太宗、真宗“右文”开始推扩下来，[2] 涵盖了儒学何以经世的理论依据，以及儒学如何经世的经术路径，亦即重建儒家经世传统的知识、价值、信仰和实践体系。经过范仲淹、石介、尹洙、欧阳修、李觏等大力弘扬，无天职的自觉的状况始有所改观，经世理念随之勃兴，嘉祐、治平以来蔚为大观。

陈舜俞（1026—1076），字令举，自号“白牛居士”，秀州嘉兴人。庆历六年（1046）进士及第，嘉祐四年（1059）举制科第一，熙宁三年（1070）因拒散青苗钱而上疏自劾，被贬降监南康军盐酒税。[3] 他少师胡瑗，长从欧阳修问学，与韩琦、王安石、张先、苏轼、李常、刘涣、刘恕、契嵩等人交往密切，扬名于嘉祐、治平时期，“学术、政事见称于时”[4]，是庆历诸儒经世理念的继承者，是传承发展“湖学”的中坚，著有《都官集》三十卷（今存十四卷）、《庐山记》五卷。苏

---

[1] 黎靖德：《朱子语类》卷129《本朝三·自国初至熙宁人物》，中华书局2011年版，第3085页。

[2] 余英时先生曾指出，“国初”大致指仁宗时期。见余英时：《朱熹的历史世界：宋代士大夫政治文化的研究》，生活·读书·新知三联书店2012年版，第194页。朱熹发论缘于读种放文集，且“回向三代”在太宗、真宗时代的田锡、王禹偁、柳开等朝野儒者那里均有所表达，因而本文照“国初”字面之义理解，也即建国之初，大致是太宗、真宗时期。

[3] 参见《宋史》卷331《陈舜俞传》，中华书局2016年版，第10663-10664页。《宋史》以陈舜俞籍贯为湖州乌程，不确。大概《宋史》作者未留意他曾自称嘉兴人，乌程只是其所游之处，如“嘉兴陈某”（陈舜俞：《都官集》卷8《海盐李宰遗爱碑记》，景印文渊阁《四库全书》第1096册，上海古籍出版社1987年版，第498页），“予游吴兴”。见《都官集》卷12《双溪行》，第536页。《〔弘治〕嘉兴府志》所言，陈舜俞为“秀州嘉兴人，尝寓居湖州”，应得其实。见《〔弘治〕嘉兴府志》卷9，四库全书存目丛书编纂委员会编：《四库全书存目丛书·史部一七九》，上海图书馆藏明弘治刻本，齐鲁书社1996年版，第133页。

[4] 郑獬：《郧溪集》卷12《荐陈舜俞状》，景印文渊阁《四库全书》第1097册，上海古籍出版社1987年版，第227页。

轼称其学术、才能“兼百人之器”[1]，司马光、王安石等人对他也有很高的期许，[2]而长期以来，学界只是将他的言论作为考察宋代思想文化的历史背景材料，对其思想本身还缺乏充分的研究。[3]本文以陈舜俞的经术治国理念为中心，厘清其“太平有为”的政治构想的具体内涵与意图，指出他以“六经”为价值依托，以“上修下安”为经术路径，以“太平”为根本目的，表达出全面革新、建立良性的君臣共治模式的政治诉求，展现了“初期宋学”[4]宏阔的思想风貌，以及中国传统儒家国家治理思想的一般倾向。

一、“六经”为用，重建经世传统

北宋因一系列“防弊”政策而累积的弊病，在仁宗统治后期越发突出，嘉祐年间，国家“财用始大乏”[5]。朝廷虽先后召回身负天下之望的富弼、韩琦还朝辅政，但二人主政却因循守常，与庆历时期的勇于进取迥异，给人一种“施设如出两手”、“老少之异”的印象。[6]在此政治环境中，“世之名士常患法之不

---

〔1〕苏轼：《苏轼文集》卷63《祭陈令举文》，中华书局2013年版，第1944页。

〔2〕司马光道：“他日苍生望，非徒泽寿春。”见司马光：《司马温公集编年笺注》卷9《送贤良陈著作签书寿州判官》，巴蜀书社2008年版，第179页。王安石言：“君今壮岁收科第，我欲它时看事功。”见王安石：《临川先生文集》卷22《送陈舜俞制科东归》，中华书局1959年版，第264页。

〔3〕巫宝三先生似乎比较重视陈舜俞的某些经济思想，其主编的《中国经济思想史资料选辑（宋、金、元部分）》（中国社会科学出版社1996年版，第74-88页），陈舜俞的文章入选了6篇，仅次于北宋的李觏、王安石与司马光。叶坦《富国富民论》（北京出版社1991年版，第159-160页）、方健《范仲淹评传》（南京大学出版社2001年版，第318页）、余英时《朱熹的历史世界》（生活·读书·新知三联书店2012年版，第194页）等宋代思想文化史的代表性著作，陈舜俞的言论多被引用为历史背景。其《庐山记》则作为考察庐山历史地理及辑佚唐代诗文之用。关注陈舜俞的专题论文，目前仅见朱一舟《从陈舜俞看北宋士大夫群体之分裂》（《湖州师范学院学报》2013年第5期），于凤阳《〈都官集·说工〉研究》（南京艺术学院2015年硕士论文）两篇，但二者对陈舜俞的思想都着墨不多。

〔4〕参见钱穆：《初期宋学》，《中国学术思想史论丛》，安徽教育出版社2004年版，第1-13页。

〔5〕《叶适集·水心别集》卷11《财总论二》，中华书局2013年版，第772页。

〔6〕吴曾：《能改斋漫录》卷10《议论·欧阳公论冯道乃壮岁时》，上海古籍出版社1979年版，第299页。朱熹也评价说：“韩富初来时，要拆洗做过，做不得，出去。及再来，亦只随时了。遇圣明如此，犹做不得！”（黎靖德：《朱子语类》卷129《本朝三·自国初至熙宁人物》，中华书局2011年版，第3092页。）

变”〔1〕，新型儒学士大夫王安石、司马光、苏轼、苏辙、程颐等人不断向朝廷陈言建策，希望仁宗积极有为。〔2〕陈舜俞是他们中被遮蔽的佼佼者，蒋之奇就曾推崇他“深识治乱之根柢，博达沿革之源流。使令举一逢时命而措于朝廷之上，推其所闻以辅太平之政，则岂小补而已哉？……令举之文，大者则以经世务、极时变”〔3〕。不仅如此，他还“身虽在外，遇事辄发。书论灾异，言尤激烈；三上英宗书，又皆人所难言”〔4〕，显示出心系天下、忧国爱民的政治情怀与不畏强权、敢于直言的过人胆识。正是基于对儒者经世天职的这种自觉，他对当时的社会政治困境作了深入的考察，提出经术治国的“太平有为”方案。《都官集》中今存《太平有为策》25篇、《治说》31篇（原50篇），是陈舜俞为应试嘉祐四年（1059）的制科而作，具有明确的现实针对性，系统地表达了他的政治构想。

在《太平有为策》中，陈舜俞痛陈当世之弊：“生财有大蠹耗而未除，赤子有大疮痏而未愈，风俗有大教化而未被，国家有大基本而未建，朝廷有大制度而未立。蠹耗不除而望家给人足，不可得也；疮痏未愈而望刑清奸改，不可得也；教化未被而望习俗纯美，不可得也；基本未建而望礼乐明备，不可得也；制度未立而望政事宣昭，不可得也。……臣故知非陛下无可为之时也。”〔5〕在他看来，社会政治发展中的“蠹耗”“疮痏”“教化”“基本”“制度”是联动的而非孤立的，动力的中枢实则是“基本未建”“制度未立”，要想彻底根治北宋的社会政治弊病，朝廷就应积极有为，以经术治国，变法立制。

但是，正如王安石在嘉祐三年（1058）的《上仁宗皇帝言事书》中所言，“虽欲改易更革天下之事，合于先王之意，其势必不能者，何也？以方今天下之人才不足故也”〔6〕，人才匮乏是北宋中期新型儒学士大夫群体时常忧虑的现实问题。事

〔1〕《陈亮集》卷10《铨选资格》，中华书局1974年版，第126页。

〔2〕如嘉祐三年（1058），王安石作《上仁宗皇帝言事书》（又称《上皇帝万言书》）；嘉祐六年（1061），司马光上《进五规状》，苏轼、苏辙兄弟举制科所作50篇贤良进卷、秘阁六论等；程颐则于皇祐二年（1050）有《上仁宗皇帝书》，治平二年（1065）有《为家君应诏上英宗皇帝书》。

〔3〕陈舜俞：《都官集·蒋之奇序》，上海古籍出版社1987年版，第407页。

〔4〕陈舜俞：《都官集·楼钥序》，上海古籍出版社1987年版，第408页。

〔5〕陈舜俞：《都官集》卷1《太平有为策》，上海古籍出版社1987年版，第410页。

〔6〕王安石：《临川先生文集》卷39《上仁宗皇帝言事书》，中华书局1959年版，第411页。

实上，北宋科举取士的规模要远过于前朝，嘉祐时期，朝廷还缩短了科举考试的间隔时间和官员任期，以加速人才的培养与流动，不可谓不得人；[1] 所谓“人才不足”，应理解为儒家经术之才不足，也就是缺乏信仰、研习，并且践行“先王之道”的人。因此，陈舜俞强调朝廷要大力培养经术之士：“天下未有无贤而能兴国，未有无士而能治。……愿治不如求贤，求贤不如养士。”[2] 在《说用》中，他系统地阐明了重建儒家经世传统的知识、价值、信仰与实践。为呈现其思想的逻辑完整性，笔者不胜其烦，将《说用》一文的主体内容分段摘录如下：

（1）“《六经》之旨不同，而其道同归于用。天下国家所以道其道而民由之，用其用而民从之，非以华言单辞，殊指奥义，为无益之学也。故《易》有吉凶，吉凶者，得失之用也；《书》有典诰，典诰者，治乱之用也；《诗》有美刺，美刺者，善恶之用也；《春秋》有褒贬，褒贬者，赏罚之用也；《礼》有质文，质文者，损益之用也；《乐》有雅郑，雅郑者，性情之用也。故深于《易》者长于变，深于《书》者长于治，深于《诗》者长于风，深于《春秋》者长于断，深于《礼》者长于制，深于《乐》者长于性。学者有六失，教者必知之：玩爻象而不明乎得失，事辞命而不济于治乱，考风雅而不适于善恶，探笔削而不行于赏罚，明制度而不通于损益，知声音而不及乎性情。此学者之蔽，天下国家之大患也。”[3]（2）“君子研乎动静之几而不失其正，明乎进退之时而无有悔吝，则深于《易》者也；裁制天下而画一号令于臣民之上，而民听以服，则深于《书》者也；始于家人，终于国俗，乐而不淫，正而不杂，则深于《诗》者也；进贤、退不肖，惩恶而劝善，则深于《春秋》者也；殊文章，异器械，经制立而分不乱，则深于《礼》者也；其民安以乐，鼓之舞之而不知所以然，则深于《乐》者也。伏羲、神农、黄帝通其变，而民不倦，《易》之用也；尧、舜、禹、汤揖让征诛，而天下信，《书》之

---

〔1〕 如嘉祐二年诏：“自今间岁贡举。”（李焘：《续资治通鉴长编》卷186“嘉祐二年十二月戊申”条，中华书局2012年版，第4496页。）缩短了科举的间隔时间。另据苗书梅教授的研究，嘉祐时期“京朝官出任地方者，除监司以三年为一任外，其余一般以二年而一任”（苗书梅：《宋代地方官任期初论》，《中州学刊》1991年第5期），地方官任期的缩短，一则加快官员的迁转以缓解“冗官”，一则增加贤才进身的机会。

〔2〕 陈舜俞：《都官集》卷3《太平有为策·崇德一》，上海古籍出版社1987年版，第426页。

〔3〕 陈舜俞：《都官集》卷6《治说·说用》，上海古籍出版社1987年版，第455-456页。

用也；太王、王季、文、武之化，夫妇以正，朝廷以治，《诗》之用也；三代之治，君尊臣卑，君令臣行，强而不并弱，众而不暴寡，《礼》之用也；仓廪实，衣食足，养生送死而无憾，《乐》之用也；汉之中兴，循名责实，信赏必罚，以绳臣下，《春秋》之用也。是以君得其用，为经术之君；臣得其用，为经术之臣。……君子所贵乎道者，以其济于用也。”〔1〕（3）“圣人没，燔于秦，专门于汉，下至晋、宋、齐、梁、魏、隋、唐之间，人知训诂而不知经，断析其言而不顾理，散而为章句，窃而为进取之术，君子不以为成德，小人假以文奸言。甚哉！生民不见《六经》之用久矣。……陛下尊经劝学三十余年矣，谓尝为《易》矣，当世之事，庸有当变而未变者乎？谓尝为《书》矣，朝廷之号令，庸有出而不为斯民之所鼓舞者乎？谓尝为《诗》矣，庸有人伦风俗不惇睦于礼义者乎？谓尝为《春秋》矣，庸有奸人几幸，贤者退而穷处者乎？谓尝为《礼》矣，庸有经制未具而纵侈不节者乎？谓尝为《乐》矣，庸有疾苦愁叹，和乐斯缺者乎？今天下虽治，不能无数者之弊，由庠序虽设，不官师儒，经术虽进，未能忘章句。学者探训诂而不求圣人之心，士资为进取而不知为天下之用，虽陛下虚怀高议，侧席异闻，而承学之臣，固未有怀经济之谟，探帝王之术。……勋、华无讲解之辞，启、诵不为章句之学，皆能跻民仁寿，垂世治定，不以能蹈道适用而已乎？”〔2〕

关于“六经”功用的概括性论述，《庄子》《荀子》《史记》《汉书》中皆不乏有之，乃师欧阳修《答李诩第二书》中亦有宏通之论，这些无疑都是陈舜俞建构其“‘六经’为用”经世理念，重建儒家经世传统的知识、价值、信仰与实践的固有思想资源。不过，陈舜俞在（1）（2）两段中的句式结构、逻辑关系却完全承自《礼记·经解》，即：先正论“六经”的功用，次反论不明“六经”功用的缺憾，后合论明于“六经”功用的效果。〔3〕所不同者，陈舜俞在前人的基础上作了循环

〔1〕陈舜俞：《都官集》卷6《治说·说用》，上海古籍出版社1987年版，第455-456页。

〔2〕陈舜俞：《都官集》卷6《治说·说用》，上海古籍出版社1987年版，第455-456页。

〔3〕所谓“入其国，其教可知也：其为人也，温柔、敦厚，《诗》教也。疏通、知远，《书》教也。广博、易良，《乐》教也。絜静、精微，《易》教也。恭俭、庄敬，《礼》教也。属辞、比事，《春秋》教也。故《诗》之失愚，《书》之失诬，《乐》之失奢，《易》之失贼，《礼》之失烦，《春秋》之失乱。其为人也，温柔、敦厚而不愚，则深于《诗》者也。疏通、知远而不诬，则深于《书》者也。广博、易良而不奢，则深于《乐》者也。絜静、精微而不贼，则深于《易》者也。恭俭、庄敬而不烦，则深于《礼》者也。属辞、比事而不乱，则深于《春秋》者也”。见《礼记·经解》。

的论证，将"'六经'为用"推扩到了政治路线的确立、社会政治制度的建设、政治事务的处理、国计民生的发展、社会教化的推行、人伦风俗的改善等诸多层面。简言之，"六经"不是圣人遗留下来的一套艰深晦涩的知识体系，而是能用以治国理政、康世济民的经典与道术的统一体，"六经"的本质就在于它们是经世的。

传统儒家经学以"六经"为主体，自其成立以来，就在知识、义理与实践这三个维度上不断拓展。对于陈舜俞来说，实践的维度才是儒家经学的最高价值。汉、唐章句训诂之学对于"六经"的知识探求，忽略了"六经"的本质，其本身也成了无用之学；至于附会"六经"以达成政治企图，更不值一提。此外，"六经"的内容、旨意虽各不相同，却有着共同的"道"贯通其中，尽管陈舜俞并未在这个抽象的"道"上深究，只是转而强调这个抽象的"道"在于具体的"用"，深明"六经"之"用"即深明"六经"之"道"。质言之，"六经"之"道"在运用"六经"经世的具体过程中方能呈现，实践之外无"道"。因此，学士大夫、当政者均应体察、掌握"六经"的功用，以经术经世务，由"用"以及"道"。就这一层而言，陈舜俞与乃师欧阳修如出一辙。子贡曾言："夫子之言性与天道，不可得而闻也"（《论语·公冶长》）。欧阳修即时时提醒学者说："夫性非学者之所急，而圣人之所罕言也。""为君子者，修身治人而已，性之善恶不必究也。"〔1〕尽管经学义理是体察、掌握经学功用的理论基础，二人还是在价值上偏向于经学经世的实践维度。

程颐曾代父上书英宗说，当世之务应"以立志为本，君志立而天下治矣。所谓立志者，至诚一心，以道自任，以圣人之训为可必信，先王之治为可必行，不狃滞于近规，不迁惑于众口，必期致天下如三代之世"〔2〕。"三代之治"是历来儒者所向往的理想政治社会，陈舜俞所谓的"太平有为"，其政治目标亦在于此。但怀疑"三代之治"能够复于现世的也大有人在，对于程颐来说，"三代之治"能不能复行于世不是个事实与价值的判断，而是一个信仰的取舍，当政者既然向往太平盛世，就应该坚定地信仰"三代之治"必能通过努力而实现。相形之下，如何使当政者信仰"'六经'为用"这一经世理念，从而以"六经"指导现实社会政治的

〔1〕《欧阳修集编年笺注·居士集》卷47《答李诩第二书》，巴蜀书社2007年版，第258、260页。
〔2〕《二程集·河南程氏文集》卷5《为家君应诏上英宗皇帝书》，中华书局1981年版，第522页。

建设，陈舜俞并没有明确的论述，他似乎缺乏像程颐这样的理学家的自信与坚毅。在第（3）段中，陈舜俞只通过常规的叙述方式，即扩大古、今，亦即理想与现实之间的冲突与紧张——三皇五帝及三代“圣王”皆不事章句训诂，而一准“六经”之用，治国安民；仁宗虽尊经劝学，但不明“六经”之用，社会政治弊病百出——激发当政者对“‘六经’为用”的认同。姑且不论上古之世的治理经验是否足够支撑起“蹈道适用”为唯一价值、信仰；《说用》一文无疑是北宋中期的新型儒学士大夫要求复兴儒学，以儒家之道塑造现实社会政治的又一篇颇具代表性的文化、政治宣言。

传统儒家经典《易》中富含“通变”思想，自范仲淹、胡瑗等人以义理解《易》以来，《易》成为北宋中期儒者十分重视的经典，是他们提出改革要求的重要经典依据。作为胡瑗的高徒，在明确“六经”为用后，陈舜俞即通过《易》阐发了他的改革要求：“《易》曰：‘穷则变，变则通，通则久。’极天下之事业者，不过斯言也。物生必有穷，穷而不变，是绝物也。……伏羲传之神农，神农传之黄帝，黄帝传之尧，尧传之舜，所传者道，所相易者变，然天下之能事毕矣。”〔1〕《易》兼三义：简易、变易、不易。在他看来，不易即“道”，即三皇二帝相传的太平政道；变易即“变”，即针对社会政治弊病而采取相应的变革措施以回归太平政道。这个太平政道可以以《尚书·大禹谟》“德惟善政，政在养民。水、火、金、木、土、谷，惟修；正德、利用、厚生，惟和”来概括，也就是陈舜俞所言的利用、厚生、敦化、崇德、经制：“利用丰然后民生可厚，民生厚然后王化可敦，此三者安乎下也；内则固长久之业，明政事之纪，此二者修乎上也。上修则下安，下安则上修，太平有为，如斯而已。”〔2〕

综上可见，陈舜俞试图以《易》统合其他五经，也就是以《易》为用，确立了改革这一政治路线，继而以《诗》《书》《礼》《乐》和《春秋》为用，通过修上、安下等一系列道德、制度建设，回归太平政道。最终，由有为以至垂拱无为，成就一个太平和乐的“简易”政治社会。由此，儒家经世传统的重建得以完成，以此塑造出的现实政治社会，对他来说，大概可于三代无让了。

---

〔1〕 陈舜俞：《都官集》卷6《治说·说变》，上海古籍出版社1987年版，第456页。
〔2〕 陈舜俞：《都官集》卷1《太平有为策》，上海古籍出版社1987年版，第410页。

原理如此，那么，具体要如何修上进而安下呢？陈舜俞认为，应在儒家经术的指导下，修上以君臣修职修德、共治天下为中心；安下以富民、教民相济为中心。限于篇幅，又后者涉及社会治理思想，所以下文仅着眼于修上，以呈现其经术治国的“太平有为”政治构想之一斑。

二、修职修德，推崇君臣共治

君臣共治是中国古典政治的悠久良规，《尚书》中就记载了上古贤臣皋陶以政治共同体类比人体的告诫，所谓“元首明哉，股肱良哉，庶事康哉。……元首丛脞哉，股肱惰哉，万事堕哉”（《皋陶谟》）。这番出自上古贤臣之口的忠言嘉谟，得到了后世不少帝王将相的认同与实践，隋文帝即有“君为元首，臣则股肱，共治万姓，义同一体”（《隋书·杨素传》）之语；唐太宗与其大臣们共治天下以成“贞观之治”，则尤为世人称颂。宋代立国于王朝更迭频仍的五季末，为防止重蹈五季覆辙，十分重视这种治国之道，君臣共治几为北宋君臣的政治共识，以至于文彦博能够脱口而出那句著名的“与士大夫治天下”[1]。

吊诡的是，人们强调什么，往往不是因为现实有什么，而是因为现实缺少什么。历代君臣普遍强调君臣共治，恰恰是因为他们觉得现实政治并非是一种良性的君臣共治。首先，“溥天之下，莫非王土；率土之滨，莫非王臣”（《诗经·北山》），君王的主权与治权本身是合一的，且具有唯一性、绝对性、至上性。但

---

〔1〕 就帝王来说，太祖命翰林学士李昉所草的拒李重进入朝的诏书，即以“君为元首，臣作股肱，虽在远方，还同一体”（《长编》卷1“建隆元年九月己酉”条，第23-24页）为词，宋太宗也意识到“天下至广，藉群材共治之”（《长编》卷33“淳化三年三月辛丑”条，第735页），真宗以来，君臣问对多征引的汉宣帝所谓的“与我共治（此）者，惟良二千石乎”，以历史经验维护君臣“共治”。就士大夫而言，张方平在仁宗时期强调说：“股肱元首，一体而后成人；阴、阳、冲气，三合乃能生物。君臣之义，相须犹然。故理乱在庶官，安危系所任。良臣惟圣，后德惟臣。按历代之典刑，观先王之治道，莫不简贤授任，论才赋政，劳于图择，佚于任使。”（《张方平集》卷9《刍荛论·官人论》，中州古籍出版社2000年版，第117页。）司马光在《体要疏》中对此有更为直白详细的解释，所谓“君为元首，臣为股肱，上下相维，内外相制，若纲之有网，丝之有纪。……古之王者，设三公、九卿、二十七大夫、八十一元士，以纲纪其内；设方伯、州牧、卒正、连帅、属长，以纲纪其外。尊卑有叙，若身之使臂，臂之使指，莫不率从。此为政之体也。”（《司马光奏议》卷25《体要疏》，山西人民出版社1986年版，第278页。）此外，不胜枚举。

是，限于个人的理政技艺、能力，君王的治权在日常政务处理中又不能不分割给宰辅大臣，这样，在实际的国家治理中就有了二重政治主体，从而使君王合一的主权与治权被分割为不对称的两面：君王主权虽然仍绝对至上，但治权已有所限。君王治权的削减，致使君王完整的权威受损。这对于强调尊君的儒学士大夫来说，受损程度越严重，现实政治越将滑向权臣擅国的危险境地。

相较于创业之主宋太宗在位时“日夕焦劳，略无宁暇”〔1〕，“躬决万几，臣下止于奉行圣旨”〔2〕，继体守文之君宋仁宗理政就显得濡懦不堪。至和三年（1056）正月，仁宗暴感风眩，康复后便不甚理政，所谓“上自服药以来，寡于语言，群臣奏事，颔之而已”〔3〕，“简默不言，虽执政奏事，首肯而已”〔4〕，以至台谏官员批评说：“王者之言，群臣所禀受以施于天下者也。今政事无大小，皆决于中书、枢密，陛下一无所可否，岂为人主之道哉!”〔5〕君王治权缩减、宰执治权扩张的政治局面持续到了英宗时期。在《上英宗皇帝书》中陈舜俞即针砭时弊，对“朝廷议论，刑赏与夺，陛下未尝亲所可否，惟二三大臣是任”〔6〕的政治现状表示担忧。如何化解君王主权与治权的不对称性问题，也即在维护君王权威绝对、完整的基础上，使君王、群臣在治权上取得平衡、和谐，成为儒学士大夫群体首要关注的现实政治问题。陈舜俞认为，以“六经”之“道”为本，以“六经”之“术”为用，从修职与修德两方面入手是有效的途径。

（一）人主务“大体”，群臣守“小体”

就修职而言，陈舜俞在君臣的职责即治权方面有规范性的论述：“天下之政有大体，有小体。大体者，人主之务也；小体者，诸臣、群有司之事也。何谓大体？审国势之强弱，操主柄之与夺，辨左右之忠邪，察谤誉之是非，是所谓大者也。何

〔1〕李焘：《长编》卷34“淳化四年五月壬寅”条，中华书局2012年版，第748页。

〔2〕李焘：《长编》卷36“淳化五年五月戊寅”条，中华书局2012年版，第788页。

〔3〕李焘：《长编》卷191“嘉祐五年二月戊辰”条，中华书局2012年版，第4612页。

〔4〕李焘：《长编》卷195“嘉祐六年闰八月丁未”条，中华书局2012年版，第4719页。

〔5〕李焘：《长编》卷191“嘉祐五年二月戊辰”条，中华书局2012年版，第4612-4613页。仁宗晚年的政治表现，还可以从普通士人的观感中察觉，如苏辙在嘉祐六年（1061）的制科中就直言不讳地批评道：“窃闻之道路，陛下自近岁以来，宫中贵姬至以千数，歌舞饮酒，欢乐失节，坐朝不闻咨谟，便殿无所顾问。”见《苏辙集·栾城应诏集》卷12《御试制策》，中华书局2004年版，第1349-1350页。

〔6〕陈舜俞：《都官集》卷4《上英宗皇帝书三》，上海古籍出版社1987年版，第443-443页。

谓小体？进贤、退不肖，治军旅，通货财，核刑名，谨簿领，是所谓小者也。人主得大体以齐庶政，使王道灿然可观，天下无有远迩洪纤，皆服从而治定。……至于进贤、退不肖，则有宰相；治军旅，则有将帅；通货财，则有三司；核刑名，则有审刑、大理；谨簿领，则有群有司。……陛下躬揽其大，则小者遍举，一提其纲，则万目必张。"[1]

如果我们暂且搁置君王与现代国家元首的本质差异来看，陈舜俞以上"大体""小体"的分判，逻辑上比较接近施米特的主权理论。根据施米特的"主权"定义，"主权就是决定非常状态。……非常状态被理解为国家理论中的一个普通概念，而不仅仅是指一个用于紧急法令或危机状态的概念。……对非常状态作出决断乃真正意义上的决断。因为常规所代表的一般规范永远无法包含一种彻底的非常状态，所以，在真正的非常状态下所作的决断完全不能从常规中引导出来。"[2] 所谓"大体"，实则意在表明，君王主权的绝对性，集中体现在决断改革与否、忠邪是非、赏罚黜陟等"非常状态"，而不在于日常细务，君王只要在这些方面保持绝对的决断，就足够确保其主权与治权的统一了；而且群臣对其他日常政务的处理构不成绝对的决断，只有在君王的认可下才具有合法性，因而群臣的治权仍从属于君王的治权，是君王的治权完整性的有效保障，君王的主权与治权仍是完整对称的。同时，这旨在尊君的分判，也给予了官僚阶层更广阔的行政自主空间。非但如此，《孟子·告子上》言："体有贵贱，有小大。无以小害大，无以贱害贵。养其小者为小人，养其大者为大人。"陈舜俞将大体、小体从生命个体推衍到政治共同体，并以大、小这对富有伦理价值意味的指称，赋予了这种君臣分工协作、共治天下以规范性，促使君臣治权二重性和谐统一。从这个角度来说，君臣各司其职本身未尝不是君臣德性的一种显现。

当然，陈舜俞并未止步于此，"明职业以立制度"[3]，他还赋予了其所分判的君臣治权以天道的支撑，以及可供实践的具体制度。明儒丘濬曾言简意赅地说道："经者百世之常道，制者一时之成法。有常道以为持循之本，有成法以为持循之

[1] 陈舜俞：《都官集》卷4《上英宗皇帝书二》，上海古籍出版社1987年版，第440-442页。
[2] 施米特：《政治的神学》，刘宗坤等译，上海人民出版社2014年版，第24页。
[3] 陈舜俞：《都官集》卷1《太平有为策》，上海古籍出版社1987年版，第410页。

具，实则为治之大体。”〔1〕陈舜俞的5篇《经制》也是以“道（经）”为本，以“法（制）”为具。这个“道”在天即天道，在人则为周公之道，所谓“天不言，三辰效其明，四时致其化，极者不移，经者不乱，纬者不息，然后生育可得而久也。故天子者，不可不知天。三公献其德，六卿奏其功，百执事致其力，议者不命，言者不治，行不敢爱其力，然后教化可得而久也。周公其知之矣，《六典》存焉。后之君子，有观周道，必观《六典》，天之道也。”〔2〕简言之，天虽不言而难以捉摸，但其“道”已呈现在三辰、四时之类的经验现象中，周公观天文、察天象，洞明天道而效法之，创设了天子垂拱无为，三公、六卿、百执事分职共治的良性政治制度，以至国祚绵远，值得后世君臣效仿。有趣的是，陈舜俞认为，是《唐六典》继承了符合天道的周制，而非《周礼》，可见他与乃师欧阳修一样，对《周礼》的真实性抱有怀疑。〔3〕

其实，《唐六典》究竟是一部行政法典还是一种理想制度，在北宋时期就存在着争议，深于唐史的范祖禹即认为“大唐《六典》虽修成书，然未尝行之一日”〔4〕。不过，北宋沿袭着晚唐、五代的“紊乱”官制，并且在“事为之防，曲为之制”〔5〕的防弊政策下变得更加名实不符，这引发了陈舜俞的批评：“实者，天下之先务也。实为成德，名为虚位，有名而不实者有矣，未有不循名而能致其实

〔1〕丘濬：《大学衍义补》卷82《治国平天下之要·崇教化·广教化以变俗》，景印文渊阁《四库全书》第712册，上海古籍出版社1987年版，第928页。

〔2〕陈舜俞：《都官集》卷3《太平有为策·经制一》，上海古籍出版社1987年版，第431-432页。

〔3〕欧阳修在经学史上素以“疑经”著称，他对《周礼》的可靠性也有很大的怀疑，在庆历年间所拟的进士策题中，他就问道：“三代之政美矣，而周之治迹所以比二代而尤详见于后世者，《周礼》著之故也。然汉武以为渎乱不验之书，何休亦云六国阴谋之说，何也？然今考之，实有可疑者。夫内设公卿、大夫、士，下至府史、胥徒，以相副贰；外分九服、建五等、差尊卑，以相统理，此《周礼》之大略也。而六官之属略见于经者五万余人，而里闾县鄙之长、军师卒伍之徒不与焉。王畿千里之地，为田几井，容民几家？王官、王族之国邑几数？民之贡赋几何？而又容五万人者于其间，其人耕而赋乎？如其不耕而赋，则何以给之？夫为治者，故若是之烦乎？此其一可疑者也。秦既诽古，尽去古制。自汉以后，帝王称号，官府制度，皆袭秦故，以至于今，虽有因有革，然大抵皆秦制也。未尝有意于《周礼》者，岂其体大而难行乎，其果不可行乎？夫立法垂制，将以遗后，使难行而万世莫能行，与不可行等尔。然则反秦制不若也。脱有行者，亦莫能兴，或因以取乱，王莽、后周是也，则其不可用决矣。此又可疑也。”见《欧阳修集编年笺注·居士集》卷48《问进士策一》，巴蜀书社2007年版，第278-279页。

〔4〕李焘：《长编》卷433“元祐四年九月乙酉”条，中华书局2012年版，第10443页。

〔5〕李焘：《长编》卷47“开宝九年十月乙卯”条，中华书局2012年版，第382页。

者也。孔子曰：'名不正则言不顺，言不顺则事不成。'事者，实之谓也。……今则异于是。且如太常，礼官也；大理，法官也；将作，工官也；国子，学官也。今徒有位号之具，而杂然贸乱，下至于领管库、奉簿书。此所谓'名不正'，孔子不欲为。"〔1〕《唐六典》是否在唐代施行过无关紧要，重要的是《唐六典》与《周礼》一样，都是一种符合天道的理想政治制度，而且唐代距宋为近，典章制度、政事掌故斑斑可考，又有"贞观之治"这一君臣共治的典范性事实依凭，所谓"有观武德、贞观之治，必观台省、九寺、五监、十六卫，是周公之布，《六典》之几也"〔2〕。因此，结合《唐六典》及贞观时期的制度设施以改革官制、循名责实，成为陈舜俞基本的政治诉求。他说："不以《六典》治天下，终苟道也；不以台省、九寺、五监、十六卫治天下，终危邦也。……今夫圣贤有为，必始六曹。取天下之吏而归之吏部，取天下之民而归之户部，取天下之礼而归之礼部，取天下之兵而归之兵部，取天下之刑而归之刑部，取天下之工而归之工部。统之以令，揆之以二仆，辖之以二丞。十有二司位于左，十有二司位于右，则天下之事若网之有条，若珠之有贯。尚书总之，侍郎佐之，郎中、员外行之，下至于有司小吏，如身之使臂，臂之使指。内则中书揽机务，门下司传纳。官有余则置副，不足则兼领三公。岁终，以六曹之成质于天子，而殿最之能而称职者褒之，否则免之。故曰：是天子一岁一听，天下之治，王心无为，君立于无过之地也矣。"〔3〕这里的"天子一岁一听"极具理想化色彩，有种"虚君"的味道。事实上，陈舜俞之意在于维护君王权威的同时，保持官僚阶层的行政活力。按照陈舜俞"大体""小体"的君臣治权的分判，"一岁一听"显然是君王对"非常状态"的决断，这一决断是真正意义上的决断，具有三省、六部、二十四司无法比拟的绝对性，能够有效地彰显君王的权威。三省、六部、二十四司则有治权而无主权，他们在日常事务中的决断并不具有绝对性，需要依附于君王的治权才具有效力，可以说他们的治权不过是君王治权的延伸，而同归于君王的主权。他们所需要做的，一方面是层级分明，上下负责，代表君王处理好日常社会、政治、经济等方面的事务；另一方面通过言论的规

〔1〕 陈舜俞：《都官集》卷6《治说·说实》，上海古籍出版社1987年版，第468-469页。
〔2〕 陈舜俞：《都官集》卷3《太平有为策·经制一》，上海古籍出版社1987年版，第432页。
〔3〕 陈舜俞：《都官集》卷3《太平有为策·经制一》，上海古籍出版社1987年版，第432页。

范促使君王的决断正当，否则具有绝对性的君王的决断将带来难以估量的危害。这样，官僚阶层分职任事，充分发挥其行政活力，君王“一岁一听”，保持其对“非常状态”的最终决断，就可以“君常逸，臣常劳，君常立无过之地，臣常有不任责之忧”，即使君王是“中材庸人”，遵循这样的君臣共治模式，也能“维持拱揖，垂世历年，虽有不治而不患乎乱”；反之则君王“虽雄才大略，焦身劳思，号令四海，患至而不可救，祸转而不可复”〔1〕。

完善官制，循名责实，还需要保持治理的连续性与稳定性，故而朝廷官吏在其职任要有一定的持久性。陈舜俞以自然万物的生长规律来说明官吏久任的道理，所谓“天之于万物也，……必至三年而小备，五年而后大备。……今吏既数易，事无以责其实，人人习为苟简之道，以取容悦。其人心不同，则非有继继续续之政。前之所兴，则后之所置，去者之好，则来者之恶。是以刑奸未必改，冀于复幸；进善未必劝，有以复废。簿书缘绝，吏生奸饕，迎送相仍，民用纷扰。”〔2〕因此，朝廷还需要“先贤守宰而久其官”〔3〕。

（二）人主运三德，群臣知廉耻

如上所述，君王所务的“大体”应当在于决断“国势之强弱”“主柄之与夺”“辨左右之忠邪”“谤誉之是非”。如果说君臣共治的制度设计仅使君王对这些“非常状态”的决断具有合法性，那么，“又有三德：一曰容以蓄德，二曰密以藏用，三曰神以行权”〔4〕，君王据此“三德”理政，则将赋予其决断以正当性。

所谓“容以蓄德”，即包容、宽容，“遍覆包含之谓容。《周书》曰：‘有容德乃大。’《中庸》曰：‘宽裕温柔，足以有容也。’《传》曰：‘川泽纳污，山薮藏疾，国君含垢’，皆谓容也”〔5〕。在陈舜俞看来，人无完人，谁都难免会存在一些不足之处，如果无伤大雅，应当被包容；否则，或许会因为苛责太过而物极必反，引发极端的事件，这也就是他所说的：“用明至于秋毫，则视有时而穷；求疵至于吹毛，则人无所措手足。是以古者天子前旒蔽明，黈纩充耳，以养其德。刑足以去

〔1〕 陈舜俞：《都官集》卷6《治说·说体》，上海古籍出版社1987年版，第468页。
〔2〕 陈舜俞：《都官集》卷7《治说·说任》，上海古籍出版社1987年版，第478页。
〔3〕 陈舜俞：《都官集》卷3《太平有为策·经制五》，上海古籍出版社1987年版，第436页。
〔4〕 陈舜俞：《都官集》卷4《上英宗皇帝书二》，上海古籍出版社1987年版，第440页。
〔5〕 陈舜俞：《都官集》卷4《上英宗皇帝书二》，上海古籍出版社1987年版，第442页。

天下之奸而有所赦，网足以笼天下之蔽而有所宽，谋足以夺人而守之以愚，强足以服人而济之以怯，此帝王之为盛德也。与夫汉、魏之君捽责大臣，诘辱细累，以苛为察，以刻为明，岂同科而语哉。"[1]“密以藏用”，他解释说：“沉静渊默之谓密。《易》曰‘不出户庭，无咎’，孔子曰‘乱之所生，则言语以为阶’。"[2]人身的祸端大多由言语引来，言语不仅能立马引来杀身之祸，而且能毁掉一场精心策划的大谋略。君王言语更须谨慎，避免让奸邪之人窥测到自己的喜好，进而诱惑蒙蔽自己以致攫取不正当的权力，何况言之不如行之，实践中才能真正彰显君王的才能、德性与权威。“神以行权”，即：“夫神者，帝王之独见，天下莫之敢知也。《易》曰：‘神而化之，使民宜之。’"[3]是让君王保持神秘莫测之感以使人臣难以揣摩，避免百官窥伺君王名器。显然，“三德”均有着儒家经典的内在支撑，旨在让君王牢牢掌控对“非常状态”的决断，同时以仁爱宽容之德确保其决断的正当性。那么，如何确保君王自觉修德以使其决断正当呢？陈舜俞通过重申“天谴论”和“祖宗之法”作了进一步的说明。

就前者来说，他说：“天有五行，五行相为气，而顺沴之感一也；人有五事，五事相为体，而善恶之致一也。……人君恭五事，则五行得其性而庶应常休；人君慢五事，则五行失其性而庶应常咎。"[4]貌、言、视、听、思基本涵盖了人类所有的行为活动，位列国家的统治阶层，君臣的一举一动若不正当，就会遭来天谴，甚至引发动乱；反之，纵有天谴，也动摇不了朝廷的统治秩序，所谓“天人相与之应，甚可惧也。……其君明，薄蚀不能使之昏；其臣忠义，地震不能使之叛逆；宫闱正，社稷固，山崩川竭不能使之溃乱；政教明备，号令齐信，雨雹霜雪之不时不能使之废忽；民知礼让，仓廪实，衣帛食肉，水旱螽螟不能使之饥寒。"[5]事实上，在他看来，天人之际虽然有可惧者，但“天之于人君，犹父之与子”，天变灾异正如严父训诫子弟一样。[6]君王应该认真体会天道，发自内心地修养内在德

---

[1] 陈舜俞：《都官集》卷4《上英宗皇帝书二》，上海古籍出版社1987年版，第442页。
[2] 陈舜俞：《都官集》卷4《上英宗皇帝书二》，上海古籍出版社1987年版，第442页。
[3] 陈舜俞：《都官集》卷4《上英宗皇帝书二》，上海古籍出版社1987年版，第443页。
[4] 陈舜俞：《都官集》卷6《治说·说应》，上海古籍出版社1987年版，第457页。
[5] 陈舜俞：《都官集》卷6《治说·说应》，上海古籍出版社1987年版，第458-459页。
[6] 详见陈舜俞：《都官集》卷4《上神宗皇帝言天变书》，上海古籍出版社1987年版，第445页。

性以回应上天的告诫警示，“明德以恭己，至诚而侧身”，而不是传统的“损一服，减一膳，避一正殿，下一赦宥”这样具体针对的、易流于虚伪的外在形式。[1] 日本学者指出，宋儒“在转换‘天’观的方向上建构了新理论，即把‘天’和‘理’同等看待，通过‘心’的‘修德’来穷尽它，进而实现天人合一。这种重视为政者修养的道德政治论在宋代以后成为各王朝的正统教育和学术。”[2] 尽管陈舜俞未提出“天理”这一范畴，但他强调修德来回应“天谴”的认识，已经摆脱了传统的外在形式，蕴含着向内在心性探索的可能。至于后者，邓小南曾指出，北宋时期的“祖宗之法”就其原始意义来说，“特指太祖太宗创法立制所贯彻的精神及其定立的诸多法度；而随着宋代历史的推移，逐渐扩展为泛指赵宋列祖列宗建立与维持的轨范。”[3] 这一点在陈舜俞这里表现得尤为突出：随着仁宗升遐，仁宗的一些道德品质被赋予了“祖宗之法”的意涵，借以规劝英宗效法仁宗修德保民。在给英宗的上书中，他强调，仁宗之所以能够在位40余年，天下安乐，自三代以来，少有君王堪与媲美，都是因为仁宗“圣性至孝、帝心至仁、天德至容、服御至俭、礼容至恭，而天人之助昭格旁达之验也”，英宗应该体会并效法仁宗的至孝、至仁、至容、至俭、至恭。[4]

正如修职并非君王一人之事，修德亦然。陈舜俞站在国家治理和维护君王权威的角度，认为三代之后治少乱多的根本原因，正在于大臣缺乏伊尹、吕尚、周公等圣贤那样的德性。大臣无德，就很容易将君王引向玩弄权术的道路，从而违背“先圣之法”，破坏国家的立国根基，最终走向败亡。北宋朝廷内外，自然不乏才智之士，问题就在于他们德性不足，如真宗朝的宰相丁谓就不顾廉耻地打压李迪，有人劝他说这会招致天下士人的议论抨击，他竟不屑地说：“异日好事书生弄笔墨，记事为轻重，不过曰‘天下惜之’而已。”[5] 朝廷内外的官吏们要是都像丁谓这样恬不知耻，运用各种阴谋诡计去达成自己的目的而仍心安理得，也就没什么道德底线可言了。当一个国家的大部分人都失去了道德的约束，整个国家的风俗也

〔1〕 详见陈舜俞：《都官集》卷6《治说·说应》，上海古籍出版社1987年版，第459页。
〔2〕 沟口雄三、小岛毅：《中国的思维世界》，江苏人民出版社2006年版，第327页。
〔3〕 邓小南：《祖宗之法：北宋前期政治述略》，生活·读书·新知三联书店2006年版，第65页。
〔4〕 详见陈舜俞：《都官集》卷4《上英宗皇帝书》，上海古籍出版社1987年版，第438-439页。
〔5〕 李焘：《长编》卷98“乾兴元年二月戊辰”条，中华书局2012年版，第2275页。

就走向了野蛮，社会政治秩序也将难以维持。

要想改善官僚阶层的道德贫乏，就应该是“天子以廉耻总核大臣，使富而知止，贵而忧不任其责”[1]，用刑赏来震慑、诱导他们，促使他们遵循道德准则。当然，上行下效，君王和朝廷内的高官要先做好道德表率，以此来引导下级官吏和普通民众加强道德修养，所谓“廉耻之义必自公卿大臣始。其要曰：不为聚敛，以教民不贪；不连阡陌，以教民不夺；朝廷之上，辞贵而不辞贱，以教民不争；受事不受禄，以教民尽力；厚于退而薄于进，以教天下知止。一人好让，一国兴让；一人好仁，一国兴仁，莫之能御也。”[2] 尽管这些只是择要而论，“廉耻”的意涵仍被拓展得十分宽广，几乎涉及官僚阶层政治经济生活的方方面面，群臣如若知“廉耻”而淡于权位、名利，勇于保民，无疑会建设出一支为国为民的纯洁、先进的官僚队伍。当然，这样的希望若不从养士入手，最终只会沦为幻想。“士者，天下所以系”[3]，“求贤不如养士”，士人是官僚阶层的后备力量；理想化地看待，则提高士人的道德修养，振作士人的精神风貌，就能够随着官僚阶层的新旧更替而改善官场的道德贫乏与社会风俗的颓靡。这就又要回到前文所说的重建儒家经世传统，以儒家经制之学培养经术之才了。

四、结　语

庆历以降，经世理念勃兴，经制之学发达。唯经制之学以“经”为用，其强烈的政治实践性依赖于经典诠释的确定性，一旦经制之学与政治权力结合，就往往会借助政治权力促使经典诠释的统一，同时对与之相左的经典诠释表现出排他性。熙宁元年（1068），王安石入对神宗，告以“择术为先”;[4] 熙宁八年（1075），王安石《三经新义》颁行学官，“荆公新学”独尊。官方选择了什么，也就意味着舍弃了什么，甚至意味着排斥什么，学士大夫想要进身，只得紧跟官方的选择。在

[1] 陈舜俞：《都官集》卷3《太平有为策·敦化三》，上海古籍出版社1987年版，第423页。
[2] 陈舜俞：《都官集》卷2《太平有为策·敦化四》，上海古籍出版社1987年版，第424页。
[3] 陈舜俞：《都官集》卷7《治说·说士》，上海古籍出版社1987年版，第483页。
[4] 陈均：《皇朝编年纲目备要》卷18，中华书局2006年版，第410页。

晚年所作的《赠湖州使君李公择》诗中，陈舜俞对李常感慨地说道：“我思康定庆历间，天下文章极萧瑟。读书不复问义理，破碎幺么入声律。先生始出治庠序，辅养学者尊经术。自兹道义及生民，晚见缥黄起遗逸。先生今来骨为土，名儒大义非前日。朝登龙坂暮高官，旧学前功付幽黜。往往昔游苕霅人，诋讳不敢对以实。”〔1〕由胡瑗开创，曾经显赫一时的有体、有用、有文的“湖学”，随着“荆公新学”的独尊，竟至为受业于胡瑗的学者所讳言；朝廷尚未开始学禁，权力已将他们规训而自我禁锢。学术与政治之间，令人怅然。毫无疑问，陈舜俞经术治国的“太平有为”政治构想，也被挤进了政治的角落，何况他还在熙宁三年因反对青苗法而触怒王安石。

思想史家王汎森先生有言：“在谈思想史的问题的时候，除了注意山峰与山峰之间的风景，还应注意从河谷一直到山峰间的立体图景。”〔2〕尽管陈舜俞生前并未显达，身后亦非闻名，但仍可以说，他是北宋儒学从河谷到山峰之间的一道靓丽风景，是理学诞生前夜里的一颗耀眼的星。其政治构想，以重建儒家经世传统为起点，阐明“六经”为用之旨，据此激发北宋君臣自觉以儒家经术治国的信念，根据“六经”之道进行全面的政治革新，亦即通过制度、道德建设，开启君臣共治的良性模式，既确保君王主权与治权的统一，维护君王绝对权威，又给予官僚阶层广阔的行政自主空间，保持政治运行的活力；君臣和衷共济，上修而下安，再造太平盛世。这能够代表一般儒家学者在国家治理方面的基本倾向，并有其思想的继承性、自足性，有发展出与理学家不同的国家治理思想的可能性。而且我们仍可以以“‘六经’为用”为起点，继续追踪中国传统儒家学者“太平有为”的国家治理思想，甚至还可以结合现实继续改造、推进这一思考，而不能像观念史家洛夫乔伊那样，一方面夸言“那些小作家常常可以比大作家更为重要一些”，另一方面却仅仅把那些小作家的言论视为理解大作家思想的历史背景。〔3〕事实上，陈舜俞生前广

---

〔1〕陈舜俞：《都官集》卷12《赠湖州使君李公择》，上海古籍出版社1987年版，第535-536页。

〔2〕王汎森：《思想是生活的一种方式：中国近代思想史的再思考》，北京大学出版社2018年版，第2页。

〔3〕阿瑟·O. 洛夫乔伊：《存在巨链：对一个观念的历史的研究》，张传有、高秉江译，商务印书馆2015年版，第25页。

泛活动于台州、越州、湖州、秀州境内，其“子孙犹宅於乌镇”[1]。同时，作为贤良进卷的25篇《太平有为策》、50篇《治说》自嘉祐四年即在学士大夫之间流传，两宋之际的刘一止就曾回忆说：“某弱冠游太学，从师左间得前辈制科进卷读之，其题曰《太平有为策》者，盖贤良都官陈公之文也。观其极论天下民物利疚，慷慨熟复，鄙心慕焉。今六十年矣，尚能记其仿佛。”[2] 就这两点来看，陈舜俞的经制之学对南宋浙东事功、经制之学的形成似乎也起着一定的“道夫先路”之功。无论如何，像陈舜俞这样的小作家，他们的重要性并不在他们之外，而在于他们本身也能够成为思想史的起点，值得我们进一步发掘、研究。

---

[1] 陈振孙：《直斋书录解题》卷17《别集类中·〈都官集〉三十卷》，上海古籍出版社2015年版，第503页。

[2] 刘一止：《苕溪集》卷52《陈都官墓芝亭石刻后》，景印文渊阁《四库全书》第1132册，上海古籍出版社1987年版，第276页。

从正诚之学到尧舜之治：朱熹帝学思想探析

王 琦*

[内容提要]

实现致君尧舜的理想目标，需要首先通过格物致知以明理，而后做诚意正心的修身工夫，最终达致家齐国治天下平的目标。从首次提出以《大学》为帝学到其经筵讲学之际，朱熹从未放弃过对“帝学”的思索与建构。其以《大学》为思想框架建构帝王之学，以正君心立纪纲，希望从为治的源头与根本出发，以儒家的价值理念引君于道，影响帝王的心性修养与政治实践，实现尧舜之治。格物致知以明理是正君心之前提，正心诚意以修身是正君心之关键，齐家治国平天下之术的实施是君心正而后纲纪立的自然延伸，体现了朱熹以理学原则规范帝王及政治的理想追求，其实质就是以道统规范治统，限君权而出治道，具有一定的政治批判意义。他又将其理想的实现寄寓于君主的道德自觉，在实际操作中缺乏制度与法律上的制约，因而又具有历史的局限性。

[关键词]

帝学；正心诚意；正君心；立纲纪；尧舜之治

* 王琦，长沙理工大学设计艺术学院教授，哲学博士。本文系国家社科基金项目“宋代《四书》经筵讲义研究”（16BZX056）的阶段性研究成果。

一、引 言

自从范祖禹首先提出“帝王之学谓之‘大学’”的理念后，[1] 宋代士大夫们纷纷以《大学》为思想武器，通过经典义理的重新诠释，力图建构帝王之学，以尧舜圣王为目标，引导帝王为学修身、治国理政，成就君德帝业，寄寓政治理想。首先对其进行系统思考与理论探讨的是朱熹。通过对朱熹文集的梳理，我们发现，早在绍兴三十二年（1162），朱熹就在《壬午应诏封事》中提出“帝王之学不可以不熟讲”[2]，帝王当以《大学》为正学而“跻之尧舜之盛”[3]。之后，他还撰写了《癸未垂拱奏札》《庚子应诏封事》《辛丑延和奏札》《戊申延和奏札》《戊申封事》《乙酉拟上封事》等系列“帝学”封事与奏札，希望通过“讲学所以明理而导之于前，定计所以养气而督之于后，任贤所以修政而经纬乎其中”[4]，以学术影响帝王及政治，成就尧舜圣王之治，解决南宋的政治危机与社会问题。当朱熹有机会奏对时，有人曾善意地提醒他：“‘正心诚意’之论，上所厌闻”，戒勿以为言。朱熹断然拒绝道：“吾平生所学，惟此四字，岂可隐默以欺吾君乎？”[5] 绍熙五年（1194），朱熹担任焕章阁待制兼侍讲，为宋宁宗讲学之时，再次全面总结了其帝学思想，发挥《大学》经义，撰写《经筵讲义》进讲。[6]

从首次提出以《大学》为帝学到其经筵讲学的 32 年间，朱熹从未放弃过对“帝学”的思索与建构。其恒定不变的主题就是以《大学》“正心诚意”之学，正君心立纪纲，[7] 成就君德帝业，重构政治社会秩序，实现儒家王道理想。[8] 然

[1] 范祖禹：《帝学校释》，陈晔校释，华东师范大学出版社 2015 年版，第 31 页。

[2] 《壬午应诏封事》，《朱子全书》第 20 册，上海古籍出版社、安徽教育出版社 2010 年版，第 571 页。

[3] 《壬午应诏封事》，《朱子全书》第 20 册，上海古籍出版社、安徽教育出版社 2010 年版，第 572-573 页。

[4] 《壬午应诏封事》，《朱子全书》第 20 册，上海古籍出版社、安徽教育出版社 2010 年版，第 578 页。

[5] 《朱熹传》，《宋史》卷 429，中华书局 1985 年版，第 12757 页。

[6] 参见王琦：《朱熹〈经筵讲义〉中的帝学主体意识》，《原道》第 34 辑，湖南大学出版社 2018 年版，第 50 页。

[7] 《庚子应诏封事》，《朱子全书》第 20 册，上海古籍出版社、安徽教育出版社 2010 年版，第 580 页。

[8] 参见王琦：《以道学建构帝学》，《社会科学》2018 年第 4 期。

而长期以来，学界更多的是关注朱熹以《大学》建构四书学新理学体系的研究，而忽视了其作为士大夫以《大学》建构帝学，力图以学术指导政治、得君行道、致君尧舜的一面，从而无法真正理解朱熹平生精力尽在《大学》的根本原因。[1]那么，如何以《大学》之道引导帝王成就尧舜之治呢？朱熹认为“人主之学当以明理为先，是理既明，则凡所当为而必为，所不当为而必止，莫非循天之理，而非有意、必、固、我之私也。”[2]而所谓的“致知、格物，是穷此理；诚意、正心、修身，是体此理；齐家、治国、平天下，只是推此理”[3]。因此，要实现致君尧舜的理想，首先就要通过格物致知以明理，而后做正心诚意的修身工夫，最终达致家齐、国治、天下平的目标。

二、格物致知以明理：为学最为先务

朱熹认为，在成就圣王的道路上，格物致知乃是“《大学》第一义”，“修己治人之道无不从此而出”，[4] 是帝王为学修身的首务。

那么，什么是格物致知？所谓的“格，至也。物，尤事也”，“格物”就是“穷至事物之理，欲其极处无不到也”。[5] 也即即物求理，穷而至之，达致对事物之理极致的认识。所谓“致知”，则是“致，推极也。知，尤识也。推极吾之知识，欲其所知无不尽也”，是将格物所穷之理推至极致，“则知之在者，亦随所诣而无不尽矣”[6]。从格物到致知是认识逐渐深化的过程，“格物只是就一物上穷尽一物之理，致知便只是穷得物理尽后，我之知识亦无不尽处，若推此知识而致之也。此其文义只是如此才认得定，便请依此用功。但能格物，则知自至，不是别一事也。”[7] 两者你中有我，我中有你。格物是致知的基础与条件，致知是格物的

[1] 朱熹曰：“某于《大学》用工甚多。温公作《通鉴》，言：‘臣平生精力，尽在此书。’某于《大学》亦然。”见黎靖德：《朱子语类》第14卷，中华书局1986年版，第258页。
[2] 《癸未垂拱奏札二》，《朱子全书》第20册，上海古籍出版社、安徽教育出版社2010年版，第633页。
[3] 黎靖德：《朱子语类》第15卷，中华书局1986年版，第312页。
[4] 《答宋深之》，《朱子全书》第23册，上海古籍出版社、安徽教育出版社2010年版，第2773页。
[5] 《经筵讲义》，《朱子全书》第20册，上海古籍出版社、安徽教育出版社2010年版，第696页。
[6] 《经筵讲义》，《朱子全书》第20册，上海古籍出版社、安徽教育出版社2010年版，第696-697页。
[7] 《答黄子耕》，《朱子全书》第22册，上海古籍出版社、安徽教育出版社2010年版，第2377-2378页。

深化与完成；格物是对事物的研究、分析、归纳而获得之“理”，致知是对所获之“理”的应用与推演。合而言之，格物致知就是通过向外即物穷理，向内推致吾心，使得“内外昭容、无所不尽”〔1〕。外物之理与我心之理融会贯通，达到心与理一，获得对“共同之理”的认识。

格物致知何以可能且成为必要呢？这是因为“万物各具一理，而万理同出一原，此所以可推而无不通也”〔2〕。正是由于万物共同之理的存在，使得格物致知成为可能，“以其理之同，故以一人之心而于天下万物之理无不能知”〔3〕。可从具体事物的分殊之理达致对天地万物共同之理的认识。同时，万物除了理一之外，还有气禀“清浊偏正之殊”与物欲“浅深厚薄之异”，因而造成了圣与愚、人与物的不同，“以其禀之异，故于其理或有所不能穷也。理有未穷，故知有不尽。知有不尽，则其心之所发必不能纯于义理而无杂乎物欲之私。此其所以意有不诚、心有不正、身有不修，而天下国家不可得而治也。”〔4〕气禀与物欲的不同，使得格物致知成为必要。否则任其发展下去，则会给天下国家的治理带来灾难性的后果。因此，“昔者圣人盖有忧之”，通过小学而进乎大学之教，“穷究天下万物之理而致其知识，使之周遍精切而无不尽也”。〔5〕在万物一体的终极境界与分殊之理间，通过格物致知，不断地探知世界与自身，体认万事万物之理，确定自己与世界的有机联系，提升其生命价值。

格物致知何以明理呢？可根据不同事物，从不同途径入手：“或考之事为之著，或察之念虑之微，或求之文字之中，或索之讲论之际，使于身心性情之德，人伦日用之常，以至天地鬼神之变、鸟兽草木之宜，莫不有以见其所当然而自不容已者。”〔6〕具体问题具体分析，“推类而通其余”，“今日格一件，明日又格一件”，但得一道而入，于一事上穷尽，便可透过现象探究其本质与规律（理），同时，以主敬主一、庄整齐肃、收敛其心等方式，“从容反覆而日从事乎其间”，持之以恒，

〔1〕《经筵讲义》，《朱子全书》第20册，上海古籍出版社、安徽教育出版社2010年版，第697页。
〔2〕《经筵讲义》，《朱子全书》第20册，上海古籍出版社、安徽教育出版社2010年版，第708页。
〔3〕《经筵讲义》，《朱子全书》第20册，上海古籍出版社、安徽教育出版社2010年版，第709页。
〔4〕《经筵讲义》，《朱子全书》第20册，上海古籍出版社、安徽教育出版社2010年版，第709页。
〔5〕《经筵讲义》，《朱子全书》第20册，上海古籍出版社、安徽教育出版社2010年版，第709页。
〔6〕《经筵讲义》，《朱子全书》第20册，上海古籍出版社、安徽教育出版社2010年版，第709页。

真积力久，“以至于一日脱然而贯通焉，则于天下之理皆有以究其表里精粗之所极，而吾之聪明睿智亦皆有以极其心之本体而无不尽矣”。[1] 万物之“理”与心中之“理”相互印证，在日用伦常中达致对天地万物之“理一”的认识，知其所当然与所以然，为个体安身立命，参赞天地化育奠定基础。

朱熹格物致知的对象，虽然包括鸟兽草木等自然物理，但其所“穷”之理的重心，却是君臣、父子、夫妇、长幼、朋友等社会人伦与道德之理。[2] 因而其格物致知的实质是“所以求知至善之所在”[3]。通过与外界事事物物的接触，在日用伦常的践履中，体认自身天赋之“明德”，充分发挥主体的道德自觉性，依循天理而行，不断地摒去气质、物欲之蔽，以至于明明德于天下而臻于至善。所以朱熹说，“格物致知之说者，所以使之即其所养之中而发其明之之端也”[4]。也即程颐所说的“‘致知在格物’，非由外铄我也，我固有之也。因物有迁，迷而不知，则天理灭矣，故圣人欲格之”[5]。格物致知是通过事事物物分殊之理的穷究，达致对“共同之理”的体认，明白“至善”之所存，并不断地扩充其天赋“明德”之性，“因其已明之端而致其明之之实”，诚意正心而修身立德。[6] 没有格物致知的“求知至善之所在”的“知止”努力，就没有“自诚意以至于平天下”的“求得夫至善而止之”的“得止”效验。[7]

如果帝王及其子弟在“为臣为子之时”没有通过“涵养其本原”的“格物致知”功夫，幼时不知“小学之教”，长大就“无以进乎大学之道”，一旦“君临天下之日”，则“决无所恃以应事物之变而制其可否之命”，“其心乃茫然不知所以御之之术”，使得中外大小之臣皆得以“欺蔽眩惑于前，骋其拟议窥觎于后”，将给国家带来大危大累。[8] 所以作为帝王应当“深思猛省，痛自策励”，求其放心，实下功夫，“涵养本原而致其精明，以为穷理之本”，使得“奸言邪说无足以乱其

[1]《经筵讲义》，《朱子全书》第20册，上海古籍出版社、安徽教育出版社2010年版，第707-709页。
[2] 黎靖德：《朱子语类》第15卷，中华书局1986年版，第284页。
[3]《经筵讲义》，《朱子全书》第20册，上海古籍出版社、安徽教育出版社2010年版，第696页。
[4]《经筵讲义》，《朱子全书》第20册，上海古籍出版社、安徽教育出版社2010年版，第694页。
[5]《二程集》，中华书局1981年版，第316页。
[6]《经筵讲义》，《朱子全书》第20册，上海古籍出版社、安徽教育出版社2010年版，第694页。
[7]《经筵讲义》，《朱子全书》第20册，上海古籍出版社、安徽教育出版社2010年版，第696页。
[8]《经筵讲义》，《朱子全书》第20册，上海古籍出版社、安徽教育出版社2010年版，第710页。

心术”，方可以秉本执要，达致对天下的治理。[1] 可见，朱熹将格物致知以明理作为帝王为学之首务，目的就在于就是要树立天理的最高权威，将帝王纳入天理所规范的范围，让其认识到学为尧舜的依据就在于天理所赋的“明德”之性中，从而引导帝王“深察天理，以公圣心，广求贤忠，以修圣政”[2]，提升道德的自觉性与自律性，按照理学的原则立身行事与治国理政，实现天下大治。[3]

三、诚意正心以修身：正君心之关键

如果说格物、致知是“穷”此“理”而明善的“知”之始，那么诚意、正心则是“体”此“理”而逐渐臻于至善的“行”之始，是引导帝王于天理、人欲的隐微处做工夫，用道心克制人心，摒弃气质物欲之弊而“得此道于身”[4]，正其心术以立纪纲的关键阶段。

朱熹认为，虽然心具有“至虚至灵，神妙不测”而“提万事之纲”的功能，[5] 但是心之所主，又有天理、人欲之异。所谓“天理”乃“此心之本然”，是“道心”的体现；所谓的“人欲”，就是“此心之疾疢”，为“人心”之发用。[6] 天理与人欲、道心与人心，一个原于性命之正，一个生于形气之私，其“所以为知觉者不同”。人物之生，无不是理、气和合的结果，只要有人之形，虽上智，不能无人心；虽下愚，不能无道心，这是人人之所同。[7] 作为“本心之善”的道心，其体至微，隐而难见，在外界“利欲之攻，不胜其众”的诱惑下，“其间心体湛然、善端呈露之时，盖绝无而仅有也”，[8] 天理之善与道心之微难以

[1] 《经筵讲义》，《朱子全书》第20册，上海古籍出版社、安徽教育出版社2010年版，第710页。
[2] 《延和奏札二》，《朱子全书》第20册，上海古籍出版社、安徽教育出版社2010年版，第642页。
[3] 王琦：《朱熹理学化的帝学思想》，《湖南大学学报（哲学社会科学版）》2018年第1期。
[4] 关于“道”与“德”的关系，朱熹曰：“道者，古今共由之理，……德，便是得此道于身。”见黎靖德《朱子语类》第13卷，中华书局1986年版，第231页。
[5] 《行宫便殿奏札二》，《朱子全书》第20册，上海古籍出版社、安徽教育出版社2010年版，第669页。
[6] 《延和奏札二》，《朱子全书》第20册，上海古籍出版社、安徽教育出版社2010年版，第639页。
[7] 《戊申封事》，《朱子全书》第20册，上海古籍出版社、安徽教育出版社2010年版，第591页。
[8] 《乙酉拟上封事》，《朱子全书》第20册，上海古籍出版社、安徽教育出版社2010年版，第618-619页。

呈现，是以危殆而不安。道心与人心、天理与人欲，常“杂于方寸之间”，不时地交战于其中。[1] 如果循道心与天理而行，则“其心公而且正”；如果循人心、人欲而行，则“其心私而且邪”，二者一分，则“公私邪正之塗判矣”，从而产生“公而正者逸而日休，私而邪者劳而日拙”，国家治乱之效“大相绝者”，然究其根源，其发端处却“在夫一念之间”。[2] 如对此“不知所以治之”，心无所主，就会产生“危者愈危，微者愈微”的后果，而致“天理之公，卒无以胜乎人欲之私”，[3] 物欲横流，风俗颓败，国家动乱。因而天理与人欲，道心与人心的发端、萌芽处，即是做正心修身功夫的关键点。

《大学》言：“欲诚其意者，先致其知。”[4] 又言：“知至而后意诚。”[5] 诚意是与致知相续相贯的过程。朱熹说：“意虽心之所发。然诚意工夫却只在致知上做来。若见得道理无纤毫不尽处，即意自无不诚矣。”[6] 因而穷尽此理而知至之后，就必须根据所体认到的“天理”，“实其心之所发，欲其一于善而无自欺也”[7]，依循天理之本然，严分道心与人心、天理与人欲之别，“察乎二者之间而不杂”，“守其本心之正而不离”，[8] 一切依循天理而行，做到“有主于中，有地可据，而致谨于隐微之间也”，致使是非得失“皆有以剖析于毫厘之间”，[9] 心有所主而不为私欲所移，居敬持志，终日俨然，常存此心，在惟微惟危处扎扎实实地做为善去恶、明理诚善的修身功夫。日日从事于期间，无少中断，“必使道心常为一身之主，而人心每听命焉”，[10] 道心主宰人心，私欲净尽，天理流行。这些都是“皆所以正吾心而为天下万事之本也。此心既正，则视明听聪，周旋中礼，而身无不正。是以所行无过不及而能执其中，虽天下之大，而无一人不归吾之仁

[1]《戊申封事》，《朱子全书》第20册，上海古籍出版社、安徽教育出版社2010年版，第591页。
[2]《延和奏札二》，《朱子全书》第20册，上海古籍出版社、安徽教育出版社2010年版，第639页。
[3]《戊申封事》，《朱子全书》第20册，上海古籍出版社、安徽教育出版社2010年版，第591页。
[4]《经筵讲义》，《朱子全书》第20册，上海古籍出版社、安徽教育出版社2010年版，第696页。
[5]《经筵讲义》，《朱子全书》第20册，上海古籍出版社、安徽教育出版社2010年版，第697页。
[6]《答王子合》，《朱子全书》第22册，上海古籍出版社、安徽教育出版社2010年版，第2262页。
[7]《经筵讲义》，《朱子全书》第20册，上海古籍出版社、安徽教育出版社2010年版，第696页。
[8]《戊申封事》，《朱子全书》第20册，上海古籍出版社、安徽教育出版社2010年版，第591页。
[9]《经筵讲义》，《朱子全书》第20册，上海古籍出版社、安徽教育出版社2010年版，第712页。
[10]《戊申封事》，《朱子全书》第20册，上海古籍出版社、安徽教育出版社2010年版，第591页。

者"[1]。所谓"正其本，万事理"，劳少而功多，身修而国治，臻于至善，优入圣域；反之，则"差之毫厘，谬以千里，天下之事，无急于此"[2]。由此可见，诚意正心是将个体通过格物致知而认识到的天理，进一步内化于心、外化于行的践履过程，是知"道"、体"道"进而得"道"于身，最终实现致明明德于天下的关键阶段。没有格物致知的穷理工夫，诚意正心便失去了内在的依据与行动方向；没有诚意正心的惟精惟一工夫，格物致知所穷之理便无处安放而流于空虚。格物致知是诚意正心的基础与前提，而诚意正心则是格物致知的延伸与深化，格物致知与诚意正心共同构成了具有儒家理性主义与实践精神的修身功夫。只要抓住了正心修身这个根本，则可推之天下国家亦举而措之耳，治理天下也就顺理成章，如同运诸掌上般容易。这就是"大学之道"所谓的本末先后的为学修身之序，展现了儒家以修身为本而及于天下国家的内圣外王之道。

四、家齐国治而后天下平：立纪纲之要

通过格物致知以穷理明善，诚意正心以修身立德的工夫，引导帝王"正君心"而立定天下之大本之后，接着就要将帝王体认到的"天理"推之于家国天下，具体化为一系列齐家、治国、平天下之术，方可纪纲立而天下治。

（一）齐家之术

相对于帝王治国平天下而言，齐家是根本，"故人主之家齐，则天下无不治；人主之家不齐，则未有能治其天下者也"[3]。帝王之"齐家"与普通百姓不同，包括了太子的培养、后妃近侍、外戚权贵等多种关系的处理。

从江山稳固与国家治理的角度而言，皇太子的教育是其中最首要的问题。"天下之命系于太子，太子之善在于早谕教与选左右。教得而左右正，则太子正，太子

---

〔1〕《戊申封事》，《朱子全书》第20册，上海古籍出版社、安徽教育出版社2010年版，第591页。

〔2〕《癸未垂拱殿奏札一》，《朱子全书》第20册，上海古籍出版社、安徽教育出版社2010年版，第633页。

〔3〕《乙酉拟上封事》，《朱子全书》第20册，上海古籍出版社、安徽教育出版社2010年版，第619页。

正而天下定矣。”[1] 皇太子教育当首重择师傅而得其人。因而“必选端方正直、道术博闻之士与之居处”；别置师傅宾客，以“发其隆师亲友、尊德乐义之心”；“罢去春坊使臣，而使詹事、庶子各复其职”，“防其戏慢媟狎、奇邪杂进之害”；又置“赞善大夫，拟谏官以箴阙失”，使得皇太子朝夕所处而亲密无间者，无非正人，习于正而正。[2] 此外，还需皇帝以时召之，言传身教，从容启迪，“凡古先圣王正心修身、平治天下之要”，帝王自身“所服行而已有效，与其勉慕而未能及、愧悔而未能勉者，倾倒罗列，悉以告之”，则其子孙皆将有以得乎帝王“心传之妙”，而使得宗庙社稷永固，传之无穷。[3]

接着是正家人及其左右。（1）定正位，分嫡庶。在夫妻的关系处理中，要求“男正位乎外，女正位乎内，而夫妇之别严者，家之齐也”。分清楚男女、夫妇各自的位置与职责。内外之分、夫妇之别不可以易位。在妻妾关系的处理中，则要求“妻齐体于上，妾承接于下，而嫡庶之分定者，家之齐也”[4]。妻妾的位置、嫡庶的分别要有定分，不能僭越。（2）戒声色，杜请托。在宫闱内外，帝王要注意“采有德、戒声色、近严敬、远技能”，多亲近贤德之人，“内言不出，外言不入，苞苴不达，请谒不行”。[5]以端庄齐肃的态度，明辨是非，谗言不入，正身以德，使“后妃有《关雎》之德，后宫无盛色之讥”，无一人敢“恃恩私以乱典常，纳贿赂而行请谒”，这即是“家之正也”。[6]（3）戒贵戚，正左右。帝王退朝之后，在从容燕息之间，务必使陪侍左右的“贵戚近臣、携仆奄尹”，各恭其职，“上惮不恶之严，下谨戴盆之戒，无一人敢通内外、窃威福，招权市宠，以紊朝政”，从而使得“内自禁省，外彻朝廷”，均秉持公理正义而行，无外戚近习乱政，从而正家人而及于左右，“有以达于朝廷而及于天下焉”[7]。

（二）治国平天下之术

在以《大学》作为帝王之学来指导帝王成圣德出圣治的封事奏札中，朱熹结

[1] 《乙酉拟上封事》，《朱子全书》第 20 册，上海古籍出版社、安徽教育出版社 2010 年版，第 622 页。
[2] 《戊申封事》，《朱子全书》第 20 册，上海古籍出版社、安徽教育出版社 2010 年版，第 598 页。
[3] 《戊申封事》，《朱子全书》第 20 册，上海古籍出版社、安徽教育出版社 2010 年版，第 598–599 页。
[4] 《乙酉拟上封事》，《朱子全书》第 20 册，上海古籍出版社、安徽教育出版社 2010 年版，第 619 页。
[5] 《乙酉拟上封事》，《朱子全书》第 20 册，上海古籍出版社、安徽教育出版社 2010 年版，第 619 页。
[6] 《戊申封事》，《朱子全书》第 20 册，上海古籍出版社、安徽教育出版社 2010 年版，第 592 页。
[7] 《戊申封事》，《朱子全书》第 20 册，上海古籍出版社、安徽教育出版社 2010 年版，第 592 页。

合自己担任地方官多年的政治经验与南宋的社会实践，提出了一系列的治国平天下之术，其要点如下：

1. 亲贤臣远小人而明体统。朱熹认为“小人进则君子退，君子亲则小人必疏，未有可以兼收并蓄而不相害者也”[1]。因而君主当正心修身，循天理公圣心，从“为宗社生灵万世无穷之计”出发，而“不为燕私近习一时之计”，选拔刚明公正之人作为辅相，远离“作奸欺、植党与、纳货赂”的奸佞小人。[2] 明确“人主以论相为职，宰相以正君为职”，君臣各守其职，各尽其力，不相侵夺，然后体统正而朝廷尊，天下之政必出于一而无多门之蔽。同时，“又公选天下直谅敢言之士，使为台谏给舍，以参其议论”，使帝王“腹心耳目之寄，常在于贤大夫而不在于群小，陟罚臧否之柄，常在于廊庙而不出于私门”[3]。从而建立“乡总于县，县总于州，州总于诸路，诸路总于台省，台省总于宰相，而宰相兼统众职，以与天子相可否而出政令”的君臣共治天下、互相制衡的政治运行机制，防止君主因一己之私而朝政独断，宰相、台省、师傅、宾友、谏诤之臣皆得其守，各司其职，确保体统明而纲纪立，朝廷正而天下万事无不得正。[4]

2. 振纲纪选贤才以厉风俗。朱熹认为“四海之广，兆民至众，人各有意，欲行其私。而善为治者，乃能总摄而整齐之，使之各循其理而莫敢不如吾志之所欲者，则先有纲纪以持之于上，而后有风俗以驱之如下也。”[5] 所谓的振纲纪就是“辨贤否以定上下之分，核功罪以公赏罚之施也”[6]。其实质就是任贤使能，赏罚分明。因而需“宰执秉持而不敢失，台谏补察而无所私，人主又以其大公至正之心恭己于上而照临之”,[7] 君臣皆以公心，各守其职，各尽其力，“是以贤者必上，不肖者必下，有功者必赏，有罪者必刑，而万事之统无所缺也”[8]。所谓

---

[1] 《乙酉拟上封事》,《朱子全书》第20册，上海古籍出版社、安徽教育出版社2010年版，第620页。
[2] 《戊申封事》,《朱子全书》第20册，上海古籍出版社、安徽教育出版社2010年版，第599-600页。
[3] 《乙酉拟上封事》,《朱子全书》第20册，上海古籍出版社、安徽教育出版社2010年版，第623-624页。
[4] 《庚子应诏封事》,《朱子全书》第20册，上海古籍出版社、安徽教育出版社2010年版，第586页。
[5] 《乙酉拟上封事》,《朱子全书》第20册，上海古籍出版社、安徽教育出版社2010年版，第624页。
[6] 《乙酉拟上封事》,《朱子全书》第20册，上海古籍出版社、安徽教育出版社2010年版，第624页。
[7] 《乙酉拟上封事》,《朱子全书》第20册，上海古籍出版社、安徽教育出版社2010年版，第624页。
[8] 《乙酉拟上封事》,《朱子全书》第20册，上海古籍出版社、安徽教育出版社2010年版，第624页。

"风俗"就是"使人皆知善之可慕而必为，皆知不善之可羞而必去"[1]。如果在上位者纲纪既振，则在下之人不待"黜陟刑赏一一加于其身"，自将"各自矜奋，更相劝勉"以去恶从善，"而礼仪之风、廉耻之俗已丕变矣"[2]。反之，如果"至公之道不行于上，是以宰执、台谏有不得人，黜陟刑赏多出于私意，而天下之俗遂至于靡然不知名节行检之可贵，而唯阿谀软熟、奔竞交结之为务"，风俗颓坏，士风不振。因而，朝廷纲纪以及在上位者的表率作用依然是天下风俗转变的重要因素。[3]

3. 纾民困修军政而攘夷狄。朱熹认为，节用爱人是先圣治国之要旨。其缘由即在于"国家财用皆出于民，如有不节而用度有阙，则横赋暴敛，必将有及于民者。虽有爱人之心，而民不被其泽矣。"[4] 老百姓是国家的根本，财政用度皆取之于民，因而爱人者必先节用，乃是不易之理。但是从宋代建国以来的实际情况来看，其"取于民者，比之前代已为过厚，重以熙丰变法，颇有增加"[5]。尤其是建炎以来，"地削兵多，权宜科须，又复数倍，供输日久，民力已惮"[6]。其根源一是"诸路上供多入内帑，是以致户部经费不足，遂废祖宗破分之法"，二是军费负担过重，将帅不得其人。因而，要纾解民困就必须从两个方面入手：一是"还内帑之入于版曹、复破分之法于诸路，然后大计中外冗费之可省者，悉从废罢"，从源头减轻老百姓的赋税负担；二是择将帅核军籍，汰浮食广屯田，以节约军费，充实军储，则民力可纾，军政可修，国力日强，最终实现攘夷狄复国仇、收故土的理想。[7]

---

[1] 《乙酉拟上封事》，《朱子全书》第20册，上海古籍出版社、安徽教育出版社2010年版，第625页。
[2] 《乙酉拟上封事》，《朱子全书》第20册，上海古籍出版社、安徽教育出版社2010年版，第625页。
[3] 《乙酉拟上封事》，《朱子全书》第20册，上海古籍出版社、安徽教育出版社2010年版，第625页。
[4] 《乙酉拟上封事》，《朱子全书》第20册，上海古籍出版社、安徽教育出版社2010年版，第625页。
[5] 《乙酉拟上封事》，《朱子全书》第20册，上海古籍出版社、安徽教育出版社2010年版，第625页。
[6] 《乙酉拟上封事》，《朱子全书》第20册，上海古籍出版社、安徽教育出版社2010年版，第626页。
[7] 《乙酉拟上封事》，《朱子全书》第20册，上海古籍出版社、安徽教育出版社2010年版，第626页。

五、结　语

朱熹为什么会以《大学》为帝学以正君心立纪纲呢？这是因为朱熹认为“人君之学与不学、所学之正与不正”，直接关系到“天下之治乱”。[1] 在君主集权制度下，帝王身系天下之重，“天下之事，其本在于一人，而一人之身，其主在于一心。故人主之心一正，则天下之事无有不正；人主之心一邪，则天下之事无有不邪”[2]。帝王的一言一行决定了天下之风向与国家之兴亡，因此要成就尧舜般的圣帝明王之业，确保国家长治久安，就必须从权力的源头正君心立纪纲，防止君主因个人私欲对国家正常政治生态与运行机制的破坏。然而“纲纪不能以自立，必人主之心术公平正大，无偏党反侧之私，然后纲纪有所系而立”。纲纪的树立有待于君主之心正，而“君心不能以自正”，又有待于师傅贤臣“讲明义理之归，闭塞私邪之路，然后乃可得而立”[3]。选择何种经典与学问正君心立纪纲直接关系到国家之兴衰治乱。

《大学》作为“古者圣帝明王之学”，承载了“六经”的经旨脉络与尧舜圣圣相传的精一、执中之道，[4] 体现了“圣人做天下的根本”，“明此以南面，尧之为君也；明此以北面，舜之为臣也”，[5] 为帝王与士大夫提供了一条由内圣通向外王的修身立德、治国平天下的为学纲领与实践路径，凡是“后之君子欲修己治人而及于天下国家者”，必不可“舍是而他求”。[6] 如果帝王能够“少留圣意于此遗经”，通过“延访真儒”，讲学明理，[7] 以《大学》指导其正心修身、治国理政的实践，则可以“秉本执要，酬酢从容，取是舍非，赏善罚恶，而奸言邪说无足以乱其心术”，[8] 从而实现“正心以正朝廷，正朝廷以正百官，正百官以正万民”

[1] 《壬午应诏封事》，《朱子全书》第20册，上海古籍出版社、安徽教育出版社2010年版，第572页。
[2] 《乙酉拟上封事》，《朱子全书》第20册，上海古籍出版社、安徽教育出版社2010年版，第618页。
[3] 《庚子应诏封事》，《朱子全书》第20册，上海古籍出版社、安徽教育出版社2010年版，第586页。
[4] 《庚子应诏封事》，《朱子全书》第20册，上海古籍出版社、安徽教育出版社2010年版，第586页。
[5] 黎靖德：《朱子语类》第14卷，中华书局1986年版，第250页。
[6] 《经筵讲义》，《朱子全书》第20册，上海古籍出版社、安徽教育出版社2010年版，第692页。
[7] 《壬午应诏封事》，《朱子全书》第20册，上海古籍出版社、安徽教育出版社2010年版，第573页。
[8] 《经筵讲义》，《朱子全书》第20册，上海古籍出版社、安徽教育出版社2010年版，第710页。

的王道政治。[1] 这也是朱熹多年来一直孜孜不断地诠释《大学》，建构学术与政治思想体系的根本原因。虽然朱熹也自知“正心诚意”之学，“疑若迂阔陈腐而不切于用”[2]，但他之所以不计后果地向帝王进献大学之道，即使是“屡进不合而不敢悔者”，就在于这是他从国家长治久安出发，竭其平日“忧国之诚”而撰写的“治体之要”，[3] 如能引导帝王“缉熙帝学以继跡尧、舜”[4]，“循天理、公圣心以正朝廷之大体”[5]，掌握天下国家治理之要道，“上有补于圣明，下无负于所学”[6]，即使是“退伏岩穴，死亦无所憾”[7]。其以《大学》为思想框架建构帝王之学，作为“正君心立纪纲”的思想武器，也无非是希望从为治的源头与根本出发，以儒家的价值理念引君于道，影响帝王的心性修养与政治实践，实现尧舜之治。其中，格物致知以明理是正君心之前提，正心诚意以修身是正君心之关键，齐家治国平天下之术的实施是君心正而后纲纪立的自然延伸，体现了朱熹以理学原则规范帝王及政治的理想追求，其实质是以道统规范治统，限君权而出治道，具有一定的政治批判意义。但他将理想的实现寄寓于君主的道德自觉，在实际操作中缺乏制度与法律上的制约，因而又具有历史的局限性。

---

[1] 《庚子应诏封事》，《朱子全书》第20册，上海古籍出版社、安徽教育出版社2010年版，第581页。
[2] 《癸未垂拱奏札二》，《朱子全书》第20册，上海古籍出版社、安徽教育出版社2010年版，第633页。
[3] 《戊申封事》，《朱子全书》第20册，上海古籍出版社、安徽教育出版社2010年版，第613-614页。
[4] 《壬午应诏封事》，《朱子全书》第20册，上海古籍出版社、安徽教育出版社2010年版，第579页。
[5] 《延和奏札二》，《朱子全书》第20册，上海古籍出版社、安徽教育出版社2010年版，第641页。
[6] 《戊申封事》，《朱子全书》第20册，上海古籍出版社、安徽教育出版社2010年版，第613-614页。
[7] 《戊申封事》，《朱子全书》第20册，上海古籍出版社、安徽教育出版社2010年版，第590页。

元儒廉希宪的儒学思想与政治实践

韩　星*

[内容提要]

本文对元初维吾尔儒臣廉希宪的儒学思想与实践进行梳理。廉希宪，性至孝，有仁爱，自幼生长在汉地，从小研习孔孟之道，谙熟儒家治道、时中、经权之道，以儒家复三代之治，实现“天下一家”的大同社会为最高理想。主政各地，形成了以儒治国的具体实践：重用儒士，提倡文教；敢言直谏，无少回惜；刚正不阿，忠诚贤良；坚持正义，不畏权贵；施行仁政，德化广被；为官清廉，鞠躬尽瘁。廉希宪虽然有较深的儒学造诣，但主要是一位政治家而非一味纯粹的学者。廉希宪在日常生活中身体力行地践行儒家思想，在政治生活中尽心竭力地实践儒家治理之道，是中国历史上一位少数民族身份的儒者、儒臣。廉希宪的儒学思想与政治实践历史影响深远，历代评价很高，在以儒为主、多元文化交流融汇过程中具有重要的历史影响和现实意义，值得我们重视。

[关键词]

廉希宪；儒者；儒臣；儒学思想；政治实践

* 韩星，中国人民大学国学院教授，博士生导师，历史学博士。

一、引　言

廉希宪（1231—1280），名希宪，又名忻都，字善甫，维吾尔族，大蒙古国至元朝初年著名理学家、政治家。廉希宪祖上均为高昌大臣，其父布鲁海牙就非常喜欢汉学，窝阔台时官拜燕南诸路廉访使，于是仿效以官为姓的华夏传统，让子孙都以廉为姓。廉希宪幼魁伟，举止不凡。成年后，爱好经史。十九岁时，入忽必烈藩邸，被称为“廉孟子”。元宪宗四年（1254），任京兆宣抚使，首请用许衡提举学校，教育人才。从忽必烈攻南宋鄂州，请尽释军中所俘儒士。宪宗死，劝忽必烈北归即位。任京兆、四川宣抚使，平定刘太平等叛乱。旋以中书右丞行秦蜀省事，力拒阿里不哥将浑都海进攻。任中书平章政事时，他刚正不阿、直言敢谏。至元七年（1270），罢相。至元十一年（1274），起为北京行省平章政事。次年，元军取南宋江陵，忽必烈令廉希宪行省荆南。他至荆南后，禁剽掠，录用故宋官吏，发仓粟赈饥，兴学校、选教官。后因病召还。至元十六年（1279），复受命领中书事，但病情日重。至元十七年（1280），廉希宪病逝，年五十。累赠推忠佐理翊运功臣、太师、开府仪同三司、上柱国、恒阳王，谥号“文正”。廉希宪父子曾被封为魏国公，今北京魏公村就得名于廉希宪。

二、廉希宪的儒学思想素养

廉希宪从小就有仁爱之心。《元史・廉希宪传》载：“幼魁伟，举止异凡儿。九岁，家奴四人盗五马逃去，既获，时于法当死，父怒，将付有司，希宪泣谏止之，俱得免死。”当他父亲要把盗马的家贼交给官府，按照当时法律，这些人会被处死。年仅九岁的廉希宪哭着劝谏父亲不要报官，挽救了这些人的性命。

廉希宪自幼生长在汉地，习汉文化，善骑射，奉命与阔阔等同师事名儒王鹗。王鹗是被蒙古所灭金朝的末代状元、饱学硕儒，道德文章名重一时。“师教之以经，辄掇其要言，试诸行事。”[1] 廉希宪勤奋好学，笃好经史，手不释卷。1249年中随父北觐，入忽必烈王府为宿卫（怯薛），是年十九岁，“天资沉毅，临大事不可夺，其廉正有大臣风节”[2]。忽必烈“目其多质，有威容，论议宏深，恩顾殊绝”[3]，甚为赏识。有一天他正在读《孟子》，闻忽必烈召，便怀揣着书入见。忽必烈问“所持何书”，答曰“《孟子》”，又“问其说，遂以性善、义利、仁暴之旨为对，世祖嘉之，目曰廉孟子，由是知名”[4]。他大概向忽必烈讲了《孟子》一书中的性善论、义利之辨、仁政暴政之辨等内容，得到忽必烈的赞许，还称他为“廉孟子”，他就因此出名了。元人元明善《平章政事廉文正王神道碑》和元人苏天爵《元朝名臣事略》均提到了廉希宪“陈王道”和“不忍一牛，恩充四海”。这与前面的三点共五点涵盖了《孟子》的主要思想，说明廉希宪对《孟子》确有深研。据学者推测：廉希宪年少时或许是在燕京的太极书院习读《孟子》的。[5] 后来，廉希宪身为地方大员，仍然勤奋好学，“明经读史，凡义理精粗，事务得失，研究纤密，必归于是而后已”[6]，他给自己住所书房写上“止善”的匾额。至元十六年（1279）春，忽必烈诏廉希宪复入中书，时病已重，皇太子遣侍臣问疾，因问治道，希宪说：“君天下在用人，用君子则治，用小人则乱。臣病虽剧，委之于天。所甚忧者，大奸专政，群小阿附，误国害民，病之大者。殿下宜开圣意，急为屏除，不然，日以沈痼，不可药矣。”[7] 当时阿合马当权，得到世祖宠信，希宪无力挽回，故对太子这样说，算是一种政治遗言。

廉希宪熟悉儒家的时中、经权之道，并运用于复杂的政治实践中。据《新元史·廉希宪传》载，蒙古国宗王塔察儿，东道诸王的之长，忽必烈要夺得汗位，首要争取他，廉希宪则主动请缨担当游说重任。当塔察儿宴请廉希宪，廉希宪从容地说，忽必烈“属尊望重，发言推戴，谁敢不协?”塔察儿接受了他的建议。回来

---

〔1〕《元文类》卷六十五《平章政事廉文正王神道碑》。
〔2〕《秋澗集》卷七十九。
〔3〕《元朝名臣事略》卷七《平章廉文正王》。
〔4〕《元史·廉希宪传》。
〔5〕 周春健：《元西域人廉希宪与孟子学》，《杭州师范大学学报（社会科学版）》2016年第4期。
〔6〕《元朝名臣事略》卷七《平章廉文正王》。
〔7〕《元史·廉希宪传》。

后报告给忽必烈，忽必烈吃惊地说："此大事，卿何轻率如此！"廉希宪从容回答："《论语》谓：'时然后言'，臣所言亦惟其时耳。"[1] 这说明廉希宪熟悉《论语》，能够以孔子的时中之道应对裕如。《元史·廉希宪传》还记载廉希宪处理刘太平、霍鲁海造反事件："初分汉地为十道，乃并京兆、四川为一道，以希宪为宣抚使。太平、霍鲁海闻之，乘驿急入京兆，密谋为变。后三日，希宪至，宣布诏旨，遣使安谕六盘。未几，断事官阔阔出遣使来告：浑都海已反，杀所遣使者朵罗台，遣人谕其党密里火者于成都、乞台不花于青居，使各以兵来援，又多与蒙古军奥鲁官兀奴忽等金帛，尽起新军，且约太平、霍鲁海同日俱发。希宪得报，召僚属谓曰：'上新即位，责任吾等，正为今日。不早为之计，殆将无及。'遣万户刘黑马、京兆治中高鹏霄、华州尹史广，掩捕太平、霍鲁海及其党，获之，尽得其奸谋，悉置于狱。复遣刘黑马诛密里火者，总帅汪惟正诛乞台不花，具以驿闻。时关中无兵备，命汪惟良将秦、巩诸军进六盘，惟良以未得上旨为辞，希宪即解所佩虎符银印授之曰：'此皆身承密旨，君但办吾事，制符已飞奏矣。'又付银一万五千两，以充功赏，出库币制军衣。惟良感激，遂行。又发蜀卒更戍及在家余丁，推节制诸军蒙古官八春将之，谓之曰：'君所将之众，未经训练，六盘兵精，勿与争锋，但张声势，使不得东，则大事济矣。'会有诏赦至，希宪命绞太平等于狱，尸于通衢，方出迎诏，人心遂安。乃遣使自劾停赦行刑、征调诸军、擅以惟良为帅等罪，帝深善之。曰：'《经》所谓行权，此其是也。'"[2] 当时京兆叛军谋反，远离京都，情况紧急，来不及报告朝廷，廉希宪果断采取措施，成功平定叛乱，稳定局势，安定人心。事件平复后他向忽必烈自劾诸"罪"，而忽必烈"深善之"，认为他做法符合儒家的经权之道，也说明忽必烈、廉希宪都精通儒家思想的精义。

廉希宪性至孝，父母去世恪守儒家丧葬礼仪。"至元元年，丁母忧，率亲族行古丧礼，勺饮不入口者三日，恸则呕血，不能起，寝卧草土，庐于墓傍。宰执以忧制未定，欲极力起之，相与诣庐，闻号痛声，竟不忍言。未几，有诏夺情起复，希宪虽不敢违旨，然出则素服从事，入必缞绖。及丧父，亦如之。"[3] 母亲去世后

---

〔1〕《新元史·廉希宪传》。
〔2〕《元史·廉希宪传》。
〔3〕《元史·廉希宪传》。

他弃官家居守制，行古丧礼，痛苦呕血。不久，忽必烈下诏让他上朝处理政事。对皇帝的诏令，他不敢违背，但守丧期还没有结束，不得已素服办公，回到家则穿上丧服为母亲尽孝。后来他父亲去世时，他也坚持这么做。

廉希宪还以孔子“不语怪力乱神”，反对迷信巫卜方士，在京兆宣抚使任上，“有民妻与卜者厌诅其夫，杀之，狱成，僚佐皆言方大旱，卜者宜减死，希宪议当伏法，已而大雨立应。”〔1〕又有一次，有人给忽必烈提出请方士烧炼大丹，忽必烈遂命中书省供应方士炼丹所需一切。这事让廉希宪知道了，他立即以秦始皇迷信方士、汉武帝沉迷神仙的历史上奏，并说：“尧、舜得寿，不因大丹也。”忽必烈认为他说得对，就取消了这件事。〔2〕

廉希宪对忽必烈尊礼佛教不以为然，他与忽必烈有一段对话：“时方尊礼国师，帝命希宪受戒，对曰：‘臣受孔子戒矣。’帝曰：‘孔子亦有戒耶？’对曰：‘为臣当忠，为子当孝，孔子之戒，如是而已。’”〔3〕当时，忽必烈尊西藏佛教萨迦派首领八思巴为国师，也让廉希宪受戒信佛，廉希宪的回答一方面含蓄地批评忽必烈过分礼佛，又巧妙地表达了他是孔子的信徒，信奉儒家君臣父子之道。由此也可见，廉希宪的主体思想是孔孟之道。

廉希宪以儒家复三代之治，实现“天下一家”的大同社会为最高理想。至元初年，忽必烈对廉希宪说：“吏废法而贪，民失业而逃，工不给用，财不赡费，先朝患此久矣。自卿等为相，朕无此忧。”廉希宪谦虚地回答：“陛下圣犹尧、舜，臣等未能以皋陶、稷、契之道赞辅治化，以致太平，怀愧多矣。今日小治，未足多也。”并在临终诫其子曰：“谓皋、夔、稷、契、伊、傅、周、召为不可及，是自弃也。天下事苟无牵制，三代可复也。”〔4〕可以看出，廉希宪始终以皋、夔、稷、契、伊、傅、周、召三代贤臣自期，最终追求尧舜太平之治。

廉希宪还以儒家“天下一家”的大同思想来处理政事，缓和民族对立。据苏天爵《元朝名臣事略》卷七载：蒙古人占领江南之初，宋朝原来的官员“咸怀惊

〔1〕《元史·廉希宪传》。
〔2〕《元史·廉希宪传》。
〔3〕《元史·廉希宪传》。
〔4〕《元史·廉希宪传》。

疑，阴有去志”，廉希宪下车伊始，就与臣僚商议录用宋朝旧官吏作为宣抚、制置两司的幕僚，“以备采访”，但他的左右臣僚提出疑难，廉希宪解释说：“天下一家，皆大元臣子也，君等勿疑。”于是“择可与论议者二十余员，访逮物情，随材录用，人心感激，怀服威惠。不数月，政化大行”[1]。“天下一家”出于《礼记·礼运》：“故圣人耐以天下为一家，以中国为一人者，非意之也。”《论语》里“四海之内皆兄弟也”是这一境界的简洁表达。廉希宪作为一个少数民族的官员，能够在行政中超越民族偏见，以儒家“天下一家”的理想境界治理新占领之地，尽管其理想在元朝没有实现，但也难能可贵。

三、廉希宪以儒理政的实践

（一）重用儒者，提倡文教

与廉希宪一同得到忽必烈任命来到关中担任劝农使的姚枢是当时名儒、理学家。金朝末年，蒙古军破许州城，姚枢到燕京投靠杨惟中，被引荐给窝阔台汗。皇子阔出统兵攻南宋，姚枢随杨惟中访求儒、道、释、医、卜等类人才。蒙古军陷德安，他从俘虏中访得名儒赵复，从赵复处尽得程朱传注诸书，始攻习理学，并力劝赵复北上讲学授徒，使理学北传。姚枢曾经出任燕京行台郎中，旋即弃官隐居于辉州苏门精研理学。海迷失后二年（1250），忽必烈召姚枢至漠北访问治道，他陈述儒家传统的帝王之学、治国之道，深受器重。廉希宪又遣使传忽必烈令旨征聘大儒许衡为教授，复保举为京兆提学。许衡，字仲平，号鲁斋，世称“鲁斋先生”，怀庆路河内县人。自幼勤读好学，之后为避战乱，常来往于河、洛之间，从姚枢得宋二程及朱熹著作，与姚枢及窦默相与讲习，三人被称为“元代三儒”，而其中就有两人与廉希宪会聚关陕。元宪宗四年（1254），忽必烈“又思所以化秦人，乃召（许）衡为京兆提学。秦人新脱于兵，欲学无师，闻（许）衡来，人人莫不喜幸来学。郡县皆建学校，民大化之”[2]。忽必烈任命其为京兆提学，即是廉希宪保奏。

---

〔1〕 苏天爵：《元朝名臣事略》卷七《平章廉文正王》。
〔2〕《元史·许衡传》。

“廉希宪宣抚京兆，聘许衡教授生徒。”[1] 在行政之暇，廉希宪“延访耆宿，如鲁斋许公、雪斋姚公，咸待以师友”[2]。他酷爱读书、藏书。他在陕西樊川“买田筑室少陵原之阳，藏书二万卷，日与司徒许文正公、紫阳杨先生讲学”[3]，与姚枢、许衡请教治道，探讨济世安民之策。

据《元史·廉希宪传》载，己未（1259），“宪宗驻跸合州，世祖渡江取鄂州，命希宪入籍府库。希宪引儒生百余，拜伏军门，因言：‘今王师渡江，凡军中俘获士人，宜官购遣还，以广异恩。’世祖嘉纳之。还者五百余人。”[4] 廉希宪请求以官钱赎军士所俘儒生释放还家，忽必烈许之，解救了五百多名儒生。他还救了真定名士李盘一命。宪宗蒙哥去世后，“阿里不哥构乱北边，遣脱忽思发兵河朔，大肆凶暴。真定名士李盘尝奉庄圣太后命侍阿里不哥讲读，脱忽思怒盘不附己，械之，希宪访盘于狱，言于世祖而释之。”[5] 冯梦龙《智囊·上智》记载了廉希宪礼贤下士的一则故事：廉希宪“方为中书平章时，江南刘整以尊官来谒，公毅然不命之坐。刘去，宋诸生褴褛冠衣，袖诗请见。公亟延入坐语，稽经抽史，饮食劳苦，如平生欢。既罢，弟希贡问曰：‘刘整贵官而兄简薄之，诸生寒士而兄优礼之，有说乎？’公曰：‘非尔所知也。大臣语默进退，系天下轻重。刘整官虽尊贵，然背国叛主而来者；若宋诸生，何罪而羁囚之？今国家崛起朔漠，我于斯文不加厚，则儒术由此衰熄矣。’”[6] 冯梦龙在此条下评论说：“不惟兴文，且令知节义之重，是具开国手段者。”[7] 认为廉希宪此举不只振兴文教，而且提倡节义，这才是国家开创期应有的治理之道。

廉希宪重视提拔汉人儒士，先后举荐、辟用人才颇多，如郭昂、张础、孟祺、张雄飞等。郭昂，“习刀槊，能挽强，稍通经史，尤工于诗”，“至元二年，上书言

---

〔1〕《元史·吕掞传》。
〔2〕 苏天爵：《元朝名臣事略》卷七《平章廉文正王》。
〔3〕《申斋刘先生文集》卷六《读书岩记》。
〔4〕《元史·廉希宪传》。
〔5〕《元史·廉希宪传》。
〔6〕 冯梦龙：《智囊·上智》。
〔7〕 冯梦龙：《智囊·上智》。

事，平章廉希宪材之，授山东统军司知事”。[1] 张础，“业儒，丙辰岁，平章廉希宪荐于世祖潜邸”[2]。孟祺，“业儒，有节行……廉希宪、宋子贞皆器遇之，以闻于朝，擢国史院编修官”[3]。张雄飞，字鹏举，琅琊临沂人，金末战乱中与父母离散，辗转至大都（今北京），学会蒙古语等多种民族语言，“至元二年，廉希宪荐之于世祖，召见，陈当世之务，世祖大悦”[4]。

（二）犯颜直谏，无少回惜

廉希宪从小追随忽必烈，在潜邸时就经常犯颜直谏，忽必烈多所容受。忽必烈即帝位之后，廉希宪仍然“每奏议帝前，论事激切，无少回惜”。一次，忽必烈对廉希宪说：“卿昔事朕王府，多所容受，今为天子臣，乃尔木强耶?”廉希宪回答说：“王府事轻，天下事重，一或面从，天下将受其害，臣非不自爱也。”[5] 廉希宪就是这样以天下为己任，而不以君王权位为转移，不看君王脸色行事，不逢迎讨好，直言敢谏。

廉希宪在任中书平章政事期间，当时的丞相史天泽被人诬告说要谋反，忽必烈一听，马上就要下令罢免史天泽，并要依法制裁。廉希宪挺身而出，极力为史天泽解释：“天泽事陛下久，知天泽深者，无如陛下。始自潜藩，多经任使，将兵牧民，悉有治效。陛下知其可付大事，用为辅相。小人一旦有言，陛下当熟察其心迹，果有肆横不臣者乎？今日信臣，故臣得预此旨，他日有讼臣者，臣亦遭疑矣。臣等备员政府，陛下之疑信若此，何敢自保。天泽既罢，亦当罢臣。”[6] 听了廉希宪这番话，忽必烈想了想，觉得廉希宪的话不无道理，于是缓和了一下口气说：“卿且退，朕思之。”第二天，忽必烈对廉希宪说：“昨思之，天泽无对讼者。”[7] 就这样，廉希宪救了史天泽一命。“又有讼四川帅钦察者，帝敕中书急遣使诛之。明日，希宪覆奏，帝怒曰：‘尚尔迟回耶!’对曰：‘钦察大帅，以一小人言被诛，

---

〔1〕《元史·郭昂传》。
〔2〕《元史·张础传》。
〔3〕《元史·孟祺传》。
〔4〕《元史·张雄飞传》。
〔5〕《元史·廉希宪传》。
〔6〕《元史·廉希宪传》。
〔7〕《元史·廉希宪传》。

民心必骇，收系至此，与讼者廷对，然后明其罪于天下为宜。’诏遣能者按问。其后事竟无实，钦察得免。”[1] 廉希宪此举不仅救了一位地方大员的生命，更坚守了法律的公正，避免了冤假错案，稳定了民心。

他还经常提出积极建议，曾建言实行“迁转法”：“国家自开创以来，凡纳土及始命之臣，咸令世守，至今将六十年，子孙皆奴视部下，都邑长吏，皆其皁隶僮使，前古所无，宜更张之，使考课黜陟。”[2] 蒙古国时期，实行诸侯世守制，“凡纳土及始命之臣，咸令世守”，军官名号不一，职位世袭，其子孙对部下和都邑长吏都像皁隶僮使一样，他们也不重视治理所占之地，不考虑发展生产、改善人民生活。廉希宪建议，应该实行考课制，根据政绩黜陟。忽必烈接受了廉希宪的建议，至元元年（1264）十二月，“始罢诸侯世守，立迁转法”[3]，不再承认世袭军职、世掌固定军队的权力，军官均由朝廷调派，将领也经常调动。

廉希宪还建议中央设立监察机构御史台，地方设立提刑按察司，加强对各级官吏的监察。至元五年（1268），在廉希宪的建议下，朝廷始建御史台，继设各道提刑按察司。权臣阿合马立刻站出来质问廉希宪：“庶务责成诸路，钱谷付之转运，今绳治之如此，事何由办?”希宪回答道：“立台察，古制也，内则弹劾奸邪，外则察视非常，访求民瘼，裨益国政，无大于此。若去之，使上下专恣贪暴，事岂可集耶!”[4] 廉希宪认为立台察是古制，有益于国政，如果没有监察机构，就会形成大小官吏专权恣肆，贪暴横行。说得阿合马无言以对。这实质上是监督阿合马的，所以他对此极为不满。忽必烈采纳了廉希宪的建议，至元五年（1268）七月癸丑，朝廷立御史台，忽必烈下诏说：“台官职在直言，朕或有未当，其极言无隐，毋惮他人，朕当尔主。”[5] 元朝御史台的职权较大，可谏言皇帝、监察百官、追理财赋，有利于加强吏治，防止腐败。

直到生命的最后时刻，廉希宪还不忘规谏皇帝。廉希宪病重，忽必烈诏征名医为他诊病，他服了药能扶杖起来走动，忽必烈欢喜地对他说：“卿得良医，疾向愈

---

[1] 《元史·廉希宪传》。
[2] 《元史·廉希宪传》。
[3] 《元史·世祖本纪》。
[4] 《元史·廉希宪传》。
[5] 《元史·世祖本纪》。

矣。”他则回答说：“医持善药以疗臣疾，苟能戒慎，则诚如圣谕；设或肆惰，良医何益。”〔1〕这是借此事来谏劝忽必烈察纳雅言。

（三）刚正不阿，忠诚贤良

廉希宪为忠良之臣，颇得忽必烈信任。中统二年（1261）春，廉希宪奉诏还朝，入中书省，与诸宰执同议政务；五月，新命宰执官，授中书平章政事。原定与王文统同行省燕京，因商挺遣使入奏谓“关陕重地，大乱之后，余风有未殄者，非廉希宪不能镇抚中外”〔2〕，忽必烈遂命廉希宪行中书省于陕西、四川。廉希宪“益励忠贞之节，殊深端揆之方，其于赞襄不为无补”〔3〕。中统三年（1262）二月，益都行省长官李璮乘忽必烈倾全力与阿里不哥南犯之机，举兵反叛。李璮岳父王文统，时任中书省平章政事，颇得忽必烈信任，因与李璮书信交通，被忽必烈杀死。由于廉希宪曾经荐引王文统，“平章赵璧素忌希宪勋名，因言文统由张易、希宪荐引，遂至大用，且关中形胜之地，希宪得民习，有商挺、赵良弼为之辅，此事宜关圣虑。帝曰：‘希宪自幼事朕，朕知其心，挺、良弼皆正士，何虑焉？’”〔4〕因廉希宪从小就追随忽必烈，深得忽必烈信任。赵璧不甘心，他得知南宋降将费寅因饮酒误事，被廉希宪重责，心怀不满，又不敢发作，便趁机鼓动费寅上奏。“蜀人费寅以私憾诬廉希宪、商挺在京兆有异志者九事，以良弼为征。帝召良弼诘问，良弼泣曰：‘二臣忠良，保无是心，愿剖臣心以明之。’帝意不释。会平李璮，得王文统交通书，益有疑二臣意，切责良弼，无所不至，至欲断其舌。良弼誓死不少变，帝意乃解，费寅卒以反诛。”〔5〕有四川人费寅诬告廉希宪，其下属赵良弼长期受其感化，宁死不诬陷廉希宪，最后费寅因反被诛。

至元七年（1270），廉希宪患病，忽必烈派遣医生三人诊视，医生说须用砂糖做药引，家人到处寻求，阿合马送去二斤，廉希宪拒收，还说道：“使此物果能活人，吾终不以奸人所遗愈疾也。”忽必烈听说后，遣人送去砂糖三斤。〔6〕

〔1〕《元史·廉希宪传》。
〔2〕《秋涧集》卷八十二《中堂事记下》。
〔3〕《秋涧集》卷八十六《廉平章廉能合复用状》。
〔4〕《元史·廉希宪传》。
〔5〕《元史·赵良弼传》。
〔6〕《元文类》卷六十五《平章政事廉文正王神道碑》。

廉希宪为官刚直不阿，也影响了其臣下。如陈思济，“幼读书，即晓大义，以才器见称于时辈间。世祖在潜邸，闻其名，召之以备顾问；既即位，始建省部，俾掌敷奏。世祖以京兆为国重镇，命廉希宪等行中书省于陕西。思济实与偕行，多所赞画。中统三年，诏诛王文统，召廉希宪入中书，思济还，仍掌敷奏。事无巨细，悉就准绳，姚枢、许衡皆器重之。会阿合马入省，耻其位在希宪左，每欲肆意而行，希宪守正不从。及希宪去位，省臣晨集，掾属皆惮阿合马，莫敢前。思济独先以文牍进，阿合马辄于希宪位署押，思济遽掩以手曰：‘此非君相署位也。’阿合马怒目视之，众为之惧，思济神色自若。除右司都事，从希宪行省山东，未几召还。”[1] 陈思济是廉希宪的得力助手，在廉希宪行中书省于陕西时出谋划策，特别是廉希宪与奸臣阿合马的斗争中，陈思济始终坚定地站在廉希宪这边，像廉希宪一样“守正不从”，成为元代重臣。

（四）坚持正义，不畏权贵

阿合马善于阿谀逢迎，深得忽必烈信任，当时主要掌理财政，“在位日久，益肆贪横，……阴谋交通，专事蒙蔽，逋赋不蠲，众庶流移，……民有附郭美田，辄取为己有。内通货贿，外示威刑，廷中相视，无敢论列。”[2] 但廉希宪不畏权贵，不怕打击报复，在任中书平章政事期间，阿合马一伙大概由于内部分赃不均，“其党相攻击，帝命中书推覆，众畏其权，莫敢问。希宪穷治其事，以状闻，杖阿合马，罢所领归有司”[3]。尽管忽必烈已经下了命令，让中书省进行调查，但是大家害怕阿合马的权势，没有人敢过问。这时廉希宪站了出来，进行了详细调查，写成状子报告给忽必烈，阿合马因此受到杖责处罚，忽必烈还收回了他的一些权力。当时木华黎后人嗣国王头辇哥奉命管理辽阳，有人报告说他扰民不便。至元十一年（1274）二月，忽必烈命廉希宪以中书右丞行省事于北京。行将上任，廉希宪向忽必烈告别，忽必烈赐坐，语重心长地说：“昔在先朝，卿深识事机，每以帝道启朕。及鄂汉班师，屡陈天命，朕心不忘，丞相卿实宜为，顾退托耳。辽编户不下数

---

[1] 《元史·陈思济传》。
[2] 《元史·奸臣传》。
[3] 《元史·廉希宪传》。

万，诸王、国婿分地所在，彼皆素知卿能，故命卿往镇，体朕此意。”[1] 意思是要他防东道诸王、驸马跋扈或生异心。这又给了廉希宪一个难啃的骨头，但他没有退缩。辽阳是诸王、国婿封地所在，个个权势显赫，肆意扰民，朝廷命官不敢管，而这些亲王传令旨，官吏得站立听宣。廉希宪到任之后，先革去官吏得站立听亲王令旨的规定，煞了煞诸王的威风。有一个西域人自称驸马，把城中的一个有钱人抓走了，说是欠了他祖父的债，逼其偿还。廉希宪得知此事后，马上下令拘捕这个附马。驸马很不服气，骑着马蛮横地闯入省衙。廉希宪马上命人将他拉下马，并质问他说："按照法律，没有人有权力私设公堂。你是何人，胆敢随意拘禁百姓?" 立刻要把他抓起来，驸马吓得跪地求饶。这时国王头辇哥得知此事后，也前来替驸马求情，廉希宪这才让他回去等候传讯。结果，驸马吓得连夜逃跑了。又有一次，大公主同国婿去京师，途经辽阳，在郊外狩猎，践踏庄稼，侵扰百姓。廉希宪当面向国婿讲道理，并表示要向皇帝奏明。国婿害怕，来求公主，公主设宴求廉希宪，表示愿出一万五千贯钱偿还百姓，但不要上奏。从此以后，诸王贵族经过辽阳，再不敢放纵。由于廉希宪不畏权势，对诸王、国婿的坚决斗争，打击了他们的嚣张气焰，制止了他们的违法活动，"自是贵人过者，皆莫敢纵"，朝廷也下诏让"国王归国"，让希宪"独行省事",[2] 赋予他更大的权力治理辽阳。由此也体现了廉希宪"丈夫见义勇为，祸福无预于己"[3] 的大无畏精神。

（五）施行仁政，德化广被

至元十二年（1275），阿里海牙攻取江陵，奏请派朝廷重臣开府镇之。忽必烈急召廉希宪，命以中书右丞行省荆南，并令廉希宪承制授三品以下官。希宪冒着暑热，疾驱至江陵，阿里海牙率部属望拜郊外迎之。时元军取江陵未久，秩序未立，"政无纲纪，士卒纵横，剽夺商贩，城门昼闭，灯火禁严，民心惊疑，生意萧索"[4]。廉希宪到江陵"即日禁剽夺，通商贩，兴利除害，兵民按堵"[5]，政事

---

[1]《元史·廉希宪传》。
[2]《元史·廉希宪传》。
[3]《元史·廉希宪传》。
[4]《元朝名臣事略》卷七《平章廉文正王》。
[5]《元史·廉希宪传》。

初具，人心始安。宋人曾在江陵城外蓄水环城以为守御，廉希宪令决之泄入江河，“得良田数万亩，以为贫民之业”。沙市有积米二十万斛未收入官籍，即发以赈公安县饥民。在局势稳定、民心安定后，廉希宪对臣下说“风教不可后也”〔1〕。于是“大兴学，选教官，置经籍，且日亲诣讲舍，以厉诸生”〔2〕，并撤官屋，恢复竹林书院，捐书万四千卷，来学者日增。由于他的德政声名远播，思州、播州土官田、杨二氏及宋重庆守官赵定应（四川制使）均遣使越境前来约降。消息传到忽必烈耳里，忽必烈对臣下说：“国家不用兵得地，未之见也。希宪坐致数千里之坚城劲士，其仁政为何如也。”〔3〕国家不用一兵一卒而得地，这样的事情从来没有过。现在廉希宪政声远闻，让几千里外的人自愿奉送土地，可见其仁政的功效有多大了。有一个江陵的儒生写了一部书，被官吏查获，送交官府，但不敢发行，就上交到中书，由枢密大臣交给皇帝，其中有几句话这样写道：“归附之初，人不聊生。皇帝遣廉相出镇荆南，岂惟人渐德化，昆虫草木，咸被泽矣。”忽必烈读到这里，不由赞叹到：“希宪不嗜杀人，故能尔也。”〔4〕这是廉希宪广施仁政，安抚新民，实践孔子富而教之、孟子仁政德化的结果。

（六）为官清廉，鞠躬尽瘁

儒臣王恽在《廉平章廉能合复用状》中赞扬廉希宪清廉：“治装琴书之外，一无长物”，“诚清白之相，乃有为之材也”〔5〕。当时有回回人匿赞马丁（宪宗朝燕京行尚书省官）为怨家所告在囚，被廉希宪释放，惹怒忽必烈，廉希宪请辞职，遂于至元七年（1270）正月被罢。罢官之后，廉希宪“杜门养德，谈经讲道，课试诸子。然食顷不忘朝廷，一事便民则喜见颜间，一令害人则戚不能寐”〔6〕。显示了他居庙堂则忧其民，处江湖则忧其君的精神。有一天，忽必烈问近臣：“希宪居家何为?”侍臣以“读书”对。忽必烈说：“读书固朕所教，然读之而不肯用，多读何为?”这时阿合马乘机在忽必烈面前进谗言：“希宪日与妻子宴乐尔。”忽必

〔1〕《元文类》卷六十五《平章政事廉文正王神道碑》，
〔2〕《元史·廉希宪传》。
〔3〕《元文类》卷六十五《平章政事廉文正王神道碑》。
〔4〕《元史·廉希宪传》。
〔5〕《秋涧集》卷八十六。
〔6〕《元文类》卷六十五《平章政事廉文正王神道碑》。

烈脸色一变，斥责道："希宪清贫，何从宴设！"〔1〕在治理荆州时，廉希宪曾收留宋朝故宣抚、制置二司幕僚中能干事者二十余人，因材任用。这些人为了感激他，赠他珍宝玩物。"时宋故官礼谒大府，必广致珍玩，希宪拒之，且语之曰：'汝等身仍故官，或不次迁擢，当念圣恩，尽力报效。今所馈者，若皆己物，我取之为非义；一或系官，事同盗窃；若敛于民，不为无罪。宜戒慎之。'皆感激谢去。"〔2〕廉希宪说了上面一段话，他首先讲明自己与朝廷的关系。自己是朝廷命官，代表皇帝来治理一方，有权任用提拔官吏，但那是圣上的恩典，而非他个人行为，被提拔使用的官员不应感谢自己，要努力尽职尽责，报效朝廷。其次，他分析了行贿的弊端。如官员用自己的钱财来行贿，就会陷收受钱财人于不义之地；如拿公家的钱财来送礼，则等同于贪污侵吞国家资财，行贿者与受贿者必将同罪；如用搜刮老百姓的民脂民膏送礼，更要罪上加罪了。一席话说得既语重心长，又清澈透亮，不能不使行贿者惭愧万分，幡然悔悟，改邪归正。他拒绝接受诸官所献金银财宝，但所献俘获男女则受之而释归，被释者遂自称"廉民"，可谓语义双关。在行省荆南时，廉希宪日夜操劳，加上江南暑热，水土不服，久病不愈，近臣董文忠向忽必烈进言："江陵湿热，如希宪病何？"至元十四年（1277），忽必烈召希宪返都，"江陵民号泣遮道留之不得，相与画像建祠。希宪还，囊橐萧然，琴书自随而已。帝知其贫，特赐白金五千两、钞万贯"〔3〕。

四、结　语

廉希宪生前和身后，人们对他评价甚高。与廉希宪同时的丞相伯颜曾经说过："廉公，男子中真男子，宰相中真宰相也。"〔4〕张三丰本名张君宝，早年深受廉希宪教诲和帮助，如沐春风，后来写过一首长诗《呈廉阁老》，对廉希宪作了发自内心的赞美和讴歌，诗云："真人不露真，玄门不露玄，方士乃何物，自献徒纷然。

〔1〕《元史·廉希宪传》。
〔2〕《元史·廉希宪传》。
〔3〕《元史·廉希宪传》。
〔4〕《新元史·廉希宪传》。

尧舜享高寿，无为静也专，几曾饵金石，而乃得遐年。我爱廉夫子，忠悃心拳拳，上书攻异教，肝同铁石坚。吾家有二老，至今作天仙，子房师辟谷，志和隐钓船。素与天子近，不谈汞与铅，功成身勇退，英雄则有焉。帝王自有事，岂在白云边，凡为大臣者，孔戒必当先。我爱廉夫子，正气如孟贤。"[1] 张三丰在诗中说廉希宪"正气如孟贤"，是说廉希宪的一身正气，犹如孟子的浩然之气在身，不愧为"廉孟子"之称。另一首《送廉公之江陵》："我有老亲，头已白矣。我得微官，公之德矣。公自爱才，我非贪禄。公往江陵，民皆受福。"[2] 大概是廉希宪任江陵府之职时，经过中山，寻访故地，与友人张三丰小聚，张三丰为他写的一首送别诗。诗中期待廉希宪到江陵，老百姓会受其福祉。

元代著名文学家、儒臣元明善曾赞扬道："廉希宪清忠粹德，文武元臣。早以门阀之贤，入膺寄托之重。非诗书不陈于上前，非仁义不行于天下。忧国忘家，爱民如己。西靖秦蜀，东极青齐，北清辽碣，南镇荆湖。在中书者，曾几何年，而能立大法，销大患，进大儒，摧大奸，耻身弗及伊周，耻君未迈尧舜。言昔贤之所难，为人臣之不敢，嶷然三代之佐，盖将师表百世者矣!"[3] 这就精炼地概括了廉希宪作为儒者的一生：以诗书谏皇上，以仁义治天下，忧国忧民，舍身忘家，爱民如己。元明善在《平章政事廉文正王神道碑》还说廉希宪："先天下忧，后天下乐，范得我心，我非范学。尧舜吾君，夔契在我，时无留阂，何之不可。格君以道，持身以义，蹈中绝利，行与天契。其生也顺，其死也安。"[4] 这也概括了廉希宪与范仲淹同调，以儒臣之身，致君尧舜，实行儒家治道的终生追求。元代文学家、诗人曹伯启在《题廉文正公画像》一诗中赞誉道："正学孤高践履淳，虞廷元凯汉星辰。咸阳事业荆南传，百世中朝有重臣。"[5] 元代作家侯克中《挽廉平章》云："烈似秋霜暖似春，明于皎日正于神。千年海岳英灵气，一代乾坤柱石臣。宾客填门惟慕德，诗书满架不知贫。致君尧舜平生事，天命胡为只五旬?"[6] 明代

---

〔1〕《张三丰先生全集》卷五《云水集》。
〔2〕《张三丰先生全集》卷五《云水集》。
〔3〕《国朝文类》卷十二《平章廉希宪赠谥制》。
〔4〕《元文类》卷六十五。
〔5〕《曹文贞公诗集》卷九。
〔6〕《艮斋詩集》卷六。

文学家、史学家王世贞在《王弇州崇论》卷四中道："吾尝谓元有三仁（耶律楚材、廉希宪、伯颜）焉。……廉希宪，又有学力焉，宰相之为真宰相也，男子之为真男子也"[1]，赞扬他作为宰相是一位真宰相，作为男人是真男子即孟子推崇的大丈夫。明末清初文学家、史学家文德翼将廉希宪功业与裴度、韩琦、王阳明等名臣相提并论，称："人材之杰出，未易时遘也。裴度、韩琦、廉希宪、王守仁之徒，千古无二。使不尚书，不宰相，惟一道一郡之用，则其伟绩奇伐，亦有限矣。"[2] 明人黄汝亨则比较廉希宪与宋代韩琦、范仲淹云："希宪十九能明孟子仁义、性善之旨，名儒良相，功德咸备。宋韩、范诸公无以复加，岂惟廉哉，岂惟廉哉！"[3]

今人陈垣先生称："西域人纯为儒者有廉希宪。……元色目人中，足称为理学名臣者，以希宪为第一。"[4] 当代也有作者说："这位维吾尔族政治家，不仅有萧何的精明，魏征的刚直，海瑞的清廉，文天祥的高洁等优秀的品质和性格特征，还十分反对迷信。"[5] 我认为廉希宪虽然有较深的儒学造诣，但毕竟不是一位纯粹的学者，而主要是一位政治家。他能够把孔孟之道作为自己的精神信仰，被忽必烈称为"廉孟子"，又自称"受孔子戒"，在日常生活中身体力行地践行儒家思想，在政治生活中尽心竭力地实践儒家治理之道，是中国历史上一位少数民族身份的儒者、儒臣，在以儒为主、多元文化交流融汇过程中具有重要的历史影响和现代意义，值得我们重视，加强研究，积极传播。

---

〔1〕王世贞：《王弇州崇论》卷四。

〔2〕《求是堂文集》卷十四《江太守保障九江碑记》。

〔3〕《廉吏传·廉希宪》。

〔4〕陈桓：《元西域人华化考》，上海古籍出版社 2008 年版，第 10 页。

〔5〕姚家余主编：《中华政治家百杰传》第十八卷《耶律楚才 忽必烈 廉希宪 脱脱》，延边大学出版社 2006 年版，第 157 页。

王船山《尚书引义》中的君臣观

胡金旺*

[内容提要]

《尚书》是中国上古历史文献和部分追述古代事迹著作的汇编。王船山在《尚书》君臣观的基础之上进一步引申出自己在君与臣以及君臣关系方面的思想。船山认为禅让制不是必然优越于世袭制，关键是这种制度要适应当时的情势。权力的根源在于德与望，但是他反对废除世袭制而恢复禅让制。船山反对复古主义，要求根据现实制定出切实可行的制度，深具历史发展主义的意识。君主有用人与听言两项独制，但臣对君的态度不可以术事君及迎合君之隐志，而应以道事君。船山认为君臣之间应该是一种互相制约与负责的平等关系。臣子并不是君主可以任意驱遣的家奴，与君主是宾友的关系。君主的德性对国家的治理是难以始终依赖的因素，而相位的设置以至于制度的建设才是国家治理最可靠的保障。这是船山对政治统治过度倚重统治者德性的一种纠偏。

[关键词]

王船山；《尚书引义》；君臣关系；历史意识

* 胡金旺，宜宾学院四川思想家研究中心教授，哲学博士。本文系国家社科基金项目“儒学的超越性与时代性问题研究”（15XZX008）的阶段性成果。

《尚书》是中国上古历史文献和部分追述古代事迹著作的汇编，基本内容是古代帝王的文诰和君臣谈话内容的记录。《尚书》在流传过程中明显带有后人整理润色的痕迹，渗入了后人的思想，如对唐虞时代的向往、禅让制优于世袭制等。所以对《尚书》的研究也内在地包含了对后人尚书学中具有影响性和价值性思想的研究。因此，对伟大思想家王船山的《尚书引义》的研究也是整个尚书学研究的一个很重要的组成部分。船山的政治思想对当代的政治实践仍具有一定的意义，因而对《尚书引义》的研究具有当代价值。当然，这种研究对尚书学的研究也是有意义的。本文即是在概观《尚书》君臣观的基础上，主要对《尚书引义》中的君臣观所做的研究。

一、《尚书》中的君臣

《尚书》记载了不同形式的王位的继承方式。最为后世所称颂的圣君是尧舜，尧是以禅让的方式将政权交给舜的。禅让制是选举贤能的人继承王位，而不是以势力或血缘关系确定继承人。政权交接和平稳定，民众没有因为君王的更替而遭受苦难，这也是后人向往唐虞时代的一个重要原因。《尚书》中还有通过讨伐暴君并推翻其王朝的方式获得王位的一些君主，例如商汤与周武王，他们分别取代了夏桀与商纣而获得王位。与禅让制和暴力革命获得王位的方式不同，《尚书》中还记载了一种通过血缘关系继承王位的方式即世袭制。《尚书》中两个最大的暴君夏桀与商纣王都是以世袭制的方式登上王位宝座的，这可见《尚书》的作者对世袭制与禅让制的不同态度。而对于以革命的方式获得王位则要具体分析，不能一概而论。因此，仅仅就世袭制与禅让制而言，作者更倾向于禅让制。

《尚书》不仅记载了君主的产生方式，还记载了不少臣子的选拔标准。舜对群臣的考察方式是“三载考绩，三考，黜陟幽明”,[1] 群臣官职的升降取决于其政绩的优劣，而政绩的优劣是通过客观的考核而不是君主好恶的方式确定的。《立

[1] 李民、王建：《尚书译注》，上海古籍出版社2004年版，第19页。

政》篇集中阐明了选择臣子即“建立长官”[1]的标准，是对夏、商、周三代的择臣经验的总结与评价。“古之人迪惟有夏……乃敢告教厥后曰，拜手稽首后矣，曰：宅乃事，宅乃牧，宅乃准，兹惟后矣。谋面用丕训德，则乃宅人，兹乃三宅无义民。”[2]宅，即度，是考虑、图度之意。君主要考虑任用好他的常任、常伯、准人之官。其标准如果是“谋面用丕训德”与“宅人”，即以貌取人与任人唯亲而不是根据道德标准，则君主就无贤臣可用，言下之意是君主要选贤与能。商汤则明确提出了“三俊”的择人标准。孔颖达疏：“三俊即是《洪范》所言刚克、柔克、正直三德之俊也。”[3]简言之，三俊就是刚、柔、直三种美德。周文王、周武王提出了“三有宅心”“三有俊心”，以此考察百官，选拔官吏。“亦越文王、武王克知三有宅心，灼见三有俊心，以敬事上帝。……文王惟克厥宅心，乃克立兹常事司牧人，以克俊有德。”[4]

舜对皋陶等人说：“臣作朕股肱耳目。予欲左右有民，汝翼。予欲宣力四方，汝为。予欲观古人之象，……汝明。予欲闻六律五声八音，……汝听。予违汝弼，汝无面从，退有后言。钦四邻。”[5]君主在“左右有民”“宣力四方”“观古人之象”与“闻六律五声八音”等事上，臣子分别要“翼”“为”“明”与“听”，即君主要得到臣子的配合与帮助，君臣勤于政事、共事和谐默契是政通人和的前提。大臣要采纳正确的意见，要明白自己的职责所在，否则就可能遭受惩戒。《尚书·益稷》说：“工以纳言，时而飏之，格则承之庸之，否则威之。”[6]虽然舜强调了臣对君的配合，但是主要还是单向的臣子对君主负责，还不是双向的互动。在这种君主居高临下命令臣子的政治体制下，只有上对下的监督与约束，而没有下对上的监督与约束。因而，臣子的地位显然与君主的地位是不平等的，为万世称颂的唐虞时代，其实从制度上分析也是特定时期的产物。这正是后文船山所认为的禅让制不是必然优于世袭制的原因所在。

---

〔1〕 李民、王建：《尚书译注》，上海古籍出版社2004年版，第348页。
〔2〕 李民、王建：《尚书译注》，上海古籍出版社2004年版，第349页。
〔3〕 李学勤主编：《十三经注疏·尚书正义》，北京大学出版社1999年版，第470-471页。
〔4〕 李民、王建：《尚书译注》，上海古籍出版社2004年版，第351-352页。
〔5〕 李民、王建：《尚书译注》，上海古籍出版社2004年版，第43页。
〔6〕 李民、王建：《尚书译注》，上海古籍出版社2004年版，第44页。

通过以上的分析，可见在《尚书》中君主的产生有多种方式，但是都强调了君主德性的重要性。君主选拔臣子的标准是贤与能。有了合格的君主与臣子之后，才可能营造和谐共事的氛围，进而形成良好合作的君臣关系。在《尚书》经文中，主要还是从君主对臣子的发号施令、臣子对君主负责的单向活动中来谈论君臣关系。这也是那个时代君臣关系的一个特点，而到了王船山时代，古代的政治制度经历了数千年的发展，社会也发生了很大的变化，思想文化也发展到了更高的阶段。船山通过《尚书》经文而发表了与时代密切相关的政治思想，当然这些思想也还是从《尚书》经文引申而出的，同时也有对经文及后人加入其中的政治思想的回应。这也应是其书名《尚书引义》的由来。

二、王船山论君主

（一）船山论君主的产生

与《尚书》经文论述了君主的产生方式一样，船山在《尚书引义》中对政治权力继承问题有深入的观察，他指出权力继承方式在中国历史上主要有两种。他说："古之有天下者，皆使亲而贤者立乎辅相之位，储以为代；其耄且没矣，而因授之，人心定而天位以安。黄帝以前，不可考也。继黄帝而兴者，率循其道。然则以相而绍位，其轩辕之制乎！"[1] 船山还指出："尧因法而从时，因人而顺天，非有异也。是故无与于尧之高深矣。古之帝王，顾大位之将有讬也，或命相而试以功，或立子而豫以教。"[2] 船山认为尧舜之禅让是"因法而从时，因人而顺天"。因此，禅让不能证明尧之高深。尧当然也高明，在于他能够从时而动，不墨守成规。依船山之见，禅让制与世袭制各有利弊。

他接着强调道："立子以适而不以贤，立而后教之，故三代崇齿胄之礼。命相以德而不以世，故唐、虞重百揆之任。试而命之，以重其望也；立而教之，以成其德也。定民志者存乎望，堪大业者存乎德。德其本也，望其末也。本末具举，则始

〔1〕《尚书引义》，《船山全书》第二册，岳麓书社2011年版，第243页。
〔2〕《尚书引义》，《船山全书》第二册，岳麓书社2011年版，第244页。

于无疑，而终于克任矣。试而后命，本先于末；立而后教，末先于本。先难而后以易，故尧迟之七十载，而以不得舜为已忧。先末而后本，则初吉而终或乱，故桀、纣、幽、厉得奄有四海，待汤、武而后革。"〔1〕船山认为德性是能继承政治统治权的根本，而望是稳定民心的基石。禅让制是本先于末，有德性的人让他担任大臣的职位，但是选拔这样贤明的大臣又是一件难事。而世袭制是立而后教，末先于本。其弊端就是可能出现一个王朝的早期的君主较尽如人意而后来的君主变得昏庸无道的情形，于是，皇权的巩固以及封建统治秩序的稳定就面临风险。所以，德望兼备的君主是最理想的君主。有了这样的君主，则两种王位继承方式就不分伯仲。

我们还可以通过船山有关法、时及人关系的语句分析其关于制度的思想。其言有如下几条："法岂有定邪?"〔2〕"昔夫子之赞尧、舜，至矣；而其舍子以授贤，未之及焉。审乎此，而唐、虞之际有定论矣。"〔3〕"况尧之以因而不以创，即有德焉，亦归之轩辕，而尧不任受乎！苏氏曰：'圣人之所大过人，而天下后世之所不能。'斯亦未达于时之窠说已!"〔4〕综合以上引文可见，船山认为没有适用于任何时代的万能的法，法是要因应时代而有所损益的。〔5〕这是讲任何具体的制度有一个时效性的问题。所以，唐虞时代的禅让制不一定适合后世，也不是百试不爽的最好的制度，它只是那个时代的产物。而从三代开始由于"人之亲其子也，而靳与之位以授异姓"〔6〕的原因，宣告了以世袭制为主的时代的到来和以禅让制为主的时代的终结。其次，船山在此还强调了法不是圣人突然灵光闪现创造出来的，而是经过长期的实践探索慢慢定型的。因此，苏氏所认为的圣人大过人、后世之人创造不出比禅让制更好的王位继承人的制度的看法，是用僵化的眼光看问题，将具体的制度固定化，没有看到后世之人也会从不断变化的社会实践中摸索出适应实际的好办法、好制度，这是复古主义思维和盲目崇拜圣人所产生的人云亦云的错误论断。

---

〔1〕《尚书引义》,《船山全书》第二册，岳麓书社2011年版，第244页。
〔2〕《尚书引义》,《船山全书》第二册，岳麓书社2011年版，第244页。
〔3〕《尚书引义》,《船山全书》第二册，岳麓书社2011年版，第242页。
〔4〕《尚书引义》,《船山全书》第二册，岳麓书社2011年版，第245页。
〔5〕船山主张传德性而不传道法，有关论述参见王林伟：《王道政治的理念——基于程氏经说的探讨》,《政治思想史》2014年第2期。
〔6〕《尚书引义》,《船山全书》第二册，岳麓书社2011年版，第242页。

所以，船山在此王位继承人问题上的一个核心思想是“因法而从时”，其实质是法要与时俱进。尧舜禹时代是禅让制，而到了三代时期就演变成了世袭制，这就是“因法而从时，因人而顺天”。因人顺天，是从人与天的关系来讲的。而法当然是人所依循之法，所以都是讲法要从时，人不可违背时势而逆天强行。这正如陈明先生所说：“船山则认为理随势异，处事之道非能尽择于先，必因事择义，方能得物我之宜。”[1] 船山这种“理随势异”的观点是充满历史意识的。势与时是有关的，势是在时间之流中形成的。因而，理随势异也就是理随时异。

正是从“理随势异”的哲学观出发，船山反对那些崇尚上古三代的儒者所主张的废除世袭制而恢复禅让制。这表明船山反对复古，他是用历史发展的眼光来审视制度的合理性。[2] 这是船山对中国文化中普遍而强烈的崇古意识的突破。此与船山的人性论是一致的，他认为人性不是初生之顷就被决定了的，是日生日成的，而人性之日生是与气日生变化相关的。人性是因时而变化的，政治的情势同样是不断变化的，因而我们不能照搬古代的成法而要因时而变。可见，船山政治思想是与其哲学思想密切相关的，或者说是由后者决定的。

（二）君主的用人与听言

船山指出君主有两个重要职责，即用人与听言。《冏命》篇主要论述了用人与听言的重要性。他说：“君人者有独制二，其他则可责之大臣，大臣勿容辞也，二者何？用人也，听言也，黜陟者一人之大权，从违者一心之独断也。”[3]

人事权特别是大臣的任免权掌握在君主一人手中，大臣的谏言也是由君主一心独断，不能受制于人。这是讲君主的权力是至高无上的，不受他人掣肘。虽然，君主的用人权和听言是不容旁人置喙的，但是其他的权力船山以为君主可以交给大臣掌握。船山反对君主包揽所有大权的君主专制，认为实际行政事务应当交给大臣去全权负责。所以，君主与大臣在治国理政上应当有所分工，君主如果事必躬亲、亲力亲为，实际上最终的结果是该由自己负责的事情都负责不好，同时也干扰了大臣

---

〔1〕 陈明：《王船山的历史意识与其对“克念”为学工夫的阐发》，《孔子研究》2016 年第 4 期。

〔2〕 对此，萧公权说道：“传统儒家每喜言法古。宋明理学亦动辄称美三代之治，以封建井田诸制为后世之楷模。船山深观史实，一反其说，认定势理相随，变而益进，乃人类社会生活之必然趋势。”萧公权：《中国政治思想史》，新星出版社 2010 年版，第 412 页。

〔3〕《尚书引义》，《船山全书》第二册，岳麓书社 2011 年版，第 415-416 页。

的行政工作，束缚了他们的手脚，使他们不能发挥自己的聪明才干办好分内之事。这种分工体现了船山的大臣与君主是平等而不是领主和附庸的关系的政治思想。

船山说道："大臣以荐辟为职，弗容早用其苛求。迨乎进乎君侧矣。有所任使，而才不才见矣；渐与狎习，而忠佞类可知矣。故不能禁大臣之举或失人也。正而庸之，谀而屏之，孰能制我以不彰不瘅者？奚必夙戒大臣以慎简乎！"〔1〕大臣以推荐贤才为职责，君主也不能在用人之初就苛求于所荐之贤才，要允许人才有一个适应和成长的过程。等到他在君主之侧，有所担任，则其才与不才就可以显现；与之接触的时间一长，就亲近起来，则其忠佞也就知道了。所以，不能禁止大臣荐举人才，否则可能错失人才。对于有正义感的大臣要任用，阿谀奉承的大臣要屏退。君主彰善瘅恶不受制于他人，他有自我判断的标准与能力。在施政过程中，君主要严格要求自己，以身作则，能正其自己。船山说道："君崇正则正言御矣，君喜谀则谀言进矣。"〔2〕君主要亲贤臣远奸佞，求诸己而自我约束，否则就是"可禅、可继、可革"（船山语）的。

三、王船山论臣子

（一）臣子对君主的态度

臣对君的态度是应以道事君，不可以术事君及迎合君之隐志。在《秦誓》中，船山指出臣子承君分治的原则："言有至是者，不可废也，而其心则不能如其言。言不以人废，抑不以其心废。言苟至是，不可废也。圣人乐取于人以进天下于善，则亟取之，读者因言以考事，因事以稽心，则抑因此而得炯戒焉。"〔3〕

从以臣子为主体来看，臣子与君主的互动，船山以为其重点是臣子就当前事务发表言论，以心考察其事之合理性。圣明之君对天下趋于善是非常乐见其成的，所以乐于采纳臣子的意见。君主的这个态度反映了他的圣明之处，是保持君臣良好互动关系的关键。但历史上贤君又是少数，而对于昏君或诈术之君，船山以为臣子都

〔1〕《尚书引义》，《船山全书》第二册，岳麓书社2011年版，第416页。
〔2〕《尚书引义》，《船山全书》第二册，岳麓书社2011年版，第416页。
〔3〕《尚书引义》，《船山全书》第二册，岳麓书社2011年版，第432页。

不应该以阿谀奉承之言行去迎合君主之所好，即“逢君之隐志”。船山说道：“乃于此而为人臣者，当乱世事诈力之主，其难也甚矣。非君子孰能守贞而免于咎哉？其惟周初之君臣乎！降德国人、修和有夏、以积功而有天下者，即其以累仁而不争天下者也。……故君子乐论其世，观于君臣之际以劝忠也。”〔1〕

周初的君臣关系之所以为后人所乐道，乃是因为有明君文王及其身后所追随的一批忠心耿耿的臣子之故。但是毕竟在历史上，周初的君臣关系是不多见的，像文王那样的圣君也是不多见的。当乱世事诈力之君对于臣子来说的确是一件很困难的事情，非君子就难以守贞而免咎。而有些臣子就难免为了迎合君主的欢心而做出违背道的事情。于是，船山说：“王道之息也，德衰功竞。士以其身游于蛊坏之世，而处人图王定霸之间，守经而自靖，则以失时而见侮，揣变以从欲，则以怀诈而见疑。乃守贞且有屯膏之险，而教猱宁全顾后之图！安于忍人者疑其不难于背己，险于乘人者畏其不可与有终。乐杀人者以为功，则将以之平怨于冤鬼；多剖利以富国，则必亿其厚藏于私家。故苏秦裂、文种刎、韩信夷、刘晏籍。徇人主之欲，仅取一旦之欢，而极非常之祸，斯亦可为大哀也矣。虽然，其不足哀也。彼所为逢君之隐志，以自诩得志于人主者，其裂人、刎人、夷人、族籍人产，不知凡几矣。”〔2〕在此，船山论述了身处王道衰微的世道，士子进退失据的艰难处境。若洁身自好，可能失时而见侮；若随波逐流，又有怀诈见疑之弊。忍人者又被君主怀疑背己，险于欺人者又被君主所畏而难以善始善终。乐于杀人以邀功，则将被君主杀害而为冤鬼平怨；过多地搜刮民脂民膏以富国，则必将企图厚藏于私家。这也是苏秦、文种、韩信、刘晏等落下悲惨下场的原因所在。因为他们不是以道事君而是以诈力事君，以什么待人必将遭到同样的对待；对待君主也一样，以诈力事君，君主必将也以诈力回报。所以，顺从人主之欲，“逢君之隐志”，满足其一时之欢，往往招致悲惨的灾祸。

船山进一步说道：“忍于人者，无所不忍；谲于人者，无所不谲；立谈之顷，早见其心，而欲以此结恩故、保功名于安忍雄猜之主，其可得乎！当其前席倾听之

〔1〕《尚书引义》，《船山全书》第二册，岳麓书社2011年版，第432-433页。
〔2〕《尚书引义》，《船山全书》第二册，岳麓书社2011年版，第435页。

日，剑已加于其颈矣……其不为险陂之主所颠倒而乐为之死亡者，鲜矣。”[1] 臣子以术事君，必将为君主识破其心术，就难以取得君主的信任，其欺诈形象早已定格于君主之心。因而当其倾听臣子的计策时，也对臣子起了防备之心，此时一把无形之剑已经架在臣子的脖颈之上。君子无论身处何时，都应当以道事君。船山说道：“夫君子出身以任人国家之事，进以当宾友为礼，退以保明哲之身；所守者道也，所重者耻也，所惜者名也。……则君子之行己事君，不与世主为迁流，其必有道矣。”[2] 君子出身担负起国家之事务，进退都是有所遵循的。进入庙堂之上，则以宾友自居而以之为礼，退则明哲保身；君子所守者是道，所重者是廉耻，所爱惜者是自己的名声。在此，臣子并不是君主可以任意驱遣的家奴，他是有自己的尊严和独立的意志，与君主是宾友的关系，不唯君主马首是瞻。船山的这个观念有近代思想的特征，否定了臣子是君主家奴的观念，而认为他们是宾友平等的关系，这在封建社会里无疑是石破惊天的思想。对于宋明理学家讲的“天下无不是底君”，船山进行了严厉的批判。[3]

（二）臣子的作用及相权之必要性

臣子在政治权力的运行中是仅次于君主的角色，他从君主那里获得权力治理国家和管理百姓。臣子中最重要的职务为宰相，不仅从君主那里分享了很大的统治权，而且对君主起到了一定的制约作用。因此，他在《尚书引义·立政周官》中详细阐明了宰相一职的必要性与重要性。

船山回顾了中国相权的历史发展，他说：“唐虞之建官，内有四岳，外有州牧侯伯，此三代之所因也。总百官四国之治者，内有百揆，周之所不因也。故后世有天下而不置相，盖自周始。”[4] 百揆之官，即为宰相，周代没有相沿以用，实际上是开了一个不好的先例。但宰相一职在封建君主政府里至关重要，明朝朱元璋时期废除宰相一职，船山认为这是明代政治腐败从而最终导致灭亡的重要原因。因

---

〔1〕《尚书引义》，《船山全书》第二册，岳麓书社2011年版，第434页。
〔2〕《尚书引义》，《船山全书》第二册，岳麓书社2011年版，第435-436页。
〔3〕参见萧萐夫、许苏民：《王夫之评传》，南京大学出版社2002年版，第436页。
〔4〕《尚书引义》，《船山全书》第二册，岳麓书社2011年版，第396页。

此，设置对君主具有一定制约作用的宰相职位是相当必要和重要的。[1] 船山说道："乃周之所以断然废四代之典，而立三公论道，六官分政、以成罢相之制者，文王、周公何为其然邪？古之君子，备道自己，而于物无忧，故能为治任功，而不能为乱任咎，正其谊而先其难，惟其自慊而已矣。代天理民者，君也；承君分治者，臣也，此天下之通义也。任人者逸，自任者劳，此人情之至顺也。尧舜与天同体，而情无非道，则因其至顺，而不必厚求己而薄责于人，安其身而天下自定。文王与天同用，正其通义，躬自厚而薄责于天下，勤其身而不求备于人。……此文王之所以开周也。"[2] 周之所以断然废四代之典，是因为文王与周公"躬自厚而薄责于人"。所以，周文王在罢相时也能维持政治的稳定，成就王业。船山对儒家奉为政治偶像的文王不便直接地过多指责，在指出他开启了废除相权所带来的政治制度弊病的同时，认为文王废除相权是有文王之德做保证的；而一旦后世在德性上不如文王的君主仍然照搬文王对权力布局的设计，则必然使得这种有缺陷的制度的弊病显现出来。船山批评后世君主仿效文工不置相是假师文王周公之德而行家天下的专制之实。

船山说："若夫昭穆已降，关雎、麟趾之精意已微，而趣马、师氏、膳夫、内史，且以斗筲分大臣之权，则文王应已早知其弊，而行法俟命，知无可奈何而安之矣。呜呼！缘此而后世之以勤劳开国者，恃其精明刚健之才，师周官而一天下之权归于人主，禁制猜防，上无与分功，而下得以避咎，延及数传，相承以靡，彼拱此揖，进异族而授之神器，师古无权，而为谋不远，又岂非理势之必然者乎？"[3] 昭穆已下之君主，关雎、麟趾之意已衰微，即君王德性已衰之意，于是不置相的隐患就显现出来。宰相之位虽然没有设置，但是与之相应的权力还存在着，这些权力在君主仁德与勤勉都不够之时就会被斗筲之官所瓜分侵占。大权旁落，国之神器就难免落入他人之手。船山由此强调了设置宰相职位之必要性，他说："天子无亲

〔1〕在《宋论》中，船山提出了国君、宰相及谏官三者环相制衡的政治制度，这是对传统政治制度的一种创新。船山说："宰相之用舍听之天子，谏官之予夺听之宰相，天子之得失则举而听之谏官；环相为治，而言乃为功。谏官者，以绳纠天子，而非以绳纠宰相者也。"见《船山全书》第十一册，岳麓书社 2011 年版，第 122 页。

〔2〕《尚书引义》，《船山全书》第二册，岳麓书社 2011 年版，第 398 页。

〔3〕《尚书引义》，《船山全书》第二册，岳麓书社 2011 年版，第 399 页。

臣，大臣无固位，国蹙民贫，虽有贤者，亦坐叹而无能为矣。”〔1〕船山在强调宰相的重要性时认为开国君主的德性对相位缺失起到了一定补救作用，而后世养尊处优的君主可能无法与在金戈铁马中打下江山的君主相比，此时宰相一职的缺位所引起的弊病就显露了出来。船山的言外之意是难以保证每个君主的德性高尚，因此君主的德性对国家的治理是不能始终依赖的因素，而相位的设置以至于制度的建设才是国家治理最可靠的保障。有了这些建设，政治权力的运行才是合理的、可控的，君臣才能形成良好的互相制约的关系。在强调君臣德性重要性的同时，船山重视制度的作用，这是他对政治统治过度倚重统治者德性的一种纠偏，对政治领域的伦理道德至上主义形成了某种突破。〔2〕这种突破与近代社会的特征有契合之处，是思想的时代性的典型表现。这是船山在《尚书引义》的政治思想中包含的一个重要观点。〔3〕

有学者将船山对法与对人的重视概括为“任人任法并重”，他说：“王夫之结合不同的历史事件对法治与人治的关系多方辨析，……三是必须任人任法并重，‘举一废一，而害必生焉’。”〔4〕这段引文点出了船山对于法治制度的重视，当然作为“两端而一致”的辩证思维模式的信奉者与践行者，〔5〕船山是任法任人并重的，他意识到偏于任人或任法都会产生弊病（现代社会有些国家偏于任法，其弊病已为有识之士所指出，这种治国方略上的弊端早为船山所认识）。但他在以人治为主要特征的社会政治环境里突出了制度的作用，在政治思想史上无疑有重大意义，体现了思想家对时代新因素的敏锐捕捉，反映了时代的要求。

---

〔1〕《尚书引义》，《船山全书》第二册，岳麓书社2011年版，第400页。

〔2〕参见萧萐夫、许苏民：《王夫之评传》，南京大学出版社2002年版，第445-446页。

〔3〕在《读通鉴论》中，船山对此观点进行了直接的论述，提出了具有近代民主意义的以制度治国的理念：“夫古之天子，未尝任独断也，虚静以慎守前王之法，虽聪明神武，若无有焉，此之谓无为而治。守典章以使百工各钦其职，非不为而固无为也。诚无为矣，则有天子而若无；有天子而若无，则无天子而若有；主虽幼，百尹皆赞治之人，而恶用标辅政之名以疑天下哉？”见《船山全书》第十册，岳麓书社2011年版，第474页。治国理政当然要依仗德性高尚的君臣，但又不能对他们寄予过多期望，同时要依靠制度。这是历史上过多的昏君奸臣给予船山的反思，船山时代兴起的质测之学也给予他要重视客观准则的启发，不能过分依赖主观道德的东西。这一点与船山的气本论哲学思想也是一致的，船山哲学以气为根基，而气是具有偏重客观性质的概念。

〔4〕刘泽华、葛荃主编：《中国古代政治思想史》，南开大学出版社2001年版，第535页。

〔5〕郭齐勇：《浅析王夫之的思维模式》，《江汉论坛》1983年第6期。

四、《尚书引义》中的君臣互动

在封建社会，虽然大臣只是“承君分治”，即从君主那里分享政治权力，但国家行政事务的权力主要还是由大臣掌握。君臣分治天下，则君臣的互动就显得尤为重要了。船山在《冏命》中深入探讨了君主与臣子之间的互动关系。船山说道：“君崇正而正言御矣，君喜谀则谀言进矣。至若诡于正而实以谀者，虽唐、虞之廷，有巧言之畏。”〔1〕船山之意是君主自身的喜好实际上左右着臣子的表现。君主如果崇正，则正言进焉；君主如果喜欢听阿谀奉承的话，就会有阿谀奉承的大臣围绕在他的周围。所以即便是唐虞时期，也当畏惧巧言令色的臣子。船山认为君主的道德素养、言行表现是确立良好的君臣关系的基石，这里表达了君主品行节操重要性的思想。一个称职的君主，他必然能很好地处理君臣关系，首先在于他所选拔的臣子在业务素质与品行节操上也是非常出色的。所以，君主也有一套用人哲学。他说：“帝王于左右朁御之臣，察其人，辨其言，知人之不能代我而我不容不慎也。”〔2〕考核身边的大臣是君主的重要职责，是任何人都不能代替的，而且必须分外谨慎，要认真细致地观察臣子的表现，辨别其言行。

船山还从一个王朝由兴到衰的历史演变中表达了君臣关系的不同。他说：“前王造王业于艰难，险阻备尝，情伪毕达，知人既已审矣。而当草昧之际，言之臧否，旋踵而成败效之，故从违易决，弗忧其莠言之浸渍也。……迨天下之已定矣，人君蒙业而居安，大臣循资以渐进，始之以容保为心也，犹未失也。乃一有此心，而情流巽懦，则柔软成乎习尚，君不能自振，大臣不能自坚。……迨及末造，主暗臣奸，而不但此也。主暗则志不定，臣奸则任之也不容专。于是大臣既有可疑之迹，天子因有厚疑大臣之心，上下交猜。”〔3〕这段文字从王朝三个不同时期考察了君臣之间的互动关系。在打江山造王业之际，君主备尝艰辛，身边的人真伪充分地展现在眼前，因而对这些一起开创大业的人是相当了解的。言之臧否，成败立即

〔1〕《尚书引义》，《船山全书》第二册，岳麓书社2011年版，第416页。
〔2〕《尚书引义》，《船山全书》第二册，岳麓书社2011年版，第417页。
〔3〕《尚书引义》，《船山全书》第二册，岳麓书社2011年版，第417-418页。

显现于前。所以，也无须忧虑他人的谗言。而在天下大定以后，人君之业乃是继承祖业而来，大臣也是按照资历逐级晋升而来。在这种和平年代的起始阶段，君主与大臣一同守住江山社稷之大业，因而江山大业还在。但是一旦容保之心已生，而情流于懦弱，柔软渐渐成为风尚，君主不能自我振作起来，臣子也不能自我坚强起来。而到了一个王朝的末期，君主愚昧糊涂，臣子奸诈作乱。君主愚昧糊涂则意志不定，臣子奸诈自私则委任他的君主也不容他拥有自主权。于是大臣就有可疑之迹，而君主深有怀疑臣子之心。上下交相猜疑，致使君臣关系处于一个非常紧张而又危险的境地。这三个阶段中最后一个阶段的君臣关系船山是深有体会的，它是明代末年君臣关系的真实写照，也为身处其中的王船山亲身经历。船山有慨于此紧张的君臣关系而认为君臣之间应该发展出相互纠正与和谐的关系，他指出："悬一慎简乃僚之法，以驭右之贤奸，为太仆正之功罪，则君可以用人之失责之大臣，大臣亦可以听言之失上责之君。……君臣交责以交儆，固守成之中主恃以定倾者也。"[1]

君主有两项独制，即用人与听言。但是《尚书·囧命》所说的伯囧是侍御臣，他的僚属为其所选。同样，其他大臣也有遴选僚属之责。因而，大臣也有用人之职责，只是其所用之人是僚属，而不是担任重要职务的大臣。臣子用人之则是"慎简乃僚"，即谨慎选择其幕僚。其实对于君主来说，何尝不也是"慎简乃僚"。所以，船山说君主可以用人之失责之大臣，大臣也可以听言之失上责之君。于是君主与大臣形成了一种互相制约与负责的关系，这种关系体现了君臣在一定程度上的平等关系。这种君臣关系是君主赖以维持国家稳定的根本。

总之，船山在《尚书》君臣观的基础上进一步引申出自己在君与臣以及君臣关系方面的思想。他反对复古主义，要求根据现实制定出切实可行的制度，深具历史发展主义的意识。这种意识使他在继承传统对君臣德性重视的同时，也通过对相位必要性的分析认识到制度建设的重要性，这无疑是对伦理道德至上主义一定程度的突破。在君臣关系上，船山君臣平等意识的思想也是时代特征的反映。船山的这些思想闪耀的光芒，值得研究与传承。

---

[1]《尚书引义》，《船山全书》第二册，岳麓书社2011年版，第418-419页。

王船山对“物”的领会及其现代启示

刘登鼎*

［内容提要］

把自然界当成能源与财富的贮藏地，不断地征服自然，以获得人类欲求的满足，是现代技术对待自然界的态度，并且以一种解蔽和真理的方式呈现出来。对现代技术的反思与批判已经刻不容缓，而儒家的智慧正好给我们照亮了这条道路。王船山是宋明儒学的集大成者，秉承儒学的义理，主张“天人合一”之说，认为人与万物浑然一体；同时又认为人是万物之灵，只有通过尽人道、裁成万物的方式，才能真正与天道合一。万物与人处于一种同中有异、异中有同的关系之中，人一方面要领会万物与人的浑然一体，另一方面又需要积极的“制器尚象”来干涉自然界，以获取人类生存的必需品。船山通过对道体的深切领会，提出人与自然界和谐共存的方法，这对于生活在现代技术大行其道、自然环境极度破坏的现代人来说，无疑具有极其重要的意义。

［关键词］

王船山；道体；自然界；制器尚象

* 刘登鼎，首都师范大学政法学院博士研究生。

一、引　言

王船山主张“天人合一”，“天”就是道体，道体生生不息，化生万物。日月星辰之推移，山河大地之流变，花草树木之荣枯，禽兽人物之生死，家国天下之兴衰，莫不是道体之流行，事理之当然。道非静而不动，必有“浮沉升降动静相感之性”，以生天地万物。万物充盈于天地之间而有形有象称之为明、显，万物从有形有象而至于无影无踪称之为幽、隐，幽、隐非一无所有，只是闻见之知所不能知晓，惟有穷理尽性者知之。

自道体而言，人与万物本无不同，都是阴阳二气之所生。万物千差万别，形象性情各有不同，仁义礼智之性继承乎天而凝于人，草木禽兽没有此性，因而人是天地正气之所生而为万物之灵。仁义礼智乃天之所与，生而有之，不假外求，自然而然，可称为在人之天道。君子知此天道在我，必承此性而有“亲亲仁民爱物”之事，修身齐家治国平天下之功，不徒然依靠天道之自然而必以人事尽之，孔子所谓自强不息、厚德载物，孟子所谓扩而充之，船山所谓“六经责我开生面”，古今同揆，皆是参赞天地，裁成万物，尽人道之事。

清季以降，西人侵华，首之以坚船利炮，次之以商品资本，士人惶恐，百姓震惊。新文化运动诸贤激于时变，斥儒家义理为腐朽吃人，提倡民主、科学以启蒙国人，延及今日，未尝衰减。现代科学与技术相生相长，互助互成，于当今中国已蔚为大观。然而现代技术的进步，所造成的自然环境的巨大破坏，亘古未有，其危害可以想见。自然界已成为技术征服的对象物，能源的贮藏地、天地之大美、并行不悖之大道，人已经不能窥见。船山对万物的领会正好可以作为现代人的借鉴，从而超出现代技术的局限，使人类获得本真的存在。

二、道生万物与万物一体

充盈于天地之间，有形有象而能为耳目口鼻所能知者，都可以称之为物。万物从何而生？从道而生。船山说：“上天下地曰宇，往古来今曰宙，虽然，莫为之郛郭也。惟有郛郭者，则旁有质而中无实，谓之空洞可矣，宇宙其如是哉！宇宙者，积而成乎久大者也。二气氤氲，知能不舍，故成乎久大。二气絪缊而健顺章，诚也。知能不舍而变合禅，诚之者也。”[1]

宇宙没有界限，非空洞无物，由阴阳二气之交融运动而形成宇宙万物的长久与广大。什么是道？是阴阳乾坤。阴阳乾坤之道化生万物而形成宇宙，从本源来看，正表明人与万物通为一体。乾坤之道化生万物，然而什么是乾，什么是坤，乾坤之道如何化生万物，正待辨明。船山说：“乾，气之舒也。阴气之结，为形为魄，恒凝而有质，阳气之行于形质中外者，为气为神，恒舒而必通，推荡乎阴而善其变化，无大不届，无小不入，其用和煦而靡不胜，故又曰‘健’也。”[2] “元、亨、利、贞者，《乾》固有之德，而功即于此遂者也。元，首也；取象于人首，为六阳之会也。天下之有，其始未有也，而从无肇有，兴起舒畅之气，为其初几。形未成，化未著，神志先舒以启运，而健莫不胜，形化皆其所昭彻，统群有而无遗，故又曰大也。……亨，古与烹、享通。烹饪之事，气彻而成熟；荐享之礼，情达而交合；故以为通义焉。《乾》以纯阳至和至刚之德，彻群阴而䜣合之，无往不遂，阴不能为之碍也。利者，功之遂、事之益也。《乾》纯用其舒气，遍万物而无所吝者，无所不宜，物皆于此取益焉。物莫不益于所自始，《乾》利之也。贞，正也。天下唯不正则不能自守，正斯固矣，故又曰正而固也。纯阳之德，变化万有而无所偏私，因物以成物，因事以成事，无诡随，亦无屈挠，正而固矣。”[3]

《乾》是刚健至和之气，善于变化而推荡乎阴，通达万物，无所不至，万物正是通过阳气而有开始。阴气凝结为形质，阳气则流行于形质之中外，相对于阴而言，称之为气、神。必有阳气之动，阴气方能凝为形质；必有阴气之静，阳气方能形成万物。元、亨、利、贞是《乾》之四德，元是万物的开始，是化生之源，故称之为元；有开始而遍行于万物，刚健不已，无所不通，故称之为亨；万物承此阳气，无所不宜，各得利益，故称之为利；阳气使万物各有所成，各正性命，守其正

[1] 《思问录内篇》，《船山全书》第12册，岳麓书社2011年版，第420页。
[2] 《周易内传》，《船山全书》第1册，岳麓书社2011年版，第43页。
[3] 《周易内传》，《船山全书》第1册，岳麓书社2011年版，第43-44页。

而固，故称之为贞。元、亨、利、贞是一个动态的生化万物的过程，《乾》道为万物的开始，有始必有终，终则必有形象而能感知，所以阳本身就蕴含阴，从而使得万物得以终成。因此便需要进入到对《坤》的领会。船山说：“《坤》之德，元亨同于《乾》者，阳之始命以成性，阴之始性以成形，时无先后，为变化生成自无而有之初几，而通乎万类，会嘉美以无害悖，其德均也。阴，所以滋物而利之也，然因此而滞于形质，则攻取相役，而或成乎惨害，于是而有不正者焉。故其所利者牝马之贞，不如《乾》之以神用而不息，无不利而利者皆贞也。”〔1〕“阴非阳无以始，而阳借阴之材以生万物，形质成而性即丽焉。相配而和，方始而即方生，《坤》之元所以与《乾》同也。……惟纯乎柔，顺天所始而即生之无违也。”〔2〕

阴是柔顺之气，乃相对于阳而言，阳为万物之开始，阴顺乎阳而生成万物。阳使万物各有其清通之性，阴使此性凝于形。《乾》《坤》同有此“元”，表明阴阳二气不分时间先后，同时具有。然而阳气清通无碍，神用不息，阴凝此阳于形，如果滞于形质，不免有攻取之患，所以阴必须要顺承乎阳，以阳为主，才能不失其正。由此可见，阳形成万物之性，阴形成万物之形，时间没有先后，功效却各有不同，万物有其形质则其清通之性附着于其中，本来不可分离，浑然一体。必须注意的是，万物之中阴阳并非截然两分，阴中有阳，阳中有阴，阳主动而神用不息称之为阳，阴主静而恒凝为形质称之为阴。船山说：“阴阳二气絪缊于宇宙，融结于万汇，不相离，不相胜，无有阳而无阴、有阴而无阳，无有地而无天、有天而无地。故《周易》并建《乾》《坤》为诸卦之统宗，不孤立也。然阳有独运之神，阴有自立之体；天入地中，地涵天化，而抑各效其功能。”〔3〕“动静者，阴阳交感之几也。动者阴阳之动，静者阴阳之静也。其谓动属阳、静属阴者，以其性之所利而用之所著者言之尔，非动之外无阳之实体，静之外无阴之实体，因动静而始有阴阳也。故曰“阴阳无始”，言其有在动静之先也。阳轻清以健，而恒为动先，乃以动乎阴，而阴亦动。阴重浊以顺，非感不动，恒处乎静，阳即丽乎阴，则阳亦静。静而阴之

〔1〕《周易内传》，《船山全书》第1册，岳麓书社2011年版，第74-75页。
〔2〕《周易内传》，《船山全书》第1册，岳麓书社2011年版，第76页。
〔3〕《周易内传》，《船山全书》第1册，岳麓书社2011年版，第74页。

体见焉，非无阳也；动而阳之用章焉，非无阴也。”〔1〕

依船山之意，万物之中都具有阴阳，没有阴阳分离之物。如人有仁爱之性属阳，人有耳目口体属阴，仁爱之性自然流行发用于耳目口体之中，耳目口体自然有仁爱之流行。阴阳不相离，却不是说两者完全相同，阴阳亦各有其功能，如仁爱之性不等同于耳目口体，耳目口体也不等同于仁爱之性。同时还要注意动静这两个概念，动静是阴阳之动静，阳主动而动乎阴则阴亦动，阴主静而阳附于阴则阳亦静。由阴阳二气之交感，才有阴阳二气之动静。万物皆由一阴一阳之道所生成，然而万物亦有消亡，消亡后则归于太虚无形之气，于此船山说鬼神之事：“阴阳相感，聚而生人物者为神；合于人物之身，用久则神随形敝，敝而不足以存，复散而合于絪缊者为鬼。神自幽而之明，成乎人之能，而固与天相通；鬼自明而返乎幽，然历乎人之能，亦可与人相感。就其一幽一明者言之，则神阳也，鬼阴也，而神者阳伸而阴亦伸，鬼者阴屈而阳先屈，皆为二气之良能。”〔2〕依船山之意，万物皆有生灭变化，阴阳二气交感聚而为万物，称之为神；万物由有形有象而散入絪缊无形之气，称之为鬼。由鬼之幽到神之明，由神之明到鬼之幽，无有终止，只是太虚之聚散，而太虚阴阳无形之气万古长存。

总而言之，由阴阳之道生成万物，亦由阴阳之道而使万物消散。万物由幽至明，由明至幽，生生不息，无有终止，是为道体。领会了这个道体，就能明白万物与人只是一体。

三、领会道体与善待万物

道体就是阴阳之道，由此道而生化万物，万物消散而归于太虚无形之气，太虚无形之气又生化万物，周而复始，生生不息。然而阴阳之道并非凭空揣测得来，必须从道所化生的万物之中去领会。人是阴阳二气之所生，又是万物之灵，因此必须从人伦之物中去领会道体，才是关键。

〔1〕《周易内传》，《船山全书》第1册，岳麓书社2011年版，第524-525页。
〔2〕《张子正蒙注》，《船山全书》第12册，岳麓书社2011年版，第33-34页。

元，在万物为清通之神而使万物生发，在人则显现为仁。[1] 父母慈爱子女，子女敬爱父母，生而知之，无不自然，称之为仁；父母爱其子女，必有恰当之节而不溺爱，称之为礼；父母爱其子女，必因其性情而适宜，称之为义；父母爱其子女，必就其是非对错而明察，称之为知。仁义礼知是人天然之性，不限于父母子女，扩而充之，夫妇、兄弟、朋友、君臣皆有仁义礼知之道。天道在人为仁义礼知之性，人尽此性，使之显现于人伦事物之中，无有放失，称之为尽人道。船山说："物皆有本，事皆有始，所谓元也。《易》之言元者多矣，唯纯《乾》之元，以太和清刚之气，动而不息，无大不届，无小不察，入乎地中，出乎地上，发起生化之理，肇乎形，成乎性，以兴起有为而见乎德；则凡物之本、事之始，皆此以倡先而用，故其大莫与伦也。木、火、水、金，川融、山结，灵、蠢、动、植，皆天至健之气以为资而肇始。乃至人所成能，信、义、智、勇、礼、乐、刑、政，以成典物者，皆纯《乾》之德；命人为性，自然不睹不闻之中，发为恻悱不容已之几，已造群动而见德，亦莫非此元为之资。在天谓之元，在人谓之仁。天无心，不可谓之仁；人继天，不可谓之元；其实一也。故曰元即仁也，天人之谓也。"[2] "尝推论之：元在人而为仁，然而人心之动，善恶之几，皆由乎初念，岂元之定为仁哉！谓人之仁即元者，谓《乾》之元也。自然之动，不杂乎物欲，至刚也；足以兴四端万善而不伤于物者，至和也；此乃体《乾》以为初心者也。夫人无忌于羞恶，不辨于是非，不勤于恭敬，乃至残忍刻薄而丧其恻隐，皆由于惰窳不振起之情，因仍私利之便，而与阴柔重浊之物欲相暱而安；是以随物意移，不能自强而施强于物，故虽躁动烦劳，无须臾之静，而心之偷惰，听役于小体以怀安者，弱莫甚焉。唯其违乎《乾》之德，是以一念之初起，即陷于非僻而成乎不仁。唯以《乾》为元而不杂以阴柔，行乎其所不容已，恻然一动之心，强行而不息，与天通理，则仁于此显焉。"[3]

---

〔1〕船山以仁、礼、义、信配《乾》之元、亨、利、贞，以"知"配"大明终始"之"明"。"明"行乎元、亨、利、贞之终始，知亦贯通于仁、礼、义、信之终始。此处所说之仁与礼、义、信、知相贯通而为一体，有仁即有礼义知信在其中，不可强为拆散。

〔2〕《周易内传》，《船山全书》第1册，岳麓书社2011年版，第50–51页。

〔3〕《周易内传》，《船山全书》第1册，岳麓书社2011年版，第51页。

依船山之意，《乾》元生化万物，为万物之始，元在人即为仁，发为恻隐不忍人之心，信、义、智、勇、礼、乐、刑、政皆本此仁而有。此仁由道而生，不假人为，故可说元即是仁，然而人有知觉运动之心而天无此心，人继承乾道而有此仁，故不可说元即是仁。道只是无心而生化万物，广大无垠，没有偏私，人正当继承此道，不被物欲所惑，自强不息，令此初心之仁不放失，则是尽性尽人道，与《乾》元通为一体而与天道相合。人生而有此仁，是《乾》元之显现，“故曰元即仁也，天人之谓也”；人有耳目口体之物欲，必须以此《乾》元之仁为本而有存仁遏欲之修身，故不可不有尽人道之事。《乾》道化生万物，生生不息，故说天道广大；人继承天道而有仁义礼智之性，修身而发为事功，自强不息，令此性不失，故说人道精微而与天道相合。人之所以为万物之灵而能裁成万物，正在有此性而尽此性，知性即知天，禽兽草木则无有此性。

有《乾》必有《坤》，人有此性则必有此形，人应当如何领会在人之《坤》？船山说：“《乾》之龙德，圣人之德；《坤》之利贞，君子希圣之行也。刚以自强，顺以应物。《坤》者，攸行之道也。君子之有所往，以阴柔为先，则欲胜理、物丧志而‘迷’；以阴柔为后，得阳刚为主而从之，则合义而利。”〔1〕“君子体《坤》之德，顺以受物，合天下之智愚贵贱，皆顺其性而成之，不以己之所能责人之不逮，仁礼存心，而不忧横逆之至，物无不载也。”〔2〕

阴顺承阳凝此性于形，人有此形则有耳目口体之物欲，人顺承仁义礼智之性而节制此物欲，则物欲各得其正；若以物欲为主，则人性沦丧，因而必须以阳刚为主而阴柔从之，物欲才得其正位。人应当效法《乾》德之刚健，自强不息，令仁义礼智之性扩而充之，发扬光大；又应当效法《坤》德之柔顺，厚德载物，不严苛于人，内圣外王之道即由此而得以明之。

《乾》德在人即为仁义礼智之性，《坤》德在人为顺承乎性而节制耳目口体之欲。君子由此而行之，则夫妇、父子、兄弟、君臣、朋友之道各得其正，这是从人伦事物中尽人道而合于天道。人为万物之灵，人体会道体，首先应当从人伦事物中体会道体，若舍人伦之物而专门于日月星辰草木禽兽中穷究道体，正是舍本逐末。

---

〔1〕《周易内传》，《船山全书》第1册，岳麓书社2011年版，第75页。
〔2〕《周易内传》，《船山全书》第1册，岳麓书社2011年版，第78页。

人为万物之灵，然而天地万物亦是道体所生，与人原本一体，人应当如何看待万物与人的关系，进而恰当地处理与万物的关系，是摆在人面前的紧要问题。人有耳目口体之欲，必须从自然界中获取资源，以满足人类的衣食住行，夫妇、父子、君臣、兄弟、朋友之道，亦必须从衣食住行当中体现出来。船山说："动物皆出地上，而受五行未成形之气以生。气之往来在呼吸，自稚至壮，呼吸盛而日聚，自壮至老，呼吸衰而日散。形以神而成，故各含其性。"〔1〕"植物根于地中，而受五行已成形之气以长。阳降而阴升，则聚而荣；阳升而阴降，则散而槁。以形而受气，故但有质而无性。"〔2〕"人者动物，得天之最秀者也，其体愈灵，其用愈广。"〔3〕"《中庸》曰天命之谓性，为人言而物在其中，则统人物而言之可也。又曰率性之谓道，则专乎人而不兼乎物矣。物不可谓无性，而不可谓有道，道者人物之辨，所谓人之所以异于禽兽也。故孟子曰人无有不善，专乎人而言之，善而后谓之道；泛言性，则犬之性，牛之性，其不相类者久矣。尽物之性者，尽物之理而已。……禽兽，无道也；草木，无性者也；唯命，则天无心无择之良能，因才而笃，物得与人而共者也。张子推本神化，统动植于人而谓万物之一源，切指人性，而谓尽性者不以天能为能，同归殊途，两尽其义，乃此篇之要旨。"〔4〕

植物有质而无性，禽兽有知觉运动之性而无仁义礼智之性，人有此形又有仁义礼智之性，所以说人为万物之灵。从根源来说，人与万物都是阴阳二气所生，所以说万物一体，然而道所生之物各有不同，唯有人得其精华，继承阴阳而有仁义礼知之性，所以应当以人为宗而统率万物。"尽物之性者，尽物之理而已"，物没有仁义礼智之性，但物由阴阳二气所生，自有其条理。尽物之理，一方面是由万物的兴盛消散去体会乾坤道体的生生之德，另一方面是从自然物获取生存所需，用以满足衣食住行，完成人伦之道。那么人应当如何利用和对待禽兽草木呢？船山说："植物之于人，其视动物之亲疏，此当人心所自喻，不容欺者。故圣人之于动物，或施以帷盖之恩，而其杀之也必有故，且远庖厨以全恩。若于植物，则虽为之厉禁，不

〔1〕《张子正蒙注》，《船山全书》第12册，岳麓书社2011年版，第101页。
〔2〕《张子正蒙注》，《船山全书》第12册，岳麓书社2011年版，第101页。
〔3〕《张子正蒙注》，《船山全书》第12册，岳麓书社2011年版，第104页。
〔4〕《张子正蒙注》，《船山全书》第12册，岳麓书社2011年版，第112页。

过蕃息之以备国用，而薪蒸之，斲消之，芟柞之，熅火之，君子虽亲履其侧而不以动其恻怛，安得以一类类之耶。……盖性同者与达其性，故于人必敦其教；情同者与达其情，故于动物则重其死。植物之性，情漠然不与人合朕，则唯才之可用，用其才而已。”[1]

禽兽与人同有喜怒哀乐之情，所以人应当重视禽兽之生杀，不应该随便乱杀禽兽；草木没有喜怒哀乐之情，人用草木之才并非滥用，必须节制有度，因此需要有“厉禁”与“蕃息”；人与人之间，则共同拥有天生的仁义礼智之性，圣人运用教化只是使众人通达明了其本然之性而已。由此可见，人不但要在人伦事物当中完成夫妇、父子、兄弟、朋友、君臣之道，扩而充之，人也应该爱天地万物，不随便毁伤控制杀害自然界的万事万物。虽然人类的衣食住行需要从自然物之中获取资源，但是必须要有节制和限度。人之所以要善待自然物，一方面是因为万物与人都是阴阳二气之所生，本源相同，所以应当爱物；另一方面人有仁义礼智之性，又有喜怒哀乐之情与视听言动之才，君子应当以仁义礼智之性去指导节制情、才，而没有节制的控制宰杀自然界之物，去盲动的追求物质财富的满足，正是以情欲为主而不听从人性的节制，不仅伤害自然界的完整性，同时也在伤害人本身真实的生存。

四、制器尚象与现代技术

众所周知，现代技术已经渗透到人类生活的方方面面，对自然界之物，技术的思维与态度逐渐取得了主导的地位。什么是技术？一方面，技术是一种合乎目的之手段；另一方面，技术是人的行为。技术从表面上看是一种工具性和中性的东西，然而如果没有目的，技术又是什么呢？技术本身就是一种目的，例如人需要有一所房子（目的），因此利用斧头等工具上山伐木（手段），如果没有建造房子的目的，拿着斧头伐木就丧失了作为建造房屋的技术特性了。海德格尔按照“四因说”的解读方式，说技术之本质并不是一种工具性的东西，而是由“四因”所招致的一

[1] 《读四书大全说》，《船山全书》第6册，岳麓书社2011年版，第1136页。

种解蔽方式，即真理的展现。[1] 现代技术依然是这样一种解蔽方式，然而古代技术与现代技术又有巨大的不同。海德格尔说："在现代技术中起支配作用的解蔽乃是一种促逼，这种促逼向自然提出蛮横要求，要求自然本身提供本身能够被开采和贮藏的能量，但这岂不也是古代的风车所为的么？非也。风车的翼子的确在风中转动，它们直接地听任风的吹拂。可是，风车并没有为贮藏能量而开发出风流的能量。与之相反，某个地带被促逼入对煤炭和矿石的开采之中，这个地带于是便揭示自身为煤炭区、矿产基地。农民从前耕作的田野则是另一个样子；那时候，'耕作'还意味着：关心和照料。农民的所作所为并不是促逼耕地。在播种时，它把种子交给生长之力，并且守护着种子的发育。而现在，就连田地的耕作也已经沦于一种完全不同的摆置着自然的订造的漩涡之中了。它在促逼意义上摆置着自然。于是，耕作农业成了机械化的食物工业。空气为了氮料的出产而被摆置，土地为着矿石而被摆置，矿石为着铀之类的材料而被摆置，铀为着原子能而被摆置，而原子能则可以为毁灭或者和平利用的目的而被释放出来。"[2] 现代技术把自己呈现为一种真理，一切的自然物被摆置在人面前，成为一种财富、能源的贮藏地与开采物，人成了控制万物的主宰，万物对人显现为一种持存物，一种有待开采与攫取的持存物。没有万物与人同体的领会，没有节制欲望的本原性要求。一朵花只有成为有待出卖的商品才被培育，一朵花只有被买卖才有意义。然而，花的绽放本身就是一种阴阳道体的展现，有其独立的意义，然而这一切都在现代技术的促逼下变得隐晦不明。表面上看，这只是自然物之中的道被遮蔽，实际上这正是人身上的仁义礼知之性的遮蔽与不见天日。人与万物同体，自然生发，不假人为。人为万物之灵，能全体呈现道体，"亲亲而仁民，仁民而爱物"，人与万物有其差异，然而同中有异，异中见同，秩序井然而浑然一体。现代技术的弊端正是在于以情主宰仁义之性，因而自然界对人只显现为征服对象。

因此需要观照船山对"制器尚象"的领会，从而帮助现代人解除现代技术的困境，回到本真的自我。《易传·系辞上》："《易》有圣人之道四焉：以言者尚其

---

[1] 马丁·海德格尔：《演讲与论文集》，孙周兴译，生活·读书·新知三联书店 2005 年版，第 5-7 页。
[2] 马丁·海德格尔：《演讲与论文集》，孙周兴译，生活·读书·新知三联书店 2005 年版，第 12-13 页。

辞；以动者尚其变；以制器者尚其象；以卜筮者尚其占。”[1] 船山解释说：“‘圣人之道’，圣人通志成物，而示天下以共由者也。‘尚’，谓所宜崇奉以为法也。‘言’，讲习讨论，以究理之得失。‘辞’，其立言之义也。‘动’谓行也。‘变’，以卦体言，则阴阳之往来消长；以爻象言，则发动之时位也。‘制器尚象’，非徒上古之圣作为然，凡天下后世所制之器，亦皆暗合于阴阳刚柔、虚实错综之象；其不合于象者，虽一时之俗尚，必不利于用而速弊，人特未之察耳。”[2] 制作器物是为了满足人的衣食住行，自然也是技术。然而制作器物必须效法卦象，《周易》有六十四卦因而有六十四象。卦象应当如何领会？制作器物又是效法什么样的卦象？这需要了解另一段言辞。《易经·系辞传下》曰：“古者包牺氏之王天下也，仰则观象于天，俯则观法于地，观鸟兽之文与地之宜，近取诸身，远取诸物，于是始作八卦，以通神明之德，以类万物之情。做结绳而为网罟，以佃以渔，盖取诸《离》。包牺氏没，神农氏作，斫木为耜，揉木为耒，耒耨之利，以教天下，盖取诸《益》。日中为市，致天下之民，聚天下之货，交易而退，各得其所，盖取诸《噬嗑》。神农氏没，黄帝、尧、舜氏作，通其变，使民不倦，神而化之，使民宜之。《易》穷则变，变则通，通则久。是以自天祐之，吉无不利。黄帝、尧、舜垂衣裳而天下治，盖取诸《乾》《坤》。刳木为舟，剡木为楫，舟楫之利，以济不通，致远以利天下，盖取诸《涣》。服牛乘马，引重致远，以利天下，盖取诸《随》。重门击柝，以待暴客，盖取诸《豫》。断木为杵，掘地为臼，杵臼之利，万民以济，盖取诸《小过》。弦木为弧，剡木为矢，弧矢之利，以威天下，盖取诸《睽》。上古穴居而野处，后世圣人易之以宫室，上栋下宇，以待风雨，盖取诸《大壮》。古之葬者，厚衣之以薪，葬之中野，不封不树，丧期无数。后世圣人易之以棺椁，盖取诸《大过》。上古结绳而治，后世圣人易之以书契，百官以治，万民以察，盖取诸《夬》。”[3]

这段引文告诉我们，八卦的形成是由对天地人物的观察与领会而来，是对天道与人道的高度概括与总结。《周易》是《乾》《坤》二卦并建，其余六十二卦皆由

[1] 《周易内传》，《船山全书》第1册，岳麓书社2011年版，第552页。
[2] 《周易内传》，《船山全书》第1册，岳麓书社2011年版，第552页。
[3] 《周易内传》，《船山全书》第1册，岳麓书社2011年版，第580–585页。

《乾》《坤》两卦错综变化而成。《乾》《坤》用来表明万物的生成本源，同时也用来表明仁义礼智之性是人道的本源。上述引文之中，人类制作器物所崇尚效法的象共有十三个卦象。“做结绳而为网罟”是取法《离》卦之象，需要注意的是，人制作网罟并非是先有《离》卦然后才能制作网罟这样的器物，而是说要效法制作网罟的原理，即阴阳奇偶错综的道理。[1]《离》卦之象并不局限于象征网罟，也可以象征火、目。而效法《乾》《坤》之卦象去制作衣裳，不仅仅以衣裳效法《乾》上《坤》下之象，更是效法《乾》《坤》之德，使万民顺其仁义礼智之性而节制其嗜欲，而达成天下大治。综而言之，《乾》《坤》两卦生成六十四卦，而每一卦都有六阳六阴之爻就是证明；[2] 每一卦有六爻，自内而外代表着地道人道天道。地道是刚柔，人道是仁义，天道是阴阳，[3] 制作器物本身就是人的行动，所以必须效法仁义之性，同时也必须效法阴阳刚柔。所以人制作器物自然要以仁义之性为本而节制其物欲，不把自然界之物看成控制的对象，而是看成对道体的领会。中国传统所制造的器物，一方面具有实用的功能，另一方面表明了对道的体会，如天坛和地坛所采用的天圆地方式外形，正是取法了天地之道，以表明对万物一体的深刻领悟。现代都市所建造的冲天高楼，挤占着天空，压迫着大地，奇形怪状的任意，正是现代技术的典型脚注。古人如何从“制器尚象”中领会人与宇宙的和谐？在这里有必要引用一段关于古琴的描述：“古琴，被誉为中国民族乐器之王，两三千年来，几乎无任何改变地被传承下来。古琴的构造充分反映了中国古代‘制器尚象’的设计观念。琴体上圆似天，下平似地，中空准六合，其构造像一个宇宙空间。琴体似人型，有‘琴额’、‘琴肩’、‘琴腰’，其他构件分别据其形象命名有‘龙须’、‘龙舌’、‘龙池’、‘凤沼’、‘凫掌’、‘雁足’、‘岳山’、‘承露’等。琴长三尺六寸五分，象征一年365天。琴面有十三个徽位象征十二个月另加一个闰月。古琴的构造、尺度、形态、命名无不取‘象’天地万物，象征着古琴集天地之精华、万物之灵秀，高雅音乐的天籁之音，赋予了古琴丰富的思想文化内涵。”[4]

---

[1] 此处可参考《周易内传》，《船山全书》第1册，岳麓书社2011年版，第586页。

[2] 《周易内传》，《船山全书》第1册，岳麓书社2011年版，第81页。

[3] 《周易内传》，《船山全书》第1册，岳麓书社2011年版，第622页。

[4] 肖清风：《制器尚象——中国古代的造物方式》，《湖北美术学院学报》2013年第4期。

古琴取象于天地人，虽然是人制造的器物，却能够融真善美于一身，这正是源于对道的全体性领会。

五、结　语

总之，王船山秉承“天人合一”的观念，一方面认为人与万物皆由道体所生，故人应当爱天地万物；另一方面人为万物之灵，万物各自有别，不可等量齐观，故人应当爱有差等。因此，人在面对自然界万物之时，一方面要爱万物，另一方面要积极地“制器尚象”以改造自然界。这两方面相互配合、相互影响，缺一不可。正是这种宇宙观、道德观的影响，才使人与万物处于一种和谐的关系当中。这种关系，是古人对道的领会，是真理的生动显现，正好可以扭转现代技术所带来的种种问题。现代技术丧失了对仁义礼智之性的领会，因而也就丧失了对道的整全性把握。不知道节制物欲，于是万物变成了能源与财富的贮藏地。希望现代人能摆脱对现代技术的信仰，借助船山对“物”的理解，返回到对天地之大美的领会。

从《理学宗传》批注看孙奇逢的学术倾向

万　红*

[内容提要]

孙奇逢学术倾向问题，向来纷纭众说。《理学宗传》为其平生大著，稿经三易，年逾三十，是孙氏学说的晚年定论。该书计26卷，本主辅内外之原则，传自董仲舒以迄周汝登等汉唐宋明之170位儒者，先作评传，次辑录其所著或语录，于眉端或段落中施批注，最后给出对其学行之总评。从这些批注对诸儒学术的判断及对诸儒学术思想文献的评论中，可以看出孙氏自身的学术立场及其在本体与工夫问题上的基本见解。孙奇逢不只在程朱陆王之间无分轩轾，而且还在儒家道统的演进中给自己编排了位置，表明了自己要做新时代儒家道统完成者的学术志向。为此，他严辨儒释，分其所不当合；融汇朱王，合其所不当分，一生躬行实践，以经世为蕲向，以励行为途径。本文从批注的角度来阐述孙奇逢重构道统、严辨儒释、力合朱王，最终归宗孔孟的学术思想。

[关键词]

《理学宗传》批注；孙奇逢；学术倾向；理学

---

* 万红，上饶师范学院朱子学研究所副研究员。本文系江西省高校人文社会科学研究规划基金项目“《理学宗传》的文献学研究”（LS1408）的研究成果之一。

《理学宗传》为孙奇逢平生大著作，稿经三易，年逾三十，孙氏自序说：“此编已三易，坐卧其中，出入与偕者，逾三十年矣。”〔1〕最后于康熙五年成书。于成书前夕之康熙四年（1665）六月初九，孙奇逢寄书长子立雅，其中说：“自端午抵夏峰，四阅月，日夕与博雅料理《宗传》，日前始就。思录一清本，出入携带。此是老夫饥食渴饮第一快事。”〔2〕孙氏视《理学宗传》的成书为第一快事，日夕玩味，胜过一切，可见珍视重视之程度。孙氏弟子汤斌在序《理学宗传》时说：“盖五经四书之后，吾儒传心之要典也。八十年中躬行心得悉见于此。”〔3〕张沐序也说：“盖八十年中，下学上达，有不可以告诸人，人亦终不得而知者，悉著此。”〔4〕他们都把《理学宗传》看成是孙氏学说的晚年定论。

《理学宗传》计26卷，本主辅内外之原则，传自董仲舒以迄周汝登等汉唐宋明之170位儒者，先立传记，次辑录其所著或语录，于眉端或段落中施批注，这些批注对于考论孙氏之学术倾向颇为重要。从这些批注对诸儒学术地位的判断中，可以看出孙氏自身的学术立场；而批注对诸儒学术思想文献的评论，亦可以看出孙氏自身在本体与工夫问题上的基本见解。所以，本课题以孙奇逢对诸儒、学行资料的批注为主要材料，从重构道统、严辨儒释、力合朱王及归宗孔孟等方面进一步讨论孙奇逢的学术倾向。

一、重构道统

理学家学术史观的主流是道统史观，但这个能够成统的道之内容究竟是什么以及哪些人得了这个道并在这些人之间相传不断以构成传统，在不同的理学家那儿，自然理解并不一样。大致说来，理学家一般都同意这个道是天地之道和人文之道，而建立起天地之道与人文之道关联的是圣贤，圣贤得天地之道而立人文之道，这就是所谓“继天立极”的说法。这一说法就经典的来源说，是渊源于《易传》和

〔1〕孙奇逢：《理学宗传》，凤凰出版社2015年版，第16页。
〔2〕孙奇逢：《日谱》，《孙奇逢集》第三册，中州古籍出版社2003年版。
〔3〕孙奇逢：《理学宗传》，凤凰出版社2015年版，第11页。
〔4〕孙奇逢：《理学宗传》，凤凰出版社2015年版，第13页。

《洪范》而明确表述于《中庸》，故由朱熹在序《中庸章句》时予以阐明："盖自上古圣神继天立极，而道统之传有自来矣。其见于经，则'允执厥中'者，尧之所以授舜也；'人心惟危，道心惟微，惟精惟一，允执厥中'者，舜之所以授禹也。尧之一言，至矣，尽矣！而舜复益之以三言者，则所以明夫尧之一言，必如是而后可庶几也。……熹自蚤岁即尝受读而窃疑之，沈潜反复，盖亦有年，一旦恍然似有以得其要领者，然后乃敢会众说而折其中，既为定着章句一篇，以俟后之君子……虽于道统之传，不敢妄议，然初学之士，或有取焉，则亦庶乎行远升高之一助云尔。"[1] 圣、神，根据孟子的说法，是人成就德行的次高与最高的两个阶段。孟子说："可欲之谓善，有诸己之谓信。充实之谓美，充实而有光辉之谓大，大而化之之谓圣，圣而不可知之之谓神。"[2] 只有德行至为美善的神、圣，如尧、舜、禹、汤、文、武、周公、孔子、颜回、曾子、子思、孟子等，才能继天立极，得天道立人道，从而构成一个道统。这就是朱熹所建立的儒家道统的谱系。本此，朱熹编纂了《伊洛渊源录》，确认于道统的有宋诸儒，《宋史·道学传》完全接受了朱熹的见解，将陆九渊等人排除在道学外，列入《儒林传》，如此就使得朱熹所主张的道统得到了官方的承认，亦为明清两代诸多儒者所遵循。这些道统论述，陆王心学皆被视为近于禅的儒学异端，导致程朱、陆王两派势同水火，互较短长，互争正统，所以四库馆臣在评论《伊洛渊源录》时说："盖宋人谈道学宗派，自此书始；而宋人分道学门户，亦自此书始。"[3] 朱熹还认为传道实际上是传心，因此，如果对心与道之关系理解不同，所编排的道统中之圣贤自然也就不一样。所以，从不同的道统史叙述中，完全可以反观叙述者自身的学术立场。

正像众多论者所指出的那样，《理学宗传》的学术史观也是道统史观。孙奇逢也认为儒者所传之道原出于天，神、圣继天立极，为生民立人文之道，发明天人性命之理。理无增损而道有显晦，于是阐明此道之圣贤所构成之传统也表现出阶段性。孙奇逢认为自羲皇至17世纪，道统之传经历了四个阶段。《宗传》叙称："先正曰：'道之大原出于天。'神圣继之，尧舜而上，乾之元也；尧舜而下，其亨也；

[1] 朱熹：《大学中庸章句》，中国社会出版社2013年版，第20页。

[2] 《孟子·尽心下》。

[3] 永瑢等：《四库全书总目提要》，中华书局1996年版，第519页。

洙泗邹鲁，其利也；濂洛关闽，其贞也。分而言之，上古则羲皇其元，尧舜其亨，禹汤其利，文武周公其贞乎？中古之统，元其仲尼，亨其颜曾，利其子思，贞其孟子乎？近古之统，元其周子，亨其程张，利其朱子，孰为今日之贞乎？……盖仲尼殁至是且二千年，由濂洛而来且五百有余岁矣，则姚江岂非紫阳之贞乎？”[1] 在这里，孙奇逢首先表示了神、圣继天道立人极的看法，接着把立人极的神、圣所构成的道统之传递分为四个阶段。第一阶段为上古，此为伏羲神农黄帝尧舜禹汤文武周公的圣王之统，“道行于君臣”，道统治统合一。第二阶段为中古，此时道统治统分离，孔子、颜、曾、子思、孟子等，讲明此道于师友之间。第三阶段为近古，始于周敦颐，经二程张载弘传，朱熹接续发展，最后成于王阳明。第四阶段始于王阳明，贞下起元，亨其罗洪先，利其顾宪成，而夏峰隐然以今日之贞自期，任道綦重。

孙奇逢认为儒者所学当一衷于天人性命之理，“理者，乾之元也，天之命也，人之性也。得志则放之家国天下者，而理未尝有所增；不得志则敛诸身心意知者，而理未尝有所损。故见之行事与寄之空言，原不作岐视之。舍是，天莫属其心，人莫必其命，而王路道术遂为天下裂矣。”[2] 所以，理是未尝一日不在天下的，儒者之学以圣人为归。颜回具体而微，死而圣学不传；孟氏殁而闻知有待，汉、隋、唐三子衍其端，濂洛关闽五子大其统，嗣是而后，地各有其人，人各鸣其说，虽见有偏全、识有大小，莫不分圣人之一体。[3]

根据这些认识，《理学宗传》确立主辅内外之原则，勾勒此前的儒家学术思想史：以周敦颐、二程、张载、邵雍、朱熹、陆九渊、薛瑄、王阳明、罗洪先、顾宪成等十一子为主，自卷一至卷十一，人各一卷，列专传；其他为辅，自卷十二至二十五，列汉隋唐宋明儒考，为类传，分别叙述从汉唐至明末的传经之儒及辅翼道统诸儒：“汉儒亦有薪传之功，不可没也。”[4] 在十一子与诸儒为内，最后是被视为“外”而被列入“补遗”的宋明诸儒。依次著录宋代儒家张九成和杨简，明代儒家

[1] 孙奇逢：《理学宗传》，凤凰出版社 2015 年版，第 15 页。
[2] 孙奇逢：《理学宗传》，凤凰出版社 2015 年版，第 15 页。
[3] 孙奇逢：《理学宗传》，凤凰出版社 2015 年版，第 15 页。
[4] 孙奇逢：《理学宗传》，凤凰出版社 2015 年版，第 24 页。

王畿和罗汝芳（及门人杨起元）、周汝登等六人。这就是孙奇逢在《理学宗传》的义例中所说“是编有主有辅，有内有外：十一子其主也，儒之考其辅也；十一子与诸子其内也，补遗诸子其外”[1] 的编例。

孙奇逢所建构的这个道统谱系，表明他试图超越宋明新儒学内部纷争而全面思考古典时代以后的整个儒家学术思想传统，也显示了他迈过宋明、汉唐，直接追踪孔、孟而成就今日之贞的学术雄心。为此，孙奇逢首先严辨儒释，在三教合一思潮弥漫的时代，重新确立儒家学术的意义与价值。

二、严辨儒释

孙奇逢认为当时要讲明儒者之道以接续道统，首先必须分清儒释的界限。薛瑄表彰唐韩愈及有宋道学君子距邪闲正之功，孙氏深表认同，批注说：“儒释之辨既明，儒者之功不见其大；儒释之辨未明，儒者之功原自不小；彼以儒为名，犹匍匐而归之者，独何心欤?”[2] 因为当时“儒释未清，学术日晦，究不知何所底极”[3]，所以，《理学宗传》的首要任务是严辨儒释。诚如孙氏弟子汤斌所说：“近世学者或专记诵而遗德性，或重超悟而略躬行，又有为儒佛舍一之说者，不知佛氏之言心言性，似与吾儒相近，而外人伦、遗事物，其心起于自私自利，而其道不可以治天下国家……容城孙先生集《理学宗传》一书……其大意在明天人之归，严儒释之辨。”[4] 那么，《理学宗传》是如何严辨儒释的?

首先是区分本天本心。这一区分源出程颐。程颐说：“《书》言天叙天秩。天有是理，圣人循而行之，所谓道也。圣人本天，释氏本心。”[5] 孙奇逢在本天本心中认为：“正谓心有人心道心，人心危而道心微，必精以一之，乃能执中，中即所谓天也。人心有欲，必不逾矩，矩即所谓天也。释氏宗旨，于中与矩相去正自千

---

〔1〕 孙奇逢:《理学宗传》，凤凰出版社2015年版，第17页。
〔2〕 孙奇逢:《理学宗传》，凤凰出版社2015年版，第138页。
〔3〕 孙奇逢:《理学宗传》，凤凰出版社2015年版，第17页。
〔4〕 汤斌:《理学宗传》序，凤凰出版社2015年版，第11页。
〔5〕《二程集》，《河南程氏遗书》卷21下，中华书局1978年版，第274页。

里。”[1] 孙氏重提本天之说，认为“本天本心，毫厘千里”[2]，其实是针对阳明后学现成良知派之荡越，先重将道德实践的根据本体宇宙论化，再把天道内化为人之善性，这同程颐之学还是有区别的。孙奇逢说：“圣学本天者，性善也；本心者，无善无恶也。”认为“心无善无不善，此禅宗也，释氏本心之说也。性命于天，自是至善无恶。孟子所以道性善，此圣学本天之说也。本天以天地万物为一体，故能兼善天下。本心只了当一已，故谓之自私自利。有统体之理，有一偏之理。理有偏全，学术自别。”[3]

其次是辨析补遗诸儒。孙奇逢认为补遗是“谓其超异，与圣人端绪微有不同，不得不严毫厘千里之辨”[4]。立足于儒释之辨，孙奇逢一一辨析收在补遗卷中诸儒的近禅之处。对于张九成以觉训仁，孙奇逢直下断语说：“觉字是无垢宗旨。”[5]当然，孙氏也反驳了那种因张九成拈出觉字即谓其为禅的观点，认为不独伊尹以先知觉后知、以先觉觉后觉，即使孔子也认为先觉者是贤，所以并无可议。张氏的可议之处在其行教的许多话头乃是学道之士、修行老僧方说的，“其立论多凌遽棒喝语，人故以禅归之”[6]。对于杨简，孙氏肯定其于《易传》亦有所窥，乃其所自得，但也明确指出“不起意一言邻于虚灭”。又说：“慈湖不起意之说自穷矣，人谓慈湖之病总在自持。”[7] 同时批评杨简行不顾言，不能躬行实践，而且毁弃经典，非议圣贤，完全不像其师，“传象山者，失象山也”[8]。对于罗汝芳，孙奇逢肯定其以孝弟慈为明、亲、至善之实乃是极其透彻之论[9]，认为“非尧舜不能满孝弟之量，惟孟子看得出，惟近溪发得透”[10]。总之，收在补遗卷的这些人，要么是程门弟子，要么是陆王后学，都是世人所推崇的大儒，但为了严辨儒释，孙奇

---

[1] 孙奇逢：《理学宗传》，凤凰出版社 2015 年版，第 17 页。
[2] 孙奇逢：《理学宗传》，凤凰出版社 2015 年版，第 42 页。
[3] 孙奇逢：《夏峰先生集》，中华书局 2004 年版，第 589 页。
[4] 孙奇逢：《理学宗传》，凤凰出版社 2015 年版，第 16 页。
[5] 孙奇逢：《理学宗传》，凤凰出版社 2015 年版，第 506 页。
[6] 孙奇逢：《理学宗传》，凤凰出版社 2015 年版，第 507-508 页。
[7] 孙奇逢：《理学宗传》，凤凰出版社 2015 年版，第 196 页。
[8] 孙奇逢：《理学宗传》，凤凰出版社 2015 年版，第 513 页。
[9] 孙奇逢：《理学宗传》，凤凰出版社 2015 年版，第 525 页。
[10] 孙奇逢：《理学宗传》，凤凰出版社 2015 年版，第 526 页。

逢以其“学焉而未纯者”[1] 有悖师教，而将之驱出程朱、陆王之门墙。孙奇逢认为，对于混合儒释之行为，真正的儒者一定要辞以辟之，而不可助其波，扬其焰，以致得罪于圣人。

第三是表彰排佛儒者。孙奇逢严辨儒释的第三个做法，就是在《理学宗传》中极力表彰内编中的那些勇于排佛的儒者。如在传唐朝韩愈及其门人时说：“唐自中叶，老、佛显行，儒道媮末滥竽，显仕称儒者，愿相助为怪神。文公锐然以六经之文为诸儒倡，争四海之惑，屡踣复振……得赵秀才一人，能排异端、宗孔氏，便可为同心之人矣。”[2] 不胜其赞赏之情。还对程门弟子朱光庭、朱门弟子蔡元定、王门弟子陆澄等儒者大加称赞。

最后是分疏经世出世。孙氏本天本心之辨，并不是对程颐之说的简单重复，实际上是强调儒释在人生态度上的肯定世界与舍离世界的大分野。不同的人生态度，自然表现为不同生命形态，所以陆王心学不是禅学，完全可以从象山、阳明的道德事功上看出来。这主要表现在对陆象山、王阳明学说的分判上。象山学问，当时被认为是禅学。孙氏批注说：“朱陆同异，当时聚讼，没后鼓煽，群以为禅。”孙氏引朱子说：“子静实见得道理恁地，所以不怕天，不怕地。”在孙氏看来，象山之所以有事业勋猷，是因为他对天地实理有真切的体悟，“平生所言所行，其直接孟子处，却被文公一口打迸出来，直是传神写照之手”，所以其学绝对不可能是禅学。[3] 孙奇逢认为阳明说“无善无恶心之体”，从道理上看，并没有什么不对；但是因为无善无恶四字是禅门宗旨，阳明失于回避，遂招指摘。孙氏认为把阳明学看成是禅学显然是不对的，因为“禅与不禅宜就其行事上论，岂有拼九死以安社稷而谓之禅者耶”?[4] 陈龙正认为，“入门不妨异，朝闻夕可，归宿必同；用力不妨异，设诚致行，起念必同”，所以朱子不应推驳象山，阳明不应推驳朱子。孙氏认为“此论甚平”，但陈龙正“必以阳明为禅，又似多却一番推驳”，不同意他的

[1] 孙奇逢：《理学宗传》，凤凰出版社2015年版，第533页。
[2] 孙奇逢：《理学宗传》，凤凰出版社2015年版，第244页。
[3] 孙奇逢：《理学宗传》，凤凰出版社2015年版，第129-130页。
[4] 孙奇逢：《理学宗传》，凤凰出版社2015年版，第355页。

结论。[1] 崔铣“谨守程朱之学，品行自无可议”，但他非要认为陆王是禅学、为异端邪说，孙奇逢争辩说：“夫二人者，且不必论其学术。荆门之政，有体有用；宁藩之事，拚九死以安社稷。吾未见异端既出世而又肯任事者也。”[2] 认为崔氏发刻薄之论，实在有伤恕道。

总之，孙奇逢虽然反对混合儒释，借释解儒，但是他也认为不应该把真儒学指为禅学，这同样是严辨儒释。

三、力合朱王

孙奇逢认为混合儒释固然导致学术不明，人心陷溺，而程朱陆王之争同样严重地影响了儒家学术之发展。前者是合其所不当合，而后者是分其所不当分。所以，于不当合者当严辨其分，而于其不当分者当力证其合。自前述《清儒·夏峰学案》以来，都认为孙奇逢在朱陆异同的问题上，接受了王阳明《朱子晚年定论》的观点。这自然是不错的，但并不是孙氏合程朱陆王学术的全部。除程朱陆王的学术相合案外，孙氏一面将朱学功夫立大求心化，一面也将心学功夫持敬力行化，在博与约之间、下学与上达之间、尊德性与道问学之间，各救其偏，力求既不拘束也不荡越。

（一）程朱陆王的学术相合案

在《理学宗传》中，孙奇逢把会通朱陆的顾宪成作为传道大宗之十一子的最后一位。顾宪成认为阳明把自己与朱学格物说上的不同看成是差毫厘而谬千里甚至诋为杨、墨，是不对的。顾宪成说：“朱子平，阳明高；朱子精实，阳明开大；朱子即修即悟，阳明即悟即修。以此言之，两先生所以考之事为之著，察之念虑之微，求之文字之中，索之讲论之际者，委有不同处，要其至于道则均焉，固不害其为同耳。”孙奇逢认为顾说“得其平”[3]。一般人也许认为阳明特揭良知，超然自

---

〔1〕孙奇逢：《理学宗传》，凤凰出版社 2015 年版，第 497 页。
〔2〕孙奇逢：《理学宗传》，凤凰出版社 2015 年版，第 398 页。
〔3〕孙奇逢：《理学宗传》，凤凰出版社 2015 年版，第 201 页。

信，独往独来，了无依傍，可是顾宪成郑重地指出阳明学问未尝不是通过念虑、事为、文字和讲论获得，虽然其方式容有不同。所以顾宪成认为："阳明之所谓知，即朱子所谓物；朱子之所以格物者，即阳明之所以致知者也。总只一般，有何同异？可以妄言矣。"孙奇逢批注说这是顾氏的看法，可谓是"朱王相合之案"〔1〕。同样，在批王阳明《答顾东桥书》时，孙氏又引用了上述顾宪成的这段话，认为如果理解了这段话，就"可以忘同异之辨"，不需要再斤斤于朱陆异同的分辨了。〔2〕

所以孙氏肯定那些没有朱陆门户之见的学者。比如吕柟认为朱陆"初时同法尧舜，同师孔孟，虽入门路径微有不同，而究竟本源，其致一也。"孙奇逢十分推崇，说吕柟"于朱陆异同，王湛学术，千万人之疑端，纷纷聚讼无已时者，平平数言，各归无事，此其识度过人远矣"；而同时强调指出："学者须有一段高明广大之意，方能容纳群言，折衷圣统"。〔3〕此则无疑是孙氏志向的夫子自道。又在总批同乡金铉时说："吾乡以理学忠节者二：公与定兴之鹿氏。鹿之学，以子静、阳明入门，而未尝不尊程朱；公之学守程朱，而录中时推陆王。此正见其学之大，不专主一家言，而直以孔、孟为宗者也。"〔4〕

前面已经提到，《理学宗传》以学之大小宗分主辅，以十一子为主，殿以主张朱陆学术"总是一般"的顾宪成；以儒之考为辅，殿以"不专主一家言，而直以孔、孟为宗"的金铉，此正可见孙奇逢超越朱王、归宗孔孟之深意。但孙氏有进于他们的地方是非仅仅观其同，而是进一步在见其异的基础上加以会通。吕坤认为明道学术在朱陆之间，而鹿善继认为有陆而朱乃不偏。孙奇逢非常重视这一看法，认为"此处正可参会"〔5〕。所以他主张朱学应该学习陆王学先发明本心性体的头脑工夫；而要止于至善，便须精察力行，使物各止其所。〔6〕

（二）朱学工夫的立大求心化

孙奇逢认为，在工夫论上，朱子与象山的差异是不容否认的。朱子推崇程颐格

〔1〕 孙奇逢：《理学宗传》，凤凰出版社2015年版，第201页。
〔2〕 孙奇逢：《理学宗传》，凤凰出版社2015年版，第168页。
〔3〕 孙奇逢：《理学宗传》，凤凰出版社2015年版，第400页。
〔4〕 孙奇逢：《理学宗传》，凤凰出版社2015年版，第503页。
〔5〕 孙奇逢：《理学宗传》，凤凰出版社2015年版，第473-474页。
〔6〕 孙奇逢：《理学宗传》，凤凰出版社2015年版，第502页。

物之说，认为“格物之说，程子论之详矣，而其所谓‘格，至也，格物而至于物，则物理尽’者，意句俱到，不可移易，熹之谬说实本其意”。并解释说：“人之生也固不能无是物矣，而不明其物之理，则无以顺性命之正而处事物之当，故必即是物以求之。知求其理矣，而不至夫物之极，则物之理有未穷而吾之知亦未尽，故必至其极而后已。”孙氏批注说：“顺性命之正，处事物之当，便非徒穷物之理，而正物在其中矣。”〔1〕认为朱子的格物说其实未中肯綮，而申以阳明格物义。朱子在《答汪尚书》书中说：“理既未尽，而胸中不能无疑，乃不复反求诸近，顾惑于异端之说，益推而置诸冥漠不可测知之域，兀然终日味无义之语，以俟其廓然而一悟，殊不知物必格而后明，伦必察而后尽，彼既自谓廓然而一悟者，其于此犹懵然也，则亦何以悟为哉？又况俟之而未必可得，徒使人抱不决之疑，志分气馁，虚度岁月而伥伥耳，曷若致一吾宗，循下学上达之序，口讲心思，躬行力究，宁烦毋略，宁下毋高，宁浅毋深，宁拙毋巧，从容潜玩，存久渐明，众理洞然，次第无隐，然后知夫大中至正之极、天理人事之全无不在是，初无迥然超绝不可及者（孙批注说：此是与陆子不合处）。”〔2〕孙氏认为这就是朱子所自认的道问学工夫，和陆象山是不同的，而且孙氏认为朱熹“一生实历处未悟，原不容说悟，只合如此做去，以俟一旦之豁然。”〔3〕一直到其生命的晚年始“见诸生牵率于文句训诂，颇时时指示本体，使深思自得，而知者盖已鲜矣”〔4〕。所以孙奇逢认为朱子晚年在工夫论上已经采纳了陆象山先立乎大、收求放心、辨义利及去支离等观点。

就先立乎大来说。朱子答何叔京说：“熹近日因事方有少省发处，如鸢飞鱼跃，明道以为与必有事焉勿正之意同者，今乃晓然无疑。日用之间，观此流行之体初无间断处有下工夫处，乃知日前自诳诳人之罪盖不可胜赎也。此与守书册、泥言语全无交涉，幸于日用间察之，知此则知仁矣。”孙奇逢认为朱子已经知道观天道流行之体为工夫下手处，只是发之太晚，十分可惜，所以批注道：“明道此语，晦翁晚年方得无疑，无怪后学未能卒解。”〔5〕朱子答吕子约说：“日用功夫不可以老

〔1〕 孙奇逢：《理学宗传》，凤凰出版社2015年版，第104-105页。
〔2〕 孙奇逢：《理学宗传》，凤凰出版社2015年版，第102页。
〔3〕 孙奇逢：《理学宗传》，凤凰出版社2015年版，第104页。
〔4〕 孙奇逢：《理学宗传》，凤凰出版社2015年版，第98页。
〔5〕 孙奇逢：《理学宗传》，凤凰出版社2015年版，第112页。

病而自懈，觉得此心操存舍亡只在反掌之间，向来诚是太涉支离，盖无本以自立，则事事皆病耳……今日正要清源正本，以察事变之几微，岂可一向汨溺于故纸堆中，使精神昏弊，失后忘前而可以谓之学乎？”孙奇逢批注说：“此与子静先立乎其大、求放心有二耶？”〔1〕认为朱子在这里所主张的为学工夫与陆象山完全相同。

就收放心、求放心来说。朱子答潘叔度说：“熹衰病，今岁幸不至剧，但精力益衰，目力全短，看文字不得，瞑目闲坐，却得收拾放心，觉得日前外面走作不少，颇恨盲废之不早也。看书鲜识之喻诚然，然严霜大冻之中岂无些小风和日暖意思？要是多者胜耳。”〔2〕孙奇逢认为这是朱子“痛自悔悟”，只是那些不知先生者不信。朱子答吕子约说：“孟子言学问之道惟在求其放心，而程子亦言心要在腔子里，今一向耽著文字，令此心全体都奔在册子上，更不知有己，便是个无知觉、不识痛痒之人，虽读得书，亦何益于吾事邪？（孙批注说：此终与子静同也。）”〔3〕认为与陆象山求放心的说法完全相同。

就去支离、辨义利来说。朱子晚岁复书象山，称：“熹衰病日侵，去年灾患亦不少。此数日来病躯方似略可支吾，然精神耗减日甚一日，恐终非能久于世者。所幸迩来日用功夫颇觉有力，无复向来支离之病，甚恨未得从容面论，未知异时相见尚复有异同否耳。”孙氏批注说：“此是答象山书。两人同异到此了然。”〔4〕朱子答符复仲说：“义利之间诚有难择者，但意所疑以为近利者，即便舍去可也。向后见得亲切，却看旧事，只有见未尽、舍未尽者，不解有过当也。见陆丈回书，其言明当，且就此持守，自见功効，不须多疑多问却转迷惑也。”孙氏批注说：“二人投契于此见之。”〔5〕认为朱陆二人在辨义利问题上已经十分投契。朱子答何叔京说：“李先生教人，大抵令于静中体认大本未发时气象分明，即处事应物自然中节，此乃龟山门下相传指诀。然当时亲炙之时贪听讲论，又方窃好章句训诂之习，不得尽心于此，至今若存若亡，无一的实见处，辜负教育之意。每一念此，未尝不

〔1〕孙奇逢：《理学宗传》，凤凰出版社2015年版，第113页。
〔2〕孙奇逢：《理学宗传》，凤凰出版社2015年版，第112页。
〔3〕孙奇逢：《理学宗传》，凤凰出版社2015年版，第113页。
〔4〕孙奇逢：《理学宗传》，凤凰出版社2015年版，第112页。
〔5〕孙奇逢：《理学宗传》，凤凰出版社2015年版，第113页。

愧汗沾衣也。”孙氏批注说：“此段益见晚年有闻不在章句训诂之习也。”〔1〕

孙奇逢的这些批注，从文献考证上很难立足，但恰恰是其将朱学功夫陆学化的学术努力的具体例证。所以孙氏推崇不事著述、躬行实践的朱子后学，反之则会受到他的批评。比如他说元儒吴澄，“只是聪明博学，躬行切实意思少，故其出处著述皆有可议”。所以名字都不见于《理学宗传》的《元儒考》。而明儒薛瑄认为“作诗作文字，疲敝精神，荒耗志气，而无得于己。惟从事心学，则气完体胖，有休休自得之趣。惟亲历者知其味，殆难以语人也”，孙氏批注说这是“精粹语”，〔2〕且把薛瑄列为传道大宗的十一子之一。总批何塘说：“生平不屈逆瑾，进退有礼，耻列文学科。其诗不必法唐，文不必法汉，议论依归宋儒，殆所谓躬行君子也。不事著述，且不欲梓其文录。谓自宋以来儒者之论方苦太多，吾之所深惧也。斯有道之言与？说者谓当以冉、闵无所著作，想公黯然自修、绝表暴之意。此为己之儒也。”〔3〕

顾宪成认为：“五宗昌而虚无寂灭之教炽矣，所以使天下知有吾儒之道之当来而归者，周元公也；程朱殁而记诵辞章之习炽矣，所以使天下知有自心自信之当反而求者，王文成也。”孙奇逢同意这一看法，并说自己曾经认为儒术至阳明又开辟了一新境界，知道顾宪成的这一看法后，更加相信自己的判断。可见，孙奇逢认为程朱后学流于当年程朱自身所反对的记诵辞章之习，是对于儒术的极大败坏，阳明心学使天下人在自家心性上反求不能不是儒术之又一开辟。〔4〕顾宪成认为王阳明“当士人桎梏于训诂辞章间，骤而闻良知之说，一时心目俱醒，恍若拨云雾而见白日”，虽开发有余，但收束不足，学者“往往凭虚见而弄精魂，任自然而藐兢业”，“高之放诞而不经，卑者顽钝而无耻”，这同阳明学自身有遗虑是分不开。而周敦颐则宛然一孔子，卓绝出朱子、阳明之上。孙奇逢认为阳明学自身并没有什么问题，这都是“传阳明者失之”〔5〕，但同意顾宪成宗考亭则或失之拘，宗姚江则或

〔1〕孙奇逢：《理学宗传》，凤凰出版社2015年版，第113页。
〔2〕孙奇逢：《理学宗传》，凤凰出版社2015年版，第135页。
〔3〕孙奇逢：《理学宗传》，凤凰出版社2015年版，第395页。
〔4〕孙奇逢：《理学宗传》，凤凰出版社2015年版，第197页。
〔5〕孙奇逢：《理学宗传》，凤凰出版社2015年版，第197页。

失之荡，与其荡也，宁拘的观点，认为顾氏此论“独出手眼，为定此三大儒之案，其言正，非草草”。[1] 所以，如何救正王门后学的荡越就构成孙奇逢承继孔子之道统的一个严肃的课题。

（三）心学功夫的持敬力行化

孙奇逢认为要救正王学末流荡越的弊病，力行持敬是极其重要的。良知良能是不虑而知，不学而能，但绝非纯任自然的意欲，相反需要一番变化气质的工夫。孙奇逢认为只有“温而厉，威而不猛，恭而安”的圣人才“无庸变化而动容周旋中礼”，即使像张载这样的大贤都需要以变化气质作为学问的把柄，更何况一般人？所以要升堂入室，不能没有学力。孙奇逢说：“知廉勇艺，文之以礼乐，此则融其所长，变之化之以归于中和者也；人一己百，人十己千，而果能此道，此则补其所短，而变之化之以革其愚柔者也。愚鲁辟喭，皆由学力变化，故能升堂入室。”[2] 孙奇逢认为“学利困勉，皆凭气力”，“不用力，性如何得复?”[3] 复天命之性，须由学力，学力之下手处即在日用常行之间。孙奇逢说：“日用行习之中，却有实地下手处，舍此而高谈一贯，总是虚论。夫子呼参而语以一贯，曾子曰‘唯’，此千古难再之事，未可轻易作商量也。”[4] 孙氏认为曾子当下即能了悟孔子一贯之学，不只千古难再，而且曾子之学正从日常的孝行中来。“孝之外无学术、无德教，故尧舜之道尽于孝弟，孔子亦曰‘吾行在《孝经》’。曾子体受归全，乃所以传孔子也。为圣为贤为儒，离此孝字不得。”[5] 所以孙奇逢十分反对顿悟之说，认为：“十年方进一步，此是夫子自己阅历语，顿悟之说，毕竟是镜中观花。”[6]

朱子答或人问为学次第说：“近世学者多是向外走作，不知此心之妙是为万事根本。其知之者，又只是撑眉努眼，喝骂将去，便谓只此便是良心本性，无有不善，却不知道若不操存践履，讲究体验，则只此撑眉努眼，便是私意人欲，自信愈

---

〔1〕 孙奇逢：《理学宗传》，凤凰出版社2015年版，第197页。
〔2〕 孙奇逢：《理学宗传》，凤凰出版社2015年版，第60页。
〔3〕 孙奇逢：《理学宗传》，凤凰出版社2015年版，第107页。
〔4〕 孙奇逢：《理学宗传》，凤凰出版社2015年版，第126页。
〔5〕 孙奇逢：《理学宗传》，凤凰出版社2015年版，第477页。
〔6〕 孙奇逢：《理学宗传》，凤凰出版社2015年版，第122页。

笃，则其狂妄愈甚，此不可不深察而远避之也。”孙氏批注说：“此为子静效忠告。”〔1〕认为要避免现成良知的猖狂荡越，不可不讲究操存践履。所以孙氏重新强调程朱学的主敬工夫，说：“夫子与子路论君子，到底只一‘敬’字。”〔2〕认为敬“是学问大紧关”〔3〕。朱子说：“孟子明则动矣，未变也；颜子动则变矣，未化也。有天地后，此气常运；有此身后，此心常发，要于常运中见太极，常发中见本性，离常运者而求太极，离常发者而求本性，恐未免释、老之荒唐也。”孙氏批注说：“离主敬，无见太极、见本性之路。”〔4〕朱子答廖子晦称：“《论》《孟》之言，平易明白，固无此等玄妙之谈。虽以子思、周子吃紧为人，特著《中庸》《太极》之书，以明道体之极致，而其所说用功夫处，只说择善固执，学问思辨而笃行之，只说定之以中正仁义而主静，君子修之吉而已，未尝使人日用之间必求见此天命之性、无极之真而固守之也。盖原此理之所自来虽极微妙，然其实只是人心之中许多合当做底道理而已，但推其本则见其出于人心而非人力之所能为，故曰天命虽万事万化皆自此中流出，而实无形象之可指，故曰无极耳。若论功夫，则只择善固执，中正仁义，便是理会此事处，非是别有一段根原功夫又在讲学应事之外也。如说求其放心，亦只是说日用之间收敛整齐，不使心念向外走作，庶几其中许多合做底道理渐次分明，可以体察，亦非捉取此物藏在胸中，然后别分一心出外以应事接物也。”孙奇逢对此意见极为赞同，批注说：“天命之性、无极之真，正在日用之间合当做底道理上，故只择善固执，中正仁义，便是理会此事的功夫。”〔5〕

总之，孙奇逢认为朱陆同异聚讼于生前，朱王同异又聚讼于身后，都是因为不明于学的人推波助澜造成的，完全误解了朱子。事实上，在孙奇逢看来，“阳明之致知，非阳明之致知，孔子之致知也；紫阳之穷理，非紫阳之穷理，孔子之穷理。总不谬于孔子而已矣，何至相抵牾、分水火乎?”〔6〕所以，与其矻矻与程朱陆王同异之辨，不如直探本源，归宗孔孟。

---

〔1〕孙奇逢：《理学宗传》，凤凰出版社 2015 年版，第 110 页。
〔2〕孙奇逢：《理学宗传》，凤凰出版社 2015 年版，第 111 页。
〔3〕孙奇逢：《理学宗传》，凤凰出版社 2015 年版，第 102 页。
〔4〕孙奇逢：《理学宗传》，凤凰出版社 2015 年版，第 106 页。
〔5〕孙奇逢：《理学宗传》，凤凰出版社 2015 年版，第 106 页。
〔6〕孙奇逢：《理学宗传》，凤凰出版社 2015 年版，第 407 页。

四、归宗孔孟

梁启超为突出黄宗羲《明儒学案》的地位，曾提出过“以史昌学”和“为学作史”的区分。[1]《明儒学案》是否如梁氏所说，是为学作史，此不具论，孙奇逢著《理学宗传》，显然是以史昌学，而不是如黄宗羲说的“锺元杂收，不复甄别”。[2] 那么，孙氏所欲昌明之学，是程朱学吗？是陆王学吗？

从其所重构的不同于朱熹的儒家学术的道统看，周敦颐、二程、张载、邵雍等被他视为传道大宗的，是因为诸大儒皆宗孔孟。在总批周敦颐时，他引朱熹所说，称：“河图出而八卦画，洛书呈而九畴叙，而孔子于斯文之兴丧亦未尝不推之于天，圣人于此，其不我欺也，审矣。若濂溪先生者，其天之所畀而得乎斯道之传者与！不然，何其绝之久而续之易、晦之甚而明之亟也？盖自周衰，孟轲氏没，而此道之传不属。更秦及汉，历晋隋唐，以至于我有宋，圣祖受命，五星集奎，实开文明之运；然后气之漓者醇，判者合，清明之禀得以全付乎人，而先生出焉。不由师传，黙契道体，建图属书，根极领要，当时见而知之，有程氏者，遂扩大而推明之，使夫天理之微、人伦之着、事物之衆、鬼神之幽，莫不洞然毕贯于一，而周公、孔子、孟氏之传焕然复明于当世。”[3] 他认为“两程先生之言，要皆宗孔孟”[4]，说张载《西铭》“开发孔门言仁之旨”，是“天地间有数大文字”[5]。有人认为邵雍“溺于数”，不能“列圣学”，他说：“数也而不悖于理，则数与理岂歧而为二？虽出入殊路，适道则均。邓元锡谓：‘数，溺则惑，通则神。’自有生民来，建天地之极，极其用，箕子也夫！尧夫也夫！”[6] 认为“《易》有数，天地有数，则数亦理也。不解者毕竟是欠事，乃有谓不必解、不求解者，遂让先生父子独

---

〔1〕 梁启超：《中国近三百年学术史》，中华书局1996年版，第296页。
〔2〕 黄宗羲：《明儒学案》，浙江古籍出版社1992年版，第2页。
〔3〕 孙奇逢：《理学宗传》，凤凰出版社2015年版，第13页。
〔4〕 孙奇逢：《理学宗传》，凤凰出版社2015年版，第43页。
〔5〕 孙奇逢：《理学宗传》，凤凰出版社2015年版，第50页。
〔6〕 孙奇逢：《理学宗传》，凤凰出版社2015年版，第93页。

擅千古耳"[1]，"《（皇极）经世》一书，大莫能载，小莫能破，然总之致望经世之圣人，践形尽性，为天地民物之主，故为内圣外王之学，非溺于数也。""先生探赜索隐，洞悟悬解，跃如斫轮，妙如弄丸，洞然于天人上下、幽明始终之故。于是以寒暑昼夜、风雨露屯尽天地之变化，以性情形体、飞走草木尽万物之感应，以耳目鼻口、色声气味尽万人之体用，以元会运世、日月岁时尽天地之终始，以皇帝王伯、易诗书春秋尽圣贤之事业，而大中至正之道毕具于其中。"[2]

对于那些他认为是传道小宗而列入儒之考的，其评判的标准也是否宗孔子。他说："自文成之说行，则独守程朱以及身实践不变者，独罗文庄钦顺、吕侍郎柟两人耳。噫！学以孔子为宗，居敬，孔子之居敬也；穷理，孔子之穷理也；致知，孔子之致知也。有众人之同，何妨存二子之异哉?"[3] 明确强调学应当以孔子为宗。而且他认为孔子是"以明道为行道，所以为万世师"，"孔孟讲说即躬行"，"独善兼善，俱是为万世开太平"。[4] 认为孔子是以学行经世。所以，孙氏之推崇躬行实践的诸儒，是其宗孔子的必然结果。

总之，孙奇逢不只在程朱陆王之间无分轩轾，而且还在儒家道统元亨利贞的四阶段演进中给自己编排了位置，表明了自己要做新时代的儒家道统的完成者的学术志向。为实现这一志向，他严辨儒释，分其所不当合；融汇朱王，合其所不当分，一生躬行实践。有人质疑不可轻言闻道，认为"尧舜道统由汤、文而孔子，皆五百余岁始一有闻；孔门传道，颜曾外无与焉；思孟而后，周、程外，恐难言闻道也。"他说："贤有大小，闻有全偏，具体有具体之闻，一体有一体之闻，朱子曰：'下士晚闻道，卿勉强自修。'修则闻，不修则不闻，正未可自菲也。"[5] 孙奇逢一生任道重，自修苦，以经世为蕲向，以励行为途径，严辨儒释，力合朱王，重构道统。虽然学术史上对其在儒家道统中之位置的认知与其所自我期许者容有差别，但孙奇逢最终实现了归宗孔孟的学术志向，我们认为这一点应该给予充分肯定。

---

[1] 孙奇逢：《理学宗传》，凤凰出版社 2015 年版，第 76 页。
[2] 孙奇逢：《理学宗传》，凤凰出版社 2015 年版，第 80 页。
[3] 孙奇逢：《理学宗传》，凤凰出版社 2015 年版，第 391 页。
[4] 孙奇逢：《理学宗传》，凤凰出版社 2015 年版，第 494、495、497 页。
[5] 孙奇逢：《理学宗传》，凤凰出版社 2015 年版，第 467 页。

百家论道

论宋代法律体系中的“故事”

喻　平*

[内容提要]

宋代政治法律体系中的“故事”具有多重属性，“详练故事”与“力行故事”是对君臣的高度政治褒奖，熟练掌握与遵行“故事”是治国理政的基本素养。皇帝和官僚集团在处理政务时常常会检校与参详故事，从故事中寻找施政的正当性与合法性，故事因而具有实质性的宪法、行政法意义。在宋代，故事的适用标准有三，即就近检用、符合实际和符合礼义，是否符合上述原则是故事能否具有实际法律效力的决定性因素。故事适用的结果常常表现为故事“著为令”“著为例”，即转化为令、例和式。故事向令、式、例转化是从不成文法到成文法的质变，借此可以看出宋代法律规范之间的灵活转化以及法律体系的动态图景。进言之，宋代故事不仅表现一系列单项制度规范，更是一种政治话语和思维方式，其内涵宽泛、功用多重，具有较强的理论张力。

[关键词]

宋代；故事；例；检校；礼义；成文法化

* 喻平，中南财经政法大学法学院博士研究生。

一、引　言

自沈家本（1840—1913）《历代刑法考》开始，故事作为一种特殊的法律规范一直为学界所关注，不曾缺席近现代法学学术史。沈家本在《律令》卷中辑出“延武律令故事”“尚书旧事”“马将军故事”“晋故事”等[1]。沈氏在浩如烟海的文献中采摭故事，于故事研究而言具有开拓之功。日本学者浅井武夫先生的《中国法典编纂沿革史》（1911）将《晋故事》三十卷视为法典[2]，程树德先生的《九朝律考》（1926）则将其界定为律，所谓“故事亦多关律也”。[3] 杨鸿烈先生的《中国法律发达史》（1933）对历朝的法典编修可谓详备，但未将晋的《故事》三十卷纳入“法典”范畴，其贡献在于道出成文法类型故事的转变[4]。20世纪60年代，日本学者守屋美都雄先生以《论“晋故事”》（1960）为题专门论述“故事”，认为“晋法由律、令、故事三者构成，‘故事’一词，第一次用来称呼国家法典中的一部分，而且故事作为律的‘副法’，在晋法中地位相当重要”[5]。邢义田教授先后发表《汉代“故事”考述》（1986）和《从“如故事”和“便宜从事”看汉代行政中的经常与权变》（1987），于故事的法律意义上着墨不多。[6] 黄敏兰先生的《论中国古代故事制度的不成文法特征和功能》（1992）和《论中国古代故事现象的产生》（1992）将“统治者无论是决定国政大事，制定一项具体的措施，乃至细小的行为举止，往往引用故事作为其行为依据，从而使之具有合法性”称为“故事现象”，将作为依据的故事称为“故事制度”。[7] 其后，刘俊文、霍存

[1] 沈家本：《历代刑法考》下册，商务印书馆2011年版，第81、86、90、108页。

[2] 参见浅井虎夫：《中国法典编纂沿革史》，陈重民译，中国政法大学出版社2007年版，第59-60页。

[3] 程树德：《九朝律考》，商务印书馆2010年版，第404页。

[4] 杨鸿烈：《中国法律发达史》，中国政法大学出版社2009年版，第142-143页。

[5] 守屋美都雄：《论“晋故事”》，原载《和田博士古稀纪念东洋史论丛》，收入守屋美都雄：《中国古代的家族与国家》，钱杭、杨晓芬译，上海古籍出版社2010年版，第453-462页。

[6] 参见邢义田：《汉代“故事”考述》，许倬云等：《中国历史论文集》，台北商务印书馆1985年版，第371-343页；邢义田：《从“如故事”和“便宜从事”看汉代行政中的经常与权变》，《治国安邦：法制、行政与军事》，中华书局2011年版，第380-449页。

[7] 黄敏兰：《论中国古代故事制度的不成文法特征和功能》，《人文杂志》1992年第3期；黄敏兰：《论中国古代故事现象的产生》，《陕西师大学报（哲学社会科学版）》1992年第1期。

福、闫晓君、吕丽、杨一凡、刘笃才、王文涛等人均有论述，[1] 故事的法律属性、类型、功能、演变等得以展现。从前述学术史回顾中可以看出，学界的故事研究集中在两汉魏晋时期，对宋代故事鲜有关注。邓小南先生的《祖宗之法——北宋前期政治述略》（2006）有涉及，[2] 但并未将其作为一种法律规范重点论述。有鉴于此，本文将集中探讨宋代故事的适用、功能、转化等问题，拟在制度考证的基础上阐释其法律意蕴，借此加深对宋代法律体系的理解，最后以抛砖引玉的方式，简要提出宋代故事所蕴含的研究价值。

二、力行故事：故事与宋代的政治评价

故事，旧事、过往之事之谓也，其引申义有二：一是文学意义上的故事，二是规范意义上的故事[3]。本文所论为后者。据现存史料，故事源于汉代，实为不成文法。在西晋，部分故事被纳入法典，上升为成文法，南北朝时演变为格，为隋唐承袭。作为一种不成文法，故事在汉代以后一直存续。及至两宋，故事深入宋人政治生活，常常成为评价从政者甚至最高统治者能力、政绩的标准。

《宋史·贾黄中传》载：“黄中端谨，能守家法，廉白无私。多知台阁故事，谈论亹亹，听者忘倦焉。在翰林日，太宗召见，访以时政得失，黄中但言：‘臣职典书诏，思不出位，军国政事，非臣所知。’上益重之，以为谨厚。及知政事，卒无所建明，时论不之许。”[4] 贾黄中“多知台阁故事”而被载入史传并非孤例，据《宋史·韩溥传》：“溥博学善持论，详练台阁故事，多知唐朝氏族，与人谈亹

---

[1] 相关论述参见：刘俊文的《唐代法制研究》，台北文津出版社1999年版；霍存福的《唐故事惯例性论略》，《吉林大学社会科学学报》1993年第6期；阎晓君的《两汉“故事”论考》，《中国史研究》2000年第1期；吕丽的《汉魏晋“故事”辨析》，《法学研究》2002年第6期；吕丽的《汉魏晋的礼仪立法和礼仪故事》，《法制与社会发展》2003年第3期；吕丽的《故事与汉魏晋的法律——兼谈对于〈唐六典〉注和〈晋书·刑法志〉中相关内容的理解》，《当代法学》2004年第3期；杨一凡、刘笃才的《历代例考》，社会科学文献出版社2012年版；王文涛的《宋例与宋代法律体系研究》，华东政法大学2015年博士论文。

[2] 邓小南：《祖宗之法——北宋前期政治述略》，上海三联书店2006年版。

[3] 参见夏征农、陈至立主编：《辞海》，上海辞书出版社2010年版，第1300页。

[4] 《宋史》，中华书局1985年版，第9162页。

癖然可听，号为‘近世肉谱’，搢绅颇推重之。”[1]《宋史·石中立传》载：“中立练习台阁故事，不汲汲近名。喜宾客，客至必与饮酒，醉乃得去。初，家产岁入百万钱，末年费几尽。帝闻其病，赐白金三百两。既死，其家至不能办丧。”[2]《续资治通鉴长编》亦载，哲宗元祐七年，“赵彦若父师民以经行淳懿，久侍仁宗书筵。彦若德性类其先人，博学多闻，详练故事，去年为其子得罪，其事可谅，非有大过，不可久弃”[3]。贾黄中的“多知台阁故事”、韩溥的“详练台阁故事”、石中立的“练习台阁故事”和赵彦若的“详练故事”至少表明，谙熟故事作为一项臣子的从政素养受到褒扬。

更为重要的是，“多知”“详练”故事可以上升到评价人才优劣的高度。据《宋史·叶清臣传》：“诏问：‘辅翊之能，方面之才，与夫帅领偏裨，当今孰可以任此者。’臣以为不患无人，患有人而不能用尔。今辅翊之臣，抱忠义之深者，莫如富弼。为社稷之固者，莫知范仲淹。谙古今故事者，莫如夏竦。议论之敏者，莫如郑戬。方面之才，严重有纪律者，莫如韩琦。临大事能断者，莫如田况。刚果无顾避者，莫如刘涣。宏达有方略者，莫如孙沔……”[4] 臣下答对，品评人物，谙熟故事的夏竦与“社稷之固者”范仲淹等并论，故而有“谙古今故事者，莫如夏竦”之论，而故事的重要性也可由此窥见一斑。

既有“知”，必有“行”。力行故事、奉行故事同样是至高的表扬，足以名垂青史。据《宋史·富弼传》：“弼为相，守典故，行故事，而傅以公议，无容心于其间。当是时，百官任职，天下无事。六年三月，以母忧去位，诏为罢春宴。”[5] 据《宋史·苏颂传》：“七年，拜右仆射兼中书门下侍郎。颂为相，务在奉行故事，使百官守法遵职。量能授任，杜绝侥幸之原，深戒疆埸之臣邀功生事。”[6] 富弼、苏颂为相，颇因“行故事”“奉行故事”而被称颂。另据《续资治通鉴长编》，神宗元丰八年：“靖康元年月日（原文缺），诸王府赞读臣江端友昧死再拜上书皇帝

---

〔1〕《宋史》，中华书局1985年版，第13021页。
〔2〕《宋史》，中华书局1985年版，第9104页。
〔3〕李焘撰：《续资治通鉴长编》，中华书局2004年版，第11276页。
〔4〕《宋史》，中华书局1985年版，第9853-9854页。
〔5〕《宋史》，中华书局1985年版，第10254-10255页。
〔6〕《宋史》，中华书局1985年版，第10867页。

陛下：臣伏睹宣仁圣烈皇后当元丰末垂帘听政，保佑哲宗皇帝，起司马光为宰相，天下归心焉。九年之间，朝廷清明，海内乂安，人到于今称之。其大公至正之道，仁民爱物之心，可以追配仁宗，至於力行祖宗故事，抑绝外家私恩，当是时，耆老盛德之士，田野至愚之人，皆有复见女中尧舜之语。”〔1〕江端友赞美宣仁皇太后、司马光的英明统治也借助故事，故称“力行祖宗故事”，可见奉行故事并非从政者的褒奖专利，同样适用于执政者甚至最高统治者。

另据《宋史·英宗本纪》：“赞曰：昔人有言，天之所命，人不能违。信哉！英宗以明哲之资，膺继统之命，执心固让，若将终身，而卒践帝位，岂非天命乎？及其临政，臣下有奏，必问朝廷故事与古治所宜，每有裁决，皆出群臣意表。”〔2〕臣下奏议，“必问朝廷故事”，作为表彰英宗英明的依据，故事的重要性显露无遗。总体而言，不管是谙熟还是遵行，此处的故事更多是政治概念，具有总体性评价的指向，值得玩味的是，这一概念确有浓厚的法律属性。质言之，故事的意蕴在宋代是多元性的，而其法律意蕴在故事的适用中体现。

三、检校与参详：故事与宋代的决策程序

借助故事可以表彰政绩，评判政治得失，此性质原本便暗含了故事参与政务的深度。以具体程序言之，皇帝和官僚集团在处理行政事务时常常会“检校故事”“检讨故事”“检寻故事”，从故事中寻找政见的依据。与检校伴生的是“参详”，即君臣之间就故事展开讨论。

检讨故事的机构一般为三馆秘阁、史馆、崇文院、编修院等。据《宋史·职官志》：“咸平中，令馆阁检校故事。申定其制，以官庄及远年逃亡田充。悉免租税，佃户以浮客充，所得课租均分，如乡原例。”〔3〕另据《续资治通鉴长编》卷四十五：“宰相张齐贤请给外任官职田，诏三馆、秘阁检讨故事，申定其制，以官庄及远年逃田充，悉免其税。佃户以浮客充，所得课租均分，如乡原例。……虞部

〔1〕李焘撰：《续资治通鉴长编》，中华书局2004年版，第8428页。
〔2〕《宋史》，中华书局1985年版，第261页。
〔3〕《宋史》，中华书局1985年版，第4145页。

郎中杜镐等言推寻故事，历代并无输税之文，乃止。"[1] 由此可见，《宋史》中的馆阁当为三馆、秘阁。商定给外任官职田，真宗令三馆、秘阁检讨故事，作为决策依据，"申定其制"。三馆、秘阁检校亦可见《宋会要辑稿》，据《宋会要辑稿·职官五十八》："二年七月，真宗欲兴复职田，三司请令依例输税，诏三馆秘阁检讨故事沿革以闻，检讨杜锡等言，按王制，右者公田藉而不税，藉之言借也，借民力治公田，美恶取於此不税民之所自治也。"[2]

史馆检讨见于《宋史·礼志》："咸平中，有司将设春宴，金明池习水戏，开琼林苑，纵都人游赏。帝以是月太宗忌月，命详定故事以闻。史馆检讨杜镐等言："按晋穆帝纳后月，是康帝忌月，礼官荀讷议：'有忌日，无忌月；若有忌月，即有忌时、忌岁，益无所据。'"[3] 在确定忌月是否举行春宴、金明池习水戏等活动的讨论中，"详定故事"实为检讨故事，检讨官为"史馆检讨"杜镐。史馆检讨亦见于《续资治通鉴长编》卷六十五："甲寅，诏武信节度使惟吉序班在镇安节度使石保吉上。惟吉、保吉并兼同平章事，而保吉先拜，上令史官检讨故事，具言唐武德中诏宗姓在同品官上，故行之。"[4] 确定两位节度使（惟吉、石保吉）班序，应为疑难政务，检讨人为史官，检讨唐武德间做法。

崇文院检讨见于《宋会要辑稿·礼三一》："十八日，知枢密院王钦若上言，伏睹敕文，皇帝本服齐衰，准近例七日释服，非期周易月之制，请改至十三日释服，庶合礼文。诏崇文院检讨龙图阁待制陈彭年检讨故事，彭年言按唐德宗皇后王氏崩，太常博士徐乾议，周景王有后之丧既葬除服，准礼。"[5] 讨论皇帝服丧问题，大臣对近例提出异议，皇帝令崇文院（三馆）龙图阁待制陈彭年检讨故事，遵循前朝旧礼。

史院检讨见于《续资治通鉴长编》卷二百十五："己酉，诏枢密都承旨、副都承旨见枢密使、副使如阁门使礼，置治所，添给直兵，令枢密院条奏施行。先是，

[1] 李焘撰：《续资治通鉴长编》，中华书局2004年版，第955-956页。
[2] 《宋会要辑稿》，刘琳等点校，上海古籍出版社2014年版，第4615页。
[3] 《宋史》，中华书局1985年版，第2889页。
[4] 李焘撰：《续资治通鉴长编》，中华书局2004年版，第1442-1443页。
[5] 《宋会要辑稿》，刘琳等点校，上海古籍出版社2014年版，第1446页。

李评除承旨，文彦博不礼之，诏史院检讨故事，史院奏以止载班著职事，不见接遇仪范，故特有是诏。”〔1〕

编修院检讨见于《宋会要辑稿·仪制三》：“时阁门使李评为承旨，首用士人而议与使副接见之礼，手诏令编脩院检讨故事，本院言止载班著职事，即不见接遇仪范，迺下是诏。”〔2〕为确定阁门副使接见之礼，令编修院检讨故事。

检讨机关也有龙图阁，但检讨人更为具体，据《宋会要辑稿·礼四十一》：“（景德）四年正月二十五日，河阳三城节度使、同平章事王显卒。行在太常礼院言：‘准令，使相辍朝两日。又缘朝拜诸陵，方当行在，酌情顺变，事贵从宜。欲望更不行辍朝之礼。’又龙图阁待制陈彭年检讨故事，昔唐太宗北征，中书令岑文本卒於扈从，太宗轸悼不忍闻严更之声，然亦无辍朝之文，今王显卒于私第，国家方行盛礼吉凶，既虽相干伏，请更不辍朝，从之。”〔3〕讨论在朝陵期间，使相去世，是否需要辍朝。依照“令”，应该辍朝两日，但处在朝陵的特殊时期，故而检讨故事，检讨人为陈彭年，检讨唐代类似做法而比照援用。

检讨人同样由直史馆检讨，据《续资治通鉴长编》卷四十九：“己未，直史馆刘蒙叟献宋都赋，述国家受命建号之地，宜建都立祖宗之庙。上嘉纳焉，命史馆检讨故事以闻。”〔4〕皇帝采纳检讨人刘蒙叟的建议，欲建立祖宗之庙，检故事作为依据。由此可见，除了史官，礼官同样可以为检讨人。据《续资治通鉴长编》卷六十二：“资政殿大学士王钦若上疏，请复先蚕之祀。诏礼官详考故事以闻。於是，从礼官议，每岁春蚕生，遣官摄祭於东郊，如先农例。”〔5〕是否采纳建议恢复先蚕之祀问题，皇帝令大臣考故事，礼官检讨。

检讨故事有时并不特别说明检讨机构和检讨官。《宋会要辑稿·舆服六》：“仁宗嘉祐八年六月十三日。翰林学士范镇言：“伏闻大行皇帝受命宝及（法）〔沿〕宝〔法〕物与平生衣冠、器用，皆欲举而葬之，恐非所以称先帝恭俭之意。其受命宝，伏乞陛下自宝用之，且示所传者。若衣冠器玩，则请陈于陵寝及神御殿，岁时

〔1〕李焘撰：《续资治通鉴长编》，中华书局2004年版，第5243页。
〔2〕《宋会要辑稿》，刘琳等点校，上海古籍出版社2014年版，第2344页。
〔3〕《宋会要辑稿》，刘琳等点校，上海古籍出版社2014年版，第1668页。
〔4〕李焘撰：《续资治通鉴长编》，中华书局2004年版，第1070页。
〔5〕李焘撰：《续资治通鉴长编》，中华书局2004年版，第1388页。

展视，以慰思慕。”诏检讨官检寻典故，及命两制、礼官详议。翰林学士王珪等奏议曰：“受命宝者，犹昔传国玺也。其为天子传器，不当改作。”[1] 商议大行皇帝遗物，特别是“受命宝”是否沿用时，仁宗命“检讨官”检寻故事，令两制官员和礼官详细讨论，至于检讨机构和检讨官则未注明。

据龚延明先生考证，在宋代以“检讨官”为名称的官职有数种，其一为“尚书省讲义司检讨文字”，属于尚书省讲议司属官，尚书省讲议司设置为崇宁元年，以禁元祐法、复熙丰法“兴利补弊”为名，职能近于制置三司条例司。其二为“玉牒所检讨官”，为玉牒所属官，北宋修玉牒设官置局始于太宗至道元年。其三为馆职名，“史馆检讨”，北宋淳化二年始见置，元丰五年改制随史馆罢而罢，南宋绍兴初复置史馆，史馆检讨备置。其四为修史机构，“实录院检讨官”，天圣元年二月十一日，修《真宗实录》，始置修《真宗实录》检讨官[2]。就现有史料记载的检讨故事情形来看，检讨官应为馆职和实录检讨。

经由上述分析可以发现，宋代故事的检讨并不固定在某一机构之上，检讨官的来源也随之多样化。君臣之间的检校、参详，目的相当明确，即为政治决策提供可供参考的依据，换言之，统治的正当性和合法性从历史中寻找。于此而言，故事不仅仅是政治决策，更具有实质的宪法、行政法意义。

四、可用与不可用：宋代故事的适用原则

检校、参详的目的是故事的适用，而适用的标准可分为就近检用原则、符合实际原则、符合礼义原则等三大原则。

（一）就近检用原则

所谓就近检用原则，是指故事适用时，优先采用在时间上距当前较近的故事。《宋史·洪适传》载：“隆兴二年二月，召贰太常兼权直学士院。上欲除诸将环卫官，诏讨论其制。适具唐及本朝沿革十一条上之，且言：‘太祖、太宗朝，常以处

[1] 《宋会要辑稿》，刘琳等点校，上海古籍出版社2014年版，第2286页。

[2] 龚延明编著：《宋代官制辞典》，中华书局1997年版，第190，297页。

诸将及降王之君臣，自后多以皇族为之，故国史以为官存而事废。陛下修饬戎备，不必远取唐制，祖宗故事盖可法则。’”〔1〕孝宗隆兴二年，讨论环卫官的任用，在寻检唐及本朝的十一条故事之后，侍从官们建议“陛下不必远取唐制，祖宗故事盖可法则”，言下之意即一件事情存在多种故事可供选择，如果存在本朝故事和前朝故事，那么可优先选择距离当前较近事。又，《宋史·吕希哲传》载：“希纯字子进，登第，为太常博士。元祐祀明堂，将用皇祐故事，并飨天地百神，皆以祖宗配。希纯言：‘皇祐之礼，事不经见，嘉祐既已厘正。至元丰中，但以英宗配上帝，悉罢从祀群神，得严父之义，请循其式。’从之。”〔2〕元祐年间，君臣讨论祭祀明堂仪制，本用皇祐故事，吕希纯认为皇祐故事在嘉祐年间已经被厘正，应采用之后的元丰年间做法。此外，笔者对《宋史》中被引用的故事所处的时代进行分类统计，本朝故事占67.61%，可供佐证。

（二）符合实际原则

所谓符合实际原则，即在故事的甄别适用时，需要考虑当前的实际情况，决定选择适用或者放弃适用某一故事。《宋史·丁谓传》载：“后数日，太后与帝坐承明殿，召拯、利用等谕曰：‘丁谓为宰辅，乃与宦官交通……。’拯等奏曰：‘自先帝登遐，政事皆谓与允恭同议，称得旨禁中。臣等莫辨虚实，赖圣神察其奸，此宗社之福也。’乃降谓太子少保、分司西京。故事，黜宰相皆降制，时欲亟行，止令拯等即殿庐召舍人草词，仍榜朝堂，布谕天下。追其子珙、珝、玘、珷一官，落珙馆职。”〔3〕仁宗察觉宰相丁谓“身为宰辅，与宦官交通”而欲罢黜之，依照故事，罢黜宰相应降制，但是因情况紧急，“时欲亟行”，止令拯等即殿庐召舍人草词，仍榜朝堂，布谕天下。此处的故事被放弃适用，理由为根据较为紧急的实际情况。据《续资治通鉴长编》卷五十八：“《宋史全文》陈莹中曰：当时若无寇准，天下分为南北矣。然寇莱公岂为孤注之计哉！观契丹之入寇也，按威虏、安顺军则魏能、石普败之，攻北平寨则田敏击走之，攻定州则王超等拒之……兵将若此，则亲征者所以激将士之用命。然所谓亲征者在景德行之则可，而议者当靖康时有请用真

〔1〕《宋史》，中华书局1985年版，第11563页。
〔2〕《宋史》，中华书局1985年版，第10777-10778页。
〔3〕《宋史》，中华书局1985年版，第9569页。

宗故事则不可。盖亲征之行，必兵强可也，财富可也，将能擒敌可也。若此，则分画明，纪纲修，法度正。一有不然，则委人主以危事。"[1] 陈莹中认为，根据当时兵力强弱的具体情况，真宗御驾亲征故事在靖康时不可作为依据。陈莹中为北宋时人，可见是否符合实际情况是故事适用的标准之一。另据《续资治通鉴长编》卷五百十八："吕惠卿奏：'西人乞贺正旦，缘誓诏未降，未可从，又乞优如宠锡西羌，如元祐故事。'章惇因言：'先帝尝欲以金帛结羌中用事者。今西使言国主悔过效顺，皆威明正赛辅佐使然，欲于使还赐以金帛，给其欢心。若元祐加赐乾顺，则不须也。'上令留侯。"[2] 是否加赐西羌问题，吕惠卿认为应"优如宠锡西羌，如元祐故事"，章惇则认为西羌情势与元祐年加赐李乾顺情势不同，反对适用元祐故事。

（三）符合礼义原则

所谓符合礼仪原则，即故事的适用必须符合礼义的精神，如果与其违背，将会遭到质疑，在甄别择用过程中或被放弃适用。据《宋史・礼志十四》："礼官言：'皇太子朝谒景灵宫无所服典故，乞止用常服。次朝谒太庙、别庙，当衮冕，乘金辂，设仗。'从之。皇太子言：'乘辂、设仗，虽有至道、天禧故事，非臣子所安。'诏免。"[3] 在确定皇太子谒庙的舆服仪制时，最初，礼官认为"当衮冕，乘金辂，设仗"，但是皇太子认为"乘辂、设仗"虽有至道、天禧故事，但是不合君臣之礼义，非臣子所安。最终，皇太子的建议得到了皇帝首肯，至道、天禧故事未被采纳。据《续资治通鉴长编》卷五百十八："初，太常少卿曾旼举兴国故事，以为不妨举乐。蔡京曰：'三年丧无疑，缘两省及群臣皆行三年丧，若举乐，谁与同听者？兼今上尝北面於大行，自是君臣无疑。'……众皆曰：'是。'惇遂诟旼曰：'既是合行三年丧，因何却言举乐自不相妨？'旼颇饰非喋喋，惇声色益厉。布曰：'不须尔，此是国初草创，有司讲求未至，若云不相妨即不当。'……布曰：'此尤不可，礼官当执典礼……'"[4] 就徽宗服丧期间能否举乐问题，太常少卿曾旼举

[1] 李焘撰：《续资治通鉴长编》，中华书局2004年版，第12298页。
[2] 李焘撰：《续资治通鉴长编》，中华书局2004年版，第12336页。
[3] 《宋史》，中华书局1985年版，第2666页。
[4] 李焘撰：《续资治通鉴长编》，中华书局2004年版，第12224页。

兴国故事，以为不妨举乐。蔡京、章惇等大臣皆反对，认为礼官当执典礼，由此可见，故事适用须以礼义为标准，若不合礼义，故事难以适用。另据《续资治通鉴长编》卷五百十八：“又诏，大行皇帝皇后宫殿并以元符为名，仍号元符皇后。先是，曾布白上：‘兴国中，行孝章皇后礼数未至，当务从优厚。’上曰：‘太后亦知此事。’又呈元符宫殿，布曰：‘宫称元符宫，殿为元符殿，仍号元符皇后。’或请以皇仪殿处之，众皆曰：‘兴国中孝章故事不可用。’”徽宗朝确定大行皇帝皇后宫殿徽号等事宜，曾布认为，兴国中故事“礼数未至”，众皆以为此，可见故事的适用若不符礼义，需要加以调整。

总体而言，君臣发生争议时，故事的可不可用取决于时间远近、当时情势和是否符合礼义，而故事是否具有实际法律效力的决定性因素也在于此。

五、著为令式例：宋代故事的成文法化

两宋故事的适用常常直接产生令、例、式等成文法律形式。换言之，故事由不成文法上升为成文法，成为具有稳定性的法律规范。故事转化为令、式、例的方式常常表述为“著为令”“著为例”等。

（一）故事转化为令与式

故事转化为令，史料多有记载。《宋史·职官志二》载：“宣徽南院使北院使掌总领内诸司及三班内侍之籍……故事，与参知政事、枢密副使、同知枢密院事以先后入叙位。熙宁四年，诏位参政、枢副、同知下，著为令。九年，诏：‘今后遇以职事侍殿上，或中书、枢密院合班问圣体，及非次庆贺，并特序二府班。官制行，罢宣徽院，以职事分隶省、寺，而使号犹存。’”[1] 宣徽使的班序依照故事，与参知政事、枢密副使、同知枢密院事以先后入叙位，熙宁四年，诏位参政、枢副、同知下，“著为令”。

“著为令”的“著”即将故事转化为令，故事的转化实为法律效力位阶的上升，质言之，故事的成文法化可以视为实质意义上的立法。“著为令”的事例在

[1] 《宋史》，中华书局1985年版，第3806页。

《宋史》中较为常见。《宋史·曹修古传》载："曹修古，字述之，建州建安人……又奏：'唐贞观中，尝下诏令致仕官班本品见任上，欲其知耻而勇退也。比有年余八十，尚任班行，心力既衰，官事何补。请下有司，敕文武官年及七十，上书自言，特与迁官致仕，仍从贞观旧制，即宿德勋贤，自如故事。'因著为令。"[1] 曹修古依据唐故事所提建议被"著为令"，故事的法律性质发生了质变。据《宋史·选举志六》："咸平间，秘书丞陈彭年请用唐故事举官自代。诏枢密直学士冯拯、陈尧叟参详之。拯等上言：'往制，常参官及节度、观察、防御、刺史、少尹、畿赤令并七品以上清望官，授讫三日内，于四方馆上表让一人以自代。其表付中书门下……。'遂著为令。"[2] 陈彭年请用唐故事举官自代，真宗令学士参详，冯拯等参酌故事及古今情况提出具体意见，故事的相关内容被"著为令"。另据《宋史·范育传》："育亦奏言：'三代以来，取士之盛，莫如汉、唐。汉诏举贤良文学直言极谏之士，非有灾异而举。唐制科之盛，固不专于灾异也。况灾异之出，或弥年所无，则此举奚设？或频岁而有，则于事太烦。令礼部进士数年一举，因以制科随之，则事与时宜。又从而更张之，使遗材绝望，非所以广贤路也。'仁宗是育言，诏礼部：'自今制科随进士贡举，其著为令。'"[3] 商讨制科的设置时，范育引汉、唐故事认为，制科并非因灾异而举，并提出制科应随进士贡举举行，得到仁宗采纳，著为令。

故事转化为令，也见于《续资治通鉴长编》。据卷四百五十九："初，三衙申枢密院状：'近伏七十日，已依令式减放讫。'王岩叟白韩忠彦曰：'故事，自景德以来，皆内侍省检举，遣中侍传宣，所以感悦人心。今编之令式，作常事行，不复见朝廷恩意矣。'"[4] 禁军近伏七十日宣布减放的程序，依照故事由中侍传宣，现"编之令式，作常事行，不复见朝廷恩意矣"，可见故事的成文法化。

值得注意的是"编之令式"，故事的转化方向除了令，还有式。故事的式化，

[1] 《宋史》，中华书局1985年版，第9890页。
[2] 《宋史》，中华书局1985年版，第3741页。
[3] 《宋史》，中华书局1985年版，第10042页。
[4] 李焘撰：《续资治通鉴长编》，中华书局2004年版，第10988-10989页。

在《宋史·沈括传》中有清晰的记载：“擢进士第，编校昭文书籍，为馆阁校勘，删定三司条例。故事，三岁郊丘之制，有司按籍而行，藏其副，吏沿以干利……乘舆一器，而百工侍役者六七十辈。括考礼沿革，为书曰《南郊式》。即诏令点检事务，执新式从事，所省万计，神宗称善。”[1] 沈括认为依照故事的郊祀细节颇有不妥，遂“考礼沿革，为书曰《南郊式》”，神宗“即诏令点检事务，执新式从事”，由此故事转化为式。

（二）故事转化为例

故事的例化也较为常见。据《宋史·舆服志二》：“先是，建炎初，驻跸杭州，诏扈从臣僚合设狨坐者，权宜撤去。故事，宰执、侍从自八月朔搭坐。绍兴元年，以江、浙地燠，改为九月朔，著为例。”[2] “扈从臣僚合设狨坐者”，原本依照故事，宰执、侍从自八月朔搭坐。宋室南迁之后，不再设狨坐，且“著为例”。由故事而改为例，这一转化的过程相当清晰。据《宋史·吕夷简传》：“故事，郊祠毕，辅臣迁官，夷简与同列皆辞之，后为例。”[3] 原本郊祀之后，辅臣迁官，由于“夷简与同列皆辞之”，故事被改变，不再遵行，“后为例”，不仅仅是定制，而且具有更加稳定的效力。职官迁转的故事转化为例并非孤例。据《宋史·富直柔传》：“十月，除端明殿学士、签书枢密院事。故事，签书有以员外郎为之，而无三丞为之者。中书言非旧典，时直柔为奉议郎，乃特迁朝奉郎。自是寄禄官三丞除二府者，迁员外郎，自直柔始，遂为例。”[4]

《宋史》之外，《续资治通鉴长编》也有故事转化为例的记载。据《续资治通鉴长编》卷一百七十四：“故事，枢密使罢，必学士院降制，及罢若讷，止命舍人草词，后遂为例。”[5] 另据《续资治通鉴长编》卷三百六十四：“丁未，三省、枢密院言：‘高丽表内有太皇太后表及进奉物。故事，惟答以皇帝回谕敕书，今欲依例。’从之。诏高丽贺登宝位、进贡物，并依条例回赐。”[6] 高丽进贡的回赐，有

[1] 《宋史》，中华书局1985年版，第10653页。
[2] 《宋史》，中华书局1985年版，第3513页。
[3] 《宋史》，中华书局1985年版，第10207页。
[4] 《宋史》，中华书局1985年版，第11618页。
[5] 李焘撰：《续资治通鉴长编》，中华书局2004年版，第4208-4209页。
[6] 李焘撰：《续资治通鉴长编》，中华书局2004年版，第8713页。

故事可供处理，但这一惯用的故事转而为例，可以视为对原来故事的重视与升格。不论原因如何，可以肯定的是，故事“著为例”或“遂为例”，无疑是故事向例的转化，可证故事为例的生成来源。

（三）故事与令、式、例并用

故事的令、例、式化并不意味着这四种法律规范之间的差别非常明显，相反，在宋人的法律观念中，故事常常与令、例、式等成文法互称、并用，部分情况下几乎可以视为同一概念。据《续资治通鉴长编》卷一百七十六：“甲戌，知滑州、端明殿学士、兼龙图阁学士、礼部侍郎张方平为户部侍郎、知益州。方平初以父老不得迎侍辞，上曰：‘久知此条贯不便，但以祖宗故事，不欲更变，因卿行便可迎侍去。当今中书罢此条贯。’方平惶恐，奏祖宗著令，安可以臣故，轻议更变也。”〔1〕此处的祖宗故事即为祖宗著令，可见令与故事可以互称。据《宋史·蛮夷传四》：“（熙宁）六年，龙蕃、罗蕃、石蕃八百九十人入觐，贡丹砂……其后，比岁继来。龙蕃众至四百人，往返万里，神宗悯其勤，诏五姓蕃五岁听一贡，人有定数，无辄增加，及别立首领，以息公私之扰。命宋敏求编次《诸国贡奉录》，客省、四方馆撰仪，比著为式。元丰五年，张蕃乞添贡奉人至三百，诏故事以七十人为额，不许。七年，西南程蕃乞贡方物，愿依五姓蕃例注籍。从之。”〔2〕在熙宁元丰年间的西南夷部贡奉中，西南夷部开始一岁一觐，且人数逐渐增多，熙宁年间，神宗遂下诏规定贡奉的频次、人数等，且著为式。元丰五年，张蕃请增加贡奉人数，神宗诏以故事。此处的故事应为上述熙宁年间的式，就内容而言，故事与式没有实质性差别，二者之异仅仅在于名称。

另据《续资治通鉴长编》卷二百：“故事，执政生日皆有赐予，诏言助其燕喜。时帝在谅暗，曾公亮及宋庠生日，翰林学士贾黯当草诏。己未，黯言：‘前日寿圣节，契丹使上寿於紫宸殿罢，群臣升殿间饮，才令献一觞而退。将相大臣，同国休戚，宜权罢赐。’曾公亮亦言：‘朝廷向来止沿旧例，未经讨论。今黯所言，实於人情为顺，望赐允从。’诏以大臣有已经赐者，令赐之如例。”〔3〕执政生日给

---

〔1〕李焘撰：《续资治通鉴长编》，中华书局2004年版，第4267-4268页。

〔2〕《宋史》，中华书局1985年版，第14241-14242页。

〔3〕李焘撰：《续资治通鉴长编》，中华书局2004年版，第4846页。

予赏赐，本有故事，时值曾公亮生日，英宗欲令翰林学士贾黯草诏施行，贾黯提出质疑，曾公亮亦推辞，英宗仍然令赐之如例。此处的故事与例显然为同一规定。据《续资治通鉴长编》卷三百九十二：“岩叟又言：‘臣窃以中书舍人国家第一等名器，当得贤材以付之。臣为陛下惜名器，不为言一曾肇也……虽因缘资地，以至於此，然故事、近例，至此益当深观其人，不必须登掖垣也。一登掖垣，遂预国政，非复从来侥幸之比矣。’”〔1〕王岩叟反对曾肇任中书舍人的奏疏，将故事与近例并用，可见故事与近例属于同类法律规范。

概括言之，如果故事与令、式、例的内容趋同，四者的差异更多地表现为名称，而效力与功用几乎等同，名异实同的四种法律形式呈现出互补的关系。然而，即使功用同一，故事与令、例也有细微的区分。据《续资治通鉴长编》卷三百一：“己亥，礼院言：‘奉诏详定濮安懿王三夫人迁祔仪，请依令用一品卤簿，依晋国大长公主故事，用鼓吹。’从之。仍诏启菆等礼止令宗晖祭告，作哀志祝文并迁护使代作。”〔2〕确定濮安懿王夫人迁祔仪注，卤簿依令，鼓吹依晋国大长公主故事。另据《宋史·仪卫志二》：“哲宗即位，元祐元年，诏太皇太后出入仪卫，并依章献明肃皇后故事。其不可考者，则依慈圣光献皇后之例。”〔3〕确定太皇太后的出入仪卫，可考者用故事，不可考者用例。卤簿、鼓吹、出入仪卫等皆为礼制，依据故事还是令、例，显示出三者的细微区别。

综上所述，故事与令、式、例或者转化，或者并用，转化与并用的区别在于故事与令、式、例的内容、功用、效力是否同一。故事的令、式、例化，固然是由不成文法到成文法的质变，但故事与令、式、例的关系未必发生异质性变革，更多地呈现出互补的状态。〔4〕

〔1〕李焘撰：《续资治通鉴长编》，中华书局2004年版，第9526-9527页。
〔2〕李焘撰：《续资治通鉴长编》，中华书局2004年版，第7326页。
〔3〕《宋史》，中华书局1985年版，第3393页。
〔4〕参见俞荣根：《礼法之治：传统良法善治方略钩沉》，《法治现代化研究》2017年第5期。

六、结 论

考察两宋故事的属性、适用和转化，可以发现，宋代故事因相当庞杂而具有多重面向，它既是政治评价的至高标准，也在君臣决策中具有实质性的宪法效力。更为重要的是，故事是开放性的而非封闭性的，可以转化为令、式和例，由不成文法上升为成为法，而它的成文法化并不消解自身，而是与令、式、例互补、并存。故事向令、式、例的频繁流动使得两宋法律体系呈现出局部的动态画面，借此可以加深对宋代法律全貌的了解。

如果拓宽理论视野，可以发现针对宋代故事的探讨尚有许多方面值得深入。就故事的适用而言，“依故事”“如故事”“循故事”“准故事”“力行故事”等话语表达值得深思。经初步统计，在《宋史》《续资治通鉴长编》《宋会要辑稿》等宋代主要史料中，“故事叙事”达到三千余条，皇帝在决事之前若有疑虑，问“故事如何”“有此故事否”，或令大臣“检讨故事以闻”，大臣以某某“故事”为奏事的依据，或者以“非故事”“隳故事”极力谏言。由此观之，故事不仅为法律规范与政治制度，甚至可以称为一套“话语体系”，且其背后折射出的思维方式值得我们留意。就故事的涵盖性而言，宋人所言及的故事，既包含过往的制度规范、办事细则，也包含君臣间特定的言行、惯例，或者是儒家传统经典义理，可谓包罗万象、巨细无遗，似乎涵盖一切的过往规范和君臣言行。故事宽泛的涵盖性使得它被意见迥异的士大夫旁征博引，可以说，故事在宋人的叙述中，既是统辖性极强的“纲”，也是包罗万象的“筐”。就其深层次功用来说，故事既可挟“祖宗法度”的感召力和固有权威维护君权的合法性和正当性，维持专制皇权恒久的统治力。同时，故事常常被士大夫们运用和阐发，以故事之名对宣称祖宗敬宗的嗣皇帝形成一定的规范和约束，在故事的框架下，许多极具争议的议题在皇帝与士大夫之间宽缓平和地解决了，皇权受到制衡，为宋代打下了稳定宽松的政治基调。更有意思的是，故事并非保守派的专利，在某一项“法度”的守与不守，变与不变，改与不改之间，争论双方往往都高举遵循故事的旗帜，许多事实上的改革也在守故事的名义之下得以平稳开展，具体的某一项故事虽然受到质疑，但是对于“奉行故事”

的整体观念极少遭受争议。

如何抓住宋代故事观念和运用背后的“核心精神”，如何体悟宋人基于此的政治智慧，如何解析故事作为规范被广泛适用背后的深层法理，尚有待认真深入研究和探讨，限于本文篇幅和主旨，只能留待来日努力。

明清“三教合一”与大理“三教寺”

赵雯萱*

[内容提要]

“三教寺”作为一种宗教文化现象，在中国民间社会中较为常见，但形成的历史原因和社会生态各有所异，既有宗教逻辑不清晰而导致的自发境况，也有特定历史时期话语意义转变中对神灵的置换。大理地区的“三教寺”既与明清时期总体性的“三教合一”宗教生态有关，也是区域整合、宗教治理的结果。“三教寺”作为一个象征符号，从一个侧面反映为明清官方“三教合一”政策，以及道教通过洞经会、圣谕坛这类民间宗教组织谈演洞经、宣讲圣谕，从而传播儒家价值，增进民间认信的历史过程。在明清时期的大理地区，“三教寺”承担着对官方而言以教辅政，对民间而言强化信仰认同，进而促进三教交互的作用。从大理地区的“三教寺”可以看出明清官方以“正祀”替代“淫祀”的痕迹，以及特定时空的“公共领域”对地区伦理环境的塑造和影响。

[关键词]

大理地区；三教合一；三教寺；洞经会；宗教治理

* 赵雯萱，首都师范大学哲学系硕士研究生。

共同供奉儒道佛三教神祇的庙宇，在中国民间社会的分布不在少数，成为中国民间信仰的特质之一。学界称此现象为“三教通体”，这在一定程度上是从民间信仰的自发状态上来讨论“三教”共通的问题。“三教合一”作为一个已经完成的状态，除了观念和教义上的诠释转换，在社会史的视角中去理解三教竞争而形成的、在社会中呈现的不同比重与政治意涵也很重要，所以民间所出现的“三教合一”的庙宇或“三教寺”，可能存在一定的政治和历史逻辑，这是个值得考察的现象。事实上，全国大部分地方都分布有“三教寺”，其中部分直接命名“三教寺”，共同供奉孔子、释迦牟尼、老子或三教神灵，但其形成的时间和原因各有不同。“三教寺”在大理地区的广泛分布和普遍出现是在明清时期。在本文中，“三教寺”既是一个宗教文化现象，也是一种基于田野的概括性指称，因为当时当地大多数寺庙并非直接以“三教寺”命名。这些寺庙一部分以道观形式建于明清时期，一部分是在原来南诏大理国时期佛寺道观的供坛上增设儒道佛三教圣像，或是在建筑基址上增设一殿供奉三教神灵，并促进民间社会中“读儒书、信佛教、拜斗姆”，同时崇拜“本主”的信仰生态的生成。以上要素，成为大理地区“三教寺”与其他地区“三教寺”相区分的特质。[1] 关于大理地区“三教寺”这一结构的出现时间，寺庙本身没有可考的碑记与文献。本文主要结合明清时期的历史背景，对其进行一个宗教社会学意义上的概观，以便对大理地区“三教合一”从寺庙形式到民间信仰的演变历程进行大致阐述。

一、明清时期的“三教合一”与宗教治理

在南诏国时期，天师道既是一种宗教信仰，也具有同唐王朝交好的政治功能。佛教密宗“阿吒力教”在南诏国晚期出现，至大理国时成为“国教”，儒学则一直

---

〔1〕 在“三教寺”问题的既有研究中，从史考与文献方面出发的有：牛军凯对越南三教寺的考查《18世纪越南的三教寺和三教思想》；李正佳等《探究娄烦三教寺的前身与今世》对寺庙本身进行了观念与史料的回顾；《“三教合一”东山寺研究》与《大理周城村的神祇供奉与文化选择》两篇硕士学位论文，则是从人类学的方法出发，通过对寺庙的现状及其仪式等方面的描述来阐明当代的田野景观。

贯穿其中，借以稳固精英阶层并维系与中央王朝的总体认同。忽必烈灭大理国以来，多数大姓出降而成为安抚使，原段氏王朝则降至总管，但还有相对的独立性。大理地区的宗教生态与儒、释、道三教关系也依次发生着改变。此时元朝对于密教有所扶持，并将白族密教的部分神祇列入国家《祀典》。阿吒力教传统在阿吒力师僧世家保持延续，民间层面则依旧如元代郭松年《大理行记》中所描述："其俗多尚浮屠法，家无贫富皆有佛堂，人不以老壮，手不释数珠；一岁之间斋戒几半，绝不茹荤、饮酒，至斋毕乃已。"[1] 但由于政权力量整体的松弛，禅宗由汉地进一步渗入大理地区，全真道也走向兴盛并在各地区大范围流布，立文庙兴儒学的举措也在同步推进。三教进入了新的交互阶段，逐步弱化着阿吒力教的影响。元代碑刻资料第一次出现了"土主"信仰的说法。多数学者认为，此时正是本主信仰在大理民间的盛期，信仰意蕴明显带有南诏国时期的痕迹，可以推测是因为此时阿吒力教作为体制性"国教"的建制作用在弱化，而对本主的诉求是民间社会自属的信仰怀念开始显发和增强的一种表现。

到了明朝，傅友德、王沐英攻破大理后，大理正式纳入明朝的行政管理体系。为了强化边疆治理，防止地方势力复辟，明政府加强对西南地区的全面控制，重新整顿和规范阿吒力教，将其并轨于宗教管理体系之内，设置"道纪司"，令刘渊然领天下道教事，进而更加强化了儒学的教化统治。社会阶层的流动与认同发生激变，儒生越来越多地成为社会的主要阶层，取代了阿吒力师僧的社会地位，道士也成为影响民间信仰的重要力量；地方政权的"国教"话语在瓦解，替之以"大一统"的国家话语。在明朝治理的基础之上，清代对民间宗教的治理更进一步地导向为以儒为主，大规模以"正祀"取缔"淫祀"。也正是在明清这样一个政治环境之下，大理地区许多"三教寺"或在明代但主要是在清代普遍涌现。在此过程中，儒教建立价值认同，道教结构性地影响民间，佛教在"莲池会"中延续着传统。在社会组织构成的逐渐改变中，造就了地区内三教激烈交互的一个重要阶段。在明清时期总体的民间信仰与社会思潮中，"三教合一"的表征已非常明显：林兆恩立足儒教创立的民间宗教"三一教"就是典型；关帝作为具有三教所推崇的共同价

---

〔1〕 王叔武校注：《大理行记校注 云南志略辑校》，云南民族出版社1986年版，第23页。

值象征的神祇，在民间的普遍供奉也隐现着三教合一；民间宗教中也在流传如《三教圣籍礼请》《三教同源》等经书。从诸如此类的民间信仰中的现象来看，“三教合一”的趋向非常明晰。

官方层面，明太祖朱元璋倡导“三教合一”，并撰有《三教论》。在《万历野获编》补遗卷中就有“圣祖兼三教”一条：“盖上于吾儒及释道二氏精究秘奥，虽专门名家有不及……至三教一论和合同异，具在御制集中。”[1] 在进行宗教治理时，强调三教并重，以儒为主，但也注重佛道二教辅翼的作用。他在《三教论》中言：“尝闻天下无二道，圣人无两心，三教之立，虽持身荣俭不同，所济给之理一，然于世之愚人，于斯三教之法不可阙者。”[2] 以孔子之教明国家之法，在儒礼的基础上，规范佛道二教以淳化风俗。就此，以儒为主的三教并崇便成了明代宗教信仰的重要特质之一。朱元璋平定云南后全面规范整顿佛道的政策对阿吒力教也造成了灾难性的影响：“不以为光复旧物，而以为手破天荒，在官之典册，在野之简编，全付之一炬。”[3] 大多数南诏大理国时期阿吒力教的典籍碑刻、经文史册都被清洗。虽洪武二十九年，出于安抚之策，明政府将阿吒力教“土俗奉之，视为土教”,[4] 在剑川立“兴教寺”为道场。但现行阿吒力教传统已然破碎，只有在少数阿吒力世族挽救残存的经卷上部分呈现，以及明代时部分隐匿于民间各地、不服从官方对宗教领袖招安的阿吒力僧人所引带的“妈妈会”“莲池会”这些民间佛教组织中存在、在不完整的教法经咒和科仪上得到表达。

在明朝将大理纳入帝国轨制并对阿吒力教进行整顿后，官方立即施行了“圣化”政策。“京师虽有太学，而天下学校未兴，宜令郡县皆立学校，延师儒，授生徒，讲论圣道，使人日渐月化，以复先王之旧”,[5] 所以于“洪武十五年夏四月戊戌，置云南大理及蒙化等州儒学”,[6] 儒学之官学私学俱兴、广设文庙，民间

[1] 沈德符：《万历野获编》补遗卷一，中华书局1959年版，第787页。

[2] 胡士萼点校：《明太祖集》卷十，黄山书社1991年版，第216页。

[3] 师范：《滇系·典故系六》，云南图书馆藏本第14册，第33页。

[4] 《明实录·明武宗实录》卷2，转引自段鹏、李艳编，《阿吒力口传经选》，剑川县旅游局2013年编印，第11页。

[5] 《明史》卷六十九《选举一·郡县》，中华书局1974年版，第1686页。

[6] 方国瑜：《云南史料丛刊》，云南大学出版社2001年版，第499页。

对文昌魁星的信仰求拜日增。并开科取士、改行土葬、迁入汉族、改风化俗。在宗教政策方面，官方开始立僧道度牒，控制僧道的人数规模和提高僧道的素质；御制经典，经书同文；规范佛道二教，设僧纲司和道纪司。对佛教立“禅、讲、教”，也统一斋醮仪式，突出忠孝之义。这一系列加强治理的措施，在地方上来看，具体如设僧录司、统教法科仪、密教经书同文。以及扶持道教在民间的成长，在云南设置了道纪司、道正司、道会司三级道教管理机构。虽然对阿吒力教持以一定程度上的肯定，但所行之策都在逐渐覆盖阿吒力教的原貌。

在明朝的宗教治理基础上，清代的宗教管制进一步强化。康熙二十五年“诏毁天下淫祠”，〔1〕雍正年间重儒亦并立三教，所以于雍正二年，简化并广泛流布《圣谕广训》：“每逢初一、十五都要由官方集会宣讲，在讲解过程中还有各种仪式需要遵守。这种传统断断续续延续到清末民初。在清代皇帝所颁发的这些圣谕、圣训中，防范异端邪说是其中重要内容。”〔2〕归旨于儒教的纲常训导，明令禁止大多数民间宗教活动。对于正统的佛道教清政府也有所扶持，但鉴于民间宗教与正统宗教的天然联系，官方同样也采取了对活动场所、内容和形式方面的具体规定，比如对地方宗教节庆、“告天拜斗”等私自沟通神灵的行为的禁令和惩罚。

二、“洞经会”“圣谕坛”与“三教寺”

所以在这样一个宗教治理的背景下，随着汉地移民逐渐增多，道教在南诏大理国时期有一定民间基础，又应官方之策，在这个特殊的历史时期扮演了重要角色。全真派因丘处机的关系势力强盛，其徒宋披云入滇弘道之时，龙门派便在曲靖、昆明以及滇西广泛流布。洪武二十五年，张三丰亦从四川入滇弘教。道教此时不仅在民间有一定的认同基础，并且作为汉地正统的民间信仰，长时间以来在民间隐而不显的存在力量对淳化风俗有很大作用。借此，明政府利用了道教辅佐治理深入民间的这一特征，在大理地区以“圣化”为意旨，推广道教“以教辅政”。刘渊然因

〔1〕《清史稿》卷七《圣祖本纪二》，中华书局 1979 年版，第 230 页。
〔2〕周向阳：《清代民间宗教治理研究》，中国社会科学出版社 2017 年版，第 80-81 页。

“改北斗擢滇”创长春派，而后亦从云南回京得赐名号，且“领天下道教事”，更“奏请立云南、大理、金齿道纪司以植其教”。[1] 长春、龙门、天仙三派遂成为云南明清时期道教的主要派别。“长春派是由龙门派分出的一派，属于龙门岔派，称为‘全真金丹符箓派’，长春派自明代创派从未收过坤道，这是与龙门派不同之一。长春派的特点是：注重符箓，尚劾治鬼邪，精于医术为人治病，长春派在传承上也受到了全真、正一、净明道等宗派的直接或间接的影响，在云南独树一帜，盛极一时。”[2] 长春派融合全真派与正一派的特点，以洞经会可考的历史源流与当今洞经会的所行科仪的田野状况来看，具体是否受到长春派的影响，或许提供了一个待考的历史人类学的维度。

大理明代首先由龙门的火居道士为主，形成了与“莲池会”相对的民间宗教组织“洞经会”，谈演洞经乐，行礼乐教化。在此过程中，越来越多的儒生协同参与并最终替代道士，使之成为“儒化”的组织。阿吒力世家的势力渐衰，道教和洞经会影响变大。然后是清代对民间宗教的严格管制与禁绝，康雍时期崇儒，雍正时期颁布《圣谕广训》，部分洞经会、道教组织也为增强自身存在的合法性转化成为圣谕坛。虽然大多“三教寺”现在由以信仰佛教、崇奉本主的莲池会代为管理办会，但在此之前是洞经会与圣谕坛的主要活动之地。

大理地区“三教寺”的一个重要特征是，多数寺庙的基址建于南诏大理国时期，前身为阿吒力教的道场、佛寺或道观，也有在明清时期应策而建的。“三教”结构的出现，没有碑刻具体记述，但可以推测是明清时期增强寺庙存在合法性、扶持道教并对寺庙与地方宗教进行官方直辖的策略。马健雄提到：“随着这些社会精英阶层的变化，一些新的官方支持的庙宇取代了旧的庙宇。这种变化在明代主要是一些新建道观（如瑞云观）取代了佛寺。清初的变化，在州城而言，则是新兴的文昌宫进一步取代了旧的佛寺，官庙成为代表清政府管理地方的重要场所”。[3]

---

[1] 陈循：《龙泉观长春真人祠记》，《道家金石略》第 1261 页，转引自郭武：《明清时期云南道教的发展》，《中国道教》1994 年第 2 期。

[2] 萧霁虹：《道教长春派在云南的历史和现状》，《中国道教》2011 年第 6 期。

[3] 马健雄：《“外则朝贡出入，内则文武往来”：明清以来赵州坝子的社会重建》，赵敏、廖迪生主编：《云贵高原的“坝子社会”：历史人类学视野下的西南边疆》，云南大学出版社 2015 年版，第 18 页。

正因此寺庙“三教合一”的结构都设置于明代或清代，一方面迎合了“三教合一”的环境趋势，另一方面道教以官方姿态进入了民间社会。“三教寺”寺中都有悬挂“三教同源”“三教同功”“广兴三教”等与“三教”内容相关的匾额，但大多寺庙都沿用寺庙原名而非“三教寺”。虽然地方的史志和寺庙的现存碑记没有对此现象作出详载，但基本上由明清政府对大理地方宗教的治理、道教在民间的挺立以及洞经会、圣谕坛与“三教寺”的密切关系，可以推断“三教寺”的形成与官方以“三教合一”的“正祀”招安被视为“淫祀”的民间信仰是相关联的。洞经会虽然最早出自道士，以谈演《文昌大洞仙经》为主，但已经不是严格意义上的道教组织，在大传统与小传统的互动中逐渐具有了儒道佛三教合一的特征。在科仪经咒方面兼容佛道二教，并将三教经典整合改编成为洞经乐进行谈演，但在组织认同上和功能方面已经儒教化了。比如最初建立的洞经组织如叶榆社、三元社都是由李元阳、杨慎这些儒士、文化名人主导的：“大理等地的洞经会则与道士不相为伍……人们以儒家思想为正统的强烈观念，致使洞经会这种道儒释混融的宗教性业余音乐社团逐渐被儒生们把持”。[1] 至于“圣谕坛”，朱爱东的说法是：“作为国家儒学教化政策一部分的宣讲圣谕，经地方政府的推行、贯彻，成为一种制度性的社会教化活动，民间在实际运作的过程中将其原有的民间宗教组织洞经会融合，形成新的圣谕坛组织”，[2] 其主要活动是扶乩降神、宣讲圣谕，并且进行洞经谈演。

洞经会内部对三教神灵的供奉，也有上中下三个品阶的“三教”之说。上三教为孔子、释迦牟尼、老子；中三教是文昌、观音、玄帝；下三教说法不统一，有苏东坡、地藏菩萨、丘处机或魁星、韦陀、王马二天君。[3] 关圣帝作为三教都供奉的神灵，在“三教寺”内增设供奉也较为普遍。所以在大理不同的“三教寺”内，确有不同的供奉体系，但几乎不出离于这三个品阶。部分“圣谕坛”也有所崇“六圣”，主要是道教神灵，但部分神灵亦有儒、佛两教的意涵，所指的是玄天上孚佑帝君、关圣帝君、文昌帝君、复圣颜帝君、观音菩萨。较早由文人儒生组成

---

〔1〕 张兴荣：《云南洞经文化》，云南教育出版社 1998 年版，第 26 页。

〔2〕 朱爱东：《国家、地方与民间之互动——巍山民间信仰组织圣谕坛的形成》，《广西民族学院学报（哲社版）》2007 年第 6 期。

〔3〕 参见张兴荣：《云南洞经文化》，云南教育出版社 1998 年版，第 63 页。

的“洞经会”和“圣谕坛”在政治高压下与佛道的民间信仰保持相当距离，“三教寺”的功用自然也在于两个组织在其中以洞经、诰文和圣谕的方式来传达“圣化”之意。但随着政权力量的崩解，二者逐渐由“圣化”的官方姿态，转向与民间传统相融合，依托“三教寺”，在现今的信仰生态中将儒道佛二教的主要神灵诞日形成一个完整的谱系表，在“三教寺”内集中进行办会谈演，宗教性和功能性极大增强。

现今的田野呈现，可以看到大理多数洞经会与莲池会的办会日期杂然交织、同于一系的现象，所彰显出的一个“三教合一”的区域整合结果。但是从社会学和历史影响的角度而言，整个过程并不是一蹴而就的，而是社会阶层逐渐轮替流变、渐次化成的现实状态。明清时期因设立僧道分管机构，洞经会和莲池会的活动轨道因循各自规范。随着民间阿吒力僧人的过世和科仪失传，引带莲池会的神职人员一方面出自本会的“经母”，另一方面由活跃于民间的洞经会儒生、道士、朵兮薄来替代，将道教的活动会期整合进莲池会的活动谱表。比如到了民国时期，大理道教正一派石氏家族势力开始增长，对莲池会的活动有着不小的影响，直至今日石氏家族仍在大理地区的莲池会中有较大的声名。[1] 像古生村的莲池会目前的办会期表，也是由本村的洞经会整理编成的。

三、明清大理地区“三教寺”的社会功能

大理地区“三教寺”现象的存在是大小传统互动的结果。明清时期，对于一个有信仰怀念的社会而言，儒学仅是在教育兴学方面的覆盖力度对于民间来说难以较为全面地建立起价值认同，所以，在民间社会对国家认同的构建层面，儒教借助道教深入民间的力量得以结构性嵌入。除了文昌和魁星信仰较为突出，“三教寺”也是这种认同在民间构建的表现之一。从目前具体的寺庙情况来看，大理环洱海周边地区历时受儒教影响较大，“洞经会”“圣谕坛”与“三教寺”的关系更为紧密，也与本主信仰形成一个可以相交互但又有对照的体系。在此就以笔者调研中所涉及

〔1〕 调查资料，时间：2019 年 2 月 13 日，地点：电话访谈，报告人：张笑（男，白族）。

的部分相较典型的田野对象为例，具体来看三教寺在信众日用生活中的功能与存在的面相。

湾桥镇的福海寺（现由州上挂牌增名为“三圣宫”），在南诏大理国期间“佛堂漾成基址”，供奉如来佛祖和北方多闻天王。后者原供奉于寺内偏殿，为村中本主。到清康熙丙申年间，寺庙迁址重修后增供太上老君、释迦牟尼和孔子而成为三教合一的寺院，并分立水晶宫（现挂牌赠名为“北方景帝庙”）作为本主庙于福海寺旁。现福海寺仍由“宝善坛兴儒洞经会”管理办会，至今延续着谈演洞经的传统；水晶宫则由“莲池会”管办，除本主节、每月初一、十五斋日办会以外，同样沿用兴儒会协助修编的“三教合一”的神灵谱系表举办活动。

讨论福海寺的社会功能，要从寺庙自身以及组织在其中的活动出发，并与本主庙的情况有所比照。从当下来看，首先，福海寺中供奉的神祇功能相较单一，各主一职，村民每当求学拜孔子，求平安福报，拜佛陀或只是敬问上香的情况下个人才会进福海寺；而水晶宫则是在村民遇到各方面事件时都会有个人性的求拜活动，主要有婚丧嫁娶、建房、做寿、升学、经商、疾病等。本主的功能更为全面，相较之下福海寺的神灵只是起到辅助作用。其次，从“兴儒会”自身的发展演变历程来看，其成立于明代，谈演洞经乐，奉儒家礼乐纲常教化之意，以“辅助治理”为宗旨。清代因《圣谕广训》的颁布而将洞经会名为“宝善坛”以宣圣谕。寺庙中以前每到孔子诞日，祭孔仪式一度十分隆重，而到现在会内的经书与仪式都被极大简化，活动会期主要的科仪还是沿用道教的布堂、开坛和经文谈演，但已经没有了宣说圣谕的“讲圣”环节，仅以谈演《文昌大洞仙经》为主，到了孔子诞日也同样如此〔1〕。除了洞经会的传统活动之外，“兴儒会”在村中的婚丧嫁娶、建房做寿等方面的仪式和法事所采用的经文和仪轨皆属于道教正一派所行。因为村中德高望重的老人、历代的文士世家的后代都在会，“兴儒会”目前是村中老年男子的重要社交组织，并在村中一些公共事务上起一定作用，仍有费孝通《乡土中国》中“长老政治”的影子。并且福海寺中还置入了老协会和卫生所，也有部分讲课学习以及文娱休闲活动在其中进行。在这个层面上，作为“三教寺”的福海寺发挥着

〔1〕 调查资料，时间：2018年7月10日，地点：湾桥镇古生村福海寺，报告人：杨天赐（男，白族）。

公共领域的作用。而作为本主庙的水晶宫则与村民的意义生活相关。“莲池会”由已婚妇女组成，一直由经母带领念经，组织本主节和其他佛道教的神灵诞日的活动为主。但与“洞经会”不同的是，她们会在村中人具有人生意义的内在仪式上都发挥作用，比如在村中人的婚礼上和出生仪式方面都有相关的规矩和流程，只有莲池会的会员才能独立主持和参与。所以相较而言，福海寺与“兴儒会”在村民内在生活中的功能并没有得到全面延伸；而本主庙与“莲池会”构成的是村民生活的内在意义圈层。

在历史的公共视域中，福海寺不仅在仪式和宗教性方面影响着伦理环境的形成，更在公共职能上成为支持社会建构的一部分。在村里的三个庙宇中，历史上只有福海寺拥有公共田产，除了以此支持寺内活动的正常开支外，多余的产出用以帮扶村中贫弱与赋税。寺庙也就此承担更多的公共事务。兴儒会对公益事项的参与、合作与调解、与地方官员方面的协商，也让寺庙及洞经会逐渐树立起公信，一直延续至今。

在历史的交互过程中，两个组织都有以道教和佛教神祇为主的一个会期序列表，有很多重合的会期，但现时办会则各循传统互不干涉。“兴儒会”以经书经文为本，“莲池会”以“经母”的口传经为准。在本主节时两个组织会合办活动，其中“莲池会”承担的是接送本主的主要仪式，而“洞经会”则是以乐娱神。两个组织在村中人的婚丧之事上都有参与而各主一端，“兴儒会”主丧礼，“莲池会”承担婚礼的主要仪式。这个将非本主神系带入和两个神系互动的过程，道教或说“洞经会”在其中承担着两方面的职能，一方面，福海寺及其他“三教寺”所在之地都是“读儒书”的文士辈出之地，多数地方，儒生通过直接把持“洞经会”与“圣谕坛”对“三教寺”中的活动积极响应和参与，以组织洞经会的洞经谈演、圣谕宣讲的方式将大传统置入民间，力图实现民间对儒家的价值认同和对宗教纪律的整顿；另一方面，“洞经会”作为儒教化的道教组织实际上在明清时期在大理洱海周边地区影响较大，组织中的人员、或者转变身份成为道教“端公”的阿吒力僧人，一度在民间作为宗教领袖引带“莲池会”的活动。并且为了增强认信以及与信众的连接，“洞经会”在逐渐增强自身的宗教性和功能性，在后期将道教的神仙体系、斋醮仪式部分带入到“莲池会”的活动中来，比如功能性较强的文昌信仰和“朝斗”活动，并逐渐形成一个三教神系的诞日的序列表，使得“莲池会”除了佛教神灵和本主的崇拜上更强化的了“三教合一”的观念，在与民间结合的小传统方面实现了改化。这种改化是普遍的，包括现在的阿吒力师僧，密教的仪式特征已经极大弱化了。[1]

民间自身也对强行的改化与置入作出了回应。较为典型的是喜洲，喜洲街镇的中心区域两个村中就有两个“三教寺”的存在，即曾作为斗姆阁的紫云山寺和阿吒力师僧道场的大慈寺。曾经有僧人持守，但目前也归于莲池会管办。紫云山寺也在关圣帝君诞日时由莲池会、洞经会和圣谕坛一同在寺中进行降神仪式和办会。喜洲作为南诏大理国时期的阿吒力教的重要地区，至今是“神都”的所在地，那是佛寺道观和本主庙都有分布的庙宇丛，其中的主神都是南诏大理国时期神话或王权人物。几乎所有村镇的莲池会和洞经会都会来此参加“接金姑”“送驸马”“绕三灵”的朝圣活动。梁永佳介绍了喜洲本主和非本主两个神系的仪式情况。两个神系的融合交互是在朝圣过程中达成的，“朝圣则打破了喜洲一地之内本主和非本主之间的区别。在朝圣中，本主和非本主的某些重要功能（如生育、求雨）都被朝圣中心垄断。分别依附本主和非本主的地域崇拜组织此时结成一个队伍前往朝圣地，并在朝圣地一起活动”。[2] 而在梁永佳看来，本主神系及其莲池会所具有的“外求伦理”的特质，不断寻求“他性”（如本主都是由与另一个本主的关系中才成其自身与非本主神灵自在自足形成对比；莲池会的妇女打点好了家中内务，才能外出承担会中的公务），最终使其以“外涵盖内”的方式实现对非本主神系的超越。与“神都”有关的“绕三灵”的朝圣活动，将男女相会的野合解释为“神赐”的生育。这或许可以视为对儒家纲常礼教的民间回应，在部分地方学者看来，其中包含有对儒家的纲常礼教修正、通过对妇女地位的重视，以更切近人性自身的意味。朝圣过程中的神话隐喻也表明了这种伦理意涵，以白王张乐进求女儿金姑公主叛离父亲意志，参加男女对歌，并路遇细奴逻的救恩，许身于他，并且白王见细奴逻之神迹以禅位，使他成为南诏始祖的故事为主线。虽然其中暗喻王权来自于外部，但内部不仅作出了许可，也作出了回应。对女儿自由婚恋的许可是第一层面，

[1] 张锡禄：《大理白族佛教密宗》，云南民族出版社1999年版，第354页。

[2] 梁永佳：《地域的等级——一个大理村镇的仪式与文化》，社会科学文献出版社2005年版，第228页。

看到细奴逻的懿德而主动禅位选择实现了更为道德化的超越。从而也在暗示认可中央王朝一定程度上的合法性统治，但是当其所行之策与德背离，本主信仰中就会集中和突出表达对更为贴近道德选择和意义赋予的他者的信仰怀念和认信，从而力求实现对时下伦理环境的超越。以此方式实现的内在超越，回到了自身。

总之，大理地区“三教寺”是明清时期对西南边疆地区进行区域整合与社会治理中较为典型的现象，“三教合一”在社会构成的逐渐轮替转变上成为一个社会学而非观念的事实。这也是道教依托政权力量和儒教价值的传播更深层次地渗入民间信仰中，且形成三教关系剧烈交互的一个历史阶段。虽然道观的广泛兴建可以说明这一点，但“三教寺”的存在凸显了明清时“三教合一”的宗教生态与政治趋向。从中一方面更能清楚地看出明清政府虽然扶持宗教“以教辅政”，但是以“正祀”来取代“淫祀”的做法，以实现价值和认同的整合；另一方面也可以看到“三教寺”作为一个公共领域在社会中所发挥的伦理功能，在现实层面强化“读儒书、拜斗姆、信佛教”同时崇奉本主的信仰生态。

冈田朝太郎视域中的清末“礼法之争”

杨本娟*

［内容提要］

清末应聘来华的日本刑法专家冈田朝太郎，在穗积陈重“法律进化论”思潮的影响下，视中国传统法律文化为桎梏，在刑律改革中倡导全面引入外来法律文化。在著名的“礼法之争”中，冈田朝太郎主张“子孙违反教令”和“无夫奸”等行为不应入刑律，尊亲属故杀子孙之行为应与凡人同等处罚。因冈田朝太郎对中国传统法律文化缺乏深刻认知，其主导完成的大清新刑律草案呈现出一味追随西方先进法制文明、忽略本国固有传统法律文化的特征，在实用性上颇受局限。冈田朝太郎的立法观念之所以在当时的立法活动中占主导地位，与清政府倾向于以激进的方式快速完成法制变革从而“收回领事裁判权”的政治需求有很大关联。当代中国的法治建设必须尊重我国法治历史与现实国情，同时积极吸收域外先进法治文化，如此方能取得有效成果。

［关键词］

冈田朝太郎；礼法之争；《大清新刑律》；礼法合一；法律进化论

---

* 杨本娟，南京师范大学法学院博士研究生、南京晓庄学院外国语学院副教授。本文系江苏省教育厅高校哲学社会科学研究基金项目“清末法制变革中的四位日本法律专家研究”（2014SJD182）的阶段性成果。

在20世纪初的清末变法修律过程中，以江苏提学使劳乃宣为代表的“礼教派”与以修订法律大臣沈家本为代表的“法理派”围绕《大清新刑律》等新式法典的修订产生激烈争论，这就是中国近代法制史上通常所说的“礼法之争”。沈家本等人基于对清政府所面临的社会危机和对西方国家政治法律制度的了解，主张大力引进西方近代法律理论与制度，运用“国家主义”等西方国家的“通行法理”，彻底改革传统中国“礼法合一”的法律模式。而以劳乃宣为代表，包括地方督抚在内的清廷上层官僚、贵族，认为修订新律应坚持传统伦理纲常与法律不能分离的原则，保留中国数千年相传的“礼教民情”。法理派与礼教派的争论焦点包括干名犯义、存留养亲、无夫奸、亲属相奸、子孙违反教令、子孙能否对尊长行使正当防卫权和故杀子孙等。[1]

回溯近代史，我们不难发现，日本法律专家冈田朝太郎，作为“礼法之争”中法理派阵营的一个重要成员，在彼时双方论战和立法实践中起着举足轻重的作用。不过，从学术史来看，一方面，目前学界关于清末“礼法之争”的研究虽然扎实厚重且不乏精深力作，但所论多聚焦于前述几个清廷内部人士，至于冈田这个重要的东洋顾问的观点立场，则较少有学者论及。事实上，从冈田朝太郎的视角来审视清末“礼法之争”，是一个重要的兼具内外视角和见识的研究话题，对于深刻理解彼时法制变革的复杂性颇有助益。故而本文以冈田在清末刑律改革中所起的重要作用为视角，揭示礼法之争的实质不是单纯的立法技术之争，而是意识形态之争，是针对我国固有文明的取舍之争。另一方面，虽然学界不乏有关冈田朝太郎的专题研究，但主要是围绕冈田的刑法思想进行整体性介绍，[2] 而鲜有学者论及他在礼法之争中的具体观点。实际上，在“礼法之争”的诸多论题中，冈田至少对子孙违反教令、故杀子孙和无夫奸等问题明确撰文表达自己的观点和立场。深度剖

---

〔1〕 参见李贵连：《清末修订法律中的礼法之争》，《法学研究资料》1982年第1期；艾永明：《论清末修律中的礼法之争》，《苏州大学学报（社会科学版）》1984年第4期；黄源盛：《法律继受与近代中国法》，台北元照出版有限公司2007年版，第206页。

〔2〕 代表性研究成果有黄源盛：《清末民初近代刑法的启蒙者——冈田朝太郎》，《黄宗乐教授六秩祝贺——基础法学篇》，台北学林出版公司2002年版，第153-188页；李海东：《日本刑事法学者（上）》，中国法律出版社、日本国成文堂1995年联合出版，第16-38页；杜钢建：《沈家本与冈田朝太郎法律思想比较研究》，《中国人民大学学报》1993年第1期。

析冈田在这三个问题上的论点，可进一步加深对“礼法之争”的解读和认知。故而，本文以冈田朝太郎视域中的清末“礼法之争”为选题，试图推进前述两个方面的既有研究，同时就教于大方之家。

一、冈田朝太郎的生平及其在华工作经历

冈田朝太郎，1868年生。1882年进入东京外国语学校学习法语，1888年进入帝国大学法科大学学习法国法，1891年7月毕业，之后继续在该校攻读刑事人类学专业研究生学位。[1] 1893年9月研究生毕业并留校任教，担任刑法讲座讲师。1897年3月接受文部省任命，前往法、德两国留学，之后又转学意大利。1900年7月学成归国，同月被授予教授职称。[2] 1900年11月担任法典调查会委员，[3] 参与日本刑法改革工作。[4] 1901年6月获帝国大学法科大学法学博士学位。1902年发表影响较大的论文《缓刑》，详细介绍和充分肯定了缓刑这一刚刚问世的新刑罚制度，被称为“具有先驱性的见解”，因而被誉为“将缓刑思想介绍到日本的第一人”。[5] 同年发表论文《对冤罪者的国家赔偿法》，详细介绍西方国家关于冤狱赔偿制度的起源、发展和现状，并力主在日本刑法中确立此制度。

冈田和驻日公使杨枢于1906年9月14日（光绪三十二年七月二十六日）正式签订聘用合同。[6] 来华后，冈田发现新刑律草案的起草工作已开始，其中总则已完成，分则已完成百分之八九十。冈田认为该草案主要参照1880年日本旧刑法编制而成，需要修改的部分实在太多，与其修改，不如重新起草。这一意见被沈家本

[1] 《岡田法学士大学院に入る》，《读卖新聞》明治二十四年（1891年）九月二十四日，第二版。

[2] 冈田是东京帝国大学明治时代（1868—1912）担任刑法讲座的唯一的一位教授。参见牧野英一：《岡田朝太郎先生の永逝》，《法学協会雑誌》（54-12），1936年。

[3] 为了起草新民法，日本明治政府于1893年设立了法典调查会，该调查会以伊藤博文为总裁，西园寺公望为副总裁，以穗积陈重、富井政章、梅谦次郎三人为起草委员，另以冈田等数十人为委员。

[4] 日本力行会编纂：《现今日本名家列伝》，日本力行会出版部1903年版，第194页。

[5] 小林好信：《岡田朝太郎の刑法理論-1》，《法律時報》（51-8），1979年7月。

[6] 日本外务省外交史料馆：《外国官庁二於テ本邦人雇入関係雑件/清国之部第四巻（一）（3門8類4項16-2号）》，第279号文件及其后附合同。

和伍廷芳认可之后，冈田立即执笔开始起草大清新刑律草案。[1] 但其起草过程并非一帆风顺，在刑律总则尚未完成时，为了满足朝廷正在推行的“丙午改制”的需求，冈田受命紧急起草法院编制法草案，完成之后才继续起草大清新刑律草案。1907 年夏，冈田任职的修订法律馆被列入调整改制的范畴，面临被关闭的命运，但此时大清新刑律草案尚未完稿，因而冈田不分昼夜加倍努力，即使健康状况出现问题，也无暇顾及。最终，冈田于 1907 年 8 月上旬完成了草案全部条文及理由书的起草工作。[2] 此后，冈田还起草了大清刑事诉讼律草案。[3] 在华期间，除了协助清廷起草法律草案，冈田还在修订法律馆附设的京师法律学堂任教习。冈田任教的科目繁多，包括刑法总则、刑法分则、刑事诉讼法和法院编制法等。[4] 此后，冈田因涉嫌参与一起影响较大的诈骗案，[5] 被迫于 1915 年 7 月 9 日从北京归国，[6] 从而结束了长达 9 年的在华生活。

二、冈田朝太郎的刑法进化观及其影响

20 世纪初，日本法学界盛行著名法学家穗积陈重[7]提出的法律进化论。穗积陈重的法律进化论以达尔文的进化论为基础，其重要观点为“进化主义是未来法律学的发展方向”。[8] 冈田也认同社会进化主义的观点，认为法律的一般原理与支配生物界的一般原理有着共同的基础；支配生物界的一般原理是生存竞争、自然

---

〔1〕 岡田朝太郎：《清国の刑法草案について》，《法学志林》（12-2），1910 年。

〔2〕 岡田朝太郎：《清国の刑法草案について》，《法学志林》（12-2），1910 年。

〔3〕 岡田朝太郎：《（雑報・法理研究会記事）中国の現行刑事法令の要領》，《法学協会雜誌》（33-12），1915 年。

〔4〕 上海商务印书馆编译所编纂：《大清新法令（1901—1911）点校本》第三卷，商务印书馆 2011 年版，第 393 页-395 页。

〔5〕 中国第二历史档案馆整理编辑：《政府公报》（影印本）第五十九册，1915 年 6 月（第 1116 号-1129 号），上海书店出版，第 431-437 页。

〔6〕 日本外務省外交史料館：《外国官庁ニ於テ本邦人雇入関係雜件/清国之部第四巻（一）（3 門 8 類 4 項 16-2 号）》，“机密第 209 号”文件。

〔7〕 穗积陈重是日本近代法律的主要奠基人，曾于 1884 年系统地提出法律进化论的思想，于 1924—1927 年完成其代表作《法律进化论》。

〔8〕 穗积陈重：《法律の進化》，《穗积陈重遺文集》第四册，穗积奨学財团 1934 年版，第 397-399 页。

淘汰、适者生存和优胜劣败的自然法则，适者的生存与发展的状态就是进化；国家是作为人类生存竞争的结果而产生的团体，而法律则是从生存竞争的必要规则中产生的；人类的共同社会生活，是人类生存的必要条件，而国家生存的必要条件即为社会全体生存的必要条件；通过国家的强制力确保国家生存的必要条件，即为法律。〔1〕冈田进一步论证道：在社会生活中，生存竞争表现为个人与个人的冲突，周而复始，形成新的竞争，其结果是强者的优胜；为了社会的发展，就必须承认一个较个人的力量更强大的力量，并通过这种力量来保护社会生存所必不可少的条件；国家刑罚权是淘汰否定人类社会生活必要条件的强制力，而刑罚则是这种淘汰的方法而已，因此刑罚的范围应限于淘汰否定人类国家生活的所为所必不可少的范围。〔2〕

冈田在其著名的《刑法总论》讲义中，明确阐述了他的刑法进化观："时日既日变，刑法亦宜变；旧者不便，宜取新者；己所不便，宜取诸人，以人有已成之基础也。"〔3〕冈田认为当一国法制处于落后状况时，若该国习惯历史与列国风潮发生矛盾，当舍己从人为是。可见冈田认同穗积陈重的法律进化论，其法律进化论的实质概括成一句话即为，要无条件地向先进者学习；当时的先进者为西欧，那么中国向西欧学习就是一条取得法制变革成功的捷径。

冈田在京师法律学堂讲述《刑法总则》课程时曾叙述道："各国刑法法典，乃由历史之沿革而成，以学理论之，尚多有不满人意之处，且皆成于十八世纪至十九世纪，已觉其为陈腐，不适用于社会之情形。故各国刑法，皆当改订。……可断言者，中国新定大清新刑律草案，实为最新之法理。"〔4〕可以说，这也是冈田认同并积极实践法律进化论的一个重要体现。

冈田的《刑法总则》课程时有涉及各国刑法沿革，欧洲部分较详细，内容还算精当，日本和中国部分，甚为简略，远远谈不上精当和准确。就篇幅而论，介绍欧洲的将近两页，介绍日本的只有两行多字，介绍中国只一行多字，内容如下：

〔1〕李海东：《日本刑事法学者（上）》，中国法律出版社、日本国成文堂1995年版，第27-28页。
〔2〕李海东：《日本刑事法学者（上）》，中国法律出版社、日本国成文堂1995年版，第27-28页。
〔3〕冈田朝太郎：《刑法总论》，湖北法政编辑社1906年版，第2页。
〔4〕何勤华主编：《清末民国法律史料丛刊》，《京师法律学堂笔记 刑法总则》，冈田朝太郎口述，熊元翰编，张勇虹点校，上海人民出版社2013年版，第9页。

“中国刑法法典，始于法经六篇，至隋唐始集大成，明清诸律祖述之，而无甚变化。”[1] 可见相对于欧洲法制而言，冈田对中国和日本法制的了解相当薄弱。正因为冈田对中国法制史和日本法制史缺乏了解，才不知中国传统法律文化中的“瑰宝”，在法律进化论为主场、冈田为主导的清末刑律改革中，法理派也认同“进化”是不容置疑的正确发展方向。从这个角度来看，冈田对中国传统法制缺乏了解，不但无关紧要，甚至是其能主导刑律改革得以成功的重要保证。这也许是其来华后参与清末法制变革的过程中，积极推行西方法律文化、漠视中国传统法律文化的思想根源，这种思想使得大清新刑律草案中的诸多规定只体现了西方先进的法律文明，而视中国传统法律文化为落后的对象予以摒弃。

三、冈田朝太郎对“礼法之争”的立场与态度

冈田在参与清末法制变革的过程中，曾提出“中国新定大清刑律草案，实为最新之法理”，从中能体会到冈田“积极求新”的心态，不可否认冈田的大清新刑律草案在某种程度上推动了中国刑法的发展，引入了对我国刑法发展有益的一些新制度。但冈田先进的刑法观念和中国传统法观念、社会现状有较大冲突，一时难以被全面接受。大清新刑律草案中争议最大的内容自然是关涉中国礼教的相关条文的取舍问题，如子孙违犯教令、故杀子孙、无夫奸等。冈田曾发表文章《论〈大清新刑律〉重视礼教》《冈田博士论刑律不宜增入和奸罪之罚则》《冈田博士论子孙违犯教令一条应删去》等文章,[2] 其中明确指出子孙违犯教令、无夫奸行为不应入刑律，针对故杀子孙的行为要纳入刑事处罚范围。从关涉新刑律立法的礼法之争中清晰可见冈田对我国传统法律文化的态度。

（一）关于“子孙违犯教令”

“子孙违犯教令”是《大清律例》中的一个独立罪名，是指子孙违背尊长意

[1] 何勤华主编：《清末民国法律史料丛刊》，《京师法律学堂笔记 刑法总则》，冈田朝太郎口述，熊元翰编，张勇虹点校，上海人民出版社 2013 年版，第 8 页。

[2] 参见李贵连：《晚清立法中的外国人》，《中外法学》1999 年第 4 期。

志，不听教令，往往构成违犯教令罪。《大清律例·诉讼》第338条规定："凡子孙违犯祖父母、父母教令，及奉养有缺者，杖一百。"第1325、1326和1327条分别规定了子孙犯奸盗、故谋杀人等不同情形下所应当适用的刑罚，并由法律赋予祖父母、父母一项特殊权利——送惩权，即第1326条中规定："子孙一有触犯，经祖父母、父母呈送者，如恳求发遣，即应照实发之例拟军，如不欲发遣，止应照违犯之律拟杖"。[1] 只要祖父母、父母认为子孙违犯教令或者不履行扶养义务，就可以向官府申诉，使不肖子孙受到国家惩罚。官府一般在接到这类案件都予以受理，也不需要祖父母、父母提供证据证明子孙违犯教令。

但大清新刑律草案中并未对"子孙违犯教令"给予规定，因为草案中认为尊长在教育子孙的问题上，并不享有刑法赋予的权利。对此，礼教派代表人物劳乃宣指出："我国旧律中规定子孙违犯祖父母、父母教令，及奉养有缺者，杖一百。现行律改为十等罚，又有呈送子孙恳求发遣，及屡次触忤，即将被呈之子孙发及边足四千里安置之例，所以教孝也"。[2] 可见劳乃宣认为大清新刑律草案中没有"子孙违犯教令"的相关规定，这是对中国传统礼教中"孝"的否定。因此，劳乃宣在《新刑律修正案》一文中提出应在大清新刑律草案中增纂如下条文："凡直系尊亲属正当之教令而故违犯者，处拘役。"[3]

冈田则认为子孙违犯教令不应入刑律，并在《论〈大清新刑律〉重视礼教》中指出"子孙违犯教令"不应入刑律的理由：第一，律文所用"教令"字样，范围过广，无法分别入于罪之行为与出于罪之行为。第二，祖父母和父母的教令权限不明确，如果祖父母、父母所命互相矛盾，便不能判断子孙有无犯罪。第三，如果将一切违犯教令之行为科以刑罚，则逾越刑法范围而侵入伦常范围。如果斟酌取舍，部分科罚、部分不科罚，则将使刑法成为空文，理论与实际，均不合适。第四，祖父母和父母在民法上分别享有亲权和惩戒权，有此权限，即可督责子孙之行为，无须使用刑罚加以制裁。"总之，祖父母、父母于伦常有教令之力，于人道有

---

〔1〕祝庆祺等编：《刑案汇览三》，北京古籍出版社2004年版，第1836页。

〔2〕沈云龙主编：《近代中国史料丛刊》（第36辑），文海出版社1966年版，第1042页。

〔3〕沈云龙主编：《近代中国史料丛刊》（第36辑），文海出版社1966年版，第1042页。

慈爱之情，于法律有惩戒之权，不藉刑法之威力也。”[1] 冈田不仅进行理论上的论证，还举出了各国的立法实例。他指出，子有恶习，应该从民法赋予亲权人（即父母）于养育及教育之必要范围内自行惩戒其子或经审判衙门之许可送入惩戒场，这在日本民法第882条、法国民法第375条至382条、意大利民法第222条、西班牙民法第154条至第157条、荷兰民法第357条至第359条、德国民法第1631条都有类似规定。[2] 针对冈田所提到的惩戒场（感化院），劳乃宣认为：“感化院之类，天下千余州县，段非一时所能徧（遍）设，若子孙违犯祖父母、父母，官府无惩治之法，祖若父无呈送之所，实为大拂民情之事。故此条万不可少，但教令二字范围较广，故旧律‘有可从而故违’之注，今加‘正当’二字，以示限制。至如何谓之正当，属于审判官之认定。”[3]

以上是礼法两派关于“子孙违犯教令”问题的不同观点。至于冈田认为子孙违犯教令不应入刑律的理由，主要有三。首先，冈田从法律构成要件的明确性角度提出“教令”一词囊括范围太广，容易导致法官随意裁决，缺乏公正性。劳乃宣则建议加入“正当”两字，以“伦常”为判断基准，赋予法官一定的自由裁量权。在冈田的观念中，法律与传统伦理纲常应该截然分开。但在劳乃宣看来，如果以“伦常”作为“正当教令”的判断基准，就能将传统伦理纲常与法律有机结合在一起，则法律条文就具备一定的可操作性。其次，冈田认为“将一切违犯教令之行为科以刑罚，则逾越刑法范围而侵入伦常范围”，这进一步表达了他将伦常与法律进行严格区分的观念。最后，冈田从刑罚实施效果的角度否定了将“子孙违犯教令”纳入刑律的必要性。但在“礼法合一”的中国传统法制中，刑律条文本身就是以家族主义为本位，以仁爱为核心，以亲亲尊尊为基石。正因为中西法文化有着各自不同的传统和背景，才会产生如此巨大的反差。如果骤然切断中华法文化的脉络，嫁接西方法文化，极易出现水土不服、空中建阁之弊。反思劳乃宣从传统法律文化的历史渊源和遍设感化院的可能性等方面来论证有必要在刑律中增纂“凡直系尊亲属正当之教令而故违犯者，处拘役”的法条的观点，则具有很强的传统基

[1] 冈田朝太郎：《论〈大清新刑律〉重视礼教》，《法学会杂志》第1卷第3期，1911年。
[2] 冈田朝太郎：《论〈大清新刑律〉重视礼教》，《法学会杂志》第1卷第3期，1911年。
[3] 沈云龙主编：《近代中国史料丛刊》（第36辑），文海出版社1966年版，第1042-1044页。

础和现实意义。劳乃宣的反对意见并非是死守教条，顽固不化。正如劳乃宣曾阐述道："法律之不能与风俗相违，非数千年来实地试验，确有成绩，不容以空言理想凭空臆断者哉。"〔1〕尽管礼教派竭力主张，但在《大清新刑律》中并没有出现"子孙违犯教令"的相关规定。

（二）关于"故杀子孙"

《大清律例》中和"故杀子孙"相关的规定是"其子孙违犯教令，而祖父母、父母非理殴杀者，杖一百；故杀者，杖六十、徒一年"。〔2〕大清新刑律草案中删除了关于"故杀子孙"的专条规定，将尊亲属杀伤子孙的行为与普通的杀伤行为同等处罚。大清新刑律草案被公布之后，部分签注对该条提出了反对意见，其中江西签注具有代表性。江西签注中指出："惟是处新旧递嬗之交，定中外大同之法，其可得与民变革者，固不妨取彼之长，补我之短。至于纲常所系，风俗所关，断未容以舍己徇人，自堕其千百年相传之礼教。"〔3〕

针对"故杀子孙"，劳乃宣明确提出应补上"故杀子孙者处四等以下有期徒刑，若违犯教令，依法决罚，邂逅致死者不为罪"的法条，其原因是中外礼教不同，中国古来于亲权最为强大，不能牵外国之风俗以律中国之伦常。〔4〕

冈田则指出，劳乃宣提出增纂"故杀子孙者处四等以下有期徒刑，若违犯教令，依法决罚，邂逅致死者不为罪"的观点是不合理的，原因是"措辞不当，法理不合，不可采用"。具体理由如下："一曰四等以下有期徒刑较第四百条与损坏器具及伤害禽兽之处分相等。以人类同视器具及禽兽，天下岂有此法乎？二曰于亲子一纲，杀尊亲属者，须设专条，科以惟一死刑；而杀子孙者，则不应设，较通例减轻之法，何则？盖杀子孙者，已丧慈爱之情，而有虎狼之心，实非亲也。三曰亲权不应大于国权。国家设法，制裁有轻重，所以刑罚自死刑至罚金等级不等。如修

〔1〕劳乃宣：《新刑律修正案汇录序》，李贵连：《沈家本评传》，南京大学出版社2011年版，第286页。
〔2〕沈云龙主编：《近代中国史料丛刊》（第36辑），文海出版社1966年版，第1032页。另可参见田涛、郑秦点校：《大清律例》，法律出版社1998年版，第463页。
〔3〕高汉成主编：《〈大清新刑律〉立法资料汇编》，社会科学文献出版社2013年版，第206页。
〔4〕沈云龙主编：《近代中国史料丛刊》（第36辑），文海出版社1966年版，第1035页。

正案[1]定为杀死子孙违犯教令者无罪，是以死刑为一切尊亲教令之制裁，岂非亲权大于国权？盖修正案专顾亲权之强大而不知不识，藐视国权，因误会伦常之真意，遂至侵犯国家之主权。尊亲之子孙，国家之臣民也，尊亲亦国家之臣民也。论者岂忘此君臣大义徒知有孝而不知有忠哉?”[2] 细致分析冈田的理由，第一条从刑罚轻重设置的合理性角度认为对故杀子孙者的处罚过轻，其思维的重要据点是西方法文化。在中国传统法文化中，尊亲享有特殊地位，对其所犯过错给予较轻处罚，这符合中华法文化中纲常伦理的要求。第二条也是在西方法文化“父子地位平等”的前提下得出的必然结论。第三条中“亲权不应大于国权”的观念也是以西方国家主义的理念为其判定基准，在中国传统法文化中，亲权和国权共荣共生，并无比较的必要。

《修正刑律案语》第26章关于杀伤之罪第310条的案语提出：“学部、江西谓原案[3]父母、尊长、本夫与凡人一例，失人伦之义。不知父母、尊长、本夫以慈爱其子孙、卑幼、妻女为人情之自然，乃从而杀之，则较诸凡人，尚有何可恕之理？优待虎狼之说，国家不可行也。此原案之不宜改订者八……江西谓惩治不孝子孙而与平人同罪，似属确有悖纲常，然惩戒与刑罚性质各殊，杀伤等罪不可纳入惩戒权范围。此原案之不宜改订者十。”[4] 最终，冈田关于“故杀子孙”的观点在《修正刑律案语》中得以确立，该草案坚持尊亲属无权剥夺子孙的生命，《大清新刑律》中也体现了相同的观点。

（三）关于“无夫奸”

《大清律例》规定：“凡和奸，杖八十；有夫者，杖九十”。[5] 其中“凡和奸，杖八十”即是对“无夫奸”行为的处罚规定。该罪名在大清律例中属于奸非罪的一种。“奸”是指“男女不以义交者”,[6] 因此“无夫奸”是指无夫之女和他人

---

〔1〕 指劳乃宣于宣统二年（1910年）十二月向资政院提出的《新刑律修正案》。见沈云龙主编：《近代中国史料丛刊》（第36辑），文海出版社1966年版，第1031-1059页。

〔2〕 冈田朝太郎：《论〈大清新刑律〉重视礼教》，《法学会杂志》第1卷第3期，1911年。

〔3〕 这里是指1907年完成的《大清新刑律》草案。

〔4〕 高汉成主编：《〈大清新刑律〉立法资料汇编》，社会科学文献出版社2013年版，第560页。

〔5〕 田涛、郑秦点校：《大清律例》，法律出版社1998年版，第521页。

〔6〕 薛允升：《唐明律合编》，法律出版社1999年版，第702页。

发生不正当的男女关系。但从《〈大清新刑律〉草案》第23章中关于奸非及重婚之罪的规定来看，只将有夫和奸纳入到刑罚范围中，并未将无夫和奸纳入到刑罚范围中，该草案第278条仅规定："凡和奸有夫之妇者，处三等至五等有期徒刑。其相奸者，亦同。"对此，众多签注提出异议，如学部、直隶、湖广、两广、两江、江苏、热河、河南、闽浙、江西、广西、湖南、山东、山西的签注中均认为和奸孀妇、处女，概宜科刑以维风化，并且亲属相奸宜设专条。[1] 其中江西签注提出："中国以礼教为重，妇女犯奸者无论有夫无夫，同一渎伦伤化。今无夫者不为罪，殊坏贞女节妇之防，实与社会风俗有碍。且亲属相奸、奴及雇工人奸家长妻女，尤关伦纪名分，此章均略而不论，乃于平人同科，亦非所以名人伦而重廉耻。此节似应添列专条"。[2]

冈田在《冈田博士论刑律不宜增入和奸罪之罚则》[3] 一文中从三方面论证了和奸罪不宜动用国家刑罚的观点。首先，从刑法发展和社会进步的角度来看，在刑法观念不发达的时代，由于未划清个人道德与社会道德的界限，将教育与法律混淆为一，因此世界各国都认为和奸行为有罪而试以刑罚。18世纪末，"道德宗教法律之混淆，达于极点，其反动力，遂有划清界限之说"。[4] 发展至19世纪，"所有一般法律思想，无不以属于道德范围之恶事，与属于宗教范围之罪恶，概置诸法律之外"。[5] 在这种思想的指导下，刑法对奸非罪的处罚主要有：公然实施，致污善良风俗；以强暴实施；对于无完全承诺能力之人而实施；破坏正当婚姻之效力；足以诱引奸淫之恶习。其余如单纯和奸、纳妾、调奸等罪，东西各国刑律中殆至绝踪。新刑律认为无夫和奸行为无罪，其原因也在于此。[6]

其次，从法理来看，和奸行为也不应规定在刑律之中。"以法理言，凡害及社会之行为，有刑罚之效力所能及者，亦有不能及者"，大体分三种情况，刑罚效力所不能及而属于教育范围之行为，便不能不舍刑罚而注重教育；刑罚效力不如治疗

---

〔1〕 高汉成：《签注视野下的大清刑律草案研究》，中国社会科学出版社2007年版，第191页。

〔2〕 高汉成：《签注视野下的大清刑律草案研究》，中国社会科学出版社2007年版，第135页。

〔3〕 和奸包括"有夫和奸"和"无夫和奸"两种情况，其中"无夫和奸"即为"无夫奸"。

〔4〕 转引自李贵连：《晚清立法中的外国人》，《中外法学》1999年第4期。

〔5〕 转引自李贵连：《晚清立法中的外国人》，《中外法学》1999年第4期。

〔6〕 转引自李贵连：《晚清立法中的外国人》，《中外法学》1999年第4期。

效力之大者，则舍刑罚而施以治疗；刑罚已经宣告，但是如果暂不执行能更有效地使犯人反省自新，便应施行缓刑。[1] 这三种方法，均为“刑期无刑”之政策，是一种适宜预防。从以上可以推论出，寻常和奸行为，只不过是违犯道德而已，并未危害社会。解决和奸行为，关键在养成家庭严正之风，普及智育德育，办好新闻杂志造就社会舆论，涵养公众廉耻之心。[2]

最后，从实际处理案件的角度来看，若将和奸行为纳入到刑法范围，将面临着以下四个困境：立法、检举、审判、外交。从立法角度来看，一是刑罚之轻重不易掌握。重刑显属不妥，“然轻微处分，终不足禁制男女之私情，则仍属无益之规定”。二是娼妓娼妇其初亦处女，寻常和奸处罚而允许娼妓营业，法理上无法解释。禁绝娼妓，又属能言而不能行之空论。[3] 从检举角度来看，刑法若设此种罪名，将导致“贫贱者不能免缧绁之罪，而富贵者则搜索无从，往往幸逃在外，与刑律四民平等之原则恰相背驰。”[4] 或者不分贵贱老弱，凡有秽行风闻，一律追捕处罚。这一来便将使人为一时一事而丧失终身之名誉幸福，更有甚者，将使一家一族为社会所不齿。从审判角度来看，由于这种犯罪，“往往秘密之秘密行之”，证据极少，势将导致审判擅断。从外交角度来看，刑法如作此规定，若遇有外国人和奸案而处于刑罚，势将影响领事裁判权的收回。[5]

总之，冈田认为礼教派坚持认为无夫奸应纳入刑法处罚范围，一是不明礼教法律之界限，二是欲借礼教博旧社会之虚名。如果中国立法拘泥于礼教，不明法理，其法决非完全之法。冈田坚决反对将无夫奸行为纳入到刑法处罚范围之内。冈田从刑法发展和社会进步的角度理论，这仅是从西方社会的发展历史及现实状况来分析，并未结合中国社会的实际发展现状来剖析问题。其次，冈田从西方法理的角度解读和奸行为，认为“解决和奸行为，关键在养成家庭严正之风，普及智育德育，

---

[1] 转引自李贵连：《晚清立法中的外国人》，《中外法学》1999年第4期。
[2] 转引自李贵连：《晚清立法中的外国人》，《中外法学》1999年第4期。
[3] 笔者认为此处将和奸行为中的女子和娼妇放在一起类比的逻辑是错误的。和奸行为是否被入刑定罪，问题的焦点不应关涉女子是否为处女。
[4] 转引自李贵连：《晚清立法中的外国人》，《中外法学》1999年第4期。
[5] 转引自李贵连：《晚清立法中的外国人》，《中外法学》1999年第4期。

办好新闻杂志造就社会舆论，涵养公众廉耻之心。道德日盛，习俗自会转移”。[1]《大清律例》中对和奸行为进行处罚，正是养成严正家风、涵养公众廉耻之心的中国特有方式，如此看来，“办好新闻杂志造就社会舆论”这一方式就显得有点舍近求远、隔靴搔痒。因为在当时的中国，“办好新闻杂志造就社会舆论”并不能一蹴而就。在当时中国的法律框架模式之下，国人已经对和奸行为的处理有了相对成熟的制度规定。再者，在刑律中规定奸非罪，彰显了中国传统文化特有的价值观。如果以外交、收回领事裁判权作为辩解理由，实际上已默认中国刑律改革必须以西方法律文化为坐标，这在某种程度上已经使法制改革踏上了南辕北辙之路。

《修正刑律案语》的正文中并没有出现关涉无夫奸的法条。[2] 之后，宪政编查馆核定时也认为无夫奸不应纳入刑法处罚范围，但考虑到签注意见之多且强烈，于是将无夫奸写入暂行章程中。[3] 由上可见，冈田关于“无夫奸”的主张在很大程度上影响了当时法部、修订法律馆和宪政编查馆的决策。但因众多签注的反对，宪政编查馆不得不将无夫奸的相关法条又重新移入到刑律中。

四、礼与法的分与合：重思“礼法之争”

在礼教派的全力争取下，《修正刑律案语》中将关于伦常各款加重一等，同时增入了附则五条。[4] 之后《修正刑律案语》又经过四次修改，围绕的核心问题仍是附则五条和“无夫奸”相关法条的增删问题，[5] 最终颁行的《大清新刑律》中也出现了与伦常紧密相关的暂行章程，可见关于中国传统礼教的留存一直是清末刑律改革礼法之争中的核心问题。在中国的传统法文化中，自古就有“道统”和“政统”相区分的观念。“道统”的内核是礼教纲常，“政统”的要义是政治统治。“政统”要获得合法性，必须坚持“道统”。可见，在中国传统社会中，国家建构

---

〔1〕 转引自李贵连：《晚清立法中的外国人》，《中外法学》1999年第4期。

〔2〕 高汉成主编：《〈大清新刑律〉立法资料汇编》，社会科学文献出版社2013年版，第583页。

〔3〕 高汉成主编：《〈大清新刑律〉立法资料汇编》，社会科学文献出版社2013年版，第770页。

〔4〕 高汉成：《签注视野下的大清刑律草案研究》，中国社会科学出版社2007年版，第178-182页。

〔5〕 周少元：《中国近代刑法的肇端——〈钦命大清刑律〉》，商务印书馆2012年版，第318-319页。

是围绕“礼”展开的。在礼法之争中，礼教派与法理派争论的焦点应是坚持“礼法合一”还是认同“礼法分离”。

（一）继承传统与政治需求的艰难抉择

冈田反对“无夫奸”入刑律的一个重要理由是“从外交角度来看，刑法如作此规定，若遇有外国人和奸案而给予刑罚，势将影响领事裁判权收回”[1]，当时应邀来华担任民法编纂指导的日本专家松冈义正在京师法律学堂《民法总则》讲义中也提出：“在特定历史条件下，制定新法律之目的是收回领事裁判权，而不是为治理本国国民，若一直拘泥于本国国情不舍旧取新，则无法收回领事裁判权。因而中国制定法律要向日本学习，即使新制定出来的法律对本国国民来说不便于使用，也要把目的定位在外国”[2]。日本明治维新取得的巨大成功似乎有力佐证了该观点。冈田出生于明治初年，当时正逢日本如火如荼地开展明治维新运动，他亲眼目睹明治维新运动的成功以及日本的不断强大，这对冈田刑法思想特征的形成有很大影响，为冈田接受“法律进化论”思想以及在参与清末刑律改革中积极主张以“收回领事裁判权”为修律重要目的提供了重要的事实支撑。在“法律进化论”的积极推动之下，继承中华法系传统似乎成为可以忽略的问题。另因冈田对中国传统法律制度知之甚少，如何取舍传统法律制度，在技术上也遇到了实质性障碍。作为清末重要的修律大臣沈家本也认为“处今日之变，通列国之邻，观时势，度本末，幡然改计，发奋为雄，将必取人之长，以补吾之短”[3]。在收回领事裁判权之政治目的和“拿来主义”之功利理念的催生下，政治需求的重要性超越继承法制传统的重要性也成必然。

（二）建构理性与经验理性的复杂交错

面对清末法制变革，礼教派和法理派都呈现出理性的特征，但其具体理念有实质性差别。若从西方理性主义的形成和发展史来分析，礼教派和法理派之间的观念差异可归纳为建构理性主义和经验理性主义之间的博弈。建构理性主义理论的典型

---

〔1〕 转引自李贵连：《晚清立法中的外国人》，《中外法学》1999 年第 4 期。

〔2〕 熊達雲：《松岡義正と北京京师法律学堂における民事法の教育について》，《山梨学院大学法学論集》第 72 卷，2014 年 3 月 10 日出版，第 163-164 页。

〔3〕 沈家本：《寄簃文存》，商务印书馆 2015 年版，第 210-211 页。

代表学者是法国的笛卡尔，经验理性主义理论的鼻祖是英国的休谟。所谓建构理性主义，正如达维德所言："西方的法典原是为信奉理性主义的社会制定的，法典的抽象性结构是西方笛卡尔主义思想的产物。"〔1〕在建构理性主义者的设想下，人类可以通过构建一部大而全的法典来解决社会中的一切矛盾。但在经验理性主义者看来，真正的法律并不是"经由主观琢磨而发明出来的，而是通过渐进的试错过程，慢慢发展起来的"〔2〕。正如劳乃宣所阐释的："法律何自生乎？生于政体。政体何自生乎？生于礼教。礼教何自生乎？生于风俗。风俗何自生乎？生于生计。"〔3〕冈田所认同的"法律进化论"以达尔文的进化论为理论基础，而达尔文的进化论源于英国的经验主义，〔4〕但在修律过程中，冈田却以建构理性主义思想为指导制定《大清新刑律》，这无疑令人费解。唯一可行的解释就是修律主导者认为已无法通过进化的科学方式来解决当时中国的法律问题，最终慌不择路、饥不择食，这不能不说是清末刑律改革中的一个重大错误。在当时的社会状况下，发掘传统法律文化中的智慧并非一朝一夕的事，但拿来主义却有大用其武之地，至少从表面看来有明显的效率优势，礼法之争正体现着建构理性和经验理性之间的交锋。

（三）传统国情与先进经验的深度博弈

在礼法之争中，法理派认为西方法律代表着进步，是带有人类普适意义的先进经验。落后的国家要想谋求与先进国家在外交上的平等，就必须学习西方的先进经验。但礼教派认为立法必须考虑中国自己的独特国情。正如孟德斯鸠所述："为某一国人民而制定的法律，应该是非常适合于该国人民；如果一个国家的法律竟能适合于另外一个国家的话，那只是非常凑巧的事。"〔5〕从1840年起，中国遭受了一系列严重挫败。在这一过程中，清政府的顽固、腐败及无能，伤及了民众对中华传统法律文化的感情，其最终结果极有可能导致对中华传统法律文化的全面否定。因为"救亡图存的功利心态严重影响了人们理性评价传统中国自我复苏的能力，漠

〔1〕勒内·达维德：《当代主要法律体系》，漆竹生译，上海译文出版社1984年版，第507页。
〔2〕哈耶克：《自由秩序原理》，邓正来译，生活·读书·新知三联书店1997年版，第196页。
〔3〕劳乃宣：《新刑律修正案汇录序》，转引自李贵连：《沈家本评传》，南京大学出版社2011年版，第285页。
〔4〕钱乘旦、陈晓律：《英国文化模式溯源》，上海社会科学院出版社2003年版，第257页。
〔5〕孟德斯鸠：《论法的精神》，张雁深译，商务印书馆1961年版，第6页。

视传统资源和文明的延传性”[1]。作为外国法学权威代表的冈田，也在法律进化论的影响下，轻易否定了中华法系自身所具备的独特价值，积极宣扬西方的先进成功经验，“收回领事裁判权”的现实需求和日本明治维新的巨大成功也为此观点提供了重要的理由支撑。因而在礼法之争中，冈田处处以西方先进法制为基准来否定中国传统法制存在的合理性，有过度传播西方先进法律思想而忽视对中国传统法律文化和现状关注的倾向。纵观冈田为我国起草的《〈大清新刑律〉草案》，其中不乏脱离中国当时实际的若干规定，例如对聋哑者和老人的宥减、刑事责任年龄中的绝对无责任年龄、罚金刑、伪证及诬告之罪、国交罪、吸食鸦片罪和共同犯罪等的相关规定。在冈田刑法进化观的影响下，法理派试图用大量引进西方法律文化的“拿来主义”方式构建新法制体系，该改革思路使得我国的历史传统和国情被漠视，中华法系的根被斩断，甚至使得中国法律丧失了其本身应有的主体性。[2] 礼教派则坚持“礼法合一”的观点，认为礼教纲常是法律合理性赖以生存的根基，是培育我国法律主体性的土壤，应以中国传统的伦常礼教为指导来制定新法。

清末“礼法之争”虽已成历史陈迹，但这场争论对于我们当下如何有效地进行法制改革仍有深刻的启发意义。在当今完善法律制度的过程中，固然需要在法律文本制度层面上积极学习西方法律文化成果，但更为重要的是注重本国国情，对社会实际状况作全面、深入的考察和分析，努力寻找引进的法律制度与中国法律文化的最佳结合点，才能取得法制改革的显著成效。曾是排斥礼教“最烈之一人”的董康在经过数十年的修律实践和考察东西各国司法状况的基础之上发出的“曩昔之主张，无非自抉藩篱，自决堤防，颇忏悔之无地也”[3] 的肺腑之言，在恢复中华文明自信的时代主题下不应该被遗忘。

---

[1] 汪文公：《道、术谱系中的法律精神》，法律出版社 2004 年版，第 61 页。

[2] 黄源盛：《回顾与动向：1935 年民国刑法及其八十年来修正述要》，《法治现代化研究》2018 年第 2 期。

[3] 董康：《前清司法制度》，《法学杂志》1935 年第 4 期。

凝聚与分裂：亲属称谓的跨文化可译度

欧阳珊*

[内容提要]

所有人类文化都有一些基本特征和基本差异，对这些基本特征和基本差异进行归纳和阐述，有助于我们更好地理解文化。人们习惯用文化来解释关系到自身利益的问题。无论在中国还是西方，“亲属称谓”都是一个基本的文化概念，是特定社会的全体成员所共享的价值观和信仰以及对人类行为背后的世界的感知。葛浩文是美国著名汉学家和翻译家、2012 年诺贝尔文学奖得主莫言的作品的英译者。他对莫言作品的用心翻译值得中国翻译工作者和文化学者们仔细研究和借鉴。本文围绕“亲属称谓”这个看似简单却含义丰富的特色概念，从中西文化异同和跨文化交流的角度，对其翻译进行多方位的分析、对比和评述，以及在人类社会学的广阔背景下，探求葛浩文为达到翻译的理想效果所采取的方法。

[关键词]

亲属称谓；中西文化异同和沟通；人类社会学；跨文化翻译

* 欧阳珊，中山大学外国语学院博士研究生，广东财经大学外国语学院讲师。本文系教育部人文社会科学研究青年基金项目“葛浩文英译莫言作品的中国特色话语的翻译研究”（18YJC740070）的阶段性成果。

一、引　言

中国文化灿烂，历史悠久，有记载的历史可追溯到距今5000年前。同时，中国幅员辽阔，南北跨越5500公里，东西绵延5200公里，居住着众多人口，如此天时地利为中国的民间习俗文化发展提供了重要的条件。民间习俗是中国传统文化的组成部分，它包罗万象，千姿百态，大到文化教育、宗庙祭祀、农事节令，小到饮食起居、红白喜事，可以说从有文字以来到当今的文学创作和文化交流，民间习俗贯穿于中国文学中。由于英汉语言文化内涵的不对等性，中国文学作品中的民间习俗的对外翻译成了对译者的一种挑战，因为它承载着中国人从儿时起就逐步积累起来的对于世界的认识、感受以及情感体验。这对于跨文化的西方翻译家们和读者群体而言，是一种特殊的语感，也是中国文化的神秘之所在。

本文研究对象的原著作者、中国当代作家莫言系山东高密人，1955年出生于一个人口众多的农民家庭，小学五年级辍学回家务农；十八岁时，到县棉花加工厂做工；1976年2月应征入伍；1981年开始发表文学作品，迄今已有多部作品被翻译成二十多种外文在世界各个国家和地区出版。莫言的创作一直把视线定格在农村，可以说是致力于关注农村、表现农村，特别是中国特色话语和方言土语的运用形成了属于莫言自己的语言特色，使其作品展现出浓厚的中国风情和乡土地方气息。然而对于其作品的翻译者葛浩文来说，如何再现原著独特的语言风格是他翻译过程中遇到的最大问题。莫言的重要代表作《生死疲劳》的书名足以让各外语语种的翻译家们头疼，对于英语译者葛浩文来说也是如此。最后，葛浩文直接译为“*Life and Death Are Wearing Me Out*（生和死使我筋疲力尽）”，但他自己并不满意，因为他认为自己的翻译“失去了那句佛经短语的韵味：生死疲劳，从贪欲起，少欲无为，身心自在”。

亲属称谓也属于特有的中国民俗文化，孔子的“名不正则言不顺，言不顺则事不成”（《论语·子路》）意在通过厘定名分来教化天下，以维护封建社会的伦理纲常、等级制度。由于中国有将近五千年的封建社会历史，亲属称谓的细分化日趋庞杂繁复，与西方近现代工业化社会的区别渐行渐远。因此就需要我们深入中英文翻译文本，深刻剖析亲属称谓在中西方文化中的差别和影响，以推进和丰富中国文化对外翻译的进程。本文围绕“亲属称谓”这个看似简单却含义丰富的特色概念，从中西文化异同和跨文化交流的角度，对其翻译进行多方位的分析、对比和评述，以及在人类社会学的广阔背景下，探求葛浩文为达到翻译的理想效果所采取的方法。

二、译者探微：葛浩文对亲属称谓的英译

在我国作家群体中，第一位诺贝尔文学奖得主“寻根”小说家莫言对中国传统文化特别是农村原生态语言情有独钟。莫言小说的语言具有浓郁的乡土气息，瑞典文学院在颁奖词中称：莫言的魔幻现实主义融合了民间故事、历史与当代社会。他创作中的世界令人联想起福克纳和马尔克斯作品的融合，同时又站在中国传统文学和口头文学中寻找到一个出发点。所以莫言作品的译者功不可没，译者的工作渐渐从边缘走向中心。这里有必要先总结归纳一下葛浩文对亲属称谓的翻译技巧，再反思中英亲属称谓差异的跨文化可译尺度。

(一) 归化方法

在翻译汉语亲属称谓时，有时为了让英语读者弄清汉语中人物之间错综复杂的关系，葛浩文遵守了目标文化的规范，将叙述简单化，这样就照顾了英语读者的表达习惯。例如：他将作品中的“姥姥、姥爷”翻译成“grandma、grandpa/grandfather”或“grandparents”。

例一：那爸爸拐跑了我小姨，气死了我姥姥，气病了我姥爷，为什么不能提？(《生死疲劳》)

When he stole off with my aunt, he wearily killed my grandma and made my grandpa sick, so why can't I talk about him?

例二：“待会到了家，嘴巴要甜，要有礼貌。”妻子说，“要让爷爷奶奶、姥姥姥爷高兴，要让亲戚朋友佩服。”(《生死疲劳》)

“Don't forget, when we get home, say sweet things, be polite,” his wife reminded him. “We want your grandparents to be happy and our relatives to admire you.”

例三：住在咱家，是为了彼此有个照应，这也是你爷爷奶奶姥姥姥爷的意思。（《生死疲劳》）

The only reason he's staying with us is so we can all look after one another. That's how your grandparents want it.

例四：燕燕姥姥姥爷是个倔人，他要真拗上劲儿，你们难道真要把人家的房子拉倒？（《蛙》）

Yanyan's grandfather is a stubborn man. Will you really do that if he stands his ground?

中国读者很容易理解“姥姥/姥爷”的意思，这是一些北方地区对外婆/外公的一种称呼方式。在汉民族亲属关系中，由于受宗法制度的重视，就以直系宗亲的亲属称谓为起始点，逐步拓展出旁系宗亲、外戚宗亲、姻系宗亲等称谓词，由近及远、由亲而疏，其关系网络非常繁杂。外公外婆属外戚宗亲，“外”意指“外族”，不同于本宗族，所以不会聚居在一起，于是对于不居住在一处的外亲称为“外”。这是一种明显表示亲属关系疏远的称谓，但在西方文化里，这类强加的亲属称谓不被接受。所以，按照西方文化的习惯，对“公公婆婆”当面称呼“爸爸妈妈”；对“嫂子”称“姐姐”，对“姐夫”称“哥哥”，对“表兄表姐”一般也免去“表”字，直接称呼“哥哥姐姐”，葛浩文在翻译时也明显照顾了中西文化方面的这个差异。

（二）异化翻译

有时为了明确汉语的称谓关系，让目标语读者了解并接受汉语文化里的称谓习惯，我们也可以遵守原文以至于源语言和文化的规范，采用异化方法翻译汉语亲属称谓，使译文中的称谓语的语义达到同原文中称谓语的语义对等的效果。作为有中国特色的文学作品，本应该走一条民族的和本土化的道路。[1] 而莫言从事文学创作，从 1987 年的《红高粱家族》到 2009 年的《蛙》的发表，8 部长篇小说共经历了 22 个年头，这些全部以高密东北乡为故事发展背景的作品，牢固确立了莫言的独特风格。因此，翻译这些作品时适当的异化处理也是尊重对方文化语境的重要体

[1] 包惠南：《文化语境与语言翻译》，中国对外翻译出版公司 2001 年版，第 92-95 页。

现。例如，葛浩文将作品中的“舅老（姥）爷”翻译成“elder uncle”，“干娘”翻译成“nominal mother/foster-mother”。

例五：她从群里出来，说：“舅老爷，人已经死了，哭是哭不活的，大热的天，紧着抬回去吧，盛葬起来，让她入土为安吧!”（《丰乳肥臀》）

She stepped out from the crowd and said，“Elder uncle，she's dead，and no amount of crying will bring her back to life。It's a hot day，so take her home，give her a funeral，and put her to rest in the ground.”

例六：他根据哪条裙带称呼司马库“舅老爷”？我不知道，我也不知道谁知道。（《丰乳肥臀》）

I didn't know what apron strings he relied upon to call Sima Ku “elder uncle”，nor did I know who might be able to tell me.

例七：“错了错了，”莫言那小子说，“蓝县长跟你大姐同年出生，蓝县长的母亲还是你大姐的干娘呢!”（《生死疲劳》）

“Don't call him uncle，” Mo Yan said，“Chief Lan and your elder sister were born in the same year. And his mother was your sister's nominal mother.”

例八：奶奶又骑骡进了一趟县城，给她干娘送去一包沉甸甸的礼物。（《红高粱家族》）

Grandma rode into the county town to deliver a heavy bundle to her foster-mother as a gift.

舅老爷和干娘在西方文化语境里是陌生的，这种亲属称谓既没有血缘关系，也没有姻亲关系。它常在汉语中出现用来称呼陌生人或非亲属人员，以表示拉近与对方的关系或使对方感到亲切。再例如我们称呼张大妈、李大伯，称呼服务行业人员护士姐姐，以及在问路和寻求他人帮助时尊称对方大哥、大姐等。这种非亲属称谓的存在体现了中国传统文化中的礼貌谦卑原则。西方也有类似的礼貌与原则，但带有宗教色彩，例如 Brother（修士）、Sister（修女）、father（神父）、Godfather（教父）、Godmother（教母）等。这是因为西方宗教的传统教义中宣扬“所有信徒均为兄弟姐妹”的信条，恰巧与中国传统的家族观念相仿。葛浩文在处理这个问题时加上了表示长幼关系的“elder”前缀，而前缀 nominal 是指 existing in name or word only，not in fact，因此这种翻译方法是恰如其分的。

（三）简化翻译

除了归化翻译和异化翻译外，在当前中西文化融合的背景下，也出现了简化的翻译方式。因为时代在进步，社会生活在不断全球化，中西方的文化和语言也处于动态发展中。任何事物都不会一成不变，何况还应考虑中西方文化交流的频繁程度。单就亲属称谓来看，特别是21世纪以来，汉语的词汇范围在逐渐扩充，乐于接受英日韩等外国的流行词汇，而当前网络语言的丰富也使得中西方跨文化交流趋于快速化。例如广东话的“饮茶”被英译为“drink tea”，“四书”被英译为“Four Books”，“和平崛起”被英译为“peaceful rising”。据美国《时代》杂志的报道，目前全球至少有3000万人正在学习汉语，100多个国家与地区逾2500所大学在教授中文。在东南亚，学习汉语的人数有160万人；韩国有200所大学开设汉语课程，中学选修汉语的学生约13万人，种种迹象表明全球“汉语热”必将持续燃烧。与其同步进行的是，英语词汇在我们的生活中随处可见，特别是在信息技术求新求变的互联网领域，在广告用语和青年用语以及经济方面所使用的外来语的数量显著增长。

例九：我父亲的一个表叔曾对我详细地介绍过当时烧酒作坊的工艺流程及管理状况，他在我们村的“总记”酒坊里干过十几年。（《酒国》）

One of my father's uncle once gave me a detailed explanation of how the distilleries operated, including the distilling art, the technology, management, things like that. He'd worked at Zongji for over a decade.

例十：保安：“砸了就砸了呗，反正我也不想干了，牛蛙养殖公司老板是我表姨夫，我娘已经跟我表姨说了，让我表姨跟我表姨夫说说，让我表姨夫把我弄到他那里去上班……”（《蛙》）

Security Guard: So what? I have been thinking of packing it in anyway. The boss at the bullfrog breeding farm is my uncle. My mother has asked her cousin to get her husband to hire me at the farm...

由上可见，葛浩文在翻译时有选择地简化，也不失为一种创新的翻译技巧。这种灵活的翻译方法，让西方读者在阅读中国作品的时候，不仅能得到文学艺术上的享受，还能消除对内涵丰富的中华民族传统文化的畏难情绪。这在一定程度上有利于中国文化“走出去”的世纪战略。例如，葛浩文将“表叔”译为“uncle”，将“表姨夫”译为“uncle”。

三、文化梳理：东西方宗族、种姓和亲属

葛浩文的上述翻译案例表明，两种语言之间的跨越是以思维作为中介和重要支点的，所以辨析东西方宗族和种姓的思维差别很有必要。

20世纪80年代以来，人类社会结构发生了深刻变革，血缘关系、世系、婚姻、交换、家庭组织等因素被纳入到政治经济文化的关系中。随着资本、权力、信息的全球化渗透，以及产品、劳务、人口在世界范围内流动，地域空间对于人们的工作生活的限制逐渐消除，时间和空间的地方差异在缩小。作为制度文化中的三大核心，政治制度、社会制度和亲属制度的复杂程度开始调整。制度文化就是除了物质文化外的一种社会生活，因为人类的生老病死的整个过程都是与其他人联系在一起的，这种联系感其实是依靠继承基础上不断变革的一些共有原则来培养，亲属关系就是这些原则中最强力的。学者徐烺光把这种联系称为“以家庭为起点的各个社会中的二次人类集团”[1]。

中国人的处事态度是以情景为中心，而以美国为代表的英语世界的处事态度则是以个人为中心的，这些从本质上影响了各自的实际行为模式和意识观念。许烺光指出：“情景中心的处事态度以一种持久的、把近亲连接在家庭和宗族之中的纽带为特征。在这种基本的人类集团中，个人受制于寻找相互间的依赖。就是说，他之依赖于别人正是别人之依赖于他，并且他完全明白报答自己恩人的义务……个人中心的处事态度，以存在于近亲者之间的暂时性纽带为特征。由于没有永久的家庭和宗族基础，个人的基本生活和环境取向便是自我依赖。就是说，他受到这样的制约，他要自己思考，自己做决定，并用自己的双手及以自己的能力开辟自己的前途。在这种模式中成长起来的个人会认为依赖他人是不可容忍的，因为那会毁掉他

---

〔1〕 徐烺光：《宗族·种姓·俱乐部》，华夏出版社1990年版，第16页。

的自尊；不过他也同样认为不能让人依赖自己，因为这种情况会招致别人的反感……这种个人在某些特定的时间，可能会为环境所迫而与多重行为准则和组织要求相趋同。”〔1〕由于中西历史、文化和价值观念的差异，汉英亲属称谓体系存在巨大差异。根据《现代汉语词典》的解释，“称谓”是人们由于亲属和别的方面相互关系，以及身份、职业等而得到的名称，如父亲、师傅、厂长等。许烺光还从宏观和微观层面追溯个人主义的影响，他为此深入地了解美国的政治体制、刑法、人们看待客观世界的心态以及外交和战争行为，他也仔细地剖析了亲子关系，对待祖先与后代的心态、青年社团与老龄生活、性在日常生活及文学艺术中的作用，以及其他一些人类行为。〔2〕值得注意的是，1883 年诞生的人类学在第二次世界大战前后出现了由初民社会转向巨型文明社会研究的趋势。自 20 世纪 30 年代起，以本尼迪克特为代表的人类学文化心理学派逐渐兴起，第二次世界大战的战时需要更迫切需要研究中国的国民性。赵元任在《中国人的各种称呼语》一书中列举的汉语亲属称谓语就有 114 种。语言学家马林诺夫斯基（Malinowski）最早把语境分为情境语境和文化语境。马林诺夫斯基把文化语境定义为：任何一种语言使用所属的某个特定的言语社团以及每个语言社团长期形成的历史、文化、风俗、习俗、价值标准和思维方式等。〔3〕

语言体现着一个民族的价值观念和社会文化内容，折射出民族文化传统的特殊内涵，汉语亲属称谓和英语亲属称谓这两种体系可以被概括为两种极端差异化的称谓制度。前者体系严密，分类精细，名目繁多，词义明晰；后者体系简单，分类粗疏，数量贫乏，语义含混。称谓体系本身就是文化的产物，所以在称谓语的翻译中，译者要在充分了解两种语言称谓体系的差异及其文化背景的前提下，充分考虑文化语境。任何一种亲属称谓体系都代表了一种独特的、恒定的生活方式，例如具有情境中心和相互依赖处事观的中国人，倾向于在家庭这个人类初始社会集团中来解决他生活中的问题。而具有个人中心和自我依赖处世观的美国人倾向于按照自己

〔1〕徐烺光：《宗族·种姓·俱乐部》，华夏出版社 1990 年版，第 16 页。
〔2〕徐烺光：《宗族·种姓·俱乐部》，华夏出版社 1990 年版，第 16 页。
〔3〕徐烺光：《宗族·种姓·俱乐部》，华夏出版社 1990 年版，第 16 页。

的思考和能力去看待生活中的问题。[1]

从人类学角度看，东西方的亲属称谓体系之所以会存在这种差异性，根本原因在于：任何社会，要想延续下去，就必须满足某些基本的功能性前提条件。阿伯利、科思、戴维斯、列维、萨顿所列的条件包括下述八项：（一）同环境保持适当关系以及性意义上人员补充的措施；（二）角色区分和角色安排；（三）交往；（四）共识的价值取向；（五）一组共识的、相互衔接的目标；（六）对手段的规范性控制；（七）社会化；（八）对分裂性行为的有效控制。[2] 然而，在强调世界文化多元性的今天，我们研究各种文化现象，只为了更好地揭示族群认同的意义，必须强调某一族群的文化价值，其实是对他者族群文化的包容和尊重。正如美国人类学家赫斯科维茨（Melville J. Herskovits）所言，每一种文化都有其独创性和充分的价值准则，一切文化的价值都是相对的，对各群体所起的作用都是相等的，因此文化谈不上进步或落后。[3]

四、要问东西：中英亲属称谓的伦常比照

有关亲属关系的研究虽然只是在翻译领域略显端倪，但它其实是人类学最重要的研究领域。亲属关系之于人类学，就像逻辑之于哲学或裸露的身体之于艺术，是这个学科的基础修养。亲属关系是指人们通过婚姻和家庭而结成的相互关系。[4] 家庭是以姻亲和血亲为主线发展出来的基本社会组织单位，随着人口的繁衍和分化，家庭中的每个成员都有各自的血亲和姻亲亲属，这群人之间就形成了亲属关系，亲属关系的基本表达方式就是亲属称谓。“亲属称谓方式，不仅表示出生物学意义上的血缘关系，而且还包含一定的社会权利和义务在内。它并不是孤立的，而是一个具有社会意义的体系。所以多数人类学家都认为，亲属称谓制度是人类社会

[1] 徐烺光：《宗族·种姓·俱乐部》，华夏出版社1990年版，第16页。

[2] 徐烺光：《宗族·种姓·俱乐部》，华夏出版社1990年版，第19-21页。

[3] 徐烺光：《宗族·种姓·俱乐部》，华夏出版社1990年版，第16页。

[4] 徐烺光：《宗族·种姓·俱乐部》，华夏出版社1990年版，第16页。

中一份系统的、可以进行跨文化比较研究的资料。"[1]

亲属关系在中国有着严格的区分，因为中国素有礼仪之邦的文化传统，它对于维护古代等级清楚的社会关系、人伦和谐以及进行思想道德的教化有着重要作用。儒家将各种复杂的社会关系归纳为夫妇、父子、兄弟、君臣、朋友等五种基本而恒定的伦理关系，称为"五伦"，而如何使这"五伦"形成一个和谐有序的系统一直为历史上的统治者和先贤们所重视。最早记载这个"五伦"关系处理态度的《礼记·经解》载"礼文于正国也，犹衡之于轻重也，绳墨之于曲直也，规矩之于方圆也"，意思是"礼"是处理"五伦"关系的最有效办法，"礼"于人犹如衡、绳墨、规矩之于轻重、曲直、方圆一样不可轻易分离。所以，"礼"首先是人类文明进步的重要标志，"礼"能区别人类与动物、区分文明与野蛮。亲属关系正是人区别于其他动物的一个重要标志，让每个人明白自己在所处的社会关系中的位置，从而明确自己在这个特定位置上承担的责任和义务。因此，人们必须从责任和义务的高度认识"礼"的重要意义。

亲属关系依靠"礼"来维系和规范，使人知道谦逊、礼让，尊敬长辈和其他人，就会被认为有君子风度，社会也井然有序。而且"礼"更能让亲属关系披上道德规范的外衣，指引人们积极向善，自觉自律，区分是非，知道自己该做什么和不该做什么。据中国亲属称谓记录最古老最完备的《尔雅·释亲》一书记载，仅"孙"字辈的称谓就有七代之多：孙、曾孙、玄孙、来孙、昆孙、仍孙、云孙。而且以直系宗亲的亲属称谓为起始点，还逐渐拓展出旁系系亲、外戚宗亲、姻系亲属等称谓词，由近及远、由亲而疏，其关系网络非常复杂。这些都是构建中国传统宗法制度的重要因素。所谓宗朝开始重建并有所创新的"宗族共同体"其实已经完备成"封建家族制"，这样做的目的，在于巩固国家政权、稳定农耕经济，使国与家在政治上联系得更为紧密。

中国素有礼仪之邦的美誉，最明显的是古往今来日益完善宏大的礼乐制度。作为中国传统文化重要组成部分的礼乐制度，对于维护古代社会等级分明的社会秩序、百姓的安居乐业，以及统治阶级的安邦、定国、施教都曾发挥过举足轻重的作

[1] 周大鸣：《文化人类学概论》，中山大学出版社2009年版，第142-145页。

用。荀子最早明确礼的重要性并极力向统治者推荐“天地以合，日月以明，四时以序，星辰以行，江河以流，万物以昌，好恶以节，喜怒以当。以为下则顺，以为上则明。万物变而不乱，贰之则丧也。礼岂不至矣哉！”[1] 此后，礼乐制度成为中国政治制度的重要组成部分，而它最直接的体现之一就是中国的亲属称谓体系，该体系明确规定了各个血缘关系的亲疏远近，这在定位人们的家族关系的地位、稳定家族成员关系方面起到了决定性作用。因此在亲属称谓里，亲属关系规定得十分清楚和严格，不容许丝毫的含混和马虎。[2]

具体来说，中国的亲属称谓细分为长幼辈分，血亲与姻亲、宗族与外宗族，父系与母系以及泛化等方面。依据《现代汉语词典》的定义，“宗族”的解释是：爷爷、奶奶、侄儿、孙儿、孙女同属宗族，外公、外婆、外甥属外宗族。血亲，指有血缘关系的亲属，也被理解为“宗亲称谓”，如伯父、叔父、舅父、姑母、姨母是血亲。姻亲，指有婚姻关系的亲属，也被理解为“姻亲称谓”，如伯母、婶母、舅母、姑父、姨夫是姻亲。依据汉民族的宗法制度，父党为宗族、宗亲，母党为外亲，妻党为内亲，不重外亲、内亲、姻亲，血统只论父系。清代文人崔述所云：“由父之父递推之，百世皆吾祖也。由母之母而递推之，三世之外，又不知谁何者矣。”[3]

西方的亲属称谓在数量上锐减，这是因为英语亲属称谓属类分型，既不标明亲属是父系的或母系的、直系的或旁系的，也不标明平辈亲属的排行；而汉语亲属称谓属叙述型，父系和母系、直系和旁系亲属界线分明，既标明辈分，又标明排行。[4] 在推崇个人主义和独立精神的西方社会，亲属之间的关系趋于简单扁平化，例如汉语中的“堂哥/堂弟/表哥/表弟/堂姐/堂妹/表姐/表妹”等若干个亲属称谓在英语中只需用一个词“cousin”来概括；韩语中的“哥哥/弟弟/姐姐/妹妹”等不同辈分的亲属称谓在英语中也淡化成为性别差异的“brother/sister”。西方社会完全不同于中国的农业立国以及农耕文明的方式，近现代西方从以工业化生产为组

[1] 《荀子·礼论》。
[2] 徐万邦、祁庆富：《中国少数民族文化通论》，中央民族大学出版社 1996 年版，第 210 页。
[3] 《崔东壁遗书·五服异同考》。
[4] 曲彦斌：《中国民俗语言学》，上海文艺出版社 1996 年版，第 118 页。

织形式的现代社会逐渐转型为以知识经济为基础的后现代社会，其中作为人类基本存在形式的家庭的模式基本上是以核心家庭（nuclear family）为主。此外，从20世纪兴起的非婚同居的普遍化、同性婚姻的合法化，甚至丁克家庭等等社会转型模式都表明了以英美为代表的西方社会的家庭模式多元化的现状。特别是核心家庭模式（指两代人组成的家庭，成员是夫妻两人及其未婚孩子），在西方社会中暂居主流，这就使得家庭内部关系简单。美国人类学家G. P. 默多克首先提出了核心家庭概念，他在《社会结构》（1949）一书中认为核心家庭的特点是对亲属网络的依赖性小，独立性、灵活性、机动性较大，具有性爱、生育、教育、经济、娱乐、情感交往等功能。从社会的政治经济发展水平来看，核心家庭将是现代都市和工业社会最主要的家庭模式，例如20世纪90年代风靡中国的电视英语教学节目“Family Album U. S. A.”（《走遍美国》）中的儿媳妇Marilyn称呼自己的婆婆时就直接叫她的名字Ellen，称呼女儿为Susan，称女儿新婚的老公为Henry。另外，根据《简明不列颠百科全书》记载，美国政府的绰号“Uncle Sam（山姆大叔）”就来源于美国人对纽约商人Samuel Wilson的尊称，可见英语里的亲属称谓泛化非常简单，统计可以仅包括uncle，aunt，brother，sister，cousin，nephew和niece。

五、结　语

作为跨文化交流的一个重要组成部分，亲属称谓与文化紧密相连，它们甚至是中国文学作品的“特色代言”部分。因此我们在评价判断任何一部翻译作品时都应该考虑文化差异这一重要因素。葛浩文的《论中国文学》展示了他的中国文学观，“西方优秀小说格外注重对开篇第一句子的经营，务必要写得吸引人，叫人一读而不能释卷。我们都忘不了杰弗里·尤金尼德斯的《中性》开头写‘我’出生过两次，第一次是女人，第二次是男人那句，就令人过目不忘。读到这样的句子，你怎么可能不继续读下去呢？而中国作家却不这样写小说。他们往往从久远的历史或者作为故事背景的故乡娓娓说起……”[1] 葛浩文提及的历史感和故事背景就是

[1] 莫言：《莫言演讲新篇·我在美国出版的三本书》，北京出版社2010年版，第163页。

蕴含丰富的中国传统文化的集中体现，作家莫言用全新而又鲜活的山东高密农村一带的个性化语言，让一系列小说作品的语言具有非常浓烈的中国乡土气息，从而体现了中国语言的巨大魅力，由他来评价葛浩文的翻译作品最是恰当。2004年，莫言在哥伦比亚大学的讲演中评价葛浩文的翻译："我的小说的翻译者葛浩文教授，如果没有他杰出的工作，我的小说也可能由别人翻译成英文在美国出版，但绝对没有今天这样完美的译本。许多既精通英语又精通汉语的朋友对我说：'葛浩文教授的翻译与我的原著是一种旗鼓相当的搭配。但我更愿意相信，他的译本为我的原著增添了光彩'。"〔1〕葛浩文教授的翻译方法确实值得我们仔细研究和学习，他充分了解了中英亲属称谓的差异及其文化根源，合理巧妙地使用归化、异化和简化的翻译方法，做到既能准确传达汉语亲属称谓的指称意义，又能满足西方读者的接受理解能力。

〔1〕莫言：《莫言演讲新篇·我在美国出版的三本书》，北京出版社2010年版，第165页。

处士横议

严复对密尔自由论的误读与重构

官正艳*

[内容提要]

密尔自由思想没有群己自由之分，他认为每个人的自由即个性的多样发展是社会发展的原创力，所以要保护每个人的自由。严复却将密尔的自由做了“群”“己”之分，在此区分下，个人自由只能作为手段而非目的。群己自由分为国群自由和小己自由：国群自由大于小己自由，当有外患发生时，应当牺牲小己自由以保护国群自由。严复创造的国群自由就成了主权的一部分（民权），并和密尔所述的人权对立起来。严复用民权来保障国群自由，用以对抗君权。由此可见，严复用实用主义的态度重新创造了密尔的自由主义。但是在严复的论述中，自由主义的核心已经消失，自由成为个人能力发展和竞争的手段，从而使得社会可以进化，中国不至于被西方彻底征服。应当对严复将理性的民族主义与工具的自由主义相结合后重构的密尔自由主义予以同情理解。

[关键词]

严复；密尔；自由；民权；人权

---

* 官正艳，中山大学法学院博士研究生。

一、密尔自由论的原旨精义

英国思想家约翰·斯图亚特·密尔在1859年创作了《论自由》。一般认为，密尔的思想有两个主要来源：一个是由李嘉图、边沁以及他父亲詹姆斯·密尔所倡导的功利主义哲学，另一个是康德以及其后的德国哲学。作为功利主义者，密尔承认追求快乐是人的本性，幸福是唯一的善。同时，密尔又用康德的伦理学来改造功利主义价值，强调精神性质的快乐更加高级，个性价值的实现是幸福的最重要内容。所以密尔在《论自由》中视个人自由为目的价值，他着重批判了社会的不宽容，并力主划清社会和不可干预的个人自由的范围。此书极为雄辩地论证了个人自由和个性价值的重要性，因而成为自由主义思想史上的名篇。密尔本人也被公认为英国自由主义最重要的代表之一，获得论者高度评价。[1]

密尔在《论自由》引论中开宗明义地讲道："这里所要讨论的乃是公民自由或称社会自由，也就是要探讨社会所能合法施用于个人的权力的性质和限度。"[2]更确切地说是"自由与权威之间的斗争"[3]，即使是现代意义上的"自治政府"在"运用权力的'人民'与权力所加的人民并不永是统一的；而所说的'自治政府'亦非每人管治自己的政府，而是每人都被所有其余的人管治的政府，至于所谓人民意志，实际上只是最多的或者最活跃的一部分人民的意志，亦即多数或者那些能使自己被承认为多数的人们的意志。于是结果是，人民会要压迫其自己数目中的一部分；……要限制政府施用于个人的权力这一点，……仍然丝毫不失其重要性"[4]。可见密尔讲的自由就是人权，首要的自由就是"去形成意见并且无保留地发表意见，这个自由若得不到承认，或者无人不顾禁令而加以力主，那么在人的

---

〔1〕参见梯利：《西方哲学史》，伍德增补，葛力译，商务印书馆1995年版，第581页；乔治·霍兰·萨拜因：《政治学说史》，托马斯·兰敦·索尔森校订，盛葵阳、崔妙因译，商务印书馆1986年版，第791页。

〔2〕约翰·密尔：《论自由》，许宝骙译，商务印书馆2007年版，第1页。

〔3〕约翰·密尔：《论自由》，许宝骙译，商务印书馆2007年版，第1页。

〔4〕约翰·密尔：《论自由》，许宝骙译，商务印书馆2007年版，第3-4页。

智性方面并从而也在人的德性方面便有毁灭性的后果"[1]。密尔认为，形成个人自由意见的基础是要实现每个人个性的充分发展："人的目的，或说由永恒不易的理性诏谕所指令而非由模糊短暂的欲望所提示的目的，乃是使其各种能力得到最高度和最调和的发展而达成一个完整而一贯的整体"[2]。实现自己个性的充分发展，是每个人的权利，当然在行使自己的自由时不能影响到别人的自由："个人自由必须约制在这样一个界限上，就是必须不使自己成为他人的妨碍。但是如果他戒免了在涉及他人的事情上有碍于他人，而仅仅在涉及自己的事情上依照自己的意向和判断而行动，那么，凡是足以说明意见应有自由的理由，也同样足以证明他应得到允许在其自己的牺牲之下将其意见付诸实践而不遭到妨害。"[3] 这些夫子自道式的论述，堪称密尔自由论的原旨精义，具有跨文化的思想魅力。

众所周知的是，早在 1903 年，《论自由》这本书就由严复翻译为《群己权界论》介绍到我国，其所创设的"群己权界"译法，也在相当长一段时期内，被认为是中西学术翻译的经典案例与神来之笔。令人遗憾的是，正如前文对密尔自由论原旨精义的介绍中所显示的，《论自由》原著中其实没有群己自由之界分。俞江指出，严复在翻译《群己权界论》中创设了"国群自由"的概念，这样就使个人自由与国家处于对立的地位；经严复改造的自由就不再是法律上的自由概念了。[4] 俞江认为，由于严复没有分清楚权利和自由的联系，而是割裂了二者的关联，造成"权利"之义不彰，导致其将"民权"简化为参政权或其他政治权力。[5] 黄克武将《论自由》英文与《群己权界论》译文逐一比对研究后指出，"严复把群己平衡的观念投射到密尔的思想之上时，就无法完全体认将自由作为合法的权利"[6]。在黄克武研究的基础上，笔者发现，当严复将群己平衡的观念投射到密尔的自由思想时，他就创设了"国群自由"和"小己自由"这两个更加混乱的概念。王人博也指出，严复主要用国群自由的概念来强调国家权力至上，小己自由讲的就是个人

---

〔1〕 约翰·密尔：《论自由》，许宝骙译，商务印书馆 2007 年版，第 65 页。
〔2〕 约翰·密尔：《论自由》，许宝骙译，商务印书馆 2007 年版，第 67 页。
〔3〕 约翰·密尔：《论自由》，许宝骙译，商务印书馆 2007 年版，第 67 页。
〔4〕 参见俞江：《近代中国的法律与学术》，北京大学出版社 2008 年版，第 58-59 页。
〔5〕 参见俞江：《近代中国的法律与学术》，北京大学出版社 2008 年版，第 63 页。
〔6〕 黄克武：《自由的所以然——严复对约翰弥尔自由思想的认识与批判》，上海书店 2000 年版，第 43 页。

自由。但是在严复那里，国群自由已经膨胀为霍布斯笔下的“利维坦”，个人自由作为细胞，消失在社会有机体这个庞然大物中。〔1〕 王人博进一步指出，严复自由思想的病处恰是中国社会的创伤，但也是其价值所在。〔2〕 在前辈学人研究的基础上，笔者试图在本文中进一步论证指出，严复用民权偷换了密尔的人权，致使代表国群自由的民权成了主权的一部分，并和人权对立起来；严复用民权对抗君权，设想出了一个“官民”契约，从而将主权划分为民权和君权，这就与密尔自由论的原旨精义有着较大疏离。

二、严复对密尔自由论的误读

严复作为近代传播西学的重要思想家之一，功不可没。但是作为“过渡的一代”，他总是不自觉地以国学传统审视所译介的西学经典。当严复为自由主义奔走呼告时，恰值清廷倾覆、民族危亡之时，宣扬的自由主义所具有的重要意义不仅限于当时，亦见诸于中国近代思想史的脉络里。当我们不断地阐发到底何为自由主义而无法廓清其盘根错节的进路时，不妨回溯历史的源流，对自由观念传入中国早期时刻里所发生的那场严式“误读”作一番细致的研析。

(一)“小己自由”作为手段价值

要研究严复对密尔自由的误读，首先要弄清严复理解密尔自由的思想体系。严复所有的思想都是以斯宾塞的社会进化论为导向的。严复在翻译著作《原富》时，发现国家的进化只有通过西方的自由资本主义来解放个人的活力和能力才能达到，这和斯宾塞对社会是个有机体这一生物学想象的崇拜不谋而合，严复显然对这一信念深信不疑，所以我们要讨论严复对自由的看法，必须根植于这样的思想体系背景。〔3〕 严复发现西方的文明优越性绝不仅仅在于繁荣的经济、议院政治，这些只

〔1〕 参见王人博：《中国近代的宪政思潮》，法律出版社 2003 年版，第 115-116 页。

〔2〕 参见王人博：《中国近代的宪政思潮》，法律出版社 2003 年版，第 112 页。

〔3〕 对比许宝骙译本和严复译本（《群己权界论》，上海商务印书馆 1903 年版），可以看到许宝骙译本第五章“本文教义的应用”根本没有讨论经济自由主义，但严复译本第五章“论自由大义之施行”却专门增加了“经济自由主义”这一小节。

是西方已经进化到比中国社会更高阶段的结果罢了。他认为中国的根本问题是，迄今为止都不能适应生存竞争。严复简单地将一国全体个人利益的总和等同于国家利益，所以对于严复来讲，小己自由的简单叠加就等于国群自由。国群自由处在诸多同类集合体的世界之中，并在为生存而进行着竞争。

严复看到了密尔个人自由所带来的创造力，将其解释为一种建设性的能力。如果每个小己自由都可以无拘无束地行使一切人的能力，就可以解放和促进人的全面发展，那么作为国群自由的竞争力就会提高。所以在严复这里，小己自由可以承诺一种尚未出现的集体才能。小己自由可以为中国效劳，就像它曾经为西方人效劳那样。〔1〕由此可见，在严复的视域里，小己自由只不过是提高国群自由的手段，而不是个人自由的终极价值。但是，密尔的个人自由是以人精神上的幸福和快乐为目标的。他说："生活应有多种不同的实验；对于各式各样的性格只要对他人没有损害应当给以自由发展的余地；不同的生活方式的价值应当予以实践的证明……凡在不以本人自己的性格却以他人的传统或习俗为行为的准则的地方那里就缺少着人类幸福的主要因素之一，而所缺少的这个因素同时也是个人进步和社会进步中一个颇为主要的因素。"〔2〕所以，"每人所应不断努力以赴……永远注视的目标，乃是能力和发展的个人性，而这便需要有两个东西，就是'自由和境地的多样化'；这二者一结合就发生出'个人的活力和繁复的分歧'，而这些东西又自相结合成'首创性'。"〔3〕密尔认为，实现个性的解放就是实现人的终极价值，而"每个人的活力和繁复的分歧"才会给社会带来创新，推动社会进步。

由此可见，严复将小己自由理解为对人的才能的解放，只是实现自由后自然而然的功利性结果，而不是自由的核心价值。自由的核心价值是每个人都是目的，在政治权利、社会地位乃至人格上都应当是平等的。正如密尔所言："作为一个人，到了能力已臻成熟的时候，要按照他自己的办法去运用和解释经验，这是人的特权，也是人的正当条件。"〔4〕

〔1〕王栻主编：《严复集》，中华书局1986年版，第22页。
〔2〕约翰·密尔：《论自由》，许宝骙译，商务印书馆2007年版，第66页。
〔3〕约翰·密尔：《论自由》，许宝骙译，商务印书馆2007年版，第67页。
〔4〕约翰·密尔：《论自由》，许宝骙译，商务印书馆2007年版，第68页。

(三)"群己自由"的机械论倾向

严复认为,实现小己自由就是对个体才能的解放,基于个人才能的充分发挥才能让作为社会有机体的国群自由发展、进化。中国之所以没有实现国群自由的发展,是由中国桎梏小己自由的文化决定的。中国曾迅速获得统一,并且长期未受到外界强国的挑战,正是如此,中国的竞争力衰退了。中国先贤的教义侧重于保护、冻结宗法社会而不是改变它。所以中国文化更强调集体而忽视小己,牺牲小己自由以保护集体的恒定。因为没有小己自由,所以小己得不到发展,与此相应的是作为小己集合的国群就得不到发展,从而长期停滞,进化亦无从谈起。严复这样总结道:"(中西)自由既异,于是群异丛然以生。粗举一二言之。则如中国最重三纲,而西人首明平等;中国亲亲,而西人尚贤;中国以孝治天下,而西人以公治天下;中国尊主,而西人隆民。"〔1〕

严复在《辟韩》一文中,深刻地批判了这种桎梏小己自由的文化制度。他首先批判了韩愈的圣人兴而文化起的中国文化起源说。韩愈认为:"古之时,人之害多矣。有圣人者立,然后教之以相生相养之道,为之君,为之师。驱其虫蛇禽兽,而处之中土。寒,然后为之衣;饥,然后为之食;木处而颠,土处而病也,然后为之宫室。为之工以瞻其器用,为之贾以通其有无,为之医药以济其夭死,为之葬埋祭祀以长其恩爱,为之礼以次其先后……"〔2〕总之,要是没有圣人,人种早就绝灭了。〔3〕严复认为这种说法不仅将圣人的形象抬高到了超人的地步,更糟糕的是它将众人描述成一个个完全呆滞的无头脑的肉体,在人类活动的任何领域里毫无主动能力。很明显,韩愈认为,"愚民"是不可能创造文化的。统治阶级从高高的城楼上俯视在田间劳作的呆板的农民,发现要使他们具有创造能力太困难了。严复在抨击韩愈这一点明显谬误后问道:"且使民与禽兽杂居,寒至而不知衣,饥至而不知食,凡所谓宫室、器用、医药、葬埋之事,举皆待教而后知为之,则人之类其灭久矣。彼圣人者,又乌得此民者出令而君之?"〔4〕所以韩愈的说法不堪一击,严

〔1〕王栻主编:《严复集》,中华书局1986年版,第2-3页。
〔2〕王栻主编:《严复集》,中华书局1986年版,第32-33页。
〔3〕王栻主编:《严复集》,中华书局1986年版,第33页。
〔4〕王栻主编:《严复集》,中华书局1986年版,第33页。

复认为政府的出现本身就是文化和经济长期发展的结果。政府的建立是为了执行一种特殊的强制性功能，即镇压社会内部的暴乱和抵御外来敌人以保卫社会。民“出什一之赋，而置之君，使之作为刑政、甲兵”〔1〕。

其次，严复批判了统治阶级从来没有做过培育人们创造力的事情。人们的能力因此而萎缩了，并且就当时而言，人民的能力是潜在的而不是实在的。目前，民众确实“弗能自治”〔2〕。他们的“才未逮，力未长，德未和也”〔3〕。根据社会进化论，严复认为社会作为一个群体的质量，来自于它的各个单位的质量，那么中国衰弱的原因就十分清楚了。他期待中国有一个新的圣主出现，圣主说：“吾今将早夜以孳孳求所以进吾民之才、德、力者，去其所以困吾民之才、德、力者，使其无相欺、相夺而相害也，吾将悉听其自由。民之自由，天之所畀也，吾又乌得而靳之！如是，幸而民至于能自治也，吾将悉复而与之矣。惟一国之日进富强，余一人与吾之子孙，尚亦有利焉，吾曷贵私天下哉。”严复认为圣主“诚如是，三十年而民不大和，治不大进，六十年而中国有不克与欧洲各国方富而比强者，正吾莠言乱政之罪可也”。〔4〕所以，严复主张，小己自由是关键之项，平等的小己自由可以解放每个人的活力：“非西洋言理财讲群学之所不知也。……盖欲救当前之弊，其事存于人心风俗之间。夫欲贵贱贫富之均平，必其民皆贤而少不肖。皆智而无甚愚而后可。否则，虽今日取一国之财产均悉之，而明日之不齐又见焉。何则？乐于惰者，不能使之为勤，乐于奢者，不能使之为俭也。”〔5〕在西方，增进人民的智力、道德和体力的条件显而易见已经创立了，那些最终生存下来的人将享受自由与平等。但是这种平等是通过小己积极创造、自由竞争达到的，而不是通过节俭达到的，就像中国理想的“太平”所期望的那样。〔6〕

平等实现小己自由，解放每个人活力后的社会将会怎样？严复借助《庄子》将《原富》的自由资本主义结合起来，将道家的自由阐发成了“无为而治”的自

〔1〕 王栻主编：《严复集》，中华书局1986年版，第33页。
〔2〕 王栻主编：《严复集》，中华书局1986年版，第35页。
〔3〕 王栻主编：《严复集》，中华书局1986年版，第35页。
〔4〕 王栻主编：《严复集》，中华书局1986年版，第35页。
〔5〕 王栻主编：《严复集》，中华书局1986年版，第23页。
〔6〕 本杰明·史华兹：《寻求富强——严复与西方》，叶凤英译，江苏人民出版社2010年版，第29-45页。

由经济政策："此篇（指《庄子·应帝王》——作者注）言治国宜听民之自由、自化……郭注云，夫无心而任忽自化者，应为帝王也。此解与挽近欧西言自由者所主张合。凡国无论其为君主，为民主，其主治行政者，应一听其自为自由，而后国民得各尽其天职，各自奋于义务，而民生始有进化之可期。"[1] 然后由上述个人组成的社会有机体的国家将会达到海晏河清："今日之治，莫贵乎崇尚自由。自由则物各得其所自致，而天择之用最存其宜，太平之盛可不期自至。"[2]

由此可见，严复严重扭曲了密尔的自由思想。严复认为只要能够使每个个体相信"群"确实是他自己的"群"，那么他就会"自然而然地"将群体的利益视为自己的利益。这里，每个个体看不到任何抵牾。严复没有发现总体利益与个体利益之间的冲突，他有一种将一切都唯物主义化的机械论倾向。严复对密尔"个人主义"的理解被自己的"群主义"弄得云里雾里，致使他不能理解密尔的个人自由。密尔在《论自由》引论中就提出了这一问题："究竟应该怎样在个人独立与社会控制之间作出恰当的调整?"[3] 我们不难看出，密尔是在谈人权，而严复对人权这一概念根本没有任何认识。事实上，密尔的自由论不仅反对严复这种将个人利益简单叠加就产生总体利益的机械论，而且还鼓励个性的多样性："作为一个人类，他的相对价值又是怎样呢？真正重要之点不仅在于人们做了什么，还在于做了这事的是什么样子的人。在人的工作当中，在人类正当地使用其生命以求完善化和美化的工作当中，居于第一重要地位的无疑是人本身。试假想有一批人形的自动机械，把房子盖起来了，把谷物种出来了，把仗打了，把案件审问了，甚至把教堂也建立起来而且连祈祷文都念过了；设使有这种情况，我们若要把一些男男女女——尽管他们现在是居住在此较文明的一部分世界之中而无疑只是自然界能够和将要产生的饿莩的标本——换成这样的机器人，那还有一项可观的损失。人性不是一架机器，不能按照一个模型铸造出来，又开动它毫厘不爽地去做替它规定好了的工作；它毋宁像一棵树，需要生长并且从各方面发展起来，需要按照那使它成为活东西的内在力量

[1] 王栻主编：《严复集》，中华书局1986年版，第1118页。
[2] 王栻主编：《严复集》，中华书局1986年版，第1082页。
[3] 约翰·密尔：《论自由》，许宝骙译，商务印书馆2007年版，第5页。

的趋向生长和发展起来。"〔1〕

(四)"群己平衡"的实用归旨

严复的"小己自由"并非纯系手段。黄克武认为:"个人生命财产及其他各种自由权利对严复而言是具有终极价值的。"〔2〕这种小己自由的终极价值是儒家的恕与絜矩之道:"中国理道与西法自由最相似者,曰恕、曰絜矩。……中国恕与絜矩,专以待人及物而言;而西人自由,则于及物之中,而实寓所以存我也。"〔3〕"但自入群而后,我自由者人亦自由,使无限制约束,便入强权世界,而相冲突。故曰人得自由,而必以他人之自由为界,此则《大学》絜矩之道,君子所恃以平天下者矣。"〔4〕然而,值得注意的是,儒家的恕与絜矩之道是以经世致用的实用主义为目的的。黄克武指出其与西方自由主义的区别:严复强调自我可以追求一种与道义配合的个人利益,这样的想法与西方自由者所追求的所谓"合理的自我利益"极为相似。但它们还是有区别的:严复的个人自营是建立在群己平衡的基础上,一旦"群"和"己"冲突起来,他会毫不犹豫地否定这种个人自营。而西方自由者所追求的合理的自我利益是以自我与群体之间利益有冲突为前提的。〔5〕黄克武的分析范式虽然与之不同,但是他的逻辑框架仍旧脱离不了手段论,即严复假设自我与群体之间没有利益冲突,个人充分的自营可以促进群体的发展。

结合斯宾塞的进化论,笔者认为,严复肯定自我和群体努力的方向均是促使中国进化,进化即是公与义。个人自由得到肯定,亦是个人自由可以促进社会进化这一实用主义价值,而不是关注个人终极价值的实现。即使从黄克武的分析范式看,个人自由也只是社会进化的手段而已。黄克武亦承认严复并不强调将个人自由作无限制的扩张,反而提出克己、恕道、己群平衡。〔6〕正如黄克武指出的:严复在密

〔1〕约翰·密尔:《论自由》,许宝骙译,商务印书馆2007年版,第69-70页。
〔2〕参见黄克武:《自由的所以然:严复对约翰弥尔自由思想的认识与批判》,上海书店2000年版,第206页。
〔3〕王栻主编:《严复集》,中华书局1986年版,第3页。
〔4〕参见约翰·斯图亚特·穆勒:《群己权界论·译凡例》,严复译,北京时代华文书局2014年版。
〔5〕参见黄克武:《自由的所以然:严复对约翰弥尔自由思想的认识与批判》,上海书店2000年版,第208页。
〔6〕黄克武:《自由的所以然:严复对约翰弥尔自由思想的认识与批判》,上海书店2000年版,第277-278页。

尔、斯宾塞等人的思想中糅合了群己平衡[1]的概念，从而没有充分认识到自由是合法的权利。[2] 笔者认为，正是严复把群己平衡的观念投射到密尔的个人自由思想之上，才建构[3]了“国群自由”和“小己自由”。其国群自由大于小己自由的理论是：“观吾国今处之形，则小己自由尚非所急，而所以袪异族之侵横，求有立于天地之间，斯莫刻不容缓之事。故所急者，乃国群自由，非小己自由也。”[4] 严复甚至认为，小己自由是“国群自由”的障碍：“今之所急者，非自由也，而在人人减损自由，而以利国善群为职志。”[5] 外患发生时，小己自由更是奢望了：“外患深者，其内治密，其外患浅者，其内治疏。疏则其民自由，密者反是。”[6] 这里，严复说的“内治”类似于主权，更像是在论述主权和人权的关系。

三、严复对密尔自由论的重构

在严复的论述中，我们看到了国群自由至上，小己自由作为细胞，消失在了国群自由这个庞然大物中，可见严复已经对密尔的自由主义进行了基于自身思想脉络的重构。我们能够理解，在民族危亡之际，严复对国群自由的强烈渴求。晚清社会变迁剧烈，严复作为生存于内忧外患中的知识阶层分子之一，自然要担负起责任，更加向往实现代表国群自由的民权。

（一）代表国群自由的民权

严复使用一个经戊戌变法时期发扬、业已为中国知识界熟知的概念——“民

---

〔1〕 所谓群己平衡的观点余英时亦曾提及。参见余英时：《中国近代个人观的转变》，《中国文化与现代变迁》，台北三民书局1992年版，第167-188页。转引自黄克武：《自由的所以然：严复对约翰弥尔自由思想的认识与批判》，上海书店2000年版，第47页，注释5。

〔2〕 参见黄克武：《自由的所以然：严复对约翰弥尔自由思想的认识与批判》，上海书店2000年版，第43页。

〔3〕 黄克武认为严复在“译介弥尔自由思想时，也在有意无意之间从事评估与建构新理论的工作”。参见黄克武：《自由的所以然：严复对约翰弥尔自由思想的认识与批判》，上海书店2000年版，第44页。

〔4〕 王栻主编：《严复集》，中华书局1986年版，第981页。

〔5〕 王栻主编：《严复集》，中华书局1986年版，第337页。

〔6〕 王栻主编：《严复集》，中华书局1986年版，第1292页。

权”，来阐释国群自由。在19世纪末20世纪初，“民权”被解释为“主权在民”，是一种类似于参政权的政治权力。这一解释逐渐成为“民权”含义的内核，并最终定型下来，“兴民权”就成了争取人民参政权，也就是要适当地分掉一部分主权（具表现为君权）。严复说：“天下未有民权不重，而国君能常存者也。”〔1〕严复进一步举出欧洲的例子：“居上之权大重，民气必郁而不舒，污吏暴君，有所恃而不可制。且治急之群，其民不奋，则上下之智力，必由此而日窳；邑野之财力，必由此而日微，即其始所恃之兵威，亦必将徒形具而已。当是时也，内有桀民，外有强虏，其国之倾，又无日矣。今世欧洲患此者，以俄罗斯为最，德意志、奥地利次之，而英法则受其弊而已过者。德奥之民权，犹稍与君权相抵制，至于俄则专制之治，遏之无由，故其国不足望长治也。”〔2〕既然“乃今之世既大通矣，处大通并立之世，吾未见其民之不自由者，其国可以自由也；其民之无权者，其国之可以有权也。”〔3〕“故民权者，不可毁也。必欲毁之，其权将横用而为祸愈烈者也。毁民权者，天下之至愚也，不知量而最足闵叹者也。”〔4〕但是传统中国是没有民权的，正如严复所反复强调的，“秦以来之为君，正所谓大盗窃国库者耳”〔5〕，“我中国之民，其卑且贱，皆奴产子也”〔6〕，人民都是奴隶，自然就对这个毫无权力的国家不关心了。相反，在西方民主政治下，人人都是国家的主人，“西洋之民，其尊且贵也，过于王侯将相”〔7〕，自然“私之以为己有”〔8〕。所以中国也应像西方那样有民权，要不“非有道焉使各私中国不可也”〔9〕。

从严复这些言论可以看出，他的“民权”概念是一个与主权相联系的概念，是一种政治权力，而不是法律上的“权利”。所谓的权力就是单方面处置和惩罚他人的能力。而作为一项权利，是有个人义务附随的。〔10〕严复指出：“虽有至仁之

〔1〕王栻主编：《严复集》，中华书局1986年版，第90页。
〔2〕王栻主编：《严复集》，中华书局1986年版，第898页。
〔3〕王栻主编：《严复集》，中华书局1986年版，第917页。
〔4〕王栻主编：《严复集》，中华书局1986年版，第918页。
〔5〕王栻主编：《严复集》，中华书局1986年版，第20页。
〔6〕王栻主编：《严复集》，中华书局1986年版，第21页。
〔7〕王栻主编：《严复集》，中华书局1986年版，第21页。
〔8〕王栻主编：《严复集》，中华书局1986年版，第31页。
〔9〕王栻主编：《严复集》，中华书局1986年版，第31页。
〔10〕俞江：《近代中国的法律与学术》，北京大学出版社2008年版，第54页。

国，必不能为所胜亡国而民立仁制也。夫制之所以仁者，必其民自为之，使其民而不自为，徒坐待他人之仁我，不必蕲之而不可得也。就令得之，顾其君则诚仁矣，而制则犹未仁矣。使暴者得而用之，向之所以为吾慈母者，乃今为之豺狼可也。呜呼！国之所以常处于安，民之所以常免于暴者，亦恃制而已，非恃其人之仁也。恃其欲为不仁而不可得也，权在我者也。使彼而能吾仁，即亦可以吾不仁，权自彼者也。在我者，自由之民也；在彼者，所胜之民也。必在我，无在彼，此之谓民权。"[1] 严复认为，人民想要与君权抗衡，就是在用"民权"。民权是一种"恃制"，故严复所谓之"民权"是"政权"或"参政权"，是一种权力。

再深入地细究，严复的"民权"除了指权力外，似乎也指向一种权利。严复说："惟彼族不然，其所求者，大抵皆一地一业之利便，而可以世守者。故民权之成，亦以渐耳。上有所诺于民而不可食，有所约于民而不可负。食且负，民得据所守而责之，此民权之所以成也。"[2] 严复这段讲民权的话，有些类似财产权（所有权和知识产权）。财产权观念肇始于人人都有因为劳动而得到相应财产（包括所有权和知识产权）且自由支配，不受他人侵犯的权利这一理念。因此财产权是人权的基础和核心。但严复的这段话尚有不足。财产权首先是一种基本权利。这种权利在某种意义上是一种终极道德目标，是一种人人都享有的建立在个人自由基础上的权利——人权。但是严复的理解仅限于："食且负，民得据所守而责之，此民权之所以成也。"[3] 也就是说，民可以依据自己的财产和官方相对抗，但是能够与权力相对抗的是法律上的财产权。严复还没有说清楚民权和财产权的关系，因此总的来说，在严复那儿，民权更多地呈现为一种政治"权力"。

（二）划分主权的官民契约

在对民权作出解释后，严复进一步提出了"官民"契约的思想。严复说："上有所诺于民而不可食，有所约于民而不可负。"[4] "上"在当时的语境下是指"官"或"官方"，即包括皇帝及其下属的各种国家机构。官与民有"诺"和

[1] 王栻主编：《严复集》，中华书局1986年版，第972页。
[2] 王栻主编：《严复集》，中华书局1986年版，第118-119页。
[3] 王栻主编：《严复集》，中华书局1986年版，第118-119页。
[4] 俞江：《近代中国的法律与学术》，北京大学出版社2008年版，第55页。

"约"，这是一个基于社会进化理论和中国实际的契约。即如果上（官）有诺，就不能食言，否则民是可以负约的。〔1〕除此之外，官对民没有任何法律上的责任了。严复要人们安于这样的现状。他不去设想一个平等的社会，也不将其当成道德愿景。他所指的就是现实　官掌握着绝大多数的资源，他不是想办法去改变这种现实，而认为这是基于历史发展的"合理"现象。〔2〕严复认为，"官民"契约是进化的产物。他在《辟韩》中说，统治者因为人民需要保护而受到"容忍"，但那只是权宜之计。官之所以必要乃是因为社会"化未进而民未尽善也。是故君也者，与天下之不善而同存，不与天下之善而对待也"〔3〕。在提出这个决定性的问题时，他作出了至关重要的限定："然则及今而弃吾君臣可乎？曰：是大不可。何则？其时未至，其俗未成，其民不足以自治也"〔4〕。可见，严复虽然认为中国的民权应当像"西洋之民"那样尊贵，甚至"过于王侯将相"，但当时中国的国民素质还没有进化到西方国民那样足以自治的程度，所以还需要"王侯将相"来统治。

在严复这里，民权所争的对象，是尚未得到普遍认同的某种或某群体的权力，它是一个整体性的概念："卢梭之为《民约》也，其主张公益，可谓至矣，顾其言有曰国家之安全非他，积众庶小己之安全以为之耳，独奈何有重视国家之安全，而轻小己之安全者乎，夫谓爱国之民宁毁家以纾难，不惜身膏草野，以求其国之安全此其说是也。"〔5〕国家安全是"积众庶小己之安全"而为之的；再将国家安全、小己安全和前述严复在面临外患时，如何处理主权和人权的关系联系起来，就可以发现，严复认为只有主权（表现为君权）下的民权才是自由的范围，而不是主权下的人权。密尔的《论自由》讲的是人权，严复用民权概念偷换了人权。〔6〕但问题在于，如何合法地产生以个人为原子的民权这一集合体的代表？这个问题是无解的。因为无论通过什么程序产生的民权代表都不可能代表每个公民，每个公民都有

---

〔1〕俞江：《近代中国的法律与学术》，北京大学出版社2008年版，第55页。
〔2〕俞江：《近代中国的法律与学术》，北京大学出版社2008年版，第55页。
〔3〕王栻主编：《严复集》，中华书局1986年版，第34页。
〔4〕王栻主编：《严复集》，中华书局1986年版，第34-35页。
〔5〕编写组：《中国法律思想史资料选编》，法律出版社1983年版，第860页。
〔6〕王人博亦有类似看法。参见王人博：《宪政文化与近代中国》，法律出版社1997年版，第208页。而杨阳则认为，民权就是人权。参见杨阳：《富强抑或自由——严复宪政思想研究》，中国人民公安大学出版社2009年版，第135-136页。

独立的意志和价值判断，都有完全的行为能力和责任能力。如果忽略了人权，只会导致多数人的暴政，所以为了这种自由，就要用人权为主权划定边界，把权力关进制度的笼子里。

四、严复的误读与重构之省思

19世纪末20世纪初，中国知识界掀起了向西方寻求救亡图存学说的西学热潮。在当时西学人士心中，西学的主干，一个是政治学和法律学，二是自然科学。唯有严复首先意识到西学的根基是哲学。在中国近代思想史上，严复是第一个重视并且引进西方自由主义学说的人，但也显现出文化排异性。密尔承认个人自由本身是目的价值，个性的多样性是推动个人和社会发展的原创力，这是自由的核心价值，严复则基本上仅视之为手段。吊诡的是，在当时的思想界，严复对自由主义的引进和误读都没有引起多大的注意，西学名流纷纷尊他为“西学圣人”，却是因为他鼓吹和传播了社会进化论，而这恰恰是他在接受西学时最大的误区。[1] 严复的大致思路是：中国之所以贫弱，是因为进化过程受阻，进化过程之所以受阻，是因为人民不自由。这成为严复引进密尔自由思想的动机，但也成为他理解密尔自由主义的严重困难。[2]

周国平认为，严复的例子显示了当时中国知识界的主流倾向。原因只能在我们重实用的文化和传统中寻找。中国的知识分子一旦接触到西方哲学，就首先从里面找到他想要的思想武器，而不是先澄清人家的理论。中国人对于任何理论，都缺乏纯粹的理论兴趣。对于这些理论，他们的关注点只在于是否有利用价值上。因此，对于西方哲学最核心的部分，涉及形而上学的问题，大多在理解接受上有所隔阂。国人的思想中一般没有精神价值的终极地位，自由、公正、知识、科学、宗教、真、善、美等价值，都必须要找到它的实用价值。不能把它们归于实用价值部分的，就是没有价值的。所以，严复的基本思想还是没有脱离经世致用的儒家理想，

---

〔1〕 参见周国平：《安静》，浙江人民出版社2017年版，第1-3页。

〔2〕 参见周国平：《中国人缺少什么》，上海人民出版社2017年版，第111页。

终极的精神价值一直游离在他的视野之外。[1]

王人博对此采取了一种折中主义的态度。他认为政治的自由主义在中国本身就注定了悲剧性的命运。当严复将西学应用到中国传统文化，就难免有再创造过程所发生的排异与偏差。因为严复要把西方的自由思想介绍到中国来，就必须先把它们变成中国的语言和文字。这就需要借助中国的概念、术语，这些术语大多只能在儒家传统中寻找，此为文化背景。在引进西方的自由思想时，严复也必须面对当时中国亟待解决的问题：如何通过集中权力把民众凝聚起来。因为当时的清政府已经历经了三百多年的统治，已经达到历史循环周期率的临界点了，中央政府的权力已经衰退。当时的中国需要的不是分权，而是要国家完整，通过集中权力凝聚民众，此为历史背景。当文化背景和历史背景一起发生作用时，就让严复忽略了密尔自由思想的核心价值。严复是最激烈的儒家思想批判者，因为他一直研究西方文化，他用西方的文字与语言读懂了西方的文化，他发现西方的文化体系与中国以儒家思想为代表的文化体系是格格不入的。要把密尔的自由思想挪用到中国，就必须考虑如何面对儒家思想。严复就是以这样一种问题路径引进密尔自由思想的。他在研究密尔自由思想的过程中，就已经设定了阅读对象，即他们只能是中国人，他的书只要得到国人的认可就是成功的。所以严复才把理性的民族主义与工具的自由主义相结合，重构了密尔的自由主义。[2] 笔者认为，严复的思考不无苦心孤诣及警示意义，人文社会科学的思想家都必须关注国家的前途命运。如果不顾清末民初知识分子忧国忧民的士大夫情怀去看严复及其同时代的人，我们注定会发隔阂肤廓之论，得不到其思想之要领。

---

〔1〕 参见周国平：《中国人缺少什么》，浙江人民出版社 2017 年版，第 178-193 页。

〔2〕 王人博：《近代以来的中国宪政思想——在华中科技大学法学院的演讲》，爱思想网，http://www.aisixiang.com/data/40202.html，2018 年 12 月 26 日最后访问。

儒家德性哲学与当代儒学刍议

陆保良*

[内容提要]

鉴于反传统主义与儒家原教旨主义之间的尖锐对立，儒学如何在场成为儒学复兴的首要问题。近代以来，制度儒学解体，心性儒学兴起。但心性儒学影响有限并因道德中心主义，难以容纳民主、科学等而倍受诟病。当代儒学需要反本开新，既顺应时代发展，又不失儒学本源。制度儒学以“德性”为“规范”，心性儒学变“德性”为“心性”，皆失其本。原始儒学的“德性”概念体现了人与自然、人与天道、人的身心、人与社会的统一，因源于天道自然而具有知性内涵，因服膺善政而并不拒斥民主制度，形成了完整的儒家德性哲学，对于认识儒学当代形态可以提供新思路。在儒家德性哲学视域中，当代儒学应当是求真的学术儒学、求实的生活儒学、求是的文化儒学。只有这样，儒学才能具有现实生命力，从而为应对当今人类面临的共同性问题提供思想资源。

[关键词]

德性；哲学；古典主义；当代儒学

---

* 陆保良，菏泽学院政法学院讲师。本文系山东省社会科学规划研究专项“中国传统文化对党员干部‘明德’作用研究”（18CZDJ25）的阶段性成果。

当前，儒学复兴方兴未艾。但是，儒学如何复兴，仍然众说纷纭，莫衷一是。在谱系学意义上，列文森关于儒学终结的观点和政治儒学关于全面复兴儒学的观点形成了两个极端。总体而言，当代儒学复兴面临一系列让人困扰的文化之迷：儒学是不是导致近代中国落后的文化根源？儒学是不是阻碍中国科学技术发展的原因（李约瑟难题）？儒学能否容纳现代民主制度？儒学本身能否现代化？现代中国还是儒家化的中国吗？总之，当代中国，儒学是否在场、如何在场？这是关系到儒学复兴的根本问题，构成了本文的核心问题意识。

一、从制度儒学到心性儒学

当前，儒学如何在场的问题比较复杂。因为儒学发展历时长，扩展地理范围广，经历多个发展阶段，呈现为多种形态，存在众多流派，是比较复杂的文化和社会现象，而全球化和世界文明多元化使局面更加复杂。笼统地谈当代儒学的存在形态，马上有人会问：当代儒学是何种儒学？原始儒学、制度儒学、宋明儒学、现代新儒学、海外儒学、大陆儒学、心性儒学，还是政治儒学？

近代以来，西方文化强势传入，根深蒂固、源远流长的儒学急转直下，出现了“儒门淡泊，收拾不住”的尴尬局面。经过戊戌变法、辛亥革命、新文化运动，以儒学为主体的中国文化发生重大转型，分化为激进主义、自由主义、现代新儒学三大思潮。其中，制度儒学的衰落与现代新儒学的兴起成为这一时期儒学发展的主要特征。干春松在《制度化儒家及其解体》中，描述了制度儒学的终结，列文森在《儒教中国及其现代命运》中，总结了作为意识形态的儒学（儒教）的终结。现代新儒学则见证了从制度儒学到心性儒学的转型过程。

制度儒学是儒学发展的重要时期，也是规范儒学的鼎盛时期。西汉初期，汉武帝采纳董仲舒“罢黜百家，独尊儒术”的建议，儒学与政治结合，开始了儒学制度化的历史进程。通过经学化、科举制度等，儒学逐渐成为意识形态，儒家经典成为国家法律，孔子由学者变为祭祀对象，儒家学者成为官吏和地方社会领袖。制度儒学扩大了儒学的影响，使儒学从诸子百家中脱颖而出，成为中国文化的主体，深深影响了中国的文化观念、政治制度、社会结构、民族心理习惯等。

儒学制度化扩大了儒学的影响，也导致了儒学的片面发展。其主要表现在如下三个方面。一是儒学趋于狭隘化。儒学可以分为两部分：规范儒学和心性儒学。规范儒学强调外在礼乐；心性儒学重视内在仁义。在原始儒学中，二者相互统一。孔子说："人而不仁，如礼何？人而不仁，如乐何？"[1] 老子说，"失道而后德，失德而后仁，失仁而后义，失义而后礼"[2]，从反面说明规范与价值的一致性。儒学制度化后，荀子强调的规范儒学成为儒学主流，甚至出现了儒法合流的现象，儒学被化约为以皇权和宗法制度为核心的政治制度和意识形态——"三纲五常"，心性儒学被边缘化。此后，虽有孟子心学的传播，陆王心学对理学的抗争，但是心性儒学一直是体制外的非主流儒学。明代朱元璋甚至对《孟子》一书荒唐地进行删节。长期以来，人们只见规范儒学之一叶，而不知心性儒学之泰山。二是儒学趋于静态化。知识可以分为两部分：知识与获取知识的方法。制度儒学使儒学固守既有的伦理规范和社会体制，却不知其来源，其结果是使儒学丧失了反思与批判精神，日益刻板化。忠、孝、节、义等规范伦理流行，知、思、问、学等哲学概念边缘化、庸俗化。其间儒学也发生过一些适应与转变，如汉代王充的批判儒学、宋明的心性儒学、清代的乾嘉学派。但是，受时代限制，制度儒学并没有发生质的改变。三是儒学趋于去哲学化。儒学是哲学，是立足过去、指向未来的智慧。儒学制度化后，"可道"越来越多，而"常道"却越来越少，只见其有，而不知其无，儒学超越性、普遍性的内容衰减，导致儒学主体性缺失，缺乏自我革新的能力，缺乏应对外来冲击的适应机制。

儒学制度化后，整体性的儒学被分割、曲解。礼仪日隆而仁心不存，纲常繁密而正道沧桑。儒学日益教条化、刻板化，成为阻碍社会发展的障碍。鲁迅笔下的孔乙己是儒学退化的鲜明写照。后世以来，多少专制君主假儒学之名，大行集权专制之实；多少官吏乡绅利用儒家忠孝思想，大行封建压迫之实；多少人假儒学之名，行鸡鸣狗盗之实。此时，儒学由人类文明轴心时代的哲学变成了一堆以权力为中心的社会习俗，形同枯槁，奄奄一息。这种制度儒学，正是"五四"以来以陈独秀、吴虞为代表的文化激进主义和反传统主义猛烈批判的对象，自由主义称之为民族劣

[1] 《论语·八佾》。
[2] 《老子·三十八章》。

根性，反传统主义称之为封建糟粕。直到现在，很多人还把制度儒学当成儒学本身，对儒学的当代复兴心存疑虑、忌惮。

制度儒学解体后，儒学向心性儒学回归。心性儒学兴起是制度儒学解体的结果。余英时形象地描述了制度儒学的解体过程："中国传统制度一个个地崩溃，而每一个制度的崩溃则意味着儒学在现实社会中失去一个立足点，等到传统社会全面解体，儒学和现实社会的联系便也完全断绝了"[1]，儒学便成了无所归依的"游魂"。儒学不得不反思规范背后的价值，向心性儒学回归。心性儒学也是制度儒学解体的原因。曾国藩、张之洞区分儒学的体与用，意味着制度儒学内部开始松动，康有为的《新学伪经考》和《孔子改制考》使孔子成为改革者、儒学成为社会进化的学说，动摇了制度儒学的根基。梁启超的《新民说》从改造国民德性入手，会通中西、连接古今，制度儒学的大树已经被连根拔起。

现代新儒学标志着从制度儒学向心性儒学的转型。梁漱溟的《东西文化及其哲学》通过比较东方、西方和印度文化，为儒学鼓呼，成为现代新儒学的开山之作。梁启超在《欧游心影录》中重新发现儒家道德的价值。冯友兰的新理学，贺麟的新心学，牟宗三"反本开新"式的"良知的自我坎陷"，都企图在价值和心性层面上复兴儒学，现代新儒学群体逐渐形成并扩散。现代新儒学的主要特征是"心性之学"。1958年，海外新儒学代表人物张君劢等人发表了《为中国文化敬告世界人士宣言》，明确指出："心性之学，正为中国学术思想之核心"。[2] 方克立指出："现代新儒学是以接续儒家道统、复兴儒学为己任，以服膺宋明理学（特别是儒家心性之学）为主要特征，以儒学为本位会通西学，以寻求中国现代化道路的一个学术思想流派和文化思潮。"[3] 现代新儒学通过回归心性儒学，对于保留儒学传统、认识儒学本质、推动儒学现代化方面做出了积极探索。

---

〔1〕 余英时：《现代儒学的回顾与展望》，上海三联书店2004年版，第55-56页。

〔2〕 张君劢：《新儒家思想史》，中国人民大学出版社2006年版，第567页。

〔3〕 方克立：《关于现代新儒学研究的几个问题》，《天津社会科学》1988年第8期。

二、从心性儒学到儒家德性哲学

同激进主义和自由主义比较，现代新儒学影响有限。无论是现代新儒学，海外新儒学，还是当代中国大陆新儒学，或者表现为学院派，囿于学术象牙塔，曲高和寡；或者表现为纯粹的个人玩好，茕茕孑立；或者表现为乡风民俗，散见于市井乡野。在笔者看来，出现这种状况主要有两方面的原因：一是现代新儒学外在的时代困境，二是心性儒学内在的理论缺陷。

近代以来，儒学面临前所未有的时代困境。面对强势的西方文化，儒学成为落后、保守的代名词，袁世凯复辟帝制的荒唐闹剧，彻底浇灭了人们对于儒学的幻想。面对日益深重的民族危机，李泽厚所说的“启蒙与救亡的双重变奏”成为近代中国的主题，“洗澡水与孩子一起泼掉”的文化激进主义现象给现代新儒学留下了狭小的发展空间。另外，囿于传统的经济社会形态、制度文化结构、民族心理习惯等，心性儒学与制度儒学依然保持千丝万缕的联系，深深陷入东方与西方、民族与世界孰优孰劣的争论中。“科学与玄学”的争论、中国本位的文化宣言、钱穆的作品等，无不渗透着对中国传统价值观消失的深深忧虑和无限眷恋。为了回应文化激进主义的过分批判，抵制西方思潮的过分泛滥，现代新儒学从一开始就选择了文化保守主义和文化民族主义立场。

在理论层面，心性儒学也存在内在缺陷。在传统与现代、农业与工业、城市与乡村、科学与伦理、东方与西方、先进与落后、保守与革命等一系列的相对概念中，儒学都处在不被人们认可的一端。心性儒学可能面临的最核心的指责为：心性儒学具有道德中心主义倾向，缺乏知性主体，忽视程序正义，无法容纳现代科学、民主观念。海外新儒学曾经试图解决儒学与科学、民主观念相融合的问题，如牟宗三提出“良知坎陷”说，把儒学分为道统、学统、政统三个部分，试图从道德主体中生发出知性主体，容纳现代科学观念，从道德主体中生发出政治主体，实现由内圣而外王，接纳现代民主制度。但是问题在于人的主观心理世界如何生发出一个外在的客观世界，道德中心主义如何容纳非道德程序机制的存在，依然是在心性儒学理论范式内无法解决的问题。

心性儒学出现道德中心主义倾向有多种原因。首先，与人类知识的历史形态有关。当时的知识形态是整体性的，没有自然科学和社会科学的分化，在认识论方面也没有目的理性和工具理性、道德理性与理智理性的截然区分，科学、神学、宗教和道德混杂在一起。其次，与制度儒学有关，制度儒学使儒学沦为政治意识形态的奴隶，拘泥于三纲五常的伦理规范。第三，与孟子的心性儒学转向有关。战国时期，列国纷争，世风日下，为突出儒学的启蒙意义，孟子强调人的主体性，突出“心”的概念，用自我体认的人性本善代替了原始儒学中源于天道自然之“德”。在《论语》中，“心”字仅出现 6 次，“德”字出现 40 次；而在《孟子》中，“心”字出现 126 次，“德”字出现 39 次。这是儒学观念史上的重大转变，标志着儒学由重“德”向重“心”转变。“德”的含义也发生了重大转变，从自然天性逐渐变成了人之本性，成为单纯的伦理学概念，以至于后来人们往往从伦理学的学科视角来认识儒学，称之为德性儒学、心性儒学和儒家德性伦理学。

指责儒学缺乏知性主体，无法容纳现代科学观念，是对儒家德性概念的误解。近代以来，学者往往认为儒学重视道德理性，缺乏理智理性，把中国科学技术不发达的原因归咎于儒学。这种看法相当普遍，以李约瑟难题最为典型。其实，在原始儒学中，德性是伦理，也是知识。蒋庆在《政治儒学》中指出：儒学存在外王传统，心理结构是面向广阔客观世界的开放结构，中国人的心灵中具有“客观的理性精神”。[1]《易》贲卦中说：“观乎天文以察时变，观乎人文以化成天下”，天文、地理等自然知识是儒学关注的重要内容，儒家天道、阴阳五行的概念，虽然不是现代科学技术，却是对于自然科学的思考，不能说古代人不懂计算机、量子力学，就不是科学家。在原始儒学中，道德理性与理智理性是统一的。事实上，中国的科学技术曾经长期领先世界。李约瑟命题从中国科学技术落后的结果，倒推得出中国文化缺乏知性的原因，不符合逻辑。制度儒学阻碍中国科学技术的发展，但是，由此说原始儒学缺乏理智理性，否认儒家文明具有发展科学技术的可能性，略显偏激。应当看到，世界不同文明在科学技术方面都有所成就，只是程度不同。视西方为科学唯一发源地的观点与“西方中心论”的文化偏见有关，尽管西方文明

---

〔1〕 蒋庆：《政治儒学》，福建教育出版社 2014 年版，第 54 页。

重视理性，率先取得科学技术发展的重大突破。

指责儒学缺乏程序正义，无法容纳现代民主观念、民主制度，也是对儒家德性概念的误解。儒家主张的德政并非道德（moral）之政，而是善（good）政。原始儒家对天命政治、禅让、汤武革命、民本、德政、选贤任能、大同世界等的推崇说明，儒家奉行善政。如果把德政理解为善政，那么包括西方民主制度在内的一切好的政治制度都是儒学所期待的。至于把儒家德政与人治、君主专制等同更是制度儒学的思维在作祟。《易经》说："夫大人者，与天地合其德，与日月合其明，与四时合其序，与鬼神合其吉凶。"[1] 很明显，德政之"德"绝非三纲五常。五四以来，许多人不加分辨地接受了制度儒学就是儒学的事实。

指责心性儒学具有道德中心主义倾向，难以与科学、民主观念相容，源于人们对于"德性"的误解。人们往往认为"德"是道德（moral），是伦理（ethics）。而作为伦理的"道德"（moral）与原始儒家的德性（virtue）概念其实相去甚远。"子曰：骥不称其力，称其德也"，很明显，马不可能具有道德观念，马之德，不过是马之为马的特性（characteristic）。"君子之德风，小人之德草"，小人之德性和草的共同特性是摇摆不定，德也是指特性。"听"字繁体字为"聽"，可以理解为听是耳朵的特性，所以孔子说"听思聪"。所有这些语境中，"德"都不是指称道德。把德性理解为道德，已经无法看到原始儒学的自然维度和德政的善政取向。由此，从伦理学学科视角转向哲学学科视角，从心性儒学转向原始儒家德性哲学，对于理解儒学的本质及其当代形态具有重要启示。

三、《论语》所见原始德性哲学

"德"是原始儒学的重要观念。《论语》中说："君子怀德"；《中庸》中说："君子尊德性而道问学"；《大学》中说："大学之道，在明明德"；《易经》中说："君子以厚德载物"。在儒学四种科目"德行、言语、政事、文学"中，德行居首，颜回因之成为儒家的重要代表人物。可见儒家对"德"的重视。如果说儒学是君

[1] 《周易·乾卦》。

子之学，那么，德性是成就君子的根本。

《论语》中“德”字共出现 40 次。在类型学意义上，可以从宗教、自然、个体、伦理、政治、社会等维度等进行解读，“德”体现了人与自然、人与天道、人的身心、人与社会的统一，构成了完整的儒家德性哲学，使之成为儒学内在生命力的源泉，外在权威性、合法性的基础。

《论语》中有关“德”的论述及解决维度

<table>
<tr><th>《论语》中有关“德”的论述</th><th>维度</th></tr>
<tr><td rowspan="2">1. 子曰：天生德于予，桓魋其如予何？
2. 曾子曰：慎终追远，民德归厚矣。
3. 子曰：由！知德者鲜矣。</td><td>自然维度：天下</td></tr>
<tr><td>宗教维度：天道</td></tr>
<tr><td>1. 子曰：君子怀德，小人怀土；君子怀刑，小人怀惠。
2. 德行：颜渊、闵子骞、冉伯牛、仲弓。言语：宰我、子贡。政事：冉有、季路。文学：子游、子夏。
3. 子曰：南人有言曰：“人而无恒，不可以作巫医。”善夫。不恒其德，或承之羞。子曰：不占而已矣。
4. 子曰：有德者必有言，有言者不必有德。
5. 子曰：骥不称其力，称其德也。
6. 樊迟从游于舞雩之下，曰：敢问崇德，修慝，辨惑。子曰：善哉问！先事后得，非崇德与？
7. 齐景公有马千驷，死之日，民无德而称焉。伯夷、叔齐饿于首阳之下，民到于今称之。“诚不以富，亦祇以异。”其斯之谓与？</td><td>个人维度：幸福</td></tr>
<tr><td>1. 子曰：德不孤，必有邻。
2. 子曰：中庸之为德也，其至矣乎！民鲜久矣。
3. 子曰：志于道，据于德，依于仁，游于艺。
4. 子张问崇德辨惑。子曰：主忠信，徙义，崇德也。
5. 子曰：已矣乎！吾未见好德如好色者也。
6. 子张曰：执德不弘，信道不笃，焉能为有？焉能为亡？</td><td>伦理维度：仁义</td></tr>
</table>

续表

《论语》中有关“德”的论述	维度
1. 子曰：为政以德，譬如北辰，居其所而众星共之。 2. 子曰：道之以政，齐之以刑，民免而无耻；道之以德，齐之以礼，有耻且格。 3. 子曰：泰伯，其可谓至德也已矣。 4. 周之德，其可谓至德也已矣。 5. 君子之德风，小人之德草。草上之风必偃。 6. 孔子曰：……故远人不服，则修文德以来之。…… 7. 楚狂接舆歌而过孔子曰：凤兮凤兮！何德之衰？往者不可谏，来者犹可追。	政治维度：德政
1. 子曰：吾未见好德如好色者也。 2. 子曰：君子哉若人！尚德哉若人！ 3. 子曰：巧言乱德。小不忍，则乱大谋。 4. 或曰：以德报怨，何如？子曰：何以报德？以直报怨，以德报德。 5. 子曰：乡原，德之贼也。 6. 子曰：道听而途说，德之弃也。 7. 子夏曰：大德不逾闲，小德出入可也。	社会维度：礼法

（一）德性：人与自然的统一

德性源于自然。在原始儒学看来，德性来源于天。天在《论语》中出现49次，分别以“天”“天道”“天命”“天下”等概念的形式出现，分别具有意志主宰之天、道德义理之天、自然之天的意义，而自然之天无疑是儒学的重要观念。

德性体现了人与自然的统一。儒学认为人是自然界的一部分（道家更是如此）。《论语》中“天下”概念有23处，构成人生活的重要空间和场域。孔子说：“天何言哉？四时行焉，百物生焉。天何言哉？”[1] 荀子在《天论》中也说“天行有常，不为尧存，不为桀亡”[2]，阐明了天具有的客观属性。天可以为人类所了

〔1〕《论语·阳货》。
〔2〕《荀子·天论》。

解，人类了解天的途径是道。道是天的正常态，是人能够把握的现象。人了解天的方式是“诚”，孟子说：“是故诚者，天之道也；思诚者，人之道也。”[1] 即人的内心与天道的符合状态，这和现代科学的求真精神是一致的。儒学有关天、道、知、学、新等概念，都是为了了解自然、社会现象及其规律。儒学保持了对于自然世界的浓厚兴趣。德性是天赋予人的本质，是人与自然的统一。

德性是人与自然的和谐状态。尧观察天象，制定历法，舜起于孝道，明于政事，禹勘察地理，疏浚河流，描绘了中华民族原始的生活世界、人与自然的和谐状态。“吾与点也”“乐天知命”等描述的也是人与自然的和谐状态。

（二）德性：人与天道的统一

儒学之“天”具有自然色彩，也有宗教意味。自然的无限性与人的生命有限性构成了一对矛盾，宗教意义上的“天命”概念正是用来解决这对矛盾的。通过德性的宗教维度，人与天道得以沟通，自然世界的无限性和人生的有限性得以和解，德性的宗教含义使人类的思维指向超越和未知领域，使儒学具有了超越性和普遍意义。儒学的宗教维度远远超出了原始图腾崇拜、神话世界、谶纬、占卜等内容，在这种意义上，邹衍之阴阳五行、董仲舒之天人感应、宋代易学的卜筮化、神化帝王、天子封禅祭天等等只是儒学之末流。

儒家的德性概念象征着人与天道的统一。马王堆帛书《五行》中说：“善，人道也；德，天道也。”[2]《论语》中“天厌之”“天丧予”等表述说明“天”是意志主体，具有创造者、至善、无限性、至上性、全能性等特征。周代“以德配天”的观念表明，德是天帝的启示在人世间的呈现，类似于基督教所说的神迹。于是，天德转化成为至善，人与天道实现了完美统一。

（三）德性：自我的统一

德性源于天，也是人之为人的秉性。孔子说：“君子怀德。”德性于人，儒家称之为仁、善，这既是美好人生的目标，也是人实现自我幸福的途径。儒学称之为“为己”之学，其生活目的和理想境界是为了完善自我、成就自我，从而建构理想

---

[1] 《孟子·离娄上》。

[2] 国家文物局古文献研究室编：《马王堆汉墓帛书》（壹），文物出版社，1980年版，转引自王博：《中国儒学史》，北京大学出版社，2011年版，第529页。

的自我，儒家表述其为悦乐君子。“德”为“内得于己”，实质是自我认同的一致性，这是个人自由、幸福的根本保障。因此，孔子称赞颜渊说：“贤哉，回也！一箪食，一瓢饮，在陋巷，人不堪其忧，回也不改其乐。贤哉，回也！”[1]

德性表现为自我的统一，不以外在的东西为先决条件。德性具有内在的自我圆满性，自律和自足是其重要特征。这在哲学意义上解决了个体身份认同和自我统一性的问题。从此，人与自然、人与宗教开始分离，人的主体性突显出来，人的生命有了人文、社会意义，“舍生取义”“视死如归”成为勇敢、荣誉的古典德性象征。

（四）德性：人与社会统一

德性在社会领域内的表现是仁义。“仁义”的核心是“成已成物”，是儒家处理人际关系、构建社会秩序的重要原则，表明了人的社会属性。孔子重仁，并且提出了“己所不欲，勿施于人”的道德黄金律。孟子说“义者，宜也”，用于衡量人的行为的社会合理性和正当性。由此，儒学摆脱狭小的自我，进入广阔的社会领域。

礼法是德性的规范性呈现。德性是良好社会风气和社会秩序的重要来源和保证。“慎终追远，民德归厚矣”，“君子之德风，小人之德草。草上之风必偃”。社会风气源于人心之善。于是，有了“修身，齐家，治国，平天下”这一从心灵到行为、从个人到社会的治理逻辑。值得注意的是，儒家认为礼法并非德性本身，尽管其符合德性。礼法是德目，而非德性。

德政是德性在政治领域内的体现。德性是政治的重要内容和根本准则。孔子说“政者，正也”，视德性为政治的根本。孔子还说“为政以德，譬如北辰，居其所而众星共之”，说明德性是政治合法性的重要基础。没有德性的政治无法让人信服。孔子以周代、泰伯为例，指出令人称道的政治都是德政，而没有德性则意味着政治的衰落。

总体而言，儒家“德性”概念体现人与自然、人与天道、人的身心、人与社会的统一。天、道、德、仁、礼等概念构建了上至宇宙、自然，下至社会、人

---

[1] 《论语·雍也》。

生，广大而精微的德性哲学。大学之道，在明明德，在新民，在止于至善。德性的目标是追求至善，其实质是探讨“什么是美好人生，什么是美好社会”的哲学问题。

四、德性哲学与当代儒学存在

儒家德性哲学的本质是探讨“什么是美好人生，什么是美好社会”，这是具有普遍性、超越性、开放性的哲学问题。儒学终结论、儒学原教旨主义这两种倾向看似颇动人，其实是个美丽的错误。“儒学终结论”代表了两类群体的观点：一类是反传统主义者，他们把制度儒学当成儒学本身；另一类是西化论者，他们陷入西方中心论的理论范式，无法体会儒家德性哲学对于中国人身份认同的潜在影响，没有注意到现代新儒学内在的精神焦虑及其为复兴儒学所做的不懈努力，更没有预测到如塞纽尔·亨廷顿所觉察到的全球化时代人类文明之间关系的复杂性和可能前景。同样，儒学原教旨主义试图使儒学重新制度化和意识形态化，是激进民族主义的乌托邦。

当前，儒学面临新的历史契机。制度儒学与儒教渐行渐远，饱经儒教浸淫洗礼、背负传统包袱的一代人已经逝去。当代中国社会需要新的文化认同，新的全球文明格局则提供了认识儒学的国际视角。当代人终于可以从容、冷静、超然地从人类文明史的角度，从时代需要认识儒学及其当代形态。在儒家德性哲学视域中，当代儒学应当是求真的学术儒学、求实的生活儒学、求是的文化儒学。

（一）求真的学术儒学

学术儒学是指儒学是一种以德性为核心的学术思想。后制度儒学时代，儒学趋于去中心化、去神圣化，不再是不证自明、不可置疑的宗教和意识形态。儒学需要返璞归真，“深入发掘儒学思想的真精神”[1]，回归其作为哲学的学术领域。追根溯源，这才是儒学的本质。春秋末期，周室衰微，礼崩乐坏。为应对危局，百家兴起，孔子继承三代文化精华，究天人之际，通古今之变，系统提出了包含宇宙、自

〔1〕 汤一介：《中国儒学史》序言，北京大学出版社2011年版，第3页。

然、宗教、人生、政治、社会、伦理等诸多内容的儒学德性哲学。当时，儒学还是私学，其生命力、权威性、合法性，靠的不是外在强制，而是其内在合理性。因此，学术性是儒学的本质，是儒学获得权威性、合法性的基础。

求真的途径是研究。恰如施特劳斯所言："从根本上讲，哲学并不拥有真理，而是探求真理。"〔1〕《论语》也以语录体的方式呈现，生动地再现了哲人的思考和行为，体现了"不言之言"的哲学风格。恰如老子所说："道可道，非常道"，子贡说孔子很少谈道："夫子之言性与天道，不可得而闻也"。但是，这正是孔子对道的哲学思考，他说"参乎！吾道一以贯之"。因此，儒学不仅关注知识，更关注知识的获取过程，儒学称之为"学问"。学、知、思、省等概念说明儒学是追求真理的开放系统，这是人发现自我的生命成长过程，是人们相互学习、共同进步的智慧探究过程，是良好社会风气和社会制度形成的风化过程。

学术儒学是当代儒学复兴的主要形式。同原始儒学从诸子百家中脱颖而出一样，当代儒学也需要迎接来自中国文化内部和西方等不同文明外部的挑战。"海纳百川，有容乃大。"当代儒学只有以学术的方式存在，立足时代和当下，见贤思齐、博采众长、与时俱进，才能真正成为哲学，成为智慧，具有生命力和合法性。否则，固守传统，囿于民族主义的狭小圈子里，无法经受异质文化的挑战，无法适应时代的需要，只会成为边缘化的学术、一种逝去的传统和历史。

（二）求实的生活儒学

生活儒学是指儒学是日用之学，与生活领域密切相关。生活领域是原始儒学发轫之地，百姓日用而不知是儒学的重要特征。因此，儒学主张知行合一，"德行"往往连在一起使用，"德行：颜渊、闵子骞、冉伯牛、仲弓"。"行"是儒学的重要内容：子以四教：文、行、忠、信。儒学倡导"行胜于言"。因此，儒学是生活的智慧、实践的学问。当孔子回答何谓"孝"和"仁"的时候，因人、时、地、事的不同而给出不同的答案。面对生活中的伦理困境，孟子回答说"嫂溺不援，是豺狼也。男女授受不亲，礼也；嫂溺援之以手者，权也"〔2〕，充分展现了一位充满生活智慧的儒家学者形象。

〔1〕 施特劳斯：《什么是政治哲学》，李世祥等译，华夏出版社2011年版，第2页。
〔2〕《孟子·离娄上》。

求实是指对儒学诸多思想和制度设计，如仁义礼智、忠孝节义、民主法治等等，唯有从德性出发，得其理、得其心，方得儒学之实。拘泥于一时一事，东施效颦、邯郸学步、刻舟求剑、囫囵吞枣、泥古不化，仅得其形，反失其实，倘若孔子在世，亦会啼笑皆非。就生活儒学而言，儒学不是教条，而是一种因时而化、因地制宜的生活智慧。当下，儒学对于安顿因后现代主义而撕裂的个体心灵，重建因极端个人主义而分裂的社群，协调因唯科学主义而恶化的人与自然的关系，恢复“上帝死了”之后人的宗教归属感，都能够发挥现实作用。

（三）求是的文化儒学

文化儒学是指儒学是民族性、区域性的文化。从人类文明史的角度，通过布罗代尔的“长时段”历史观，在纵向文化发展史意义上，儒学是一种文化传统，在横向文明类型学意义上，儒学是一种特殊文明形态。这意味着儒学是有边界的。儒学是哲学，而不是宗教，不是完备性真理。孔子是一位哲人，也是有血有肉、有生有死的常人。孔子承认人的认知是有局限的：“知之为知之，不知为不知，是知也。”孔子有时也无奈，颜渊去世，他哀叹道：“天丧予，天丧予！”孔子承认自己有过失，说：“丘也幸，苟有过，人必知之。”孔子一生奔走，惶惶然若丧家之犬；见南子而受弟子猜疑；厄于陈蔡而不被学生信任；见逝水而叹人生飘忽；等等。然而正是这种缺憾，才真实地展现了孔子作为普通哲人的存在状态。

所谓求是，是指儒学作为一种历史传统和特殊文明类型，需要认清边界，找准定位。作为世界文明类型之一种，儒学具有地域性、特殊性和历史局限性。同时，作为人类文明轴心时代的哲学，儒学也具有普遍性和超越性。既要坚持儒学的文化主体性，也要保持对于异质文化的开放性和包容性。只有这样，我们才能认识儒学的优点。同时，也能清醒地意识到儒学的不足。因此，儒学终结论和儒学原教旨主义都是对儒学的歪曲和异化，因偏执而最终损害儒学。

求是的文化儒学实质是把“从儒学本身看儒学”与“站在儒学之外看儒学”两种立场结合起来，把儒学对于“德性”的追求，即“什么是美好人生，什么是美好社会”作为价值取向，把儒学能否为应对自然环境、人类中心主义、极端个人主义、民族极端主义、唯科学主义等当今世界人类面临的共同性问题提供适当的思想性资源，作为检验儒学是否具有现实生命力的标准。

以德性哲学方式呈现的儒学，具有刚健、永恒的生命力。这种生命力源于对浩瀚宇宙和神秘自然的理性敬畏，源于对复杂人性与社会的深刻洞察，源于对人本主义和大同世界的坚定认可。“周虽旧邦，其命维新。”今天，儒学可以与时俱进，同现代工业社会、民主社会融为一体，为当今世界提供新的智慧和启示，为未来世界提供新的希望和前景。

短长书

儒家网十年记

任　重*

十年前初春的一个深夜，乍暖还寒，我坐在北京的公交车上，窗外行人稀少，街面清冷，路灯与树影交映斑驳，沉思良久，从背包里掏出笔记本，写下了下面这段话："我们是生活在当代的中国儒生。天下为公，王道仁政，依然是我们的政治理想；万物一体，天人合一，依然是我们的文化信念；均富安和，各得其所，依然是我们的社会追求；仁爱孝亲，敬天法祖，依然是我们的精神家园；自强不息，乐天知命，依然是我们的人生态度；礼义廉耻，致行良知，依然是我们的行为方式；和而不同，中庸之道，依然是我们的处世原则。人能弘道，非道弘人。我们将以先贤为榜样，以苍生为念，承续儒家文明，光大儒教事业，以天下为己任，为万世开太平。今天，我们追求的目标是：祖国更加繁荣强大，人民更加自由幸福。在这一目标实现的那一天，世界万国将会更加协和，普天民众将会更加和睦。我们坚信这一点。儒家中国网秉持公益性质、独立身份、民间立场，是由当代中国民间儒生主办的非盈利性思想文化网站。我们开办此网站，希冀给同仁们提供一个交流信息、相互砥砺的平台，也给各界朋友们提供一个认识当代儒家的窗口。"这就是儒家网的前身儒家中国网的"开通说明"，写于 2008 年。

今天回看这段文字，激情仍在，感慨亦多，但感触最深的是，当时对是否要公

---

* 任重，儒家网创办人、主编，曾用网名"读书吹剑"。

开亮明“儒生”身份颇为踌躇，唯恐触犯政治禁忌，也担心某些躲在暗处好行告密之徒借机生事，危及网站生存。为此，还特意征求了一些师友的意见，莫衷一是。最后一咬牙，决定还是发出吧。时至今日，官媒已用“儒生”来指称当下最高领导人。这在十年前，是万万想不到的。

一、先有《儒家邮报》

为什么要办儒家网?

就时代背景而言，十年前，随着中国经济的发展和社会环境的日益宽松，思想言论的空间也逐渐宽松，各界对中国传统文化和儒学的态度开始发生变化，儒家思想伴随着“文化热”“国学热”得以重新传播。在学界，关于儒家思想研究的论著和刊物虽然甚多，但绝大部分是从外部视角切入，将儒学视为一个与当下社会无关、与自己生命无涉的纯学术研究对象，从而将其“古董化”“博物馆化”。来自各方对历史上和现时代儒学的批评，大多仍然囿于五四以来的旧有观点，要么是以指桑骂槐的策略“荆轲刺孔”，要么是出于无知和偏见上纲上线。有鉴于此，从儒家内部视角以及“了解之同情”（陈寅恪）、“温情的敬意”（钱穆）的态度对当代儒家的思想和活动予以表述和评论，既是自省砥砺、纳取诤言，也是主动向世人的自我说明。亮明儒家立场，强化担当意识，彰显文化情怀，凝心聚气，砥砺同行，这就是我办儒家网的初衷。就具体环境来看，十年前儒学发展的社会氛围远不如今，尚有种种禁忌，很多人对儒学知之甚少、误解很深，在学术思想界亦受到左右两派的夹击，得不到公共资源和民间社会资源的支持，在夹缝中寻找突围，是当时乃至今日儒家境况的真实写照。

儒家自身没有任何资源，外在条件又有种种限制，在这种情况下，欲弘扬儒学，只能借助刚刚兴起的网络。网络时代给了儒家一个与竞争对手平等的传播机会。随着儒家网站的零星建立，儒家在众声嘈杂的网络上再发清音。可是，网络时代也是信息爆炸的时代，让个人把有限的精力和时间投入到信息泛滥的汪洋大海中去搜寻、捕捞、筛选，既是浪费，效率亦低。在多年主持儒学联合论坛网站（bbs）期间，我经常听到很多师长、学者和同道表示无暇上网站来看，以致没有看到一些好文章，错过了很多精彩的讨论。而且，因为bbs门槛太低，很多人上网发帖只是为了“找感觉”，结果导致真知灼见被大量的狂言乱语和口水所淹没。

闻听这样的抱怨多了便促使我思索：如何用更好的方式高效率地来传递我们的信息？于是，就有了以电子邮件发送的网刊《儒家邮报》。《儒家邮报》于2006年12月12日创办发出第一期后，效果出奇的好，也得到了儒门师友和读者的赞同和支持，影响力越来越大。两年后的一天，民间儒友徐治道问我“为何不办个网站”，我回答说“没精力没资本”。那时，就我一个人单打独斗，不仅协助陈明老师管理儒学联合论坛，还和王达三兄一起操持儒教联合论坛，几乎没日没夜地趴在电脑前搜集资料、编辑文字，身体支出已达极限，根本无暇顾及其他，以至于陈明老师于心不忍地“说实话”：“吹剑，你已经做了很多。说实话，我希望你为自己为家人多留点时间精力。”我确实做了很多，但还想做更多，想为儒家复兴极尽推波助澜之能事，可惜实在是心有余力不足。

不过，徐君的一句话鼓舞了我：“其实不用额外付出，只要把《儒家邮报》上的内容，再次发到网上即可。”不过，对于文科生和穷书生的我，那时对网络技术和开办网站一窍不通，仍有畏难感，幸亏徐君承诺由他来解决网站开通等技术性问题，才促使我下了决心。于是，就有了今天的儒家网。

二、儒家网要干什么？

十年前的儒家发展，除了政治禁忌和制度藩囿，学术与社会之间仍然有隔阂。那么，儒家网应该如何定位？

推动中国传统文化在中国的复归，自改革开放以来，学界、官方和民间都做出了积极努力，破坏容易建设难，积重难返，殊为不易，在下作为置身其中的参与者，感触很深，感慨无限。对中国传统在社会层面泛文化（国学或优秀传统文化）意义上的宣传推广，早已不存在障碍，而且在政府和民间的推动下已有复兴之势。在这种形势下，需要反思和总结的是：当下儒家复兴最为重要的工作是什么？今后应该努力的方向是什么？

窃以为，文化的核心是思想，思想的目的是明道。任何文化的复兴、社会的改造以及政治的重建，都必须思想传播在先，若无思想之广泛传播，以形成社会思潮，改变国人思想，任何文化复兴、社会改造与政治重建均不可能。而且，随着对儒家学理的研究不断深入，相关学术刊物和专著亦纷纷面世，但仍未能走出书斋、走向生活，于社会建设而言，影响甚微，建树不丰，实际成就乏善可陈。基于此种现状，若要复兴儒学，则必须消除学术与社会之间的隔阂，使二者彼此交流、活泼互动，唯此方能促使儒家重新焕发活力。

故此，儒家网的定位是思想文化，既不是纯学术，也不是泛文化，而是以"高清新"（"高"即高端思想，"清"即清楚的儒家立场，"新"即传递最新信息）为指导原则，着意于当代儒生思想创造和社会实践活动，秉持儒家立场，以承续儒家文明、推动中华复兴为己任，坚持思想性、公益性、独立性，重点发布当代儒家的最新思想学术成果、社会热点评论及民间社会实践信息，编辑出版图书刊物，组织、支持开展各种社会活动。

儒家网开办以来，成为儒门诸因子的汇聚地，发起、引导、参与了一系列争论。比如：曲阜建大教堂、天安门广场立孔子像、儒家经典进课堂暨国民教育体制改革、独生子女计划生育政策废止、平坟运动与殡葬改革、中国改革与儒家思想、教师节改期、孔庙（文庙）维权、爱护母语与恢复正体（繁体）字、儒家伦理暨同性婚姻合法化、儒家与女性、国服暨当代中国公礼服、国学与国学学位、民间读经、回到康有为与新康有为主义、反思新文化运动、经学复兴、家与孝、"大陆新儒家"争议等话题，儒家网都发出了独特的声音，很多成为当年的思想文化事件。还有，为了更加主动明确地表达当代儒家的观点，以关切现实、砥砺思想、凝聚共识、扩大影响，儒家网主持开办了"儒家看法"（以儒家网名义发表社论、社评和特约评论员文章）、"独家专访"和"儒门会讲"等栏目，针对当前中国学术、政治、文化、教育、法律、政策等重大问题和社会热点，主动介入公共事件和公共话题，力求在重大舆论场合发出儒家声音。上述栏目一推出，备受瞩目，在当下思想界各家各派之中别具一格，亦使儒家网的功能更加完备。

十年期间，有朋友不断建议：儒家网的好多学术文章看不懂，应该更大众化些。在下对这些朋友的建议非常理解，儒学的普及确实非常重要，但这不是儒家网的任务重点，我们要做高端思想的创造者，而非泛泛文化的传播者，就是说，我们要做儒学生产者，而非儒学消费者。就儒学大众性传播而言，能做、做得好的人和机构，十年前已有，眼下很多很多，但就高端思想的创造及推动，眼下想做、能做的人依然很少很少。儒家网要做别人做不到的事，要影响有影响力的人。

三、儒家网干了什么？

因为是互联网媒体平台，我们的核心项目就是建设网站。略感欣慰的是，经过十年的深耕细作，儒家网现已能够第一时间反映当代儒家思想发展、儒学研究成果、儒门社会实践的前沿动态，在同类网站中独树一帜。

依托儒家网门户网站，我们还出版纸质图书“儒生书系”和电子出版物《儒家邮报》，着力建设新媒体暨官方微博、微信公众号，不断延伸传播领域，同时，编纂年度大事记并评选年度十大热点、十大好书，开设“儒家看法”“独家专访”等栏目，将传统媒体与新媒体相辅，学术思想研究与大众普及并重，初步形成了以网站建设为中心、以品牌栏目打造为重点、以图书出版为特色、以年度“十大”评选为亮点、以新媒体平台运营为着力点的工作格局。

1. 出版《儒生》集刊、“儒生文丛”“当代大陆新儒家文丛”“中国儒学年度热点”等图书。儒家网主持出版的图书，既以儒教重建、儒学复兴、儒家回归为整体动向，又以儒生个体经年探索之结晶为形式，颇具代表性地呈现出大陆新儒家群体的多样风貌，受到各界的高度关注和好评。根据唐文明兄的建议，儒家网主持出版的图书如“儒生文丛”主要针对儒门青年才俊，尤其是布衣书生和民间儒者，为他们搭建一个平台，所以，图书作者既包括自觉认同儒家的学术研究者，又包括主动弘扬儒学的社会实践者，在内容上注重学术性与社会性相结合，并有担当意识、价值关切和文化情怀。故而，不仅收编学术研究专著，也收编各界同道的弘道文集。十年来，儒家网先后出版了近三十本图书，包括《儒生》集刊四卷、“儒生文丛”三辑（20 本）、“当代大陆新儒家文丛”及“中国儒学年度热点”两个年度，以及一石激起千层浪的《中国必须再儒化——“大陆新儒家”新主张》。例如，“儒生文丛”第一辑于 2012 年出版后，法学家梁治平先生认为“‘儒生文丛’展示了‘儒生’这一儒家群体在中国消失一百年后的第一次重现”，许章润先生认为“是一件非常值得关注的有意义的事情”，是“一个重要的思想史事件”。

2. 发起参与多起社会活动。人道政为大。公道废而后公论兴，公论息则天理灭。关注公共领域，参与公共事业，乃是儒生的本分、儒家的天职。

（1）发起儒家学者联署关于曲阜建造耶教大教堂的意见书并征集签名。闻知在儒家圣地曲阜要修建高达四十余米、容众三千人的哥特式耶教大教堂的消息后，儒门各界深为震惊和忧虑，2010 年 12 月，我们发起十位儒家学者联署《尊重中华文化圣地，停建曲阜耶教教堂——关于曲阜建造耶教大教堂的意见书》，郑重呼吁有关各方尊重中华文化圣地，立即停建耶教教堂。该意见书由郭齐勇、张祥龙、张新民、蒋庆、林安梧、颜炳罡、韩星、陈明、康晓光、赵宗来十位儒家学者联署发布，同时，该意见书得到国际儒学大会、国际孔教大会、马来西亚儒教会、印尼经典教育促进会、曲阜儒者联合会、深圳孔圣堂、珠海平和书院、北京苇航书院、浙江省儒学学会、江苏省孔子后裔联谊会十个儒家社团首批支持，在中国儒教网、儒教复兴论坛、华夏复兴、儒学联合论坛、儒家中国、孔子二〇〇〇网、中国当代儒学网、儒家气学网、礼乐中国、孔氏宗亲网十个儒家网站首批联合发布。意见书公开向社会各界征集签名，得到热烈响应，立即引起海内外高度关注，激起了热烈辩论。秋风兄认为：“这是一起具有重大思想和政治史意义的事件。它触及了中国精神秩序重建与现代国家构建之最核心问题。也许再过十年、百年，这一事件的重大意义才会完整地显现出来。”的确如此，此次事件刺激了中国内地的儒教大发展。

（2）发起海内外 120 多名学者教师联署教师节改期建议书并征集签名。2014 年 4 月，发起海内外 120 多名学者教师联署《敬请全国人大常委会尽快启动教师法修订程序的建议》。在这次的联署名单中，既有当代儒家代表性人物郭齐勇、蒋庆、盛洪、陈明、康晓光、余东海、秋风等，也有知名学者汤一介、何光沪、陈鼓应、许章润、范忠信等以及学者华炳啸等，还有《南方周末》评论员戴志勇以及香港大学法学院教授、全国人大常委会香港基本法委员会委员陈弘毅。凝聚人心、重建文化、再兴教育，莫若尊师重道。一国的教师节设立宜与其国的历史文化传统相关联，而孔子作为世界级教育家、万世师表，以其诞辰日为教师节，实至名归。建议书再次重申了社会各界要求。

（3）发起海内外七十位学者联署关于孔庙使用和保护问题建议书。2014 年 2

月，发起海内外七十位学者联署《优化孔庙文化功能，推动中华文化复兴——关于孔庙使用和保护问题的建议书》。此建议书由当代儒家学者郭齐勇、张新民、蒋庆、陈昭瑛、陈明、康晓光、姚中秋、曾亦、丁耘、唐文明、柯小刚领衔发起，来自海峡两岸暨香港地区和美国、韩国、新加坡、马来西亚、墨西哥等国的海内外七十位学者联署，引发海内外广泛关注和强烈的社会共鸣。孔庙（文庙）作为中国文化和儒家文化的象征性符号和载体，其兴衰沉浮往往折射出儒学的时代命运和文化归向。建议针对孔庙现状分别在保护力度、文化功能、管理机制三方面来实现孔庙的文化归位，是为中华文化复兴不可缺少的环节和保证，意义重大。

（4）征集儒门呼吁停止计划生育政策的意见。2012 年 6 月，以网络曝光陕西省安康市镇坪县曾家镇孕妇被强制引产事件为开端，引发社会各界对暴力计划生育的大范围抗议，以及对当前计划生育政策的全面反思。儒家网组织儒门各界人士在积极响应社会各界关于停止计划生育政策的倡议意见的同时，也从不同的角度全面梳理并阐述儒家义理对当下中国生养政策的审视，以推动政府相关政策的调整。五年后，一孩化计生政策开始调整，儒家与社会各界的努力终见成效。

（5）发起联署关于停止“平坟运动”呼吁书并征集签名。2012 年 11 月，针对河南省大规模开展的平坟运动，儒门同道先后发布了两次紧急呼吁书并公开向社会各界征集联署，获得了四批签名支持。呼吁书要求河南省地方当局立即停止这一破坏国人传统信仰的野蛮行为，希望中央政府介入调查，维护社会的旧有习俗，尊重国人的本俗信仰，严惩土地财政下的政府寻租行为。

（6）发起联署《就〈南方周末〉新年献辞事件告天下书》。2013 年 1 月，三十七位儒者发起联署的《就〈南方周末〉新年献辞事件告天下书》。有儒门同仁认为儒家不该为“自由派”背书，窃以为，这主要是表达我们关于言论自由的立场(呼吁书说得很清楚)，亦是推动政府往前走，与南方系的思想立场无关，不是仅仅对一件具体事情的支持。

（7）推动成立“中华孔圣会”。2015 年 11 月，由当代儒家学者和海内外六十多家民间儒家社团共同发起的“中华孔圣会”在深圳成立。与会者认为，“孔圣会”的成立和发展，不但能更有力地推动儒学的复兴，对国家的社会治理也可以产生良好的推动和补充作用，而且能够促进外来文化、宗教的本土化，优化文化、宗教生态，尤其是有效抵制邪教滋生，起到消除邪教滋生土壤的作用。

（8）组织召开“儒家思想与中国改革”学术研讨会。儒学与改革的关系一直是我们这个时代的重大课题。儒学如何看待改革，如何参与改革，已成为理论焦点而众说纷纭，见仁见智。儒家网与某学术期刊合作，2014 年 11 月在成都举办了“儒家思想与中国改革”的专题学术研讨会，参会的儒家学者分别围绕现代中国与儒家叙事、中国改革与儒家愿景、返本开新与开放包容、普世之维与致治太平等四个主题展开深入研讨。

（9）发起十家民间社团联署中国父亲节倡议书。鉴于西方父亲节在中国的流行，2015 年 6 月，发起十家民间儒家社团即深圳孔圣堂、北京弘道书院、河北儒教研究会、曲阜市儒者联合会、上海道里书院、朔州市国学会、湘潭市传统文化研究会、南通知止堂义学、武汉大学珞源国学社、甘肃襜如衣冠汉风社，郑重向全球华人同胞发起联署发布《关于恢复和过好中国父亲节的倡议书》，呼吁重建八月八日父亲节这一具有中国特色的民间节日，认为此举有助于铭记抗战先烈的伟大业绩，有助于打造中国民间节日体系及其文化氛围，促进国人的文化认同、国族认同和国家认同，推动中国实现国家统一和民族复兴。

（10）发起海内外众多儒家学者和社团联署致电影《孔子》剧组公开信。2009 年 4 月，传闻拟拍摄的电影《孔子》剧情有“感情戏”并有恶搞之嫌，儒家网联合以孔氏宗亲会、国际儒学大会、中国儒教网为代表的五十余家海内外儒家社团和儒学网站发布致《须尊重历史，宜敬畏圣人——致电影〈孔子〉剧组人员公开函》，表示关注和异议，剧组最终做出公开回应，并承诺剧情绝无类此内容。如王达三兄所言，此事与其说是一个重要的娱乐新闻，毋宁说是一个重要的文化现象，那就是孔子回来了。“80 年代的孔子，只是个好坏参半的凡人；90 年代的孔子，是个影响巨大的学者；进入 21 世纪，孔子已经成为中国人的‘圣人’。”

除了上述活动，儒家网还多次参与组织民间儒教徒在北京孔庙举办祭孔释菜礼、儒家文化青年修身营、面向社会（重点面向全国高校传统文化社团、民间传统文化社会组织等团体）免费赠阅儒学书籍等活动。

3. 组织编写《中国大陆儒门年度大事记》，评选儒家年度十大热点、十大好书，编辑年度全球祭孔图集。为了记录事件、提供信息、促进认同，自 2012 年开始，儒家网组织编写年度大事记，反响良好。2014 年，我们在大事记的基础上，主持评选年度十大热点，涉及谏议、公共政策、思想学术、文化事件等各个方面，反映了中国当代儒家最新发展状况，向社会公布后，备受关注。为了使社会各界能够全面把握当代儒家的思想动向和理论动态，自 2014 年起，儒家网启动年度好书榜和“十大好书评选”活动。阳明精舍山长蒋庆先生评价曰：“儒家网以民间立场举行年度好书评选活动，在国内实属首举，意义重大。”中国孔子研究院院长杨朝明教授很为这样的举措感到赞佩，因为“这对于盘点儒学研究成果、引导儒学研究方向、指示儒学学习路径都具有重要意义。”近年来，国内纪念孔子诞辰活动无论从数量、质量较往年相比都有大幅度突破，仪式越来越规范完善，大到各省会城市、县市区，小到街镇乡村，均有消息传出，参与组织包括官方组织、中小学、大学以及民间团体，而且政府日益成为主导方。为了助推此活动，儒家网自 2015 年开始编辑年度全球祭孔图集，一经发布，格外瞩目。

4. 编发电子刊物《儒家邮报》。在智能手机上网时代，尤其是微博、微信等新媒体传播形式的影响下，以电子邮件途径发送的网刊，是否还应该继续办下去？经征询意见反复研讨，基于《儒家邮报》主要针对学者主动发送，考虑到学者习惯和老订户的需求，以及电子邮件发送的特殊优势，我们决定继续编发。目前，《儒家邮报》订阅人数持续增长，订户及发送对象主要是学术思想界和儒学爱好者，尤其在学术思想界已经形成一定知名度，清华大学国学院院长陈来先生认为，对于希望多方面了解当代中国儒学运动发展动向的学者和有心者，《儒家邮报》“是一个难得的窗口”。

筚路蓝缕，艰苦备尝，儒家网终得到海内外各界的广泛关注和支持，已成为当今中国儒家的代表性网站，也成为各界了解当代儒家发展动态的重要窗口。“‘中国重新生长’是一个显著的文明现象及世界历史基本事实，儒家网敏锐捕捉这一历史契机，以思想学术为先导，以国家治理、社会重建及伦理修复为职志，通过主题网站、微信公号、儒生文丛、年度综述、海内外学术研讨会等多种形式在转型中国的话语洪流与国民莫衷一是的价值丛林中发出清晰响亮的理性之声。这十年，是儒家网‘公共化’而成为中国当代‘主题性’思想先锋的十年，也是儒家网所推动之‘儒家重新公共化’整体事业突破性发展的十年。”田飞龙兄的上述评断，吾无间然矣。

四、负重前行

儒家网创办伊始，就我一个人在操持，信息搜集、内容编辑、网站上传等所有工作，都是我一人承担，工作投入几近疯狂，很多师友觉得不可思议：哪儿来这么多的精力和时间？

网站创办不久后的一天，负责网站管理的徐君突然跟我中断了联系，电子邮件不回，打电话不接，网站陷入停顿状态（几年后方得知，是因为其个人特殊状况而不得已与外界断绝联系）。有一次，我偶尔跟在天津大学任教的高会霞说及此事，她说在学校上公共课，其中有计算机专业的学生，问问看能不能帮忙。于是，儒家网就有了第一个义工，并一直负责网站技术维护至今。

随着儒家网影响日增，工作量越来越大，也有义工开始不断加入。但是，要做事，必须有钱；要做更多的事，必须要有更多的钱。不得已，我开始募集资金。例如，为了出版“儒生文丛”，在解决了出版社立项这个头疼问题后，我四处募捐，绞尽脑汁找资助，毫不夸张地说，我几乎跟能想到的基金会和人都联系过，但都一无所获。幸赖西安的刘明先生慷慨解囊，才得以成事。陈乔见兄看我筹资艰苦，闻知某佛寺设有文化基金，便向熟识的两位年轻法师求助。小法师欣然应允给领导汇报，但领导认为缘起不适当，婉拒了。小法师过意不去，主动表示个人尽些心意。在感动小法师有情有义之余，亦感慨佛教日渐兴盛，反观儒门依旧淡薄，唏嘘不已。那时候，有很多朋友们既关心也不解——你们编辑部不发工资还能做这么多的事吗？我曾经在微博上有过一个统一答复：“在下创办并主持的儒家网、《儒家邮报》和《儒生文丛》，皆是在繁忙的公务之余做的，没有办公场所，没有固定资金，没有专职人员。编辑人员皆是义工，我每月从募捐款中，给他们每人象征性地发点生活补助，本人则分文不领。”后来，儒家网开辟了微博和微信平台，仍有朋友问：“感觉儒家网的微博微信越做越好了。是你自己在做还是有专业团队在打理？”我答曰：“我牵头做的，但包括我在内的团队全是义工，都是在业余时间做，都不是专业人士，也没有专职人员。儒家网及其衍生产品，没人没钱没资源没背景，我全凭一口气在撑着。”

或许，这就是信仰的力量？记得《儒生》第一卷编好后，筹款效果甚微，在临近签合同之日，硬着头皮给儒学联合论坛的老网友“外来蟹”发短信，希望能资助出版。老谢二话没说，当即应允，方解燃眉之急。十年期间，在实在走投无路无计可施的时候，我都会向诸如老谢这样的师友“强捐”。同时，还会得到一些朋友的雪中送炭，让我倍感温暖——白敏、如是平、张其成、林荣晓、陈光荣、王生、孔祥东、刘伟文、陈绪平、何焕荣、韩勃……当然，还有很多未曾谋面、不留姓名的网友，他们与在下一样，一心向道，胸怀家国天下，不局限于一己之得失。正是他们的慷慨解囊、无私相助，才激励儒家网披荆斩棘走过十年，略有小成。在此，对所有帮助过儒家网的朋友特别说一声：谢谢你们！

这些年，为了保持儒家网正常运转，募集资金是我最为头疼和焦虑的事，也牵扯了很大精力。这种状态，直到 2016 年遇到敦和基金会，才长出一口气，如释重负。儒家网编辑团队成员来自五湖四海，分散各地，为文化理想而主动奉献。大部分义工是在校大学生，也只能给予适当补贴。作为网站总负责人，年届中年，家庭负担生活压力之大和本职工作之繁重，愈益窘迫，个中艰辛，如饮寒水，冷暖自知。从事儒家弘道事业这些年，从主持儒学联合论坛到创办《儒家邮报》，再至创办儒家网、主编《儒生文丛》，这诸多事业均进行于繁忙的公务之余，亦是在每天上下班挤坐地铁公交途中思考完成的。虽说如此，并不敢容心潦草，而是战战兢兢，如履薄冰。当然，每天置身于拥挤喧闹、行色匆匆的人群中，也使自己的思考更活泼，更贴近现实和大众。

回顾十年历程，感慨万千。当然，在下投身弘扬儒学事业，不只十年，实则已接近二十年。二十年前，刚刚研究生毕业的我，因为互联网而知道了很多很多以前不知道的信息，这其中，最重要也对我影响最大的，就是“大陆新儒家”。正因为遇到了这些儒家师友，给我的生命赋有意义，也让我的青春生命力开始迸发。儒家网开办之时，我特意在站头挂上两句标语：以天下为己任，为万世开太平。

今日再读，荡胸生层云。

士不可不弘毅。

当代哲学转型中的儒道佛汇通融合

——“三教汇通与中国哲学当代转型”学术研讨会综述

王　堃*

2018年12月7—9日，由中山大学哲学系（珠海）主办的“三教汇通与中国哲学当代转型”学术研讨会在中山大学珠海校区举办，来自国内各高校、研究机构的30余位专家学者参会。会议分为主题发言、分会场讨论、圆桌论坛等形式，围绕“儒道佛三教在当代中国哲学转型中的汇通与融合”展开了激烈讨论。中山大学哲学系（珠海）系主任陈建洪教授、中山大学哲学系（珠海）特聘讲座教授张祥龙分别在开幕式上致辞。

第一场主题发言由张祥龙教授主持。山东大学特聘教授林安梧报告的题目是《论“儒、道、佛”三家汇通及其对21世纪文明的可能贡献》。通过比较哲学的方式，林教授探讨了儒道佛三家融通为现代社会中人类文明发展作出贡献的可能性。他从“分别说”到“非分别说”的层次上升以及“存有三态论”的形态构造，从三家思想对现代社会的疗愈效应上论证其对话与汇融的存在空间，以及如何应对西方思想家关于现代性的思考。林教授最后以“道与言”作为结论，寄望中国文明在21世纪能与西方文明展开更多对话。武汉大学哲学学院院长吴根友教授做了题为《汉语佛教中的“孝道”思想与佛教孝道理论之建立》的报告。他结合从印度传入中国的佛教、早期汉语佛教以及后期中国化的佛教，就“孝”的儒佛比较展

* 王堃，中山大学哲学系（珠海）副教授。

开了论述，展现了佛学经典中重视孝亲的思想，提出尊重父母应是汉译佛经的基本思想。吴教授指出，佛教徒并不因尽孝尽伦而否定其基本教义与核心宗旨，并通过这种创造性的诠释化解了出家与在家行为之间的矛盾。中山大学哲学系陈立胜教授的报告题目为《三教会通之历史回顾与理论反思》。他从宗教中包含的伦理矛盾，述及新儒家的宗教反思对伦理矛盾的超越。他认为，这体现在“三教”概念上的几种特质，如“含混性”与“居间性”、三位一体的感通思维、遍在四海的圣人观以及圣经系统之开放性，这些特质是“中国化”的结构性系统，唯此方能使中国在与异质文明的交流中吐故纳新、相互融通。

第二场主题发言由陈立胜教授主持。中国社会科学院哲学所罗传芳研究员的报告题目是《天人合一的不同路径与儒道分判》。她认为：中国先秦儒道两家有着不同的理论特点和观照世界的方法，道家从宇宙万物的同一性出发，思考世界的本原和存在方式，形成了作为观照世界的方法论的生存论哲学，这与儒家注重差序伦理、衍化生成的过程论有别；这种儒道之分也可称为“道”与“德”、“天”与“人”之界分，代表着两种不同的理论风格和价值取向，对此区分的重视足以使今天的理论与实践得到指导。首都师范大学陈明教授的报告题目为《三教合一，五教如何?》。他指出：三教合一作为古代中国形成的文化生态，既是一种宗教文化互动的结果，也是一种宗教政治的功能定位与权重安排；以儒治世、以道治身、以佛治心三者中，治世意味着儒教文化因素在公共领域里的地位和作用，意味着更大更多的文化权重；由此可见，文化生态中存在某种结构关系，而不是平面的合一，这也是中国被称为儒教文明的原因和根据；今天讨论三教汇通，就必须思考“五教合一”的问题，就是要寻求解决儒、释、道和耶与回的关系问题，要思考耶、回二教在中国社会生活中的功能定位问题；它具有政治和文化的双重属性，无论从什么角度看都十分复杂，学术界尤其儒学界需要积极关注。山东大学哲学与社会发展学院王新春教授报告的题目是《整合汉宋、以朱会陆——吴澄理学视野下的易学天人之学》。王教授通过阐释吴澄理学视野下的易学天人之学，提出整合汉宋、以朱会陆的一条可能入路，在此视野下，天道为人道的终极价值根据，人宜推天道以明人事，人应透过自觉的德性涵养修为工夫，变化气质，令生命达致成为天地之理圆满化身，确立应然的正大宇宙人生担当，促成天理流贯、和谐有序的生活世界。山东省社会科学院涂可国研究员在《人性与责任——儒家责任伦理人性机制思想研究之一》的报告中指出，儒家话语体系中存在着不同的人性形态，其中包含的道德责任意涵为责任伦理的形成和发展提供了源泉。他着重就儒家“天性”“气性”“才性”等富于责任伦理机制的概念，阐发出顺应人性、开发人性、转化人性、约束人性等责任伦理思想。

“新儒家诠释学转型”分论坛由林安梧教授主持。中山大学周春健教授做了题为《从孟子林庙刻石看金元时期孟子地位之消长》的报告。他从文献学、思想史角度考察了金代和元代时期孟子林庙的刻石，以厘清孟子的地位变化，观察历史上的儒家整体居于何种地位。他指出，北宋大力尊奉孟子，而到金朝初年，尊孟之风暂时沉寂，后在元朝达到了极盛。而要得出儒家在元代实际地位的结论，还需要细致地做出历史考察。华东师范大学卢盈华副教授在题为《浊气是否有理？——论朱熹理学中善与恶的宇宙论来源》的报告中提出，天理对众理起引导作用，但不直接决定众理的具体形态；自然之善的来源是天理与主要的、无偏差的自然之理；人之善的来源乃是从天理秉得的天地之性，顺从气质之性导致了人之恶的产生。中山大学王堃副教授在题为《述行式工夫——朱熹理学的柔性化诠释》的报告里，借助于语言学的述行学说，对朱子的理学与心性论做出了新颖的解读，提出在言行的共同作用下，对起源的模拟、表演或述行之过程可以取代或给出起源本身。他认为：天理在传习之工夫所代表的述行中，由理之“所当然”转化为理之“所以然”；文本的当前意义在由博返约中得到具体化，而对天理的“要约”则在“信”中得到确证；智仁之间的空阙及其中所蕴含的诗性的游艺，促动了四端之情的感通，理的意义由此得以接续绽出，在心的工夫中得到柔化的开展。

“现当代政治哲学”分论坛由涂可国教授主持。中山大学姚育松副研究员在题为《儒家新外王争议的分析》的报告里，将“港台与大陆新儒家之争”归于牟氏与康氏理论的外王旨趣之别。他认为：港台一边只求以人物活动来实践外王，而大陆一边更求以制度来落实外王；以此思想理型作为区别，可更阐明港台与大陆不同思想倾向的内在理据，并揭示这两边都有欲求学习西方的态度。澳门大学李庭绵助理教授在《回归康有为的路线》中提出了从儒家经典回到诸子诠释的理路，以百家争鸣、儒墨并称为公认的被解释项，认为以墨子释孔子、韩非为佐证是《改制考》的旨归。中山大学刘黛研究员在题为《〈庄子〉中的“让王”现象：体制与自由》报告中，指出“让王”与重生、治身先于治天下的思想相关。他认为，“王”是人为约定的结果，隐士逃离王权体制的合法性在于彻底的自由观念；隐士“让王”的极端行为，在《庄子》隐士之死的描述中，凸显为政治与信仰的冲突被推至生命的主题，并通过荒诞戏谑的方式达致对生命的解悟。

“美学与宗教”分论坛由陈明教授主持。南京大学李海超研究员在题为《艺术化人生的魅惑》的报告中，反思和批判了近代对美育的大力宣扬，美育并不必然地导向德性的提升，只能成就自由的心境，而不能成就自由的意志。儒家追求的是“为人生而艺术”，而不是“艺术化的人生”。审美之境并非儒家的人生栖息之所。武汉大学徐衍博士在题为《憨山德清“借佛阐儒”思想侧论》的报告中，比较了佛教的业力轮回、明心见性与儒家天命之大人之学、止于至善等观念，阐释了憨山的儒佛一致观点。他关注的问题是：不同学说宗教之汇通，应当先认清彼此的特质，而后调适发展彼此以汇通，还是强调二者本来就无矛盾？此外，赵雯萱在题为《大理白族地区的“三教寺”与三教关系的演变略说》的报告中，通过对三教寺之个案的田野调查，认为：在地方政权导向和民间认同的双向选择下，南诏大理国时期的三教关系有所交融而相对独立；明清大理纳入帝国版图后，三教关系在激烈交互中形成了“读儒书、信佛教、拜斗姆”的信仰生态。

“儒道汇融”分论坛由王新春教授主持。中山大学王小超副研究员在题为《先秦儒家宗教性中的象征叙事》的报告中指出，“配天”隐含着主客抗礼的思维模式。他认为，在信仰系统整合的背后是多重连续的世界想象结构，以“创生性”为核心要求；先秦儒家宗教性采用象征叙事，富于变化，信仰天命随时在场，肯定“生”的意义。中山大学刘静副教授在题为《早期道家哲学中人的自由》的报告中认为，自然为诸法实相，德、生（性）、自然等皆表真实自我。中山大学宋德刚副研究员在题为《先秦“圜道”观念探微》的报告中指出：《吕氏春秋》的“圜道”观包含知识圜道观和政治圜道观两个层面，并以实现后者为最终目的；政治圜道观强调君主对“天道圜”的遵循，由臣子施于四方，以实现和谐的社会秩序；“圜道”观念可分为早期形态与成熟形态，前者在唐虞时期至三代出现，特点是知识、政治、信仰的融合，后者出现在春秋战国时期，特点是弱化甚至消除信仰因素，以强调知识与政治治理的直接对应性作为主要话题。

“儒佛汇融”分论坛由王堃副教授主持。四川大学詹海云教授在题为《儒释道三家与儒释道三教异同之比较》的报告中，从整体上阐明了儒释道各自的特色，指出三家的融合之道在于适用于不同的生活领域，发挥各自的优长。詹教授首先界定了家、教的不同意涵，介绍了道、儒、佛三家和三教的发展和共同点，在此基础上阐发了儒释道三家的不同。他认为，儒家长于公共担当与道德秩序，道家重视天道、自然、齐物、无为，而佛家则强调平等、因果轮回。中山大学秦际明教授在题为《论现代新儒家的佛学进路》的报告中，分析了近代佛学的兴起之现象，认为社会建构需要以儒家为主干，其他的教派可作为辅助，在修身和精神信仰的个体层面发挥作用。中山大学王征副研究员在题为《南北朝时期佛教论典的注释》的报告中，分析敦煌文献《成实论义记卷第四》，认为“义记”体秉承了“注”中释文与原文的紧密联系，经论自身的特色也很大程度上决定了对其注释的创造性程度。广东省社会科学院孙海燕副研究员在题为《人性建构中的“母性”与“妻性”》的报告中，比较了儒家与基督教对女性在家庭中位置的认识。他指出，儒家“屈妻而尊母”，弘扬女性的母性一面而抑制其妻性一面，基督教则“疏母而尊妻”，发扬女性的妻性一面。在一夫一妻制与一夫一妻多妾制不同的婚姻制度下，人的安全感之获得是不同的，这也影响了中国传统社会中母子关系之紧密。

“阳明后学重诠”分论坛由周春健教授主持。华南师范大学刘体胜助理教授在题为《圣人处世之道还是乱世之君子自全而全人之妙术?》的报告中，从憨山和王船山因注《庄子·人间世》而汇通三教的诠释与建构入手，提出前者主三教合一，后者主诸教相通。他认为，主合一者试图以“五戒”去合五伦，而这种求同去异的态度难以令儒家接受；主相通说则始于承认人己、诸教等差异，而终于在相互的观照对话中发现“因以相通”之术，从而令诸家得到各自的发展。中山大学傅锡洪研究员在题为《“无我”与“收敛”——阳明学三教会通思想的一种解读》的报告中，着眼于阳明的“无善无恶”，提出论善恶的三个层面：事物本身，心之好恶，良知判定。他认为，事物本无善恶，不妨碍人心，可以对其加以善恶的评价，依循良知之好恶对事物作出评价称为无善无恶；无善无恶既对治于私念，又对治于善念的执着，具有即伦理而又超伦理的无滞性特征。中山大学赖区平副研究员在题为《“忘”还是“勿忘”？——论湛甘泉的自然观》的报告中指出：甘泉心学既有“无”的面向，又融入“勿忘、戒慎、敬”的因素，避免了龙溪“四无之教”、泰州“日用自然”的流弊。他认为，“自然”的工夫历程和理想状态究竟是忘还是勿忘，从中可见儒道皆求自然无为，而道家注重自发，儒家则强调自觉；儒家语境下的自然观具有独特的意义，同时，自然观在儒家观念系统中所占据的位置也值得反思。

卢盈华、宋德刚两位组长分别对两个会场的分论坛讨论做了介绍与总结。张祥龙教授在闭幕式上评论指出：在三教的对话与比较中，儒家特有的生活化与亲源性如何得到注重与落实在当下时空，而这种源发的时间性与物时之间的紧张，依然成为共同的着眼点与入手处；在探寻三教互融的背景下，在对话中重视与尊重差异以求各自的发展，并在话语与实践中重视其可行性与相应的文化效应，是当今的可行之路。陈立胜教授在总结陈词中，对参会学者的学术态度与会议讨论的深广程度给予认可，在三教汇通与中国哲学当代化的领域上，对年轻学人提出了更高的期待。他认为，在中国历史上，三教的互动牵涉着文化权力的竞争。与会者普遍认为：近现代以来，中华民族这样一个政治共同体内，三教乃至五教的汇通与融合，关系到民族内部文化秩序的震荡成型；在此视域中，恰当地理解儒释道三家在中国历史上的竞争而又互融的关系，可以透视其自从明清定型，直至现代仍然成为政治共同体建构中的文化整合问题的系统脉络；儒、马、回、耶诸种政治文化力量，依然需要以恰当的结构整合为协调的政教秩序参与，方能完成这个文化整合的当代任务；儒家的政教整合功能，无论是在历史上还是现当代，都需要切实重视与重新认识。